Grandes civilizações do passado

# A América Antiga

## Civilizações pré-colombianas

Título original:
*Atlas of Ancient America*

**Edição Brasil:**
*Direção*: José Luis Sánchez, Meritxell Almarza
*Tradução*: Carlos Nougué, Francisco Manhães, Maria Cristina Zambotto, Suzel Santos, Juan Torres
*Revisão*: Ana Grillo, Raquel Grillo, Marcelo Neves, Michel Teixeira
*Diagramação*: Estúdio Matiz


Rambla de Catalunya,135
08008 Barcelona

Impressão:
Printer Indústria Gráfica

Capa:
Tiffitext, S. L. / Mauricio Restrepo

ISBN-13: 978-84-413-2456-5
D.L.: B. 38965-2007

AUTORES:
**Michael Coe** é professor de antropologia na Universidade de Yale e diretor do Museu Peabody de História Natural.
**Dean Snow** é professor de antropologia na Universidade Estadual de Albany, em Nova York.
**Elizabeth Benson** é investigadora

Michael Coe, Dean Snow e Elizabeth Benson

# A AMÉRICA ANTIGA

## Civilizações pré-colombianas

folio

# SUMÁRIO

*Folha de rosto.* Caçadores e soldados representados em dois vasos maias. O homem sem roupa foi capturado e é levado para o suplício.

## Artigos especiais



## Artigos locais



## Lista de mapas

# QUADRO CRONOLÓGICO

MILÊNIOS SÉCULOS

20000 10000 9000 8000 7000 6000 5000 4000 3000 2000 1000 a.C. 0 d.C. 100

**Pan-américa**

LÍTICO SUPERIOR (Alasca)

LÍTICO INFERIOR

LÍTICO MEDIO

ARCAICO (adaptação de faixas índias a entornos reduzidos)

América do Norte — Clóvis — Folsom — Tadição de ponta lanceolada

c. 10000 pontas e raspadores El Jobo, Venezuela

Extinção de muitos animais gigantes c. 10000-8000 a.C.

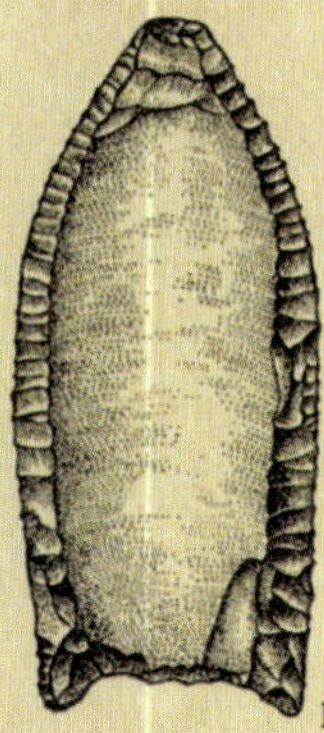

Ponta Folsom c. 9000 a.C.

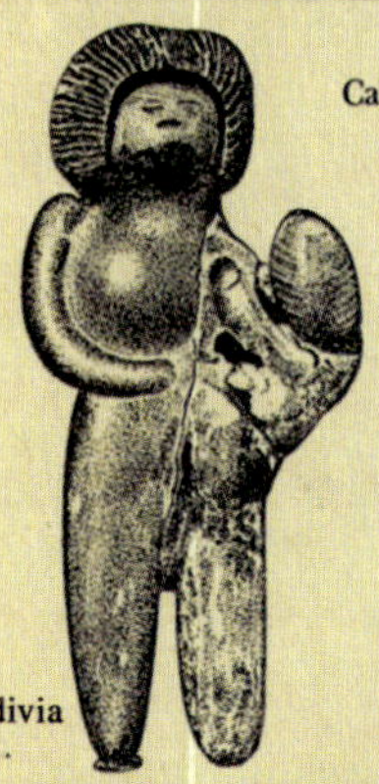

Peq. figura de Valdivia c. 3000-1800 a.C.

Cabeça olmeca, La Venta c. 900-400 a.C.

**AMÉRICA DO NORTE**

Culturas esquimós Estágio I

Culturas esquimós Estágio II

Culturas esquimós Estágio III

Culturas esquimós Estágio IV

Bosques orientais

Bosques orientais

Grandes Planícies

Tradições pré-históricas do sudoeste

Sudoeste

Aparição das tribos na Califórnia

Costa noroeste. Culturas arcaicas estabelecidas c. 7700 a.C.

**MESOAMÉRICA**

ARCAICO

FORMATIVO PRIMEIRO

CLÁSSICO PRIMEIRO

FORMATIVO MÉDIO

Milho em uso c. 5000 a.C.

Olmecas

Teotihuacán

Cultura Ocós c. 1500 a.C.

Cultura Barra c. 1600 a.C.

Izapán

**AMÉRICA DO SUL**

Migração arahuaca para as Antilhas

Cerâmica de Puerto Hormiga, Colômbia c. 3000 a.C.

San Agustin

Cultura de Las Vegas

Cultura de Valdivia

Chorrera

PERÍODO INICIAL

HORIZONTE PRIMEIRO

Chavín

Moche

Paracas

Nazca

Algodão cultivado c. 3500 a.C.

A metalurgia mais antiga c. 1500 a.C.

300 | 400 | 500 | 600 | 700 | 800 | 900 | 1000 | 1100 | 1200 | 1300 | 1400 | 1500 | 1600 | 1700 | 1800 | 1900

Gunnbjörn avista a Groenlândia 982

Assentamentos escandinavos na Groenlândia

Leif Erikson avista a Península de Labrador 986

Assentamento escandinavo em L'Ansa aux Meadows, Terranova

Cabot descobre Terranova 1497

Assentamentos europeus na América do Norte

Tratado de Tordesilhas 1494

1539 Fernando de Soto explora o SE da América do Norte

Colombo chega ao Novo Mundo 1492

Conquista e ocupação espanhola do México

Conquista e ocupação espanhola do Peru

Colonização portuguesa do Brasil

Índios dos Pampas argentinos exterminados na década de 1880

Vaso Moche c. 100-500 d.C.

Senhor Chac Zutz de Palenque 730 d.C.

Palácio Cliff, Mesa Verde c. 1100

Estatueta inca de prata

Culturas Esquimós Estágio V

Cultura Adena

Cultura Hopewell

Bosques orientais. Cultura do Mississipi

Cultivo meridional área do Mississipi

Período de bosques das planícies

Grandes Planícies Tradição Coalescent

Grandes Planícies Período de aldeias das Planícies

Introdução do nomadismo a cavalo

Deserto Oeste e Sudoeste Cultura Fremont

Sudoeste Tradição Hohokam

Sudoeste Tradição Mogollón

Tradição Anasazi

Vivendas acima do chão em Mesa Verde

Culturas da Califórnia

Desenvolvimento das culturas índias da costa noroeste

FORMATIVO TARDIO | CLÁSSICO TARDIO | PÓS-CLÁSSICO I | PÓS-CLÁSSICO TARDIO

El Tajín

Toltecas

Aztecas

Monte Albán

Oaxacas Mixtecas

Civilização maia

c. 800 Colapso maia nas terras do sul

Jogo de bola nas Antilhas; novos imigrantes

Novas migrações e estilos de cerâmica

senvolvimento regional

Período de Integração

I PER. INTERMEDIÁRIO | HORIZONTE MÉDIO | PER. INTERMEDIÁRIO FINAL | HORIZONTE TARDIO

Sicán

Incas

Huari

Tiahuanaco

Chimus

# PREFÁCIO

Em 12 de outubro de 1492, Colombo desembarcava numa pequena ilha das Bahamas; o acontecimento mudou o mundo de um modo que nem os europeus nem os nativos americanos jamais teriam podido imaginar. Duas tradições culturais, que durante milhares de anos se haviam desenvolvido sem se conhecerem, entraram repentinamente em contato, e nenhuma das duas voltou a ser a mesma.

Nos países em que ainda existe uma numerosa população indígena, não há necessidade de formular a pergunta: por que estudar arqueologia americana? É evidente que o passado faz parte do presente. Em outros lugares, as culturas da América antiga se apresentam com muita freqüência como curiosas, mas exóticas, interessantes talvez, mas irrelevantes para o curso da história mundial. Essa postura ignora a contribuição do índio americano para a alimentação do mundo (produtos internacionais como o milho, o feijão, a batata e a mandioca), para a medicina (quinina, coca, estricnina) e para a herança artística do mundo em geral. Em nosso século, com a redescoberta da arte "primitiva" pelos pintores e escultores europeus, os artefatos da América nativa – jades olmecas, vasos maias, tecidos peruanos, máscaras haidas – mereceram uma valoração de autênticas obras de arte e não de meras curiosidades etnográficas. Artistas como Henry Moore reconhecem sua dívida para com a escultura asteca e tolteca, enquanto escritores modernos (incluindo Miguel Ángel Asturias, Prêmio Nobel) se inspiraram na mitologia nativa.

Naturalmente, isso é um fenômeno recente, mas desde o primeiro contato a América não deixou de contribuir para a grande corrente da vida intelectual européia. Os povos descobertos pelos conquistadores eram completamente novos, sem que a Bíblia nem as geografias do mundo conhecido os tivessem levado em conta. De alguma maneira tinham de ajustar-se ao sistema das coisas. Quem eram? De onde chegaram? Tinham alma? O descobrimento de um continente novo, com uma malha de estruturas sociais radicalmente diferentes das conhecidas, suscitou uma série de problemas morais e, ao mesmo tempo, proporcionou uma pedra de toque para poder avaliar as instituições européias. Alguns filósofos da política viram os índios como bárbaros, à margem do cristianismo ou da civilização; outros, como Montaigne, Diderot e Rousseau, criaram o mito do bom selvagem, como um estratagema para atacar o sistema europeu de privilégios e de opressão política. Os países recém-descobertos proporcionavam um laboratório para experiência social, tanto no mundo real das missões jesuíticas do Paraguai como no mundo de ficção da Utopia de sir Thomas Morus.

As Américas desempenharam também um papel no desenvolvimento da arqueologia como ciência. No começo do século XVIII, os índios americanos foram considerados mais primitivos, como a réplica viva das tribos européias descritas pelos autores gregos e romanos. Os machados de pedra dos europeus pré-históricos foram comparados com os que usavam os iroqueses ou os tupinambás, e os eruditos formularam a idéia da Idade da Pedra, anterior ao conhecimento do bronze e do ferro. Outros esquemas evolutivos, calcados no testemunho americano, argüiam em favor de uma era de caça e coleta antes de aparecer a agricultura.

Esse mesmo interesse pela evolução do comportamento humano está no centro da arqueologia moderna, e os arqueólogos voltam a formular perguntas de alcance universal, ainda que de tipo muito diferente. Foi a caça excessiva o que motivou a extinção de tantos grandes mamíferos há cerca de 10.000 anos? Como e por que a agricultura substituiu a atividade coletora? O que motivou a evolução dos primeiros Estados em diversas partes do mundo? O desenvolvimento cultural é governado por leis gerais? Ou o comportamento humano é demasiado complexo para que possamos explicá-lo em termos puramente científicos? No exame destas questões de interesse mundial, o testemunho americano adquire importância capital, e o longo isolamento da América é uma vantagem. Qualquer esquema universal sem outra base além dos dados do Mundo Antigo pode ser posto em dúvida com uma simples pergunta: as coisas se passaram do mesmo modo nas Américas?

Assim, há boas razões para que este livro se ocupe primordialmente da população e de seu comportamento, dos indígenas americanos e da rica variedade de culturas que eles criaram. Apreciar a variedade desse passado e compreender as Américas de hoje é uma necessidade para um livro que apresenta uma introdução ao hemisfério em seu conjunto, levando em conta tudo, desde os caçadores da Terra do Fogo no ano 10000 a.C. até os impérios esplêndidos e altamente civilizados dos astecas e dos incas. Arte e artesanato fazem parte da história, e têm grande importância os achados arqueológicos examinados *in loco*. Mas para entender esses restos arqueológicos é necessário vê-los como seriam então, e como a obra de um povo concreto. As figuras pertencem à paisagem, e isso implica o traçado de mapas. Este livro é sobre todo um atlas histórico, que recria o paisagem sempre cambiante do passado em todos os seus aspectos: físicos, culturais e políticos.

E tudo isso não é tarefa para um só autor. Os arqueólogos de hoje são especialistas, e nos capítulos que se seguem as responsabilidades foram divididas entre Michael Coe (Partes I, II e IV), Dean Snow (Partes I e III) e Elizabeth Bensan (Parte V). Cada um destes autores contribuiu para a redação da Parte VI.

WARWICK BRAY

# PRIMEIRA PARTE

# O NOVO MUNDO

# Topografia das Américas

# AS CULTURAS NATIVAS E SEU AMBIENTE

Enquanto todas as populações nativas do Novo Mundo têm origem comum na Ásia, não há nada parecido com um índio americano "típico" (ou esquimó, neste sentido). Desde a sua migração (ou migrações) inicial para o hemisfério ocidental, as pressões da seleção natural – e especialmente as climáticas – nos ambientes mais variados produziram por sua vez uma grande variedade de fenótipos naspovoações indígenas. Todas têm, no entanto, pele morena, olhos escuros e cabelos lisose pretos.

*Abaixo, esquerda.* Jíbaro do rio Upano, bacia superior do Amazonas, Equador. A população nativa dos trópicos americanos tende a ser de estatura menor e de físico menos robusto que a de latitudes superiores.

*Abaixo, centro.* Feiticeiro crow, membro da tribo homônima, de Montana. Os caçadores montados das planícies representam a população mais corpulenta e dura do Novo Mundo.

*Abaixo, direita.* Esquimós nostak com traje de verão. Em sua adaptação às condições de frio extremo, os esquimós (ou inuítes) têm corpo fornido e extremidades relativamente curtas, com bolsas de gordura para proteção dos olhos.

Às vésperas do "descobrimento" espanhol do Novo Mundo, cerca de 40 milhões de nativos americanos viviam no hemisfério ocidental, desde os esquimós e aleútes das altas latitudes da América do Norte até os onas e yahgan do estreito de Magalhães e do cabo Horn. Entre os trópicos de Câncer e Capricórnio, surgiram e floresceram algumas das civilizações mais poderosas e brilhantes que o mundo já viu, embora fossem totalmente desconhecidas da Europa e da Ásia da época. Mas cada tipo de cultura conhecida no Velho Mundo estava também presente no Novo, desde os caçadores e coletores primitivos até as simples sociedades agrícolas e os poderosos impérios.

Hoje boa parte daquela antiga magnificência é pouco mais que uma lembrança, se tanto; e séculos de violenta investida militar, cultural e religiosa por parte dos europeus – os quais, além disso, trouxeram consigo doenças que causaram estragos – reduziram a população nativa a uma fração do que foi em outros tempos. Com a única exceção do Paraguai, em que o guarani é uma das línguas oficiais, nenhuma língua nativa americana goza de *status* oficial em nenhum Estado moderno do Novo Mundo, nem representante algum dos índios americanos está credenciado diante das Nações Unidas. Tratados pelos católicos latino-americanos como uma força de trabalho sumamente desprezível mas necessária, e pelos protestantes anglo-americanos como demônios terríveis, os índios nunca tiveram muito futuro nas áreas mais favoráveis para o povoamento europeu. Com efeito, a tecnologia avançada do Velho Mundo devia impor-se às culturas nativas, incluindo as mais desenvolvidas.

**Língua e raça**

Das cerca de 3.000 línguas do mundo, ou seja, das falas mutuamente ininteligíveis, por volta de 400 se empregavam no hemisfério ocidental, embora – tal como ocorre com os cálculos demográficos – neste ponto seja difícil sermos exatos. Em ambas as áreas de investigação, o problema reside em que os primeiros censos e os primeiros vocabulários ou dicionários foram feitos décadas e até séculos depois do primeiro contato com os europeus, passado o transtorno motivado pelas doenças, pela repressão, pelo extermínio e pelas expulsões. Os lingüistas – à frente dos quais figura o comandante John Wesley Powell no século XIX – classificaram essas línguas em cerca de 100 "famílias" geneticamente aparentadas, com um alcance similar ao da família indo-européia (que inclui a maior parte das línguas faladas na Europa, na Pérsia e na Índia).

Tal diversidade lingüística se explica por um período muito longo de isolamento cultural do Novo Mundo com respeito ao Velho. Com a exceção dos esquimós, cujos falantes se encontram em ambos os lados do estreito de Bering, nenhuma das línguas nativas da América apresenta até agora conexões evidentes com as do Velho Mundo, embora se tenham esgrimido alguns argumentos em favor da afinidade do atapasca (faladono Noroeste da América do Norte e pelos navajos e apaches do Sudoeste) com algumas línguas do Ásia ocidental.

Mas, ainda que não se possam assinalar origens asiáticas para as línguas do Novo Mundo, entre os antropólogos médicos não existe dúvida alguma de que os nativos

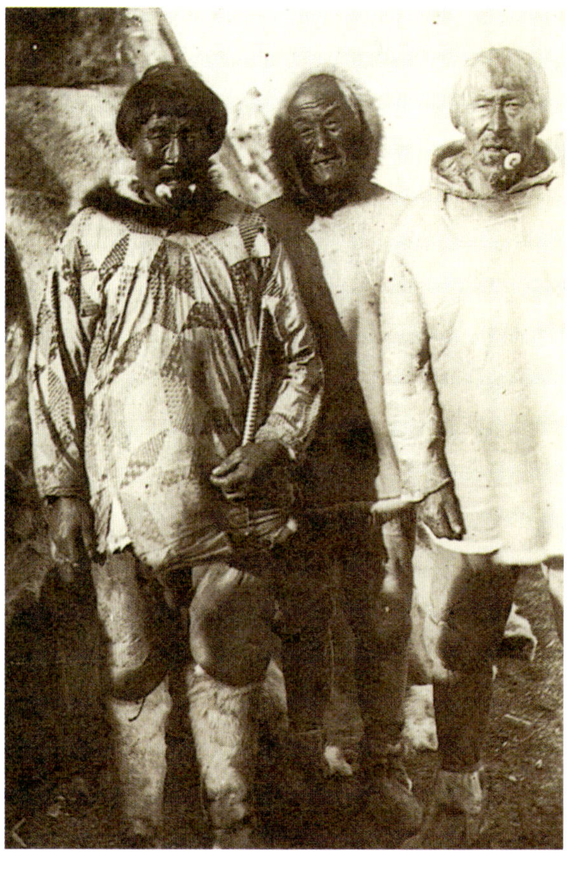

*Esquerda. Canyon* Chaco, Novo México, visto do sudeste. Isolado da moderna civilização americana, o *canyon* conservou as ruínas de 12 povos (grandes povoados com numerosas vivendas) e mais de 300 povoações menores, que em outros tempos formaram uma rede comercial em grande escala, que foi parte do "fenômeno" chaco em sentido amplo (ver pág. 78). Em primeiro lugar, aparece a povoação mais famosa e mais bem escavada: Pueblo Bonito. As vivendas do *canyon* foram construídas pelos índios anasazis e floresceram de meados do século X a meados do século XII. A aparente solidez de tais construções não deveria ocultar a dependência básica dos anasazis com relação à agricultura: sua rede comercial provavelmente sofreu notáveis recortes com as insistentes secas de finais do século XII.

americanos eram todos de um tronco racial mongolóide. Por estarem presentes tanto tempo no hemisfério ocidental, com suas enormes diferenças ambientais, a seleção natural contribuiu para produzir nas populações originais algumas variedades físicas e de caráter fenotípico. Os esquimós ou inuítes, por exemplo, que vivem em condições de frio extremo, propendem para o torso rechonchudo e as extremidades curtas, ao que parece como adaptação para uma menor perda de calor corporal; e, em geral, os índios americanos de latitudes mais setentrionais (diferentes das ocupadas pelos esquimós) são mais altos e pesados que os que vivem em regiões tropicais. Mas isto não é razão para pensar em alguma influência de povos não procedentes da Ásia sobre a América pré-colombiana.

## O meio ambiente do Novo Mundo

Enquanto a massa continental da América do Norte e da América do Sul não é mais que uma fração da Eurásia e da África juntas, o que pode explicar a escassa população indígena do Novo Mundo e suas poucas línguas, o meio ambiente é muito mais variado, porque os povos pré-colombianos estavam espalhados por todas as partes, desde os esquimós polares do Norte da Groenlândia até os fueguinos do extremo meridional da América do Sul, a cerca de 45 graus de latitude sul. Assim, é impossível generalizar acerca do meio ambiente em que se encontravam os primitivos americanos.

O acidente geográfico mais surpreendente do hemisfério ocidental é a grande cordilheira que se estende do Alasca descendo pelas montanhas Rochosas e continuando através da cadeia andina do Oeste da América do Sul. A leste dessa "espinha dorsal das Américas", o continente é formado em geral por terras baixas, com extensas planícies fluviais, como a bacia do Mississipi na América do Norte e as bacias do Orinoco e do Amazonas na América do Sul. Os montes Apalaches do Leste dos Estados Unidos e as terras altas do Brasil constituem as exceções a essa topografia.

Mas muito mais importante que a altitude para estabelecer os limites do desenvolvimento cultural e da população do Novo Mundo foi a tolerância ao frio e ao gelo das principais plantas alimentícias. Como em sua maior parte estas eram originariamente tropicais – em especial o milho, o feijão, a pimenta e a abóbora –, a população humana alcançou densidades muito maiores nas terras baixas, em que os alimentos eram mais abundantes. A leste da América do Norte, por exemplo, o cultivo do milho mal se estendeu ao norte da região dos Grandes Lagos, para além da qual as povoações indígenas eram muito escassas. Certamente as grandes civilizações indígenas, como a asteca, a maia e a inca, dependiam completamente do cultivo eficaz das plantas autóctones; por isso não é casual que essas culturas complexas se encontrassem dentro dos trópicos.

## Meio ambiente e cultura

Milênios de desenvolvimento cultural e diversidade do meio ambiente deram como resultado diversas adaptações culturais. As culturas mais complexas foram as da Mesoamérica (aquelas partes do México e da América Central que estavam civilizadas quando se iniciou a conquista espanhola) e da área andina, fundamentalmente o território do Império inca e seus predecessores. Essas foram as áreas "germinais" do Novo Mundo antigo, com grandes Estados altamente organizados, com cidades, arquitetura e escultura monumentais e, o que é mais importante, com religiões estatais organizadas.

Entre as duas áreas "germinais" se encontram a baixa América Central, a Colômbia, o Oeste da Venezuela e o Norte do Equador, região qualificada pelos arqueólogos – à falta de uma expressão melhor – como a "área intermediária". Aqui as povoações se multiplicaram desde que prevaleceu a agricultura do milho; mas o nível social nunca superou o do caciquismo. O mesmo se pode dizer das ilhas do Caribe, as primeiras terras do Novo Mundo "descobertas" pelas expedições de Colombo e que ele sempre considerou como portas da Ásia.

Ao norte e ao sul da Mesoamérica e na área andina, houve culturas menos complexas, mas que dependiam também da agricultura. É o caso da do Mississipi, no Leste e no Sudeste dos Estados Unidos, que produziu cidades tão grandes como Cahokia, com a maior estrutura piramidal do Novo Mundo.

A leste da cadeia andina, na selva tropical das bacias do Orinoco e do Amazonas, houve (e há ainda) sociedades de nível tribal e caciquista com uma base econômica assentada na agricultura da mandioca, mais que na do milho. E, embora aos olhos ocidentais possam parecer sociedades "primitivas", nelas se pode encontrar a chave da vida sedentária e até de certos aspectos da religião na América meridional pré-colombiana.

Os indígenas americanos que viviam para além de onde é possível uma agricultura eficaz, ao norte ou ao sul da região com suficientes dias sem geadas para poderem amadurecer as colheitas de origem tropical, necessariamente tiveram de levar uma forma de vida venatória e coletora. Em certos aspectos, essa forma de vida mostrava uma semelhança com a economia nômade dos caçadores do Plistoceno tardio, que foram os primeiros a colonizar o hemisfério ocidental. Seria no entanto errôneo colocar todos os povos não-agricultores da América antiga no mesmo plano, porque alguns deles tiveram economias altamente especializadas e amiúde enormemente produtivas, como os pescadores de salmão do Noroeste do Pacífico, que viviam em grandes aldeias bem organizadas, e os esquimós e aleútes da região mais setentrional da América do Norte, com sua exploração dos mamíferos marinhos, como focas e baleias.

Convém levar em conta outro dado ao tratar das culturas nativas americanas para além das áreas "germinais": o do "presente etnográfico". Ao exercerem os europeus e euro-americanos uma pressão demográfica, política e cultural sobre as povoações indígenas, estavam introduzindo elementos novos que alteraram para sempre a vida dos nativos, ao mesmo tempo que eles próprios descreviam essas culturas. É o caso do estilo de vida tradicional dos índios das planícies do Oeste americano, ainda considerados os mais "típicos" dos nativos. Uma vez orientada principalmente para a caça do bisão, essa cultura passou a depender completamente do cavalo doméstico, introduzido pelos espanhóis na América do Norte. Para um livro de texto acerca da cultura das planícies, o "presente etnográfico" seria, no entanto, o período posterior ao contato com o nomadismo a cavalo.

OCEANO ÁRTICO
Groenlândia
Terras de Baffin
ÁRTICO
Círculo Polar Ártico
Yukón
Vestribyggd
Islândia
Estreito de Davis
Eystribyggd
OESTE SUBÁRTICO
BAÍA DE HUDSON
COSTA NOROESTE
LESTE SUBÁRTICO
L'Anse aux Meadows
PLANÍCIES SETENTRIONAIS
SUL DO CANADÁ
Terra Nova
ESCUDO
SUL DO CANADÁ
Missouri
PRADARIAS
BOSQUES DO LESTE
GRANDE BACIA
Ohio
OCEANO ATLÂNTICO
San Juan
PLANÍCIES DO SUL
CALIFÓRNIA
Mississippi
SUDOESTE
Santa Bárbara
Golfo do México
NOVO MÉXICO
Santiago
Tenochtitlán
Veracruz
MESOAMÉRICA
La Española
ANTILHAS
Mar do Caribe
CIRCUNCARIBE
Panamá
Orinoco
OCEANO PACÍFICO
Quito
AMAZÔNIA
Amazonas
Tumbes
Cajamarca
ANDES DO NORTE Y DO CENTRO
Lima
Cuzco
TERRAS ALTAS ORIENTAIS
GRANDE CHACO
ANDES MERIDIONALES
Paraná
Coquimbo
PAMPAS
TERRA DO FOGO
Estreito de magalhães
Trópico de Câncer
Equador
Trópico de Capricórnio
viagens e entradas de exploradores europeus até 1600
América do Norte
Exploradores escandinavos
Giovanni Caboto 1497
Ponce de León 1513
Verrazano 1524
Narváez e Cabeza de Vaca 1529-36
Cartier 1535-36
De Soto 1539-43
Coronado 1540-42
Cabrillo e Ferrelo 1542-43
Drake 1579
Oñate 1598-1604
Mesoamérica
Cortés 1519, 1524-25
América do Sul e Antilhas
Colombo 1492
Magalhães 1519-22
Francisco Pizarro 1524-33
Almagro 1535-37
Gonzalo Pizarro 1539-42
densidade populacional por 100 km² até 1500
alta (mais de 100 hab.)
média (1-100)
baixa (menos de 1)
escala equatorial 1: 54.000.000
GROENLÂNDIA
Alasca
CANADÁ
EUA
MÉXICO
BELIZE
HONDURAS
GUATEMALA
EL SALVADOR
NICARÁGUA
COSTA RICA
PANAMÁ
VENEZUELA
COLÔMBIA
EQUADOR
BRASIL
PERÚ
BOLÍVIA
PARAGUAI
CHILE
ARGENTINA
URUGUAI
densidade atual de população indo-americana por 100 km²
mais de 100
10-100
1-10
menos de 1
População mestiça (% da população)
mais de 50 %
10-50 %
menos de 10 %

# DESCOBRIMENTO E CONQUISTA PELOS EUROPEUS

**Populações nativas e descobrimento europeu no século XVI**
Um quadro demográfico do Novo Mundo às vésperas do descobrimento de Colombo tem necessariamente de ser em grande parte conjectural. Os cálculos sobre a população nativa no começo do século XVI variam de uma fonte para outra. Um mapa que adote alguns tipos de densidade de faixa ampla desfigura a verdade; mas é a única forma de chegar a algo parecido com uma representação razoável.
Do que não há dúvida são as conseqüências imediatas e devastadoras que se abateram sobre a população nativa com a chegada dos primeiros exploradores europeus. Em todas as partes, as comunidades nativas da América se viram assoladas, geralmente pela rápida difusão das doenças européias; mas em alguns lugares a isso se somaram as ferozes guerras de extermínio. Contra tais flagelos, os índios tinham pouca capacidade de resistência; só nas regiões afastadas das povoações européias a população nativa contou com alguma probabilidade de sobrevivência.
Os números da população nativa nunca foram recuperados, mas o modelo de distribuição do final do século XV (ver quadro), sim, permaneceu. Ainda hoje as povoações de sangue índio puro são mais numerosas nas nações andinas e da América Central, e são também abundantes naqueles estados dos E.U.A em que se estabeleceram as reservas indígenas. Mas são muitos mais os milhões dos que podem ser considerados como descendentes parciais da população indígena: os chamados "mestiços", a população indígena-européia que hoje constitui uma alta porcentagem dos habitantes dos países da América Latina.

O conceito – ou antes a falácia – de que os europeus "descobriram" um Novo Mundo em 1492 d.C. ou, de maneira mais realista, por volta do ano 1000 é comum entre os europeus e seus descendentes. Os indígenas americanos, familiarizados com seu próprio passado, sabem que seus antecessores asiáticos "descobriram" este hemisfério já no período das glaciações; e muitos índios norte-americanos, por exemplo, acham ridículas as pretensões européias.

Apesar disso, os europeus e euro-americanos continuam fascinados com os primeiros contatos entre seus antepassados e os índios americanos, e tem importância inegável o fato de esse contato implicar um benefício duradouro para a população branca do hemisfério oriental e uma catástrofe sem paliativo para os povos de pele escura do hemisfério ocidental.

As pretensões de uma intercomunicação entre a Europa e a América do Norte no período pré-*viking* estão envoltas numa concepção interessada e num patriotismo étnico. Isto é verdade sobretudo no que se refere às supostas viagens de monges irlandeses ao Novo Mundo, embora – como nos recorda o historiador inglês Geoffrey Ashe – se possa encontrar algo de verdade nas diferentes lendas que giram em torno da viagem de Brendan, um monge irlandês do século VI, em busca de um paraíso terrestre, chamado a "terra prometida aos santos". Que os monges irlandeses ascetas eram capazes de alcançar costas muito distantes em embarcações totalmente primitivas, para estabelecer suas comunidades em lugares afastados, é demonstrado por sua colonização das Órcades, das Shetland, das Faroe, e muito provavelmente também da Islândia. O relato da peregrinação oceânica de Brendan para o norte e o oeste é referido por várias fontes de data muito posterior e era conhecido em grande parte da Europa ocidental. Colombo se informou muito bem sobre ele antes de sua primeira expedição. Brendan e seus companheiros de hábito podem ter alcançado a Groenlândia e, em alguma outra viagem, ter chegado efetivamente às terras mais temperadas do Novo Mundo continental; terras que eles teriam identificado com o paraíso terrestre que andavam buscando.

No entanto, não existe prova arqueológica alguma que demonstre a existência dessas precoces viagens irlandesas ao hemisfério ocidental, e mesmo a lenda de Brendan é tão repleta de maravilhas, que a maior parte deve ser fábula. Não é esse, em contrapartida, o caso das grandes explorações *vikings* por volta do ano 1000. A colonização escandinava da Islândia e da Groenlândia é um fato: os filhos mais novos e suas famílias, sedentos de terra, partiram das costas norueguesas, conquistaram o Atlântico Norte e estabeleceram colônias espalhadas por aquelas terras distantes. Artefatos escandinavos apareceram precisamente na ilha de Ellesmere no alto Ártico da América do Norte. Tudo isso foi possível por seus conhecimentos avançados na construção naval e na arte de navegar; as embarcações escandinavas, com seu refinamento técnico, superavam amplamente as irlandesas.

A Groenlândia foi avistada pela primeira vez por um homem chamado Gunnbjörn, no começo do século XI. Em 982 o famoso Eric, o Vermelho, se fez à vela a fim de encontrar a terra que Gunnbjörn havia avistado, para o que explorou a fundo suas costas. Não achou vivalma, apesar de animais terem vivido ali em tempos anteriores (depois desapareceram). De volta à Islândia, Eric, o Vermelho, armou uma expedição colonizadora, com 400 pessoas que levaram consigo gado vacum, ovino e caprino. Fundaram duas colônias, uma ocidental e outra oriental, embora ambas no que poderíamos chamar de costa sul-ocidental daquela terra polar. Depois do ano 1000, a Groenlândia já fazia parte do mundo da Europa cristã, com suas igrejas, e depois de certo tempo até com um bispo, ao mesmo tempo que mantinha um comércio regular com a Noruega. Mas algum tempo depois do ano 1400, todos os seus habitantes morreram de maneira misteriosa.

Já que o estreito de Davis, que separa a Groenlândia da Terra de Baffin, não representou nenhuma barreira para os marinheiros escandinavos, não passou muito tempo até que os *vikings* da Groenlândia conhecessem as regiões costeiras do extremo setentrional da América do Norte. As sagas escandinavas descrevem três regiões: primeira, a Hellulândia, um lugar estéril e frio, que costuma ser identificado com a costa oriental da Terra de Baffin (que fica de ambos os lados do Círculo Polar Ártico); segunda, a Marklândia, ao sul da Hellulândia, com abundantes bosques e que, quase com certeza, se identifica com a costa da atual península de Labrador; e, terceira, a Vinlândia. Os primeiros mapas europeus e as mesmas sagas sugerem que esta última era uma longa e estreita península ou ilha, que se estendia para o norte em direção à Marklândia. Dizia-se que esta região, diferentemente das outras duas, era habitável, com vinhedos silvestres e "trigo que crescia sozinho".

*A saga dos groenlandeses* narra que a Vinlândia foi descoberta em 986 por um viajante que acidentalmente havia perdido a rota; mas que foi visitada e colonizada por Leif Eriksson. As expedições subseqüentes tornaram possível ali uma colônia mais ou menos estável, embora não faltassem os choques violentos com uma população nativa, à qual chamaram *skraelings*, e que quase certamente eram esquimós.

Onde ficava a Vinlândia e o que era? Hipóteses e especulações haviam situado a região ao sul de Cape Cod e de Rhode Island; mas anos de investigação e busca conduziram o erudito norueguês Helge Ingstade a demonstrar de forma concludente que se tratava da extremidade setentrional da Terra Nova, onde descobriu e escavou uma povoação escandinava num lugar conhecido como L'Anse aux Meadows. É o único sítio arqueológico ou povoação indiscutivelmente escandinava na América do Norte, e deve ser o lugar descrito nas sagas. Uma série de dados obtidos com o carbono 14 data a sua ocupação por volta do ano 1000. Os alicerces da casa, os artefatos escandinavos simples e as provas de fundição de ferro hidratado são típicos das povoações escandinavas medievais na Noruega, na Islândia e na Groenlândia.

Qual foi o efeito deste contato sobre as populações do Novo Mundo? Provavelmente muito pequeno. Os esquimós da cultura Dorset, que ocuparam o extremo setentrional da Terra Nova, sem dúvida apreciaram o ferro forjado que os *vikings* haviam levado para ali ou haviam fundido *in situ*, e alguns artefatos *vikings* devem ter circulado pelos centros de comércio esquimó dentro do Ártico; mas a influência européia sobre as culturas indígenas americanas foi mínima até a chegada de espanhóis e portugueses séculos depois.

**As viagens de Colombo**

Ao falar de "descobrimento", é necessário distinguir entre descobrimento de fato e descobrimento efetivo. Um exemplo de tal distinção poderia ser o do famoso lugar inca de Machu Picchu, que na verdade fora descoberto muito antes de que a expedição de Hiram Bingham, em 1911, chegasse até ali (sem dúvida, indígenas que habitavam os vales próximos já o conheciam havia muito); mas foi Bingham quem o deu a conhecer ao mundo inteiro. O mesmo ocorreu com Colombo: realmente os *vikings* haviam descoberto o Novo Mundo, mas Colombo o pôs no mapa e, com suas explorações, levou a colonização européia a uma grande escala e ao contínuo holocausto que devorou os americanos nativos nos últimos cinco séculos.

Cristóvão Colombo era um genovês pobre, a quem os Reis Católicos, Fernando e Isabel, elevaram à dignidade de "Almirante do mar oceano e governador geral das Índias". Depois da negativa do rei João II de Portugal a Colombo, os soberanos espanhóis concordaram em custear uma expedição que, cruzando o Atlântico, alcançasse as Índias Orientais. Colombo, como qualquer europeu culto, sabia que a Terra era esférica; conhecia as supostas viagens de Brendan em busca da "terra prometida" do oeste; e havia visitado a Islândia, onde deve ter ouvido falar dos descobrimentos e da colonização da Groenlândia e da Vinlândia pelos *vikings*. Mas, confiando demasiadamente na geografia teórica de Paolo Toscanelli, subestimou seriamente a extensão do Atlântico e acreditou que as costas orientais e os sistemas de ilhas da Ásia não estivessem muito afastados da Europa. Apesar de suas quatro grandes viagens de descobrimento, continuou convencido de que havia alcançado as Índias Orientais pela rota do Atlântico, e não um continente completamente "novo".

Foi pouco depois da meia-noite da sexta-feira 12 de outubro de 1492 que o Novo Mundo foi avistado pela primeira vez da caravela *Niña*; na manhã seguinte, os espanhóis viram pessoas nuas e o almirante desembarcou para fincar o pavilhão real e tomar posse da nova terra para a Coroa espanhola. Era uma ilha pequena, que os indígenas denominavam Guanahani, mas que os espanhóis chamaram São Salvador, e era uma das muitas ilhas do arquipélago das Bahamas. Os nativos eram simples e pacíficos, e Colombo, na esperança de que seria mais fácil convertê-los ao cristianismo se os tratassem amavelmente, lhes deu gorros vermelhos e colares de contas de vidro sem valor algum. Assim começou o primeiro intercâmbio entre europeus e índios americanos.

Na primeira viagem, o almirante chegou a Cuba e deixou uma pequena colônia na Espanhola; mas nas três viagens subseqüentes explorou as Antilhas, desembarcou na terra firme da América do Sul, na desembocadura do Orinoco, e navegou ao largo da costa de Honduras (onde encontrou uma grande canoa maia dedicada ao comércio).

As explorações e colonizações portuguesas se estenderam em geral pelo sul e pelo leste, ao redor da África e até da Índia. Uma prolongada disputa diplomática entre a Espanha e Portugal levou o papa Alexandre VI a traçar uma linha de norte a sul, que dividia o mundo entre as duas nações; em 1494, essa linha se estabeleceu por mútuo consentimento (no Tratado de Tordesilhas) a cerca de 45 graus de latitude oeste, cabendo à Espanha tudo o que ficava a poente da dita linha e a Portugal o que ficava a leste dela. Como a linha passava pela terra firme da América do Sul, Portugal pôde reclamar o que agora é o Brasil oriental (que os portugueses descobriram posteriormente, em 1500) ao sul da desembocadura do Amazonas.

Alguns eruditos crêem que pescadores bascos e talvez pessoas de Bristol trabalharam nos bancos em frente ao Nordeste da América do Norte pela abundância de seus pesqueiros, antes da primeira viagem de Colombo, e que podem ter alcançado o Novo Mundo. Como quer que fosse, em 1497 alguns mercadores de Bristol fretaram um navio que zarpou para o oeste sob as ordens do capitão genovês Giovanni Caboto, que provavelmente descobriu a Terra Nova e o continente. No entanto, ainda decorreria outro século até que os ingleses e seus competidores, os franceses, começassem a pensar na colonização da América do Norte.

*Acima.* As viagens de Colombo giraram em torno da Espanhola, que foi o centro das primeiras operações espanholas. Colombo, naturalmente, julgava ter alcançado algumas ilhas pouco distantes da Ásia. Sua chegada à Espanhola foi representada numa gravura pelo artista belga Théodore de Bry um século depois do acontecimento. De Bry, que nunca visitou o Novo Mundo, ilustrou a *Historia Americae* em 14 volumes com cenas da viagem. Seu ponto de vista é sempre o do europeu. Aqui apresenta um grupo de índios oferecendo presentes à expedição de espanhóis recém-chegados, presentes que mais se parecem com objetos feitos por joalheiros europeus com o ouro do Novo Mundo do que objetos confeccionados pelos índios. De fato, os índios obsequiaram Colombo com papagaios, lanças e novelos de fio de algodão. De Bry pinta estes índios tainos com tapa-sexo, mas na verdade não estavam usando roupa alguma, só plumas e adornos de ouro. Pintavam o corpo de vermelho e preto.

## A AMÉRICA DO NORTE NO SÉCULO XVI

O século XVI foi um período crepuscular na história da exploração européia da América do Norte. O clima entusiástico que havia levado os escandinavos a colonizar a Groenlândia nos primeiros momentos foi decaindo ao longo das centúrias seguintes, e as colônias groenlandesas haviam desaparecido no começo do século XV. As experiências dos escandinavos foram para os exploradores europeus posteriores pouco mais que um rumor, no melhor dos casos. Pescadores portugueses ou de outros países podem ter tido notícias da América do Norte ao longo do século XV; mas não temos provas seguras.

**O modelo de conquista européia no século XVI**

A rapidez e o êxito com que os espanhóis forjaram um vasto império nas Américas atestam a alta organização efetiva das grandes civilizações da época na Mesoamérica e nos Andes. Ao suplantarem os governantes astecas e incas, os conquistadores espanhóis assumiram imediatamente as rédeas que controlavam milhões de pessoas. Ao mesmo tempo, suas terras passavam para a Coroa da Espanha, cujas pretensões à parte do leão diante de Portugal no continente recém-descoberto já se haviam estabelecido no ano de 1494.

No começo do século XVI, os europeus acreditaram ter encontrado a Ásia, ou ao menos uma série de ilhas diante das costas asiáticas. Amiúde, a exploração inicial se preocupou mais com rodear esses obstáculos do que com a maneira de explorá-los, e a esperança de achar uma passagem através do Pacífico se manteve viva ao longo de todo o século. Muitos exploradores fizeram pouco mais que costear. A maior parte, quando desembarcava, penetrava pouco terra adentro. As entradas maiores (explorações continentais) foram levadas a efeito principalmente por um punhado de exploradores espanhóis, entre os quais se destacam Hernando de Soto, Francisco Vázquez de Coronado e Álvar Núñez Cabeza de Vaca.

Muitos dos exploradores, especialmente os que penetraram o interior, esperavam emular as conquistas proveitosas de Cortés e de Pizarro. No início, as povoações de ingleses e franceses durante esse século se estabeleceram em grande parte para apoderar-se dos navios espanhóis que transportavam tesouros, enquanto as povoações costeiras espanholas visavam principalmente à autoproteção. Alguns enclaves da costa se deveram a missionários espanhóis que esperavam converter os índios. As tentativas de criar algumas colônias agrícolas viáveis e auto-suficientes não foram feitas seriamente senão no século XVII.

Pescadores hábeis, conquanto analfabetos e furtivos, podem ter fundado pesqueiras na Terra Nova durante o século XVI. Certamente no XVI, navios pesqueiros bascos, bretões, portugueses, ingleses e franceses exploravam anualmente as pesqueiras do grande banco. Em meados do século XVI, pelo menos 50 navios trabalhavam a cada estação na região. Em 1580 os navios já eram mais de uma centena, e no final do século já chegavam a 200, 300 unidades. Os pescadores do Sul da Europa levavam sal para conservar o pescado e só ocasionalmente tinham necessidade de desembarcar para pegar água, lenha e alimentos.

Os europeus do norte não tinham acesso a sal barato, razão por que estabeleceram povoações temporárias em terra para secar suas capturas antes de transportá-las para casa. Em meados do século XVI, entraram em voga na Europa os chapéus de pele de castor. Não foi preciso muito tempo para que esta nova indústria esgotasse as reservas de castores europeus, motivo pelo qual a demanda de peles levou à busca de outras fontes de abastecimento. É provável que os pescadores tenham descoberto a possibilidade de algum lucro adicional comerciando com os índios nas povoações costeiras. Assim, várias décadas antes que se encontrassem com Hudson, Champlain e demais exploradores do início do século XVII, algumas comunidades indígenas da costa já conheciam os mercadores europeus. E sabiam o que estes buscavam e o que eles mesmos mais desejavam em troca.

**Exploração das costas**

Os relatos da exploração européia do século XVI na América ao norte do México são incompletos e incertos. Apesar disso, está claro que em pelo menos metade dos anos desse século houve contatos significativos entre índios e europeus num ou vários pontos do continente mais amiúde que ao longo das costas. Gaspar Côrte-Real avistou o cabo Farewell, na Groenlândia, em 1500 e voltou a navegar pela costa nororiental de Labrador e Terra Nova antes de desaparecer no oceano no ano seguinte. Uma embarcação remanescente regressou a Portugal e estimulou Miguel Côrte-Real a seguir a rota do irmão em 1502. Também ele se perdeu no mar.

Sebastião Caboto seguiu a rota de seu pai para a América em torno de 1508; mas deixou muito pouca informação sobre sua viagem. Juan Ponce de León explorou a costa da Flórida em 1513. Antonio de Alaminos, que depois serviria a Hernán Cortés como piloto na conquista do México, alcançou a mesma costa em 1517. João Fagundes explorou as costas da Terra Nova em 1520. Ponce de León tentou estabelecer uma colônia na Flórida em 1521, mas num ataque dos índios foi ferido mortalmente. Giovanni da Verrazano, um italiano a serviço da França, explorou a costa da Carolina setentrional ao longo do verão de 1524, estabelecendo contato com os índios em vários pontos. Estêvão Gomes, um português que trabalhava para a Espanha, seguiu seus passos poucos meses depois, mas não se conhecem os detalhes de sua viagem. Em 1526, Lucas Vázquez de Ayllón fundou e depois abandonou a povoação de São Miguel de Guadalupe, na costa da atual Carolina do Sul. No ano seguinte, John Rut pilotou um barco inglês ao longo da costa de norte para sul, fazendo ao revés a rota de Verrazano.

Em 1528, quando Rut regressava à Inglaterra, Pánfilo de Narváez tentou explorar a Flórida. Já em 1520 havia fracassado em seu empenho de pôr Cortés sob o comando de Diego Velázquez em solo mexicano; seus esforços agora, oito anos depois, tampouco obtiveram bons resultados. Desembarcou com uma expedição nos arredores da baía de Tampa e perdeu contato com seus navios. A expedição explorou o território ao longo da planície costeira para o Noroeste da Flórida, e dali retornou ao mar em navios construídos em terra. Depois de seguir a costa do golfo até as proximidades da moderna Galveston, Texas, os navios foram dispersados por uma tormenta, na qual pereceram Narváez e a maior parte de seus homens. Mas um dos navios, que transportava Álvar Núñez Cabeza de Vaca, um africano chamado Esteban e mais alguns homens, encalhou, dando origem a uma entrada involuntária através dos desertos do Texas e do Norte do México, que se prolongou por sete anos. Cabeza de Vaca chegou esgotado em 1536 a um posto avançado espanhol do Oeste do México, e depois escreveu um diário de suas viagens entre os índios.

Jacques Cartier realizou sua primeira viagem ao Canadá no ano de 1534. Sua segunda viagem se prolongou pelos dois anos seguintes, mas fracassou sua tentativa de estabelecer uma colônia em Standacone (a moderna Québec). Richard Hore explorou (com menor êxito) a serviço da Inglaterra a mesma região e quase nas mesmas datas.

**Exploração terra adentro**

Hernando de Soto iniciou sua entrada no sudeste no ano de 1539. Marcos de Niza, em companhia de Esteban, o companheiro de Cabeza de Vaca, explorou no mesmo ano na direção norte o Sudoeste do México. A entrada posterior foi levada a cabo pela expedição de Coronado no ano seguinte. Em 1541, ao mesmo tempo que Cartier iniciava sua terceira viagem para o nordeste, tiveram efeito duas importantes entradas espanholas.

Um ano depois, Cartier regressava à França depois de seus encargos e sua nova povoação de Charlesbourge-Royal serem assumidos por uma nova expedição, sob as ordens de Roberval, enquanto a expedição de Coronado retornava ao México após ter estado a poucas centenas de quilômetros da de Soto. Os homens deste necessitaram de outro ano para completar seu regresso ao México. Também Roberval regressou em 1543.

Nesse ínterim, em 1542, Juan Rodríguez Cabrillo explorava a costa da Califórnia. Não encontrou a Porta Dourada, como faria Drake 37 anos depois; mas passou algum tempo na baía depois chamada de Drake. Cabrillo morreu no começo do ano seguinte, deixando o comando da expedição para Bartolomé Ferrelo, que completaria a viagem.

O frade Luis de Cáncer tentou fundar uma missão na baía de Tampa, em 1549; mas foi assassinado pelos índios, que se lembravam da visita de Soto dez anos antes. Uma década depois, Tristán de Luna e Arellano conseguiu estabelecer uma base em Ochuse, junto à enseada de Pensacola. Dois anos depois, em 1561, Ángel de Villafane substituía Luna e depois tentaria, sem sucesso, a povoação de Santa Elena, na costa oriental. Não obstante, Pedro Menéndez de Avilés soube aproveitar a ocasião para explorar a costa pelo norte até a baía de Chesapeake. O protestante francês Jean Ribault fundou a colônia de Charlesfort, em Parris Island, em 1562. René Goulaine de Laudonnière construiu dois anos depois o Fort Carolina, mais importante, às margens do rio St. Johns. Em 1565 Laudonnière recebeu petrechos de John Hawkins, que então realizava sua segunda viagem contra os espanhóis. Mas Menéndez de Avilés ocupou as povoações francesas, mandou executar seus povoadores, que ele havia capturado, e fundou as colônias espanholas de San Agustín, San Mateo e Santa Elena. No ano seguinte, Pedro de Coronas procurou, mas sem sucesso, estender a influência hispânica mediante o estabelecimento de um posto na baía de Chesapeake.

Os relatos e as impressões dos índios americanos que chegaram à Europa no século XVI obtiveram uma resposta amplamente favorável. Os informes de seus sofrimentos nas mãos dos espanhóis, tal como os ilustrou De Bry (*acima*), suscitaram simpatia, enquanto os atraentes desenhos do explorador inglês John White (*direita*) fomentaram o sentimento da nobreza do índio, que já aparecia em *A tempestade*, de Shakespeare.

John Hawkins realizou sua terceira viagem em 1567, levando como segundo chefe um jovem de cerca de 25 anos chamado Francis Drake. Um dos homens de sua tripulação pode ter sido David Ingram, talvez desembarcado na costa do golfo. Depois, Ingram se jactou de haver caminhado dali a New Brunswick ao longo dos anos seguintes, enquanto visitava aldeias indígenas durante seu percurso; mas o relato é posto em dúvida por muitos historiadores. Os franceses vingaram-se dos espanhóis em 1568, quando Dominique de Gourges destruiu a povoação hispânica de San Mateo. Alguns jesuítas espanhóis conseguiram fundar uma missão em 1570 junto ao rio York, mas San Agustín foi arrasada pelos ingleses, e os jesuítas, exterminados pelos índios no ano seguinte.

Enquanto os espanhóis levantavam os restos de suas povoações meridionais, outros exploradores europeus empreendiam a aventura de buscar uma passagem alternativa pelo noroeste que os levasse até a Ásia. Eannes Côrte-Real a esteve procurando, seguido em 1576 pelo explorador inglês Martin Frobisher. Dois anos depois, Frobisher levava a cabo sua segunda e terceira viagens, ao mesmo tempo que os franceses faziam algumas breves tentativas de reassentar-se ao norte de Santa Elena. Em 1579, Francis Drake explorou a costa californiana em busca da baía de São Francisco, como o fizera Cabrillo antes dele; mas navegou para o norte até a ilha de Vancouver antes de regressar à baía que agora levava seu nome, e adentrando-se depois pelo oeste no Pacífico.

O interesse espanhol pelo Sudoeste renasceu em 1581. Francisco Sánchez Chamuscado conduziu um pequeno grupo de soldados e clérigos na direção norte até a região de Pueblo, abandonando um dos sacerdotes moribundo e outros dois companheiros quando regressou no ano seguinte. Antonio de Espejo foi em busca dos missionários sobreviventes em 1582; mas a entrada se transformou numa expedição de busca até que Espejo soube da morte deles.

Humphrey Gilbert percorreu a Terra Nova enquanto Etienne Bellenger explorava a baía de Fundy em 1583. Philip Amadas e Arthur Barlowe reconheciam em 1584 a costa, preparando a povoação que Walter Raleigh fundaria em Roanoke no ano seguinte. Esse ano viu também a primeira viagem de John Davis em busca da passagem noroeste. Em 1587 Francis Drake arrasou a colônia espanhola de San Agustín, Roanoke foi abandonada e Davis repetiu sua tentativa. Em 1587, Davis levou a cabo sua terceira tentativa, enquanto os colonos de Roanoke o faziam pela segunda vez. Vicente González descobria a colônia de Roanoke após sua exploração da baía de Chesapeake em 1588; mas John White não encontrou rastro algum dos colonizadores quando voltou ali para substituí-los em 1590.

A costa do Atlântico Sul ficou em mãos espanholas durante a última década do século, enquanto os pescadores franceses, bascos, portugueses e ingleses disputavam a costa setentrional. George Drake assolou as ilhas Madalena em 1593, e um ano depois Stevan de Bocall, um basco que trabalhava a serviço da Inglaterra, explorava a costa da Terra Nova. Em 1597 tentaram colonizar as ilhas Madalena, mas foram expulsos. Foi no século seguinte que os ingleses puderam assentar colônias estáveis na América do Norte.

Na mesma época, os espanhóis mostravam um empenho mais sério na exploração do sudoeste. Juan de Oñate conduziu uma grande expedição colonizadora até o Norte de Novo México em 1598 e fundou uma colônia em San Juan, no vale superior do Rio Grande. Ali iniciou um regime de opressão sobre os índios pueblos, que se prolongaria por 80 anos.

Embora os contatos entre europeus e índios no século XVI fossem de mera sondagem, esporádicos e em geral reduzidos às regiões marginais do continente, deram o tom para contatos posteriores mais intensos. As mercadorias começaram a fluir nas duas direções, e as culturas de ambos os continentes também começaram a experimentar alterações de um modo que seria muito menos sutil no século seguinte.

**Povoamento e devastação**

As povoações indígenas que os europeus encontraram estavam ainda em período de reconstrução. As epidemias, que amiúde precederam aos informes descritivos, fazem com que os estudiosos modernos tenham dificuldades para calcular a taxa demográfica. Os cômputos correntes mais dignos de crédito assinalam algumas densidades baixas de 0,1-1 pessoas por 100 km$^2$ no Ártico, Subártico, nas planícies e em algumas áreas da Grande Bacia. Densidades médias de 1-100 pessoas por 100 km$^2$ eram prováveis no Sul do Canadá, no planalto e em algumas zonas do Nordeste do México. Algumas densidades altas, de mais de 100 pessoas por 100 km$^2$, caracterizavam sem dúvida o restante do continente.

As epidemias de origem européia já devastavam a América Central no começo do século XVI, e focos isolados de doenças na América do Norte são relatados aqui e ali em alguns dos documentos conservados. Depois de 1600, a exploração européia se tornou mais freqüente, comportando algumas expedições mais numerosas e estabelecendo colônias. Ao mesmo tempo, as epidemias de varíola, sarampo, gripe e outras doenças letais se foram naturalizando, e a população indígena da América do Norte começou a declinar drasticamente. Nessa época as povoações indígenas do México já haviam alcançado seu ponto mais baixo: só 5% com relação a 1492.

Até sem as epidemias mortais que se propagavam numa só direção, as culturas indígenas da América do Norte estavam em desvantagem de adaptação ante a expansão européia. A Europa se achava no centro de um sistema econômico mundial em desenvolvimento, e sua expansão era promovida por nações-estados de base territorial de tipo avançado que ainda não se havia desenvolvido na América ao norte do México. As nações da América do Norte careciam ainda de muitos traços de organização estatal, que incluíam algumas fronteiras territoriais bem definidas. O colapso demográfico posterior a 1600 só fez acelerar um processo inevitável.

## A AMÉRICA LATINA NO SÉCULO XVI

O debate sobre a verdadeira natureza da subjugação dos índios nativos do que seria a América Latina (México, América Central, América do Sul e a parte do Caribe de fala hispânica) por parte de espanhóis e portugueses no século posterior a 1492 quase começou uma década antes que o processo de colonização se estendesse aos territórios em terra firme do México e do Peru. O debate foi protagonizado não tanto pelos críticos estrangeiros da expansão ibérica quanto pelos próprios juristas e eclesiásticos com influência e autoridade nas cortes de Madri e de Lisboa.

Na América hispânica, o frade dominicano Antonio de Montesinos advertiu os ocupantes da Espanhola (atualmente o Haiti e a República Dominicana), já em 1511 e num sermão que se tornou famoso, que eles estavam em pecado mortal pela "cruel e horrível" servidão que haviam imposto aos nativos da ilha, os tainos. Os cálculos sobre a população nativa da Espanhola em 1492 variam notavelmente, mas é provável que não chegasse aos 3 milhões; em 1539, os tainos haviam sido virtualmente exterminados por uma combinação de crueldade generalizada, de excesso de trabalho e do flagelo das doenças européias.

Em 1539, a urgência em desenvolver uma legislação efetiva que freasse os excessos dos conquistadores havia deixado de ser uma simples necessidade social e moral para transformar-se num problema de importância política fundamental, quando a Coroa espanhola recebeu informes do Peru sobre as encarniçadas guerras civis de facções rivais espanholas, que disputavam o espólio da conquista e buscavam uma forma de impor sua própria autoridade. Enquanto no Caribe os espanhóis haviam encontrado uma população nativa em estado intermediário de desenvolvimento, com sociedades assentadas e certo grau de organização política, e que resistiam à escravidão e outras formas de exploração, a conquista do México em 1519-1521 e a do Peru em 1533 foi arrostada abertamente por algumas sociedades complexas, que contavam com alto grau de organização administrativa e social. A recompensa imediata foram os tesouros acumulados não só pelos astecas e pelos incas, mas também por outras muitas civilizações que os precederam. Mas muito mais importante que o butim foi o acesso ao trabalho e aos tributos de milhões de índios que, desde antes da chegada dos espanhóis, estavam habituados à exploração socioeconômica por parte dos forjadores de impérios.

Os conquistadores do Peru estavam divididos em 1536 em dois grupos antagônicos: o dos pizarristas (seguidores de Francisco de Pizarro e de seus quatro meios-irmãos) e o dos almagristas (seguidores de Diego de Almagro, companheiro de Pizarro na expedição do Panamá ao Peru, que regressou do Chile decepcionado com o fracasso de não haver encontrado ali uma cidade rival de Cuzco, a capital inca). Os chefes das facções em guerra eram motivados pela sede de poder, e seus sequazes pela obtenção de "encomendas" de índios, dos quais poderiam exigir tributo ou prestação pessoal. Em teoria, o sistema de encomendas, que havia tido origem na Espanhola (embora suas origens peninsulares estivessem na Reconquista espanhola), representava um compromisso entre o reconhecimento pela Coroa do direito dos conquistadores a ter acesso à força de trabalho indígena e a recusa da idéia de que os índios pudessem ser escravizados de maneira indiscriminada. Entre suas vantagens, o sistema incluía a preservação da natureza comunal da sociedade indígena, porque os encomendeiros costumavam viver longe de onde exerciam seus cargos, deixando aos chefes hereditários nativos, os caciques ou *curacas*, a tarefa de obter e distribuir os tributos.

Na prática, no entanto, como o advertia incansavelmente Bartolomeu de Las Casas, os espanhóis tendiam a ignorar as obrigações que o sistema lhes impunha – a defesa e proteção dos índios, a provisão de sacerdotes e de escolas –, enquanto suas exigências de tributos e prestação pessoal foram tão opressivas, que acabaram por destruir as comunidades nativas.

A Coroa respondeu às reclamações de Las Casas com um extenso código de Leis Novas em 1542, privando imediatamente de suas encomendas os funcionários da Coroa, os eclesiásticos e quantos tinham estado implicados nos distúrbios do Peru; declarava que o restante das encomendas reverteria para a Coroa com a morte de seus proprietários, e deixava bem claro que não se concederiam novas encomendas. De fato, o sistema estava sendo abolido. A reação espontânea dos espanhóis do Peru, que virtualmente eram os que haviam combatido nas guerras civis e que se viam prestes a perder imediatamente suas encomendas, foi superar suas diferenças internas e, sob o comando de Gonzalo de Pizarro (Francisco, como Diego de Almagro, havia morrido nos distúrbios), empunhar armas contra o primeiro vice-rei do Peru, Blasco Núñez Vela. Este havia chegado a Lima em 1544 para impor as Leis Novas. Em 1545, a Coroa optou por revogar as cláusulas mais duras da legislação, iniciativa que se deveu, principalmente, às advertências feitas no México de que sem encomendeiros não seria possível proteger o vice-reinado da Nova Espanha contra as revoltas indígenas, como a dos mixtones, que em 1540-1541 rebentara no norte do país. Mas a decisão régia chegou demasiado tarde para salvar Núñez, que morreu combatendo Pizarro no começo de 1546. Ela demonstrou-se adequada, no entanto, para persuadir grande número de colonizadores influentes a apoiar contra de Pizarro o novo representante da Coroa, Pedro de la Gasca, que chegou ao Peru em 1547. Após uma sangrenta batalha perto de Cuzco, Pizarro foi executado em maio de 1548, e as encomendas de seus partidários que não haviam passado a tempo para as fileiras realistas, foram redistribuídas entre os chefes do exército de De la Gasca.

Quase simultaneamente, faziam-se em Valladolid os preparativos para um debate formal, e na presença de um júri, entre Las Casas, "o apóstolo dos índios", e o principal apologista da conquista, Juan Ginés de Sepúlveda, que acreditava que as atrocidades denunciadas por frade Bartolomeu de las Casas, embora repugnantes, tinham menos importância que a responsabilidade dos espanhóis em impor a cultura cristã aos nativos americanos, "que reclamam... ser postos sob a autoridade de príncipes e nações civilizados e virtuosos, de maneira que possam aprender com o poder, sabedoria e lei de seus conquistadores a praticar uma moral melhor, alguns costumes mais dignos e uma forma de vida mais civilizada". Embora não se tenha anunciado o resultado, a Coroa recusou-se a dar posterior permissão para publicar as obras de Sepúlveda, enquanto a Las Casas se permitiu lançar a primeira edição de sua famosa *Breve relação da destruição das Índias* em 1552.

Incas lamentando o azar de um cativo dos espanhóis, que o executam "sem nenhuma culpa".

A "lenda negra" do domínio europeu sobre a América Latina, embora não tenha recebido tal nome senão séculos depois, foi criada por Las Casas e outros frades que haviam presenciado a fria crueldade dos conquistadores, que tentavam enriquecer depressa nas ilhas do Caribe e nas costas do continente durante as primeiras décadas que seguiram a 1492, quando a autoridade da Coroa era pouco efetiva e quando ainda não se percebiam claramente as vantagens econômicas que a longo prazo teriam podido obter os colonizadores, sem que houvessem cuidado da população nativa. Os piores excessos foram cometidos nos centros de uma civilização nativa avançada – México, América Central e Peru –, na segunda metade do século XVI, para substituí-la por algumas formas mais sistemáticas e controladas de exploração, tendentes a proporcionar à sociedade espanhola acesso ao trabalho e à produção de índios mediante uma grande variedade de recursos, como o sistema das encomendas, destinado a combinar a liberdade teórica dos nativos com as exigências dos colonizadores. Embora a encomenda tenha sobrevivido na Nova Espanha e no Peru até o começo do século XVII, a maior parte das concessões reverteu para a Coroa ao fim de duas gerações, passando os territórios assim liberados ao controle dos governadores provinciais ou corregedores, cujas responsabilidades incluíam a supervisão do sistema tributário. Isso implicava a arrecadação para a Coroa de um imposto pessoal, que cada dois anos tinham de pagar os índios adultos do sexo masculino em reconhecimento de sua subordinação.

A outra instituição principal estabelecida para que os espanhóis se aproveitassem do trabalho dos índios foi o recrutamento de trabalhadores pelas autoridades vice-reais sobre uma cota base com que tinham de contribuir, em prol de particulares ou das corporações municipais.

**As vicissitudes da população nativa**

Estima-se que no Peru a população nativa caiu de cerca de 9 milhões em 1533 para pouco mais de 500.000 indivíduos no começo do século XVII; nesse estado permaneceu até princípios do XVIII, alcançando 700.000 em 1800. Na costa, o colapso foi quase total, devido principalmente ao alastramento das doenças epidêmicas – a primeira epidemia de varíola, que matou o imperador inca Huayna Capac, adiantou-se de fato à chegada física de Pizarro –, embora a crueldade dos conquistadores, as contínuas guerras (que também precederam a conquista) e o impacto psicológico da destruição de seu mundo tenham sido outros fatores decisivos para a diminuição da capacidade reprodutora do índio. O modelo de decadência foi similar na Nova Espanha (México e América Central), onde uma população nativa que segundo os diversos cálculos pode ter sido de 11 a 25 milhões às vésperas da conquista (os estudos recentes optam em geral pela cifra mais baixa) caiu para um milhão, duzentos e cinqüenta em 1625, alcançando dois milhões e meio em 1800. De novo foram as epidemias o fator mais destrutivo.

Dominação pela brutalidade: um espanhol calçando esporas dá um pontapé num índio ajoelhado.

Muito menos avançada está a investigação sobre as povoações nativas mais descentralizadas nas vastas regiões a leste dos Andes e ao sul da América meridional; em parte porque essas áreas nunca foram assimiladas plenamente aos impérios da Espanha e de Portugal, e assim tampouco proporcionaram as contas do tributo colonial, que servem de base para as estimativas da população anterior à conquista. Crê-se que a população araucana do que hoje são o Chile e a Patagônia era de cerca de um milhão de habitantes no começo do século XVI. Nunca foi assimilada propriamente ao Império espanhol, em parte porque sua própria estrutura seminômade e descentralizada impedia que os pequenos grupos de europeus a submetessem mediante ataques convencionais, como no caso do México e no do Peru. Estes últimos eram centros de complicados sistemas imperiais, de modo que os conquistadores só tiveram de ocupar o lugar dos antigos soberanos astecas e incas. Conseqüentemente, a conquista do Chile foi um longo processo de guerra de fronteiras, reforçado por tratados ocasionais, que foi empurrando gradualmente os araucanos para o sul, onde talvez cerca de 100.000 nativos conservaram sua independência do domínio branco. Só foram submetidos completamente no século XIX.

Também é muito difícil de estimar a população do que depois seria o Brasil português, quando em 1500 chegaram os primeiros europeus. Isto se deve, em parte, a que compreendia muitas tribos e, em parte, a que a Coroa portuguesa mostrou muito menos interesse que a espanhola na proteção dos habitantes nativos. As estimativas variam de 2 milhões e meio a 5 milhões, prevalecendo entre os estudiosos modernos as cifras mais altas. O certo é que, quando em 1533 começou a colonização sistemática dos portugueses, todo o litoral era habitado por tribos dispersas da família tupi-guarani, e que em 1600 havia acontecido um grande despovoamento. Embora as epidemias representassem um fator significativo em tal processo – uma de varíola matou na Bahia 30.000 pessoas em 1562-1565, por exemplo –, as guerras de extermínio e escravidão tiveram ali importância relativamente maior que em muitas regiões da América espanhola. Os índios tupinambás da costa da Bahia, por exemplo, foram deliberadamente dispersos, escravizados e mortos pelo terceiro governador-geral do Brasil, Mem de Sá (1557-1572), que destruiu mais de 300 aldeias ao redor de Salvador, a capital do Brasil no século XVI. Embora a escassez de mão-de-obra que essa política provocou na costa se tenha remediado, afinal, com a importação de escravos negros, ela induziu no começo do século XVII às incursões em busca de escravos ao longo do Amazonas ao norte e no Paraguai ao sul. Em ambos os casos, os bandeirantes portugueses – e as fronteiras efetivas do Brasil – adentraram em muitos territórios que nominalmente eram destinados à Espanha, mas que os espanhóis costumavam evitar por não oferecerem metais preciosos de exploração rendosa e nativos facilmente assimiláveis. Os missionários jesuítas, que chegaram ao Paraguai em 1610, organizaram por sua conta os guaranis para que resistissem à penetração portuguesa, preservando ali cerca de 100.000 nativos à margem da aculturação e de outras coisas piores, até que a Companhia de Jesus foi expulsa pela Coroa espanhola em 1767. No Paraguai ocidental, um número menor de índios chacos, bem como algumas tribos dispersas de amazônios, se mantiveram a salvo unicamente por seu afastamento da colonização européia. Na bacia do Amazonas, o número total de sobreviventes talvez fosse de cerca de um milhão.

As missões jesuíticas do Paraguai, que se assentavam na segregação da população indígena com relação aos europeus, com a única exceção dos missionários, representavam em certo sentido o desenvolvimento de algumas experiências já levadas a efeito por Las Casas na primeira metade do século XVI, e que pretendiam demonstrar à Coroa que os nativos das Américas eram capazes de viver uma existência cristã em paz e harmonia, separados da sociedade colonizadora. E, embora as tentativas dos dominicanos não tenham dado resultado nesse ponto, a idéia de uma sociedade que podia construir-se em "repúblicas" separadas de índios e espanhóis, cada uma com sua própria hierarquia e seu controle social e político, foi algo que se manteve vigorosamente na legislação colonial espanhola até já bem avançado o século XVII. Em certa medida, refletia a necessidade de conservar e até ampliar os privilégios dos nobres nativos, como um meio que permitisse a um punhado de espanhóis controlar os milhões de povoadores indígenas que sobreviveram à primeira conquista. No Peru, a Espanha manteve em Cuzco os imperadores fantoches incas até 1549, e muitas mulheres da aristocracia nativa se casaram com encomendeiros. Sayri Túpac, neto do último imperador inca aceito por todos, Huayna Capac, viveu como grande senhor em Yucay no final da década de 1550. E em 1616 foi outorgado o título de marquesa de Oropesa à neta de Sayri, cujo pai havia sido capitão-geral do Chile. No México, a duas das filhas de Motechuhzoma (Montezuma) foram concedi- das encomendas perpétuas sobre cidades indígenas, ou seja, seguiu-se uma política similar. Em cada região, a Coroa reconheceu o *status* e os privilégios dos índios nobres até o século XVIII.

A conservação de uma minoria indígena superior permitia teoricamente o isolamento físico de comunidades indígenas à margem das cidades espanholas, com o que se evitaram alguns dos abusos que haviam dado pé à crítica da política indígena na primeira metade do século XVI. No entanto, e ao mesmo tempo que a Coroa ia promulgando uma legislação em tal sentido, as pressões irresistíveis de tipo social e econômico – que incluíam a falta de mulheres espanholas, a servidão pessoal, a imigração dos índios para as cidades e o estabelecimento de propriedades espanholas junto às comunidades de nativos – foram minando tal minoria com a criação de um amplo segmento da população que não era indígena nem espanhol, mas misto ou mestiço. Na superfície, uma cultura e valores europeus dominaram a sociedade latino-americana nos séculos XVI e seguintes. Em qualquer caso, e em contraste com a experiência da América do Norte, pelo menos as populações indígenas daquelas regiões da América Latina com algumas sociedades mais avançadas, conseguiram sobreviver não só à conquista, mas à pilhagem e saqueio do primeiro século de colonialismo, mesclando de fato seu sangue e sua cultura com as de seus dominadores europeus, com o que lançaram os alicerces das sociedades mestiças do século XX.

# ESPECULAÇÕES E ESTUDOS

As especulações acerca de quem eram os habitantes do Novo Mundo e de onde haviam chegado começaram já com os primeiros contatos. Colombo acreditou que fossem nativos das Índias Orientais, talvez sujeitos ao Grande Cã descrito por Marco Polo. Os espanhóis, desejosos de empregá-los em trabalhos forçados, perguntavam-se se eram seres humanos e se tinham alma. Se a resposta fosse negativa, poderiam reduzi-los à condição de escravos para o trabalho nas minas e nas plantações.

Uma vez tendo decidido a Igreja que os indígenas tinham alma que devia ser salva, começou a obra de conversão e chegaram missionários às possessões espanholas. No século XVI vieram frades e sacerdotes com notável grau de cultura. Muitas das tradições indígenas que eles encontraram no México falavam da chegada dos índios ancestrais em barcos procedentes do mar oriental, e numerosos missionários se convenceram de que estavam tratando com descendentes das dez tribos perdidas de Israel, que são descritas no Antigo Testamento. O fato de que nenhuma tribo ou nação indígena falasse hebraico não contribuiu para debilitar a dita teoria, que se manteve até os últimos séculos e ainda conta com partidários.

Em 1590, o jesuíta José de Acosta publicava sua *História natural e moral das Índias*, na qual expunha outra teoria: os nativos do Novo Mundo não se pareciam com os judeus, mas com as pessoas da Tartária, e haviam passado da Ásia do nororiental para seu hemisfério. A teoria de Acosta, é claro, foi a que sobreviveu ao passar do tempo, embora este autor não tenha tido como saber o quando, o onde e o porquê da migração da Ásia para o Novo Mundo, uma vez que naquele tempo os europeus nada sabiam do Alasca, da Sibéria ou do estreito de Bering.

Depois da Revolução norte-americana, quando os brancos avançaram pelo oeste para além dos montes Apalaches, penetrando em território indígena, começaram a surgir novas especulações sobre os índios, especialmente nas primeiras décadas do século XIX. À medida que os brancos avançavam pelas bacias dos rios Ohio e Mississipi, encontravam fortificações antigas que as tribos indígenas coetâneas não sabiam explicar. Em algumas acharam tumbas com objetos de cobre, pérolas, mica e outras oferendas exóticas e maravilhosas. O povo misterioso que construiu tais fortificações ficou conhecido como Mountbuilders. Na concepção racista e antiindígena da época, pensou-se que aqueles construtores não podiam ser índios de pele escura, mas de alguma raça branca, desaparecida havia muito tempo.

A idéia de que um povo branco havia estado na América muito antes que Colombo debilitou assim a lenda tardia, e em grande parte espúria, de Madoc, o capitão galês que supostamente teria viajado para o oeste, em direção ao Novo Mundo. Por muito tempo se acreditou, e alguns continuam a acreditar, que entre as tribos das planícies houvera índios "brancos", como os mandanos, descendentes dos imigrantes galeses de Madoc.

Essas idéias influíram certamente em Joseph Smith Jr. (1805-1844), o fundador da religião mormônica. Quando jovem, ele teria sido visitado no Norte do Estado de Nova York por um anjo – proclamava-o ele –, que lhe mostrou algumas tábuas de ouro escritas com caracteres que depois se chamaram "egípcios reformados", e lhe forneceu algumas lentes mágicas que lhe permitiram ler e traduzir aquele texto. Ele ditou depois de memória o texto, o qual ficou conhecido como o *Livro de Mórmon.*

O *Livro de Mórmon* contém um relato de duas migrações transatlânticas da Terra Santa para o Novo Mundo. Os primeiros a chegar teriam sido os jareditas (que as autoridades mórmons consideram agora olmecas do antigo México). A segunda migração era formada por um certo Lehi, sua família e seus amigos. Com a morte de Lehi, já no Novo Continente, o comando passou para seu filho mais novo, Néfi, cujo povo ficou conhecido como nefitas. Os nefitas foram construtores de cidades e templos, e haviam levado consigo trigo, gado vacum, cavalos e outros produtos do Velho Mundo. Mas os irmãos mais velhos de Néfi ficaram ressentidos por terem sido privados de sua herança, razão por que Deus os castigou escurecendo-lhes a pele; eles e seus descendentes, conhecidos como lamanitas, foram os antepassados dos índios americanos que hoje podemos ver. O relato do *Livro de Mórmon* termina com a aniquilação total de nefitas e lamanitas.

Quando Joseph Smith ouviu falar pela primeira vez dos grandes achados de Stephens e Catherwood entre as arruinadas cidades maias do México e da América Central, declarou imediatamente que deviam ser "nefitas", ou seja, construções de homens brancos e não de índios de pele acobreada, cuja degradação geral os tornava incapazes de tais progressos culturais.

Smith não foi o único que se inspirou na lenda das dez tribos perdidas. Edward King, visconde de Kingsborough (nascido em 1795), morreu preso e na bancarrota, arruinado pelos enormes gastos que lhe havia originado a publicação de todos os manuscritos conhecidos anteriores à conquista do México, num vão esforço por demonstrar que os povos civilizados do país eram descendentes daqueles hebreus peripatéticos. Apesar disso, seu empreendimento quixotesco tornou possível a primeira difusão completa e erudita de alguns dos manuscritos mais importantes que possuímos, como o códice maia de Dresden.

Propuseram-se e defenderam-se teorias realmente disparatadas sobre os nativos americanos e suas culturas, entre as quais se incluem as de continentes submersos, como a Atlântida e Mu, e até visitantes do espaço, como as que aparecem nos livros de Erich von Däniken. Tudo isso reflete a repugnância européia e euro-americana geral a admitir que os índios americanos empreenderam suas grandiosas construções.Apesar disso, e em contraste com tudo o que se expôs, é preciso admitir que alguns eruditos recentes contemplam com seriedade a possível transmissão de certos traços culturais da Ásia através do oceano Pacífico. Em particular seria preciso referir-se, neste sentido, a certos detalhes do sistema de calendário centro-americano que provam uma difusão para o outro lado do Pacífico; provavelmente não é casual, por exemplo, que o calendário maia de eclipses que aparece no

*Acima.* A existência de centros maias no México e na Guatemala obteve o reconhecimento público na América do Norte e na Europa em meados do século XIX, graças ao interesse e ao talento de dois homens notáveis: o cidadão norte-americano John Lloyd Stephens (1805-1852) e o inglês Frederick Catherwood (1799-1854). Juntos eles exploraram as povoações maias – muitas delas desconhecidas até então – em duas campanhas laboriosas (1839-1840 e 1841-1842). Stephens publicou relatos cheios de vida de suas experiências, e Catherwood os ilustrou com desenhos e litografias tão exatos quanto evocativos. Nesta litografia de um templo de Tulum, podemos vê-lo à direita da entrada.

*Direita.* Thomas Jefferson (1743-1826), escritor, estadista, latifundiário e arqueólogo precoce. Sua escavação de um montículo indígena foi uma antecipação da arqueologia científica; a escavação pretendia confirmar algumas hipóteses, oferecia a estratificação do montículo e consignava-a de forma meticulosa.

códice de Dresden se baseie exatamente nos mesmos princípios que com anterioridade se tinham desenvolvido com a dinastia chinesa dos Hans.

Como e quando se deu essa difusão do Leste ou do Sudeste Asiático é algo que ignoramos. Alguns dos detalhes que sugerem uma origem asiática podem ter chegado até o Alasca via Sibéria. É altamente improvável que aqueles caçadores primitivos não levassem consigo nenhuma bagagem intelectual: certos traços das religiões zoomórficas e xamanísticas do Novo Mundo poderiam fazer parte de um substrato asiático muito antigo. Alguns traços culturais, no entanto, não podem ter essa antiguidade; um bom exemplo disso é o que aduz Paul Tolstoy, demonstrando de maneira sugestiva que a complexa tecnologia empregada para produzir papel de casca nos trópicos do Novo Mundo (os livros maias em papel-casca, para citar um caso) deve ter origem no Sudeste Asiático e na Indonésia, e mais concretamente nas Celebes e nas Molucas. Tais teorias difusionistas podem ser muito respeitáveis quando formuladas por eruditos prestigiosos; mas, infelizmente, não eliminam os aspectos fantásticos.

**A era da arqueologia**

O versátil Thomas Jefferson iniciou a arqueologia americana. Algum tempo antes de 1782, e antes de sua eleição para a presidência dos Estados Unidos, Jefferson dirigiu as escavações de um montículo em sua fazenda da Virgínia, anotando atentamente suas observações. No informe que publicou em 1784, ele indicava que no montículo se podiam ver quatro estratos superpostos, cada um com múltiplas tumbas, e tirava algumas conclusões bastante razoáveis sobre sua datação a partir, precisamente, das práticas de inumação de cada grupo indígena. (Jefferson nunca supôs que aquelas fortificações tivessem sido construídas senão pelos índios nativos.)

Infelizmente, seria preciso passar outro século até que se tornasse a praticar uma escavação estratificada em qualquer outra parte do mundo. Mas o século XIX foi a época das explorações arqueológicas em grande escala, e nesse período se encontrou a maior parte das civilizações do Novo Mundo, se traçaram os mapas de suas ruínas e se analisaram as tradições relativas a elas. Com poucas exceções (como a de Caleb Atwater, que com sua publicação de 1820 foi o primeiro a tratar de forma adequada as fortificações de Ohio, embora as julgasse produto dos indianos que haviam emigrado através do México), aquelas civilizações antigas foram consideradas obra dos índios americanos.

Embora Antonio del Río houvesse explorado a povoação maia por excelência, Palenque, no início do século XIX, foram os achados monumentais do advogado norte-americano John L. Stephens e do topógrafo inglês Frederick Catherwood, publicados em 1841 e 1844, que inflamaram a imaginação pública com a faustosa magnificência da primitiva civilização maia nas selvas do México e da América Central. Seus livros estabeleceram um modelo de documentação escrita e gráfica que, até agora. pouco foi superado.

Entre os primeiros exploradores da pré-história do Novo Mundo, deve-se citar Ephraim Squier e George Davis no que se refere aos monumentos de Hopewell e do Mississipi no vale homônimo (com informes publicados em 1848); William H. Holmes, da Smithsonian Institution, que escavou cidades antigas do México e da América Central; e o próprio Squier, que, junto com Johann Tschudi e outros, estudou as ruínas do Peru e da Bolívia. Alexander von Humboldt foi elogiado por suas investigações e viagens na América Latina; mas sua contribuição para o desenvolvimento da arqueologia do Novo Mundo foi relativamente modesta.

O século XIX viu também o nascimento das grandes instituições americanas dedicadas à antropologia e à arqueologia, como o Peabody Museum of Harvard, o Bureau of American Ethnology e a University of California. Mas, ao longo de todo o século, a arqueologia norte-americana e do Novo Mundo em geral continuou a ser uma arqueologia alheia às técnicas de estratos, razão por que forneceu parcos conhecimentos sobre a seqüência das culturas ou a cronologia delas. Mas não se deve desvalorizar a enorme contribuição dessa época. Um exemplo eloqüente são as explorações e a documentação fotográfica que fizeram das cidades maias e de seus monumentos o austríaco Teobert Maler (para o Peabody Museum) e o inglês Alfred P. Maudslay; suas magníficas publicações continuam a ser a base dos estudos epigráficos maias.

O passo seguinte consistiu no que Gordon Willey e Jeremy Sabloff chamaram a "revolução estratigráfica". O emprego da estratigrafia (ou seja, o estabelecimento das camadas de deposição numa povoação) como método tático da arqueologia tem origem nos estudos geológicos do escocês Charles Lyell, e foi aperfeiçoado com os trabalhos e publicações do general Pitt-Rivers na Inglaterra. Sua chegada ao Novo Mundo foi surpreendentemente tardia. Só numa publicação de 1903 o arqueólogo alemão Max Uhle (que depois seria conhecido como "o pai da arqueologia peruana") deu a conhecer suas escavações estratigráficas de um montículo separado na zona da baía de São Francisco, concretamente em Emeryville.

Na América Central, a primeira escavação com essa técnica foi realizada em 1911, quando o mexicano Manuel Gamio, sob a direção do grande antropólogo Franz Boas, escavou um buraco estratigráfico em Atzcapotzalco, perto de Cidade do México, e revelou uma seqüência arqueológica desde a sua formação (então chamada "arcaica") até Teotihuacan (cultura asteca). Com relação à América do Norte, o precursor foi Nels C. Nelson com suas escavações estratigráficas de 1913 e 1915 nas ruínas de Pueblo, na bacia de Galisteu, do Novo México, que certamente foram influenciadas pelos exemplos de Uhle e de outros europeus nas técnicas mais básicas da arqueologia. A primeira metade do século XX foi a idade de ouro da arqueologia científica, amiúde em enorme escala, no Canadá, nos Estados Unidos e na América Latina. A época foi marcada pelas organizações para a investigação com seus enormes recursos, como a Carnegie Institution de Washington, precursora no campo da investigação maia; ou a Universidade da Califórnia, que se centrou no Peru; ou a Universidade de Harvard, que se especializou no Sudoeste americano. Desenvolveram-se as cronologias culturais correlativas a cada canto do Novo Mundo, desde o Ártico até a Terra do Fogo, e classificaram-se as culturas por zonas e níveis de desenvolvimento. Foi também a época que viu florescer instituições locais, fora dos E.U.A., como o Instituto Nacional de Antropologia e História do México, que impulsionaram em grande medida os conhecimentos acerca das povoações nativas do Novo Mundo.

**A revolução moderna na arqueologia**

Que idade tinha tudo isso? Era preciso estabelecer uma cronologia relativa – a cultura A é mais antiga que a cultura B, e esta o é mais que a C –, mas que significa isso em termos de anos de calendário? Em 1940, geólogos e arqueólogos estabeleceram como dado certo que os índios americanos estavam no hemisfério ocidental havia pelo menos 11.000 anos; chegaram a esta conclusão mediante o emprego de métodos geológicos de datação, como a análise das varvas. No Sudoeste americano, o astrônomo A. E. Douglas havia descoberto o método dendrocronológico para datar a idade das vigas das antigas vivendas dos índios pueblos, o que lhe permitiu determinar com absoluta precisão o tempo das ruínas e culturas pré-históricas da região. E na zona dos maias a correlação entre seu calendário e o calendário cristão, descoberta pelo editor de jornais T. Goodman no século XIX, proporcionou uma cronologia absoluta para o período de 600 anos que durou a civilização maia clássica e seus numerosos monumentos de pedra.

Mas a verdadeira revolução na arqueologia do Novo Mundo se deu no final da década de 1940, quando o químico da Universidade de Chicago Willard F. Libby aperfeiçoou a técnica do carbono 14 ou radiocarbono para datar materiais orgânicos antigos, como o carvão de lareiras pré-históricas. Antes dessa descoberta, que realmente marcou época, poucos eram os arqueólogos dispostos a conferir grande antiguidade à maior parte das culturas do Novo Mundo, e publicavam algumas cronologias de quase todas as áreas culturais completamente à margem de qualquer demonstração. O método do carbono 14 aumentou em geral a idade da maioria das culturas fora do Sudoeste americano e da área maia, embora em alguns casos – como o da subseqüência dos cesteiros do período pré-pueblo no Sudoeste – as cronologias tenham experimentado uma revisão drástica para cima na escala do tempo. A análise do radiocarbono representou algo mais que uma mudança nas idéias acerca da datação; supôs também uma revisão contundente dos conceitos de processo cultural, como no caso da civilização olmeca, com uma antiguidade muito maior que a que previamente lhe fora conferida.

Uma segunda revolução foi a provocada pelos avanços nas técnicas das análises físicas e químicas de artefatos, que permitiram o descobrimento de antigas redes comerciais e de métodos de aprovisionamento, da cerâmica a pedras e metais. E, finalmente, nos últimos anos se formou uma vigorosa corrente intelectual, derivada, em parte, da biologia e da ecologia – a análise de como os grupos humanos antigos se adaptaram culturalmente às mudanças ambientais – e, em parte, da antropologia social, determinando as subestruturas e processos das antigas sociedades indígenas da América a partir de seus restos arqueológicos. Estes são dois aspectos da tão celebrada "nova arqueologia". O que tem de "nova" e qual a sua importância para entendermos a pré-história do Novo Mundo é algo que a história é que terá de julgar.

# SEGUNDA PARTE

# OS PRIMEIROS AMERICANOS

# O ASSENTAMENTO ORIGINAL

A evolução biológica de nossa espécie se deu em boa medida no contexto do Plistoceno ou Idade do Gelo; uma era geológica que começou há quase 2,5 milhões de anos. Não há a menor dúvida de que essa evolução a partir de nossos antepassados, os primatas, até as formas modernas de humanidade ocorreram no Velho Mundo, não no Novo, e de que as primeiras migrações humanas para este último se deram já bem no final do Plistoceno. O argumento mais eloqüente a favor de tal opinião é que jamais foram encontrados no hemisfério ocidental formas arcaicas do gênero *Homo*, nem sequer as relativamente tardias de Neandertal. Todos os esqueletos de índios americanos encontrados em depósitos antigos são morfologicamente modernos.

Na Idade do Gelo houve certo número de longos períodos sucessivos de intensas glaciações e quedas de temperatura em escala mundial. Entre tais episódios mediaram períodos interglaciais, durante os quais as temperaturas voltaram a ser as de hoje. A última das glaciações, chamada Wisconsin na América do Norte, foi a mais dura de todas e durou aproximadamente do ano 80000 ao 7000 a.C., quando as geleiras do mundo iniciaram a sua retirada final.

No período mais rigoroso da Wisconsin, enormes massas de gelo cobriram a América do Norte e o extremo setentrional da Eurásia, enquanto uma espessa banquisa cobria o oceano entre as duas grandes geleiras. Calcula-se que cerca de 30% da superfície terrestre esteve coberta pela carga de gelo das geleiras Wisconsin e por suas correlatas geleiras de Würm, na Eurásia. Tanta foi a água que se condensou nessa coberta de gelo, que o nível do mar desceu pelo menos 85 m, deixando descoberta boa parte do que agora é plataforma continental e, o que é muito mais importante, fazendo aparecer

**Extensão da glaciação Wisconsin**
Vastas áreas do hemisfério setentrional estiveram cobertas de maciças camadas de gelo no final do Plistoceno, quando os primeiros humanos entraram no Novo Mundo. Foi tanta a água que se condensou em gelo, que o nível do mar baixou drasticamente, deixando à mostra uma vasta faixa de terra sem gelo entre a Sibéria e o Alasca. Segundo alguns arqueólogos, os primeiros caçadores paleoindígenas ficaram confinados na parte alasquiana da Beríngia até que um corredor livre de gelo lhes permitiu sair para o sul por volta de10.000 anos a.C., dando como resultado um excesso da atividade venatória e a extinção da caça por obra das pessoas da cultura Clóvis. Outros pensam que não há provas definitivas sobre a existência de um corredor nessa época e que os antepassados dos índios americanos já haviam alcançado latitudes mais baixas antes que se derretessem as camadas de gelo da Cordilheira e da Laurenciana por volta de 18000 a.C.

*Acima.* O estreito de Bering, visto da ilha Pequena Diomedes (E.U.A). No centro aparece a Grande Diomedes (Rússia), enquanto ao fundo se encontra a costa da Sibéria (cabo Leste ou Mys Dezhneva). Tudo isso foi terra seca durante o Plistoceno tardio, permitindo fácil acesso ao Novo Mundo aos grupos de caçadores e coletores; até em seu estado presente o estreito nunca representou uma barreira para os movimentos de pessoas e mercadorias. De fato, até o governo soviético pôr fim à prática, os esquimós cruzavam regularmente o estreito de Bering em ambas as direções.

uma ponte de terra entre a Sibéria e o Alasca. A própria América do Norte estava coberta por uma camada de gelo de até 3 km de espessura, até a confluência, ao sul, dos rios Ohio e Mississipi, enquanto nas elevações superiores do México e da Cordilheira dos Andes as geleiras eram ainda maiores.

É evidente que na maior parte da Wisconsin o Novo Mundo esteve despovoado. Quando os primeiros imigrantes conseguiram penetrar na parte não gelada do continente, devem ter encontrado um meio ambiente muito diferente do atual. Por exemplo, ao sul da linha de gelo ficava a tundra, que cruzava o que agora são as Grandes Planícies, o Meio-Oeste, a Pensilvânia e Nova Jersey. Mais ao sul se estendia uma larga faixa de bosque boreal, que cobria boa parte do centro dos Estados Unidos. Em outras palavras: o Estado da Virgínia muito se assemelhava então à parte sul do Labrador atual. Provavelmente, as pradarias cobriam muitas terras baixas do Oeste dos Estados Unidos e do México.

Os primeiros imigrantes devem ter achado nestas terras novas um paraíso para os caçadores. Grandes manadas de enormes mamíferos herbívoros vagavam pela paisagem no final do Plistoceno; manadas que na América do Norte eram formadas por cavalos, mamutes, mastodontes, bisões gigantes e camelídeos. Além dos ruminantes, havia animais formidáveis, como uma espécie de lobo enorme agora extinta e a gigantesca preguiça. Aquela fauna notável iria desaparecer com a chegada dos humanos e a retirada das geleiras.

**Quando o homem chegou à América do Norte?**

A data exata da chegada do *Homo sapiens* ao hemisfério ocidental continua a ser um dos problemas mais espinhosos da arqueologia; quase não existe acordo entre os especialistas acerca de quando e como se deu tal acontecimento. O acordo relativo ao onde apresenta menores dificuldades. A maior parte do Alasca estava livre de gelo junto com o vale de Yukon, como o estava em boa medida a Sibéria oriental. Durante a glaciação Wisconsin, ambas as regiões estiveram enlaçadas por uma enorme ponte de terra, desde que a queda do nível do mar em escala mundial deixara à mostra uma plataforma de 1.600 km de comprimento (coberta agora pelos mares de Chukchi e de Bering e pelo estreito de Bering). Grupos humanos podem ter atravessado a pé da Sibéria ao Alasca, através do que seria uma língua de terra livre de gelo e coberta de tundra. Ainda hoje o estreito de Bering representa mais uma comunicação que uma barreira entre os dois hemisférios, especialmente para um povo como o esquimó, que dispõe de canoas. Não há nenhuma razão convincente para que os primeiros emigrantes asiáticos não pudessem viajar por mar, já que as provas do radiocarbono demonstram que os antepassados dos modernos aborígines chegaram até a Austrália, que nunca esteve unida a nenhum continente durante a Era do Gelo, pelo menos desde aproximadamente 20.000 anos, o que obriga a admitir que possuíam embarcações.

A respeito dos primeiros povoadores das Américas, os arqueólogos se dividem em dois campos. De um lado estão os que, apoiando-se nos dados do carbono 14, advogam a existência de povoações e culturas de pedra tosca, que remontariam a uma antiguidade de 20.000 anos ou mais. Do outro lado se acham os que pensam que os argumentos a favor de uma ocupação do Novo Mundo anterior a 10.000 anos a.C. são muito fracos por diversas razões. C. Vance Jr. e Paul C. Martin, por exemplo, argumentam que a primeira cultura paleoindígena plenamente aceita, a cultura Clóvis, aparece pouco depois dessa data no Oeste dos Estados Unidos e que suas origens estão no Alasca. E formulam a hipótese de que os primeiros índios americanos podem ter imigrado do norte através de um corredor livre de gelo, que apareceu por aquelas datas entre a camada de gelo ocidental da Cordilheira e a oriental ou Laurenciana. O povo Clóvis empregava pontas-lançadeiras, de duas faces trabalhadas e de notável eficácia, inovação esta que, segundo Martin, contribuiu para a extinção dos grandes animais do Plistoceno (a megafauna) por obra da "enorme matança" humana.

Os defensores de algumas ocupações anteriores à do povo Clóvis destacam três pontos fracos em tal hipótese. Primeiro, a pouca força do argumento em favor de tal corredor livre de gelo naquela época a leste das montanhas Rochosas. Segundo, a fauna plistocênica pode ter desaparecido mais pela mudança de clima que por intervenção humana. Terceiro, as manufaturas mais antigas que se conhecem no Alasca se caracterizavam pelas micropontas de tipo asiático, e não são anteriores às povoações Clóvis mais antigas. Por isso dizem que a indústria Clóvis e outras similares nunca evoluíram a partir de antecedentes alasquianos, mas devem ter sido uma invenção nativa norte-americana desenvolvida a partir de uma base cultural muito mais antiga e simples do Novo Mundo.

O professor Irving Rouse propôs um esquema do primitivo povoamento humano das Américas, que adotamos aqui com algumas modificações e que se baseia na tipologia dos instrumentos de pedra. Quanto ao hemisfério ocidental, identificaram-se três "idades da pedra": lítico inferior, médio e superior.

**As primeiras culturas da Idade da Pedra: o lítico inferior**

Embora se tenham feito duras críticas, amiúde justificadas, a muitas das propostas que defendiam uma antiguidade do homem no Novo Mundo superior a 10.000 anos a.C., existem provas convincentes a favor da chegada do homem muito antes dessa data. O período lítico inferior de Rouse se caracteriza pela manufatura de lascas irregulares, devastadas só nas pontas. Pode ter começado há mais de 20.000 anos. Não deixa de ser surpreendente que as melhores amostras do lítico inferior não provenham do Alasca, onde não existem, nem do Canadá nem dos Estados Unidos, mas da América Central e da América do Sul.

Deve-se proceder com extrema cautela no manejo das supostas relíquias dessa era antiqüíssima. Apesar disso, há algumas povoações do lítico inferior capazes de resistir às acusações dos cépticos. A bacia de Old Crow, que faz parte do território setentrional de Yukon, no Canadá, se acha no extremo oriental da Beríngia, que nas palavras do doutor William Irving era "o continente plistocênico que compreendia os territórios mais ocidentais e não gelados do Norte da América do Norte e da Sibéria oriental". Ficava ao norte dos gelos que separavam as ditas terras da área mais rica do sul, a qual presumivelmente era inalcançável, ao menos nos últimos tempos da glaciação Wisconsin. O conjunto de Old Crow consiste, como o definiram seus descobridores, principalmente em ossos quebrados e trabalhados de mamíferos do Plistoceno, mais que em instrumentos de pedra. As datas de 29.100, 27.000 e 25.750 anos foram obtidas de um osso com carne de rena e de dois ossos trabalhados de mamute procedentes da bacia; estes dois últimos, trabalhados, ao que parece, quando o osso ainda estava fresco.

Old Crow não apresenta uma verdadeira estratigrafia, mas sim Meadowcroft Rockshelter, uma povoação complexa 48 km a sudoeste de Pittsburgh, Pensilvânia, às margens do Ohio. Meadowcroft fica junto a um pequeno afluente do Ohio, no que foi uma parte do planalto Apalache não coberta de gelos. E apresenta o que seus escavadores, o doutor James Adovasio e seus colaboradores, qualificam acertadamente de "o melhor argumento para datar a ocupação do hemisfério anteriormente à cultura Clóvis". O estrato I, o mais baixo no abrigo rochoso, não contém artefatos de pedra; mas numa concentração de carvão (resultado sem dúvida da atividade humana) e num fragmento carbonizado de um material talhado ao modo de casca obtiveram-se duas datas, graças ao carbono 14, que superam os 17.000 anos. Em cima está o substrato inferior IIa com carvões de lareiras no terço inferior da povoação, aos quais se atribui uma antiguidade de 10.850-14.225 anos (8900-12275 a.C.). Os artefatos, todos de pedra, consistem em "facas" de ponta romboidal, lâminas de uma ou duas faces trabalhadas, instrumentos gravadores e microgravadores, objetos denticulados e raspadores miúdos, bem como uma ponta em forma de lança bifacial. Nos sítios arqueológicos do princípio de Meadowcroft não houve restos da fauna extinta, o que proporcionou argumentos à crítica; mas a povoação parece um excelente candidato à classificação no lítico inferior.

Meadowcroft não é a única povoação que proporcionou dados sobre o lítico inferior na América inglesa. A caverna de Wilson Butte, no centro meridional de Idaho, proporcionou com o carbono 14 duas datas, 14.500 e 15.000 anos, com ossos e três artefatos de pedra do tipo lítico inferior. Mais convincentes são os dados da caverna Levi, no Texas, escavada em 1959-1960 e em 1974 pelo doutor Herbert Alexander.

Também no que agora é a América Latina foram encontrados restos muito iniciais da cultura pré-Clóvis. No estado mexicano de Puebla, cerca de 125 km a leste-sudeste da Cidade do México, a doutora Cynthia Irwin-Williams localizou e escavou vários acampamentos provisórios de caçadores primitivos, na extremidade do pântano criado pela represa de Valsequillo. Eles apresentam duas ocupações perfeitamente estratificadas, cada uma com ampla gama de mamíferos extintos, que foram conduzidos até ali como a um matadouro local: mamutes, mastodontes, cavalos, antílopes, lobos e outras espécies menores. Rouse observa que o conjunto de artefatos só apresenta fragmentos de objetos talhados nos extremos; dois deles são pontas-lançadeiras unifaciais. Em conjunto, esses objetos lembram os de outras povoações do lítico inferior americano.

Na América do Sul propriamente dita, as escavações do doutor Richard S. MacNeish na caverna de Pikimachay, na bacia de Ayacucho, no planalto do Peru, trouxeram à luz dados desconcertantes, conquanto ainda controvertidos, sobre o lítico inferior. Do estrato mais profundo, atribuído por MacNeish ao período Pacaicasa, procedem algumas lâminas largas e retocadas e ossos de animais extintos, entre os quais figuram preguiças e cavalos ou camelos. As datas obtidas com o carbono 14 vão de 14.700 a 20.000 anos.

Monte Verde, no centro do Chile meridional, é outra povoação sul-americana que provavelmente pertence ao lítico inferior. Com datas estabelecidas pelo carbono 14 entre 3.500 e 12.500 anos, trata-se de uma aldeia antiqüíssima (a mais antiga de quantas foram encontradas no Novo Mundo). Acharam-se fileiras de casas de madeira, outras estruturas igualmente de madeira, instrumentos de madeira e de pedra, restos de plantas e ossos de mastodontes. Constitui uma povoação única.

Em resumo: ninguém sabe quando chegaram às Américas os antepassados dos índios. Nossos conhecimentos atuais sugerem que pode ter acontecido há mais de 20.000 anos. A língua da terra de Bering provavelmente desempenhou um papel importante; mas, se os primeiros imigrantes e exploradores asiáticos dispunham de embarcações, podem perfeitamente ter colonizado a costa do Pacífico ao sul das camadas de gelo da Cordilheira.

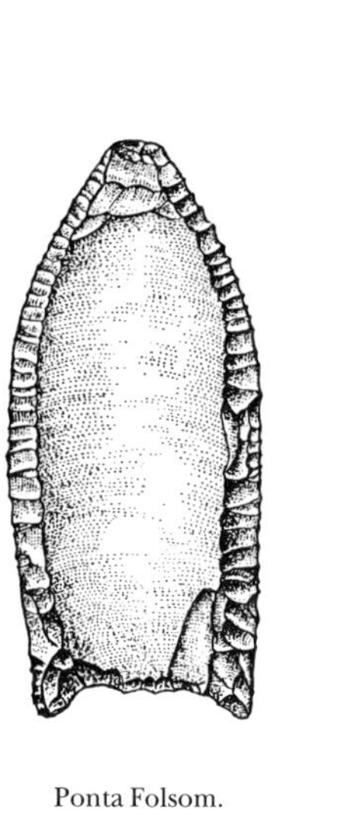

Ponta Folsom.

O mundo arqueológico continuou não convencido da antiguidade do homem no Novo Mundo até o achado de uma ponta acanalada (que é mostrada aqui) e outros artefatos associados ao esqueleto de um bisão de galhada longa, já extinto. O achado se deu em 1926,em algumas escavações próximas a Folsom, Novo México.

As origens das culturas da Idade da Pedra do lítico médio, como as de Clóvis e Folsom, bem estabelecidas, têm raízes no lítico inferior, ainda pouco conhecido.

**As tradições mais importantes do lítico médio**

Após 10000 a.C., ao sul da camada de gelo laurenciana, as manufaturas do lítico inferior começaram a ser substituídas por outras do lítico médio, que se caracterizavam pelas pontas-lançadeiras de duas faces. O professor Rouse crê que tais artefatos podem ter evoluído a partir das pontas unifaciais e mais simples, como as que foram encontradas nas localidades de Ayacucho e Valsequillo; mas é provável que o processo se tenha desenvolvido de maneira independente em outras regiões do Novo Mundo. Diferentemente do que sucede com o lítico inferior, a validade das primeiras datas das povoações do lítico médio é inquestionável.

Antes de 1926, todas as pretensões de restos americanos antigos, de vestígios dos primitivos índios americanos que teriam vivido no final da Idade do Gelo e caçado animais agora desaparecidos, eram pretensões recebidas com um cepticismo bem fundado. Mas no verão desse ano, um grupo de cientistas do Museu de História Natural de Denver fez um achado notável perto de Folsom, no Novo México, no qual os instrumentos de pedra estavam definitivamente associados aos ossos de uma espécie de bisão já desaparecida (*Bison antiquus*): alojada entre as costelas de um animal, apareceu uma ponta fina de lança, polida nas duas faces, cujo acabamento se fizera arrancando uma lâmina da base e deixando em cada uma das superfícies uma espécie de canelura. A investigação acerca dos primeiros americanos adquiriu assim um novo prestígio; mas até a adoção do carbono 14 como sistema de datação não houve verdadeira possibilidade de datar as povoações da cultura Folsom.

Logo se tornou evidente que no Oeste dos Estados Unidos houvera culturas de caçadores mais antigas que a de Folsom, associadas a outro tipo de pontas arrojadiças, chamadas Clóvis, que eram o protótipo da cultura Folsom. As pontas Clóvis tendem a ser mais largas que as de Folsom e geralmente têm mais de uma canelura em cada face. A parte final era a mais longa, e deixava uma estria que só cobre um terço ou metade do comprimento total da ponta. A canelura, que não tem precedentes na manufatura da pedra do Novo Mundo, representava um processo tecnológico muito avançado, e deve ter tido alguma função. Sugeriu-se que assim era mais fácil e mais segura. Em favor desta interpretação, há o fato de que as bordas do gume da ponta estão geralmente afundados ao longo da canelura, como que para proteger da abrasão os atamentos.

Clóvis é uma das culturas paleoindígenas mais bem datadas e de maior difusão. Teve início pouco depois de 10000 a.C. e prolongou-se quase até 9200. Clóvis foi a cultura de pequenos grupos de caçadores e coletores (embora saibamos muito pouco da atividade coletora), cujo principal objetivo eram as grandes manadas de mamutes lanudos e imperiais que vagavam pelas planícies do Oeste antes do fim do Plistoceno. A maior parte das povoações "clássicas" Clóvis do Oeste eram estações de degola e abate. Na povoação de Lehner Ranch, do Sul do Arizona, por exemplo, Emil Haury trouxe à luz os restos de nove mamutes, junto com ossos de cavalos, *Bison antiquus* e antas. Durante a caça, os caçadores de Clóvis perderam 13 de suas pontas (uma de cristal de rocha) e 8 instrumentos de esquartejamento entre as carcaças de suas vítimas. Ao que parece, os animais foram atacados enquanto bebiam água num riacho.

A "povoação típica" da cultura Clóvis é Blackwater Draw, perto de Clóvis, no Novo México. Ali os restos Clóvis apareceram estratificados debaixo dos artefatos Folsom, que por sua vez estavam cobertos de materiais do final da cultura paleoindígena chamada Plano. Durante o Plistoceno, esta região, que agora é relativamente árida, era coberta de lagos e pântanos. Blackwater Draw era então um extenso lago rodeado de vegetação, que atraía uma ampla gama de animais, como camelos, cavalos e bisões, que eram empurrados para as margens pantanosas e caçados.

A cultura Clóvis ocidental teve um desenvolvimento similar, e provavelmente coetâneo, ao do restante da América do Norte, onde foram encontrados numerosos acampamentos de tipo Clóvis em seus traços gerais; provavelmente as pontas Clóvis e de formas parecidas são mais comuns no Leste que no Oeste. A povoação do período Clóvis mais a nordeste é Debert, no centro da Nova Escócia, no Canadá, um acampamento de caçadores e coletores que esteve ocupado quando o gelo estava a menos de 100 km ao norte. Embora não remanesçam restos de fauna, acredita-se que a população Debert caçava renas ou caribus e outros animais da tundra, numa região agora densamente coberta de bosques. O carbono 14 fixou a data de Debert em 8600 a.C., enquanto para Bull Brook, um lugar parecido em Massachusetts, dá o ano de 7000, o que sugere que algumas povoações Clóvis do Leste são mais recentes que outras do Oeste e têm uma cultura derivada da destes. Isso apesar de a maior parte dos observadores pensar que elas foram mais ou menos contemporâneas, e que puderam manter-se numa época em que a cultura Folsom já havia sucedido à Clóvis nas planícies ocidentais.

Com efeito, a tradição da ponta acanalada Clóvis se acha numa extensa zona do Novo Mundo, embora a maior parte dos achados Clóvis procedam mais da superfície que de povoações estratificadas. Algumas pontas de forma parecida foram encontradas no Alasca (essa tradição talvez tenha chegado ali pelo corredor de Mackenzie, quando este se abriu entre as camadas de gelo da Cordilheira e de Laurentia), e sabe-se de pontas acanaladas em localidades dispersas do México, da Guatemala e mais ao sul, em Turrialba e na província de Guanacaste, na Costa Rica, bem como no lago Madden do Panamá.

À medida que descemos da América do Norte para a América do Sul, a tradição da ponta acanalada se mescla com a tradição de pontas de rabo de peixe, pontas arrojadiças com essa forma e bases acanaladas.

Os caçadores Clóvis de mamutes foram os donos indiscutíveis do Oeste dos Estados Unidos, desde Montana até a fronteira do México, ao longo de um milênio. Foi então, por volta do ano 9000 a.C., que as pontas Clóvis cederam lugar às formas acanaladas, menores e mais finas, do tipo Folsom. Isso coincidiu com a quase simultânea extinção dos grandes elefantes e sua substituição pelos bisões menores (*Bison antiquus*) como peça preferida dos grupos caçadores. Não é certo que ambos os acontecimentos estivessem relacionados, mas é provável.

A povoação Folsom mais bem estudada é Lindenmeier, perto de Fort Collins, Colorado. No final da época Wisconsin, a povoação ficava nas margens pantanosas de um lago, com um acampamento base e uma espécie de matadouro nas proximidades; pelo carbono 14, é datada em 8800 a.C. Os elefantes devem ter sobrevivido por algum tempo, conquanto em número reduzido, pois só remanescem alguns restos de mamutes. Por outro lado, existem provas abundantes da matança e esquartejamento de numerosos bisões. Além das usuais

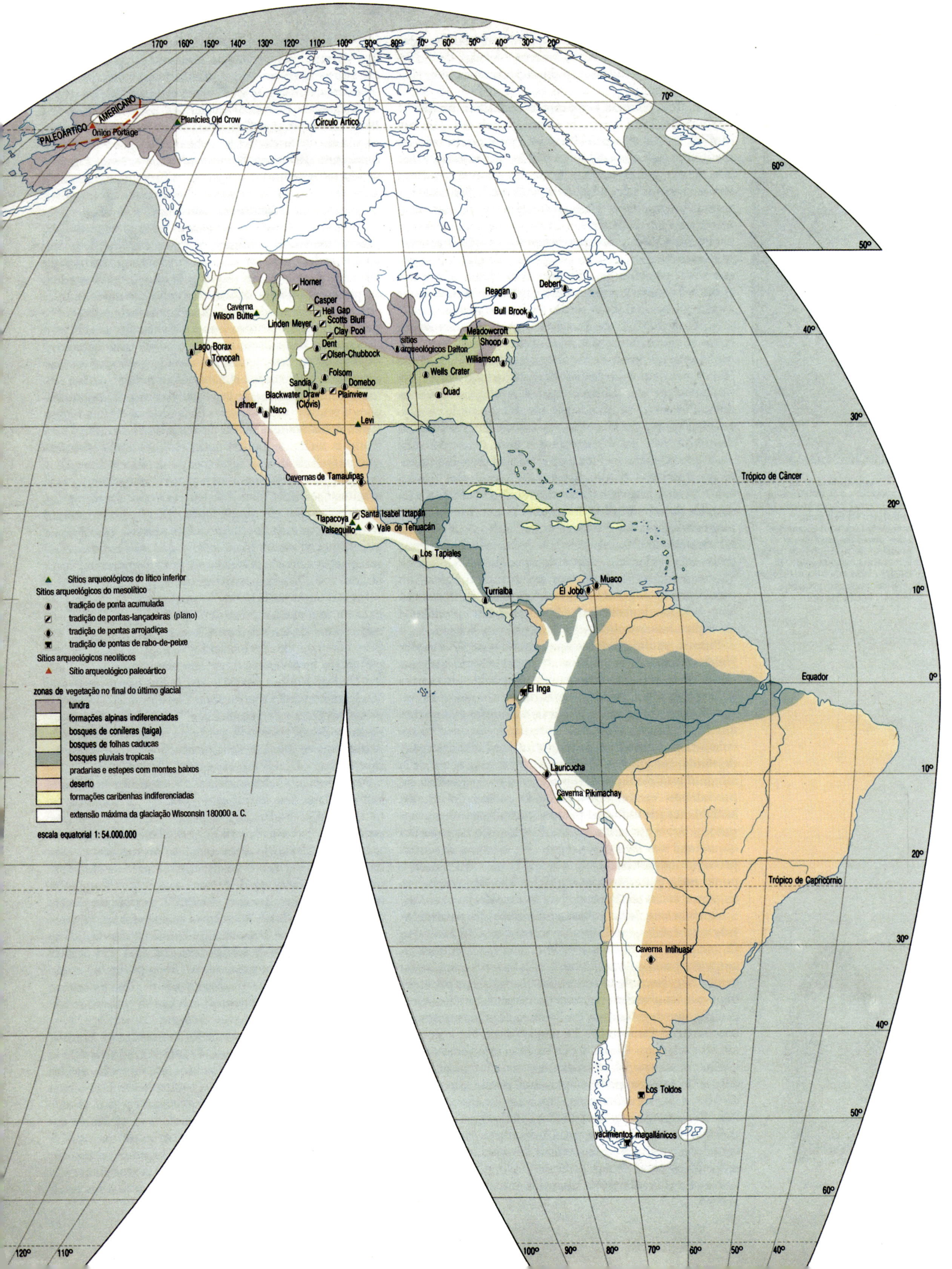

PALEOÁRTICO
AMERICANO
Onion Portage
Planícies Old Crow
Círculo Ártico
Horner
Caverna Wilson Butte
Casper
Hell Gap
Scotts Bluff
Linden Meyer
Clay Pool
Dent
Olsen-Chubbock
Lago Borax
Tonopah
Folsom
Sandia
Domebo
Blackwater Draw (Clovis)
Plainview
Lehner
Naco
Levi
Reagan
Debert
Bull Brook
Meadowcroft
Shoop
sítios arqueológicos Dalton
Williamson
Wells Crater
Quad
Cavernas de Tamaulipas
Trópico de Câncer
Tlapacoya
Santa Isabel Iztapan
Valsequillo
Vale de Tehuacán
Los Tapiales
Turrialba
El Jobo
Muaco
Equador
El Inga
Lauricocha
Caverna Pikimachay
Trópico de Capricórnio
Caverna Intihuasi
Los Toldos
yacimientos magallánicos
Sítios arqueológicos do lítico inferior
Sítios arqueológicos do mesolítico
tradição de ponta acumulada
tradição de pontas-lançadeiras (plano)
tradição de pontas arrojadiças
tradição de pontas de rabo-de-peixe
Sítios arqueológicos neolíticos
Sítio arqueológico paleoártico
zonas de vegetação no final do último glacial
tundra
formações alpinas indiferenciadas
bosques de coníferas (taiga)
bosques de folhas caducas
bosques pluviais tropicais
pradarias e estepes com montes baixos
deserto
formações caribenhas indiferenciadas
extensão máxima da glaciação Wisconsin 180000 a. C.
escala equatorial 1: 54.000.000

**Tradições paleoindígenas no Novo Mundo**
Este mapa mostra a maior parte – conquanto não todos – dos sítios arqueológicos escavados do lítico inferior, médio e superior, que estiveram ocupados no hemisfério ocidental durante o Plistoceno tardio ou Idade do Gelo. As povoações do lítico inferior, pertencentes à época pré-Clóvis, limitam-se aqui às que alcançaram certo grau de aceitação, embora não faltem especialistas que não as aceitam como prova válida da presença humana no Novo Mundo antes de 10000 a.C.

Muito menor é a controvérsia acerca das povoações do lítico médio. A tradição de pontas acanaladas inclui muitos acampamentos e tipos de povoações, sobretudo da cultura Clóvis, perfeitamente datada e conhecida em extensas áreas da América do Norte ao sul dos gelos Wisconsin. A produção de pontas acanaladas, que se empregavam sobretudo para a caça de mamutes e mastodontes, estendeu-se pelo sul até o Panamá.

A ponta lanceolada ou tradição Plano substitui as culturas de pontas acanaladas das culturas Clóvis e Folsom nas Grandes Planícies na época em que se generalizou a caça do bisão de chifres longos em substituição ao elefante. A tradição de ponta em forma de folha parece ter tido origem na América do Sul e ser até mais antiga que a tradição de ponta acanalada. É conhecida pelas povoações de algumas cavernas da América Central. As pontas em rabo de peixe são também uma inovação sul-americana, e a maior parte das povoações na parte mais meridional do continente pertence igualmente a esta tradição.

Separada efetivamente do restante da América do Norte pelos gelos glaciais, a Beríngia alasquiana seguiu a técnica da pedra típica do Nordeste asiático, que a qui chamamos lítico superior, destacando-se as folhas adaptadas a alguns encaixes nos lados das pontas de osso. O equivalente do Paleolítico superior do Velho Mundo está provavelmente na base da tradição ártica de pequenos instrumentos, que aqui não se mostra e que deu origem às culturas esquimós mais antigas do Ártico marítimo.

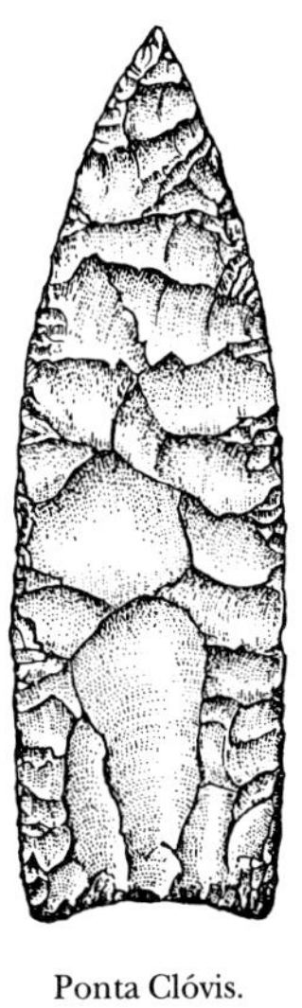

Ponta Clóvis.

pontas de lança arrojadiças, apareceram vários tipos de raspadores usados na curtição; raspadeiras em forma de meia-lua utilizadas para endireitar ou alisar dardos ou flechas e para gravar e cortar instrumentos; lâminas em forma de prisma e brocas. Embora os restos sejam parcos, remanesceram alguns instrumentos de osso, entre os quais se contam sovelas e agulhas com buraco, indício talvez da produção de cestos e de roupas de couro que eram cortadas e costuradas.

Na arqueologia do Oeste dos Estados Unidos, suscita-se o problema das chamadas pontas de face lisa. São parecidas com as não-acanaladas de Folsom, anteriores a estas no Norte (ou seja, no acampamento de Hell Gap, a leste de Wyoming, que foi habitado por muito tempo), mas posteriores às Folsom do Sul, como o são as das povoações do Texas.

A tradição da ponta acanalada foi um fenômeno associado à caça de uma ampla variedade de animais, abundantes no final do Plistoceno. Quando se extinguiram, quer por uma "matança excessiva", como sugere Martin, quer pela mudança de clima, a tradição desapareceu repentinamente em grande medida em 8000 a.C., quando o gelo começou a retirar-se. E foi substituída por outras tradições, especialmente a de ponta em forma de lança, de origem meridional.

### Outras tradições de pontas no lítico médio

Quando o gelo foi desaparecendo da América do Norte, as pontas de duas faces começaram a estender-se e diversificar-se nas Grandes Planícies, sendo empregada principalmente na caça do bisão. Cada tipo é denominada pela povoação em que os arqueólogos a reconheceram pela primeira vez: bacia do Agate, Midland, Scottsbluff, Hell Gap, Eden, Claypool e Milnesand. Essas diferentes manufaturas foram agrupadas sob a designação comum de Plano. As pontas Plano são belamente trabalhadas, e muitas são quase verdadeiras obras de arte, feitas de materiais finos, como o jaspe ou a pederneira cor de mel. As incisões da lâmina se acham ao longo da lombada central da folha, dando a impressão de que uma só lâmina transversal se estende através de toda a folha com um efeito de plumagem.

Alguns dos matadouros mais bem documentados da América primitiva pertencem à tradição de ponta lanceolada. Na povoação de Olsen-Chubbock, no centro oriental do Colorado, datada em cerca de 6500 a.C., foram encontrados no leito de um longo riacho restos de quase 200 exemplares do *Bison occidentalis* (uma espécie que começava a ser substituída pelo moderno *Bison bison*). Provocando debandadas, conduziram-nos por um declive até a depressão em que foram sacrificados e esquartejados. O escavador doutor Joe Ben Wheat calculou que a manada pode ter proporcionado mais de 22.700 kg de carne, além dos órgãos internos comestíveis e da gordura: o suficiente para alimentar uma população de 150 pessoas durante 23 dias. Entre as vítimas, contavam-se bezerros quase recém-nascidos, o que situa a matança em fins de maio ou princípios de junho.

A tradição da ponta lanceolada parece manter-se até quase 5000 a.C., quando o Plistoceno já havia desaparecido havia muito tempo. A fauna fóssil se havia extinto completamente, e algumas condições climáticas mais secas e quentes se haviam imposto na América do Norte arcaica, dando lugar a um estilo de vida diferente.

As outras duas tradições líticas da América paleoindígena são de filiação americana e têm origens independentes, com uma base no lítico inferior. Trata-se das tradições de pontas em forma de folha e em forma de rabo de peixe. Há alguma razão para crer que a tradição de ponta foliada conta com uma antiguidade pelo menos igual à da cultura Clóvis, e que talvez tenha até raízes anteriores.

A tradição de ponta em forma de folha muito provavelmente teve origem na parte setentrional da América do Sul, tendo-se estendido depois por todo o continente, pois se encontra nos abrigos rochosos de Ayacucho, no planalto do Peru, escavados por Richard MacNeish. Na América Central é patente nas pontas lentiformes de Lerma, lavradas por percussão, que remontam à primeira ocupação do vale de Tehuacan, no estado de Puebla, região que foi objeto de um projeto arqueológico e ecológico que se prolongou por muito tempo, dirigido por MacNeish. Em sua fase conhecida como Ajuereado – que segundo as provas do carbono 14 é anterior a 7000 a.C. –, os habitantes do vale (que nunca devem ter sido mais de três famílias nômades de quatro a oito membros cada uma) caçavam uma espécie extinta de cavalos e o antílope pronghorn das montanhas Rochosas, com lanças guarnecidas de ponta Lerma. Estacionalmente emigravam através de uma série de microambientes, que podem ter-lhes proporcionado uma variedade de dieta animal e vegetal (incluindo criaturas tão humildes como as lebres americanas e os ratos).

No mesmo vale do México há uma prova magnífica do encontro da tradição de ponta em forma de folha (procedente do norte) com a de ponta lanceolada (vinda do sul). O vale esteve ocupado em outros tempos por um grande lago, que permaneceu desde o Plistoceno até ser drenado e seco pelas autoridades coloniais espanholas e pelos governos republicanos que se seguiram a elas. No último período do Plistoceno, parece que o lago alcançou sua extensão máxima, e toda a bacia continha então as melhores reservas de caça para os grupos de índios americanos que a ocupavam.

Embora se tratasse de um fenômeno cultural predominantemente sul-americano, a tradição das pontas em forma de folha penetrou na América do Norte propriamente dita, e é documentada em povoações muito antigos da caverna Wilson Butte, em Idaho, ainda que suas verdadeiras raízes estejam no subcontinente meridional.

Aqueles grupos humanos alcançaram o extremo meridional do Novo Mundo antes de 9000 a.C., o que foi demonstrado de maneira concludente por Junius Bird em seus últimos anos. Em 1937 ele escavou duas cavernas, a de Fell e a de Palliaike, perto do estreito de Magalhães. Nessa época ainda não se havia inventado a técnica do carbono 14, e a idade da primeira ocupação das referidas cavernas continuou desconhecida; mas as provas subseqüentes com carvão de duas lareiras fixaram a data entre 9370 e 9082. Isso significa que a primeira cultura humana "no extremo meridional da Terra" é pelo menos contemporânea da cultura Clóvis da América do Norte, e que todas as regiões do hemisfério não cobertas de gelo estavam ocupadas nessa data.

O período do nível I da seqüência magalânica trouxe à luz 16 pontas inteiras e fragmentárias de rabo de peixe, talhadas em basalto, horsteno e quartzito, junto com os ossos de um cavalo desaparecido (*Para hipparion saldasi*), a carcaça de uma preguiça-gigante (*Mylodon listai*) e um guanaco (o camelídeo selvagem de que descendem as lhamas e as alpacas). As hastes das pontas se assemelham ao rabo de um peixinho, e amiúde são aliviadas por caneluras, enquanto as bordas de tais hastes tenham sido arredondadas limando-as, ambas as técnicas comuns com as pontas de Clóvis. Também estavam presentes as pontas em forma de folha, as lâminas de osso, as sovelas e os instrumentos de gume irregular. No período II, imediatamente superior, parece que se haviam extinguido tanto os cavalos como as preguiças, e só se encontraram pontas arrojadiças de osso. A tradição de ponta de rabo de peixe se acha muito difundida no extremo meridional da América do Sul.

**As tradições de folhas no lítico superior**

O período lítico superior do professor Rouse compreende manufaturas e complexos que tiveram origem no Paleolítico superior asiático e que no final da era Wisconsin ficaram confinados ao norte das camadas de gelo de Laurentia e da Cordilheira, e muito especialmente ao subcontinente beringiano da Sibéria nororiental, a faixa de terra de Bering e do Alasca. Ele atribui essas culturas a um período distinto do lítico superior em razão da presença de folhas longas e/ou microfolhas, desbastadas unicamente nas extremidades. Algumas são lascas retocadas em ambas as faces; mas na maior parte das vezes procedem de lâminas longas, ao menos na América do Norte. É bastante geral, ainda que não completa, a ausência de pontas arrojadiças bifaciais. Jayson Smith denomina NAMANT (Northeast Asian-Northwest American Microblade Tradition) esta tradição da microfolha, comum ao Nordeste asiático e ao Noroeste americano. Seu reconhecimento é decisivo para a compreensão dos americanos primitivos, uma vez que os portadores desta tradição chegaram ao Novo Mundo em data relativamente tardia (há cerca de 14.000 anos) e só se dispersaram ao sul do corredor Mackenzie após a recessão do último avanço Wisconsin, em cerca de 7000 a.C. Daí concluem muitos estudiosos: primeiro, que esses portadores da cultura NAMANT nada teriam tido que ver com a origem das tradições do lítico médio, como a de Clóvis, que já estavam estabelecidas no hemisfério no tempo de sua chegada; segundo, que as tradições bifaciais do lítico médio devem ter surgido de maneira independente na América do Norte e na América do Sul ao sul da geleira Wisconsin, a partir de uma primitiva tradição do lítico inferior que se teria estendido da Ásia ao Novo Mundo antes que se unissem as duas camadas de gelo norte-americanas e antes da entrada da cultura NAMANT.

Três são as subtradições que podemos distinguir nela. Uma é a de Diuktoid, assim denominada por causa do sítio arqueológico do rio Aldan, um afluente do rio siberiano Lena. Na caverna de Diuktai vieram à luz ossos de mamute e de boi-almiscarado junto com microfolhas desbastadas nas duas faces. Acharam-se também algumas pontas em forma de folha, mas são atípicas, porque as armas arrojadiças de Diuktai eram características do lítico superior e eram feitas com pontas de osso e apresentavam microfolhas nas estrias de seus lados. As datas que dá o radiocarbono são 11.120 e 10.140 anos a.C.

A segunda subtradição provém das costas e do interior da Ásia; estende-se do Japão ao norte até a península de Kamchatka, com numerosas microfolhas. As datações do carbono 14, entre o 12340 e o 8410 a.C., fazem com que as pontas trabalhadas nas duas faces, que foram encontradas nos depósitos desta subtradição, sejam demasiado tardias para ser as antepassadas do lítico médio no Novo Mundo.

A terceira subtradição é a paleoártica americana. Os arqueólogos descobriram que as microfolhas eram tipicamente mais blocos cortados que hastes preparadas à parte. Não há pontas arrojadiças trabalhadas nas duas faces, mas só pontas de osso no típico estilo NAMANT, com microfolhas nos encaixes ao longo das bordas. A povoação mais bem conhecida desta subtradição é a de Onion Portage, junto ao rio Kobuk, no Noroeste do Alasca, que desemboca no mar de Chukchi, não muito longe do norte do estreito de Bering. Descobriu-a Louis Giddings em seus últimos anos, e nela se dão dois complexos microlíticos sucessivos, perfeitamente estratificados: o primeiro, Akmak, se dataria entre os anos 13000 e 6650 a.C. (só o final da fase foi datado com o radiocarbono); o segundo, Kobuk, se data em 6250-6050 a.C. Esta estação, que evidencia sucessivas ocupações durante milênios, teve uma importância indiscutível para a pesca ou para a caça de numerosas espécies, como a rena.

O lítico superior é 100% asiático em seu conteúdo e uma ramificação clara das tradições de folha e das economias venatória e coletora muito especializadas do continente eurasiático no Paleolítico superior. Provavelmente teve pouco que ver com as origens ou a evolução cultural dos índios americanos, e é mais verossímil que fosse o antecedente da vida dos esquimós (inuítes), muito complexa e pouco tardia, caracterizada pela pesca e pela caça de focas, baleias e renas. O lítico superior seria igualmente antecedente da cultura dos aleútes, aparentados aos anteriores, e com gêneros de vida mais adaptados ao mar.

**Panorâmica retrospectiva: a ecologia da vida paleoindígena**

Nosso conhecimento dos paleoindígenas do Novo Mundo apresenta ainda numerosas lacunas. Ainda assim, é altamente provável que os primeiros seres humanos tenham chegado à América do Norte, ao sul da camada de gelo de Wisconsin, antes de 10.000 a.C., com petrechos muito simples. No entanto, as provas que abonam esta suposição não são inteiramente satisfatórias. São muitas as coisas que ignoramos (e que nunca poderemos saber) acerca da Beríngia, de onde devem ter chegado aqueles imigrantes, simplesmente porque muitas jazem agora sob os mares de Chukchi e de Bering. Devido à espessa coberta de vegetação e às dificuldades para percorrer os sítios paleoindígenas das terras baixas tropicais da América Central e da América do Sul, nossos conhecimentos são muito escassos. E, por último, a conservação das povoações paleoindígenas é deficiente.

Este último ponto é importante, dado que a forma de obter os alimentos vegetais e sua elaboração conduziu ao estádio mais antigo do cultivo de determinadas plantas na América Central e na região dos Andes, não muito depois de haver começado a retirada final dos gelos Wisconsin. Os primeiros índios são definidos amiúde como "caçadores de caça maior"; mas é possível que dependessem ainda mais das ervas, sementes, frutos e bagas silvestres e de peças cinegéticas pequenas do que da megafauna de elefantes, cavalos etc. Os dados que nos proporcionam povoações como o abrigo rochoso de Levi, no Texas, mostram que até os animais menores e mais humildes entravam na dieta.

A forma de vida paleoindígena, tão similar em muitos aspectos à das pessoas euroasiáticas do Paleolítico superior, só podia ser suportada por uma população reduzida que dispusesse de áreas muito extensas. O biólogo Edward Deevey calculou que nesse nível de desenvolvimento cultural a manutenção de uma pessoa requeria cerca de 65 km$^2$. A população atual do México supera, por exemplo, os 70 milhões de habitantes, enquanto, segundo as estimativas de Deevey, nos tempos pré-agrícolas paleoindígenas nunca teria podido passar de 30.000 almas. Nada tem, pois, de estranho que sejam tão difíceis de encontrar esses restos paleoindígenas, e em especial as povoações anteriores à cultura Clóvis.

# TERCEIRA PARTE

# A AMÉRICA DO NORTE

# O PERÍODO ARCAICO

Os paleoindígenas da América do Norte viviam em ambientes muito diferentes dos habituais nos últimos milênios. Eram caçadores e forrageiros transumantes. Muitos dos animais que constituíam sua caça se extinguiram ao terminar o Plistoceno (cerca de 10000 a.C.). Os hábitats que sustentaram a flora e a fauna do Plistoceno mudaram quando as camadas de gelo se fundiram antes de os novos gelos avançarem para o sul. As espécies que não se deslocaram para o norte com a retirada do gelo morreram e foram substituídas por outras, que se expandiram para fora das áreas de refúgio. O papel dos caçadores humanos na extinção das principais espécies venatórias do Plistoceno, como mastodontes, mamutes e o restante dos bisões da Idade do Gelo, não nos consta com certeza e continua a ser o centro do debate entre os arqueólogos. O que, sim, é certo é que as posteriores comunidades indígenas tiveram de enfrentar todo um mosaico de novas mudanças ambientais. Depois de 8000 a.C., o solos das regiões que acabavam de degelar eram solos jovens que evoluíram à medida que tiveram de suportar uma sucessão de espécies vegetais e animais. As espécies florestais se estenderam a novos territórios em ritmo diverso, de acordo com os mecanismos de propagação de que dependiam. Os climas mudaram rapidamente, quando os sistemas meteorológicos alteraram seus movimentos em torno da retirada das camadas de gelo.

A visão geral que oferece o continente depois de 8000 a.C. é a de uma tensão por um reajustamento inicial rápido às condições ambientais, que se foi retardando gradualmente à medida que essas condições alcançavam seu estado atual. Para os grupos indígenas, a adaptação inicial teve de comportar uma insegurança considerável, e os restos arqueológicos refletem uma ampla série de adaptações não especializadas. Quando o meio ambiente se tornou mais estável, as comunidades indígenas se arriscaram a algumas adaptações mais especializadas visando a algumas atividades que tornaram mais segura a

A geografia da América do Norte vai dos vales desérticos, abaixo do nível do mar, até alguns dos cumes mais altos do mundo. A região geologicamente quente de Yellowstone fica na divisa continental. O rio Yellowstone aparece aqui (*abaixo, à direita*) perto de sua fonte no extremo dos planaltos. Dali flui para o norte antes de girar para o nordeste e juntar-se com o Missouri.

O *canyon* de Chelly corta o planalto do Nordeste do Arizona (*abaixo, à esquerda*). Ali o Chinle Wash corre diante das ruínas de White House. O *canyon*, que tempos atrás foi a pátria de numerosas e florescentes comunidades anasazis, agora abriga algumas granjas dispersas de navajos (ver pág. 74).

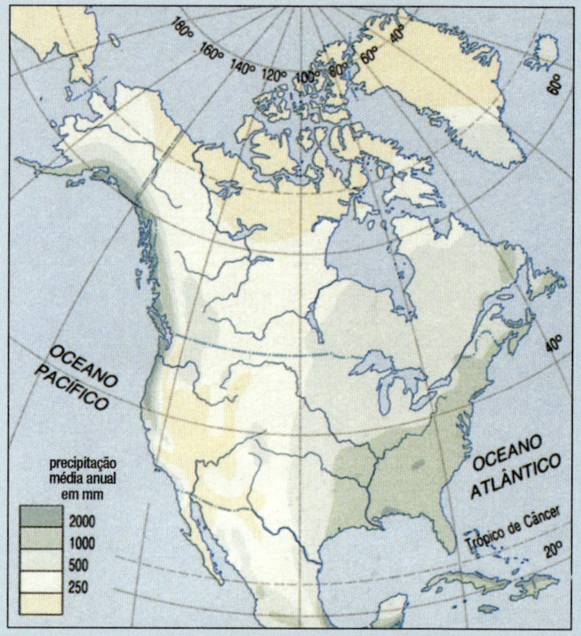


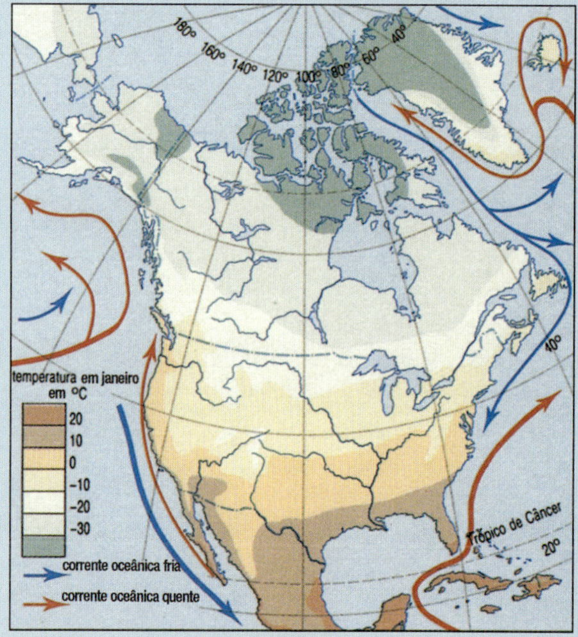


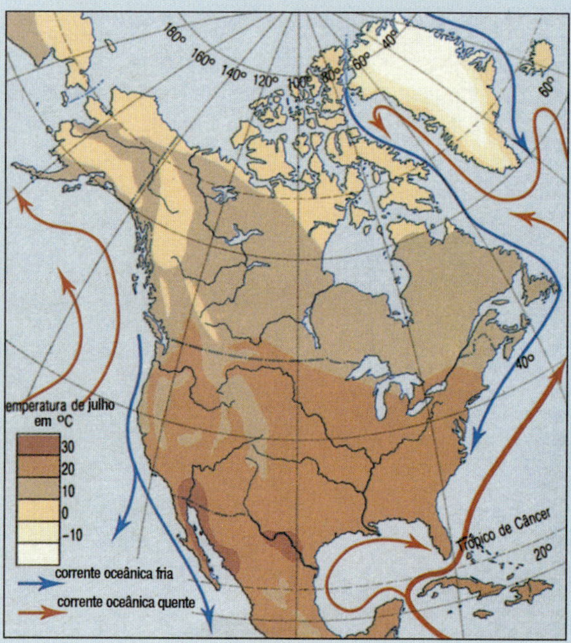

**Clima e vegetação da América do Norte**
A topografia, os solos e o clima se combinam para formar o mosaico de zonas ambientais que hoje existem na América do Norte. Este mapa mostra os hábitats da moderna América do Norte como deveriam de ser sem as alterações introduzidas primeiro pelos índios pré-históricos e, de modo mais drástico, pelos euro-americanos. São o resultado de uma paisagem muito diferente na Idade do Gelo, e ao longo de mais de 10.000 anos. A formação e os limites das áreas ambientais mudaram durante esse tempo, e em alguns casos de maneira significativa. As comunidades indígenas se adaptaram necessariamente às condições que foram mudando de modo gradual com o tempo, e os arqueólogos modernos se concentram na exploração dos processos que facilitaram a adaptação humana. Como em muitos casos, nem os ambientes antigos nem as adaptações culturais pré-históricas remanesceram numa história documentada; só a arqueologia fornece os meios para compreender a evolução cultural de nossa espécie da caça e do forrageio para a agricultura sedentária. Dado o isolamento quase completo entre os povos do hemisfério ocidental e os do oriental durante esse longo período, as Américas oferecem um laboratório arqueológico independente para investigar o nascimento da civilização. As comparações com os desenvolvimentos da Europa, da Ásia e da África permitem aos arqueólogos descobrir tanto o que é comum a toda a humanidade como o específico das culturas da América antiga.

subsistência. Os movimentos de migração livre ensejaram uma transumância mais restrita, em que os grupos se moviam de acordo com hábitos regulares e dentro de territórios reduzidos. Esse longo período, que os arqueólogos qualificaram de arcaico, se segue ao dos paleoindígenas especializados na caça maior, mas precede o surgimento dos cultivos em grande escala. Os índios, arcaicos por definição, souberam utilizar magnificamente uma gama cada vez mais ampla de espécies vegetais e animais.

A principal arma dos caçadores arcaicos era o *atlatl* ou lança arrojadiça. Em sua forma mais simples, consistia num bastão com um cabo numa extremidade e um gancho forte na outra. A conteira da lança se ajustava ao gancho, e o caçador impelia a arma mais com o movimento do que diretamente com a mão. O *atlatl* alongava, com efeito, o antebraço em cerca de 50 centímetros, permitindo o giro da mão no pulso para dar-lhe maior jogo. A velocidade adicional, derivada do alongamento do braço e do maior movimento do pulso, tornava mais efetivos os lançamentos do *atlatl* do que os de lanças maiores atiradas com a mão.

No final do período arcaico da pedra, deu-se maior peso aos *atlatl*, o que não teria representado nenhuma vantagem efetiva se o material empregado então não fosse flexível. Supondo que isto ocorria, os caçadores do final do período arcaico descobriram a vantagem de aumentar o potencial de suas armas com o emprego de flechas pesadas e flexíveis, assim como os pescadores e golfistas modernos descobriram as vantagens das varas e das hastes flexíveis.

O final da época arcaica varia notavelmente de uma região para outra. Em algumas áreas, os primeiros cultivos vegetais tiveram início já na começo do III milênio, enquanto em outras regiões os sistemas arcaicos de caça e coleta se mantiveram até depois da colonização européia. Daí que a data de 700 a.C., que se dá como de término deste período, tenha sido escolhida de maneira arbitrária, sendo sabido que o tipo de ecossistema que o caracterizou foi mudando no tempo e no espaço, de acordo com o meio ambiente que o sustentava.

Os problemas gerais de adaptação que tiveram de enfrentar os índios arcaicos foram similares aos que teve de enfrentar a população de todo o mundo nessa época. E, em linhas gerais, também as soluções foram parecidas. Com o desaparecimento da caça do Plistoceno, a atividade venatória se concentrou nos cervos, nos alces e nas renas. E, à medida que se impunha a tendência à caça menor, os índios foram substituindo a exploração relativamente ampla de espécies maiores por uma exploração intensiva de espécies menores. Com respeito à atividade coletora, eles intensificaram a exploração de nozes, peixes e crustáceos.

A crescente densidade demográfica tornou impossível que a população buscasse novos recursos mudando-se para regiões desabitadas, já que até as zonas marginais foram sendo ocupadas. Por conseguinte, suas formas de movimento se mudaram em migrações restritas no interior de territórios bem delimitados, movimentos que os

*Direita.* O monte McKinley, agora conhecido, como costuma acontecer, por seu nome indígena "Denali", eleva-se a 6.194 m no Alasca central. Durante milhares de anos esta parte do Ártico foi a pátria dos índios na-denes. Nos primeiros séculos da expansão indígena pelas Américas, esta região foi talvez seu corredor principal. O processo, no entanto, não foi necessariamente uma migração drástica. Na seqüência arqueológica que conhecemos, houve tempo suficiente para que algumas comunidades pequenas e pouco numerosas se expandissem ao máximo sem uma migração preparada para longas distâncias.

*Direita.* A Danger Cave, Utah – povoação típica da época arcaica e desértica –, está atualmente 34 m acima do nível do Grande Lago Salgado. Os materiais começaram a acumular-se na caverna em cerca de 9000 a.C. e acabaram por alcançar uma altura de 4 m. Ao ser escavada, a caverna proporcionou milhares de artefatos, muitos deles de madeira, fibras, ossos, pele e outros materiais que teriam perecido num ambienteúmido. Graças a isso e aos achados de sítios arqueológicos similares, os arqueólogos têm uma compreensão detalhada das acomodações dos índios arcaicos a um ambiente desértico e duro.

levavam a ocupar ano após ano os mesmos lugares conforme o ciclo das estações. As conseqüências arqueológicas dessa mudança incluem a repetida ocupação de povoações cuidadosamente escolhidas, e a acumulação de entulhos e refugos nas mesmas povoações. As ferramentas portáteis simples foram substituídas por instrumentos de maiores dimensões, e não faltam casos em que apareceram pesadas instalações de pedra. Os índios construíram e usaram regularmente certas instalações pesadas para a moagem, e solucionaram o problema do transporte armazenando os instrumentos nos diversos locais que visitavam no decorrer do ano. O armazenamento de alimentos aumentou à medida que se incrementava a riqueza material.

As primeiras organizações sociais parecem ter sido igualitárias. A maior mobilidade, os grupos mais numerosos e as habitações permanentes facilitaram a aquisição e a troca de materiais líticos exóticos.

Comparativamente, os índios arcaicos formavam grupos menores, tinham uma mobilidade reduzida e contavam com organizações menos igualitárias. Uma conse-

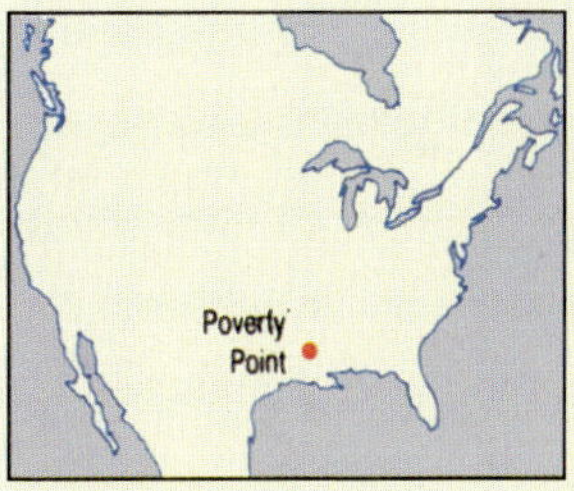


O centro de Poverty Point, 1500-700 a.C. (*abaixo, à direita*), agora protegido e aberto ao público, é formado por uma série de octógonos concêntricos. O montículo principal, a oeste, é disposto de modo que proporciona uma visão clara do nascer do sol sobre o ponto central do octógono nos equinócios da primavera e do outono (*abaixo, extremidade direita*). Não sabemos se isso foi deliberado ou casual. A chumbeira (*embaixo*), feita provavelmente fazia parte dos petrechos de pesca.

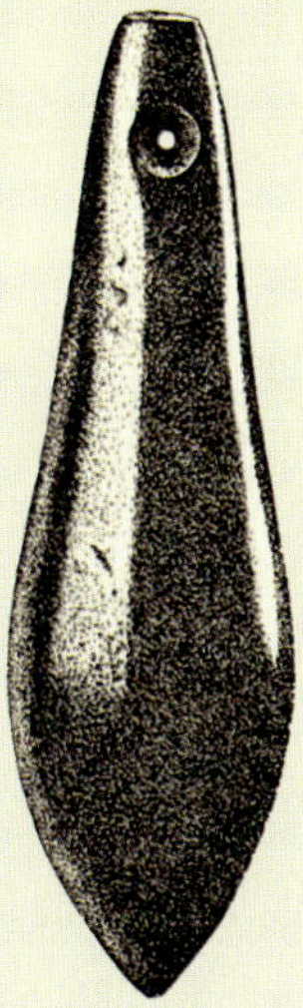

# Poverty Point

Talvez a povoação arcaica mais impressionante de América do Norte seja o complexo de grandes taludes de Poverty Point, na Louisiana. O complexo principal é constituído por uma série de seis octógonos concêntricos. O exterior tem um diâmetro de quase 1.300 m. Cada octógono é formado por uma série de lombadas de terra. Parte desse complexo de octógonos sofreu depois a erosão de um rio próximo, se é que algum dia esteve completamente terminado. Um longo talude, a oeste do povoado e afastado do leito do rio, chega a uma altura de mais de 20 m, com mais de 200 m de comprimento na base. O comprimento inclui uma longa rampa que desce para o complexo octogonal. Outro talude, algo menor, se ergue para o norte. Embora seja tentador buscar no sul a primitiva inspiração mexicana do complexo, Poverty Point pode ter sido nada mais, nada menos, que a expressão final de algumas tendências do arcaico norte-americano que tiveram um desenvolvimento muito longo.

Entre os artefatos recuperados em Poverty Point, há milhares de bolas de argila cozida, que provavelmente eram empregadas para esquentar a pedra em lugarde seixos, difíceis de encontrar nos solos aluviais do vale do Mississipi. O aquecimento da comida introduzindo bolas quentes evitava a exposição direta ao fogo de recipientes frágeis ou combustíveis. Em alguns casos, as massas de argila adotam formas de pássaros ou de homens. A figurinha aqui reproduzida (*abaixo*) não chega a 5 cm de altura.

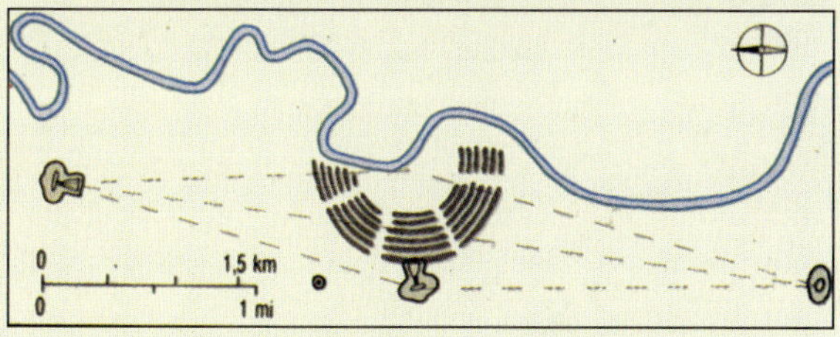


*Esquerda*: **Culturas arcaicas da América do Norte**
Um ecossistema humano pode ser definido de forma simplificada como o ambiente que abrange a subsistência, a técnica, a organização social e a demografia. Os arqueólogos tentaram medir todas essas variáveis na América do Norte arcaica, com resultados diversos. Como os limites ecológicos são difíceis de definir até nas condições modernas, e dadas as enormes diferenças das condições ambientais durante o período arcaico, impõe-se a divisão do continente em regiões com base em limites mais estáveis. Esses limites são os principais divisores de águas, que se mantiveram estáveis ao menos durante os últimos 10.000 anos. Tais são as áreas das bacias fluviais.

qüência provável da maior concorrência entre os grupos e do número reduzido de deslocamentos foi a substituição dos antigos modelos de intercâmbio extensivo de materiais toscos e exóticos por materiais do lugar. As povoações arcaicas contêm amiúde ferramentas de qualidade relativamente baixa, mas feitas com os materiais que o lugar oferecia. Os melhores materiais continuavam nas mãos dos grupos afortunados que os tinham herdado dentro de seus territórios reduzidos.

Com o término do período arcaico, muitos grupos indígenas já manipulavam seu meio ambiente. Isso implicava a queimada de áreas de bosque para melhorar os pastos dos cervos. Também incluía o cultivo ocasional e talvez a propagação fortuita de espécies vegetais particularmente desejadas. Igualmente, no final do período arcaico foram aparecendo novos tipos de comércio e troca. À primeira vista, parecem similares aos sistemas pré-arcaicos pelos quais passavam os materiais líticos exóticos de um grupo igualitário para outro. No entanto, os novos sistemas parecem ter sido totalmente diferentes na forma, a julgar pelo uso que se deu aos materiais exóticos quando alcançaram seu destino arqueológico. Encontraram-se muitos objetos exóticos associados a tumbas; o fato de terem sido empregados em determinados contextos sugere que eram usados para marcar as diferenças sociais em algumas sociedades cada vez mais competitivas. Por exemplo, o exótico quartzo de Ramah se estendeu pelo sul através das povoações das Províncias Marítimas e do Maine, acabando por converter-se em objetos apreciados que, em certas ocasiões, adornavam as sepulturas. Ao contrário, as peças exóticas do período paleoindígena acabaram por ser objetos inúteis e quebrados que apareceram entre os refugos dos acampamentos. Os modelos do arcaico tardio estabeleceram a plataforma para os intercâmbios de longa distância e para o ordenamento social que floresceriam nos mil anos seguintes a 700 a.C.

Ao menos nas zonas interiores do Oeste do continente as mudanças climáticas para algumas temperaturas mais quentes e secas alcançaram depois do Plistoceno níveis superiores aos atuais. Os arqueólogos da Grande Bacia fizeram maior uso das flutuações de temperatura a longo prazo do que os arqueólogos da maior parte das regiões da América do Norte. Supõe-se que o anatermal, caracterizado por condições de frio e umidade, prevaleceu durante o período de 7000 a 5000 a.C. O altitermal máximo (5000-2500) é documentado em muitas povoações, e as datas em torno de 4400 parecem haver assinalado seu ponto mais alto. O meditermal (posterior a 2500 a.C.) presenciou uma mudança brusca para as condições atuais. Este aparente endurecimento climático pressionou fortemente a capacidade de adaptação das povoações arcaicas. Mas a subseqüente melhora do clima mais temperado e seco para as condições atuais as capacitou para passar da coleta de frutos para a sua produção.

# ÁREAS CULTURAIS

Tradicionalmente, os arqueólogos dividiram as numerosas culturas indígenas da América do Norte em áreas culturais delimitadas pela geografia. Esse recurso tem a vantagem de agrupar centenas de culturas locais num pequeno número de unidades muito mais manejáveis. Mas apresenta algumas desvantagens, que convém levar em consideração se não quisermos abusar das áreas culturais. Primeira, as fronteiras rígidas dos grupos culturais são na maior parte das vezes uma ficção antropológica. Freqüentemente as fronteiras eram separadas por zonas de amortecimento mais que por fronteiras territoriais ao estilo europeu. Segunda, a mera definição de uma área cultural supõe que já houvesse um tipo de cultura ideal em seu núcleo que algumas culturas mais marginais tentavam de algum modo realizar. Mas também esta é uma idéia falsa, dado que todas as culturas tentam acomodar-se da melhor maneira possível às condições locais, e o agrupamento que fazemos delas não passa de um recurso para facilitar a sua generalização. Terceira, e como conseqüência dos dois problemas assinalados, as áreas culturais podem encobrir amiúde variações em pequena escala que não deixam de ser importantes. Aqui as utilizamos com plena consciência de que só estão a serviço da generalização inicial.

Embora imenso e salteado e interrompido por zonas vazias, o Ártico é considerado uma área cultural à parte. O Subártico se divide em áreas ocidentais e orientais, divisão que separa os na-denes da população de fala algonquina. A área do Canadá meridional foi distribuída às vezes entre o Subártico oriental e os bosques do Leste. As Grandes Planícies foram divididas em áreas do Norte e do Sul com a Pradaria característica no meio, enquanto os bosques do Leste também ensejaram núcleos separados. O Sudoeste sempre foi tratado à parte, embora sua porção correspondente ao México tenha sido freqüentemente calada. Sorte parecida coube ao Nordeste do México, que nem sempre foi considerado como uma área separada. Finalmente, o Extremo Oeste começou por abarcar as regiões costeiras e as situadas entre montanhas; regiões que, por sua vez, se dividiram em áreas da costa norocidental e da Califórnia, de um lado, e no Planalto e na Grande Bacia, do outro. Em qualquer caso, para as fronteiras e os nomes locais seguimos os critérios expostos nos volumes do *Handbook of North American Indians.* (Alguns desses volumes ainda estão em projeto, razão por que as áreas correspondentes a eles foram estabelecidas segundo fontes mais antigas; os volumes ainda por publicar correspondem à costa norocidental, à Grande Bacia, ao Planalto, às Planícies e ao Sudeste.)

Fizeram-se muitas tentativas científicas de reduzir o grupo de línguas ameríndias a um grupo pequeno de famílias ou *phyla.* Foram tentativas que à primeira vista tiveram êxito, no sentido de que os resultados foram publicados e utilizados por outros eruditos. Mas análises mais conscienciosas de tais sistemas de classificação demonstraram repetidas vezes que esses esforços padeciam

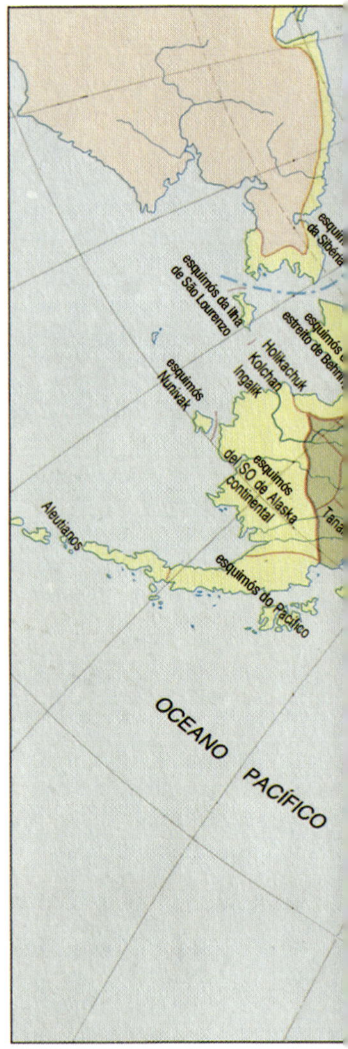


**Línguas indígenas da América do Norte** I
Apesar de imensa, a América do Norte setentrional pode dividir-se em quatro grandes áreas culturais, dominadas por três famílias principais de línguas. O Ártico é o domínio dos falantes de línguas esquimós-aleutianas. No Subártico oriental prevalecem os falantes de línguas algonquino-ritwanas. As culturas da costa noroeste falam línguas que pertencem às famílias na-denes e outras menores, cujas origens antigas ainda não estão completamente elucidadas.

*Esquerda.* A área em torno de Juneau é típica da abrupta costa do Noroeste. Os vales contêm amiúde mais geleiras de montanha que rios; são restos da camada de gelo Cordillerana, que em tempos remotos cobriu toda a região.

de erros, falta de provas e excesso de otimismo. Por tudo isso, aqui adotamos a classificação mais conservadora das de uso corrente. Segundo ela, são 21 as famílias e 32 as línguas isoladas, ou seja, as línguas que são pouco conhecidas não é possível classificá-las, ou são tão desconcertantes, que resistem a qualquer classificação. Das 21 famílias lingüísticas, só 3 grupos se relacionam entre si, e a futura investigação lingüística terá de fragmentá-los num grande número de famílias menos inclusivas. O grupo hoko pode formar 6 famílias e 5 línguas isoladas; o penutiano, 3 e 2, respectivamente; enquanto o penutiano de Oregon só abarcaria 4 línguas isoladas. Embora esta aproximação conservadora à linguagem possa comportar não menos de 30 famílias e 43 línguas isoladas, implica também um alto nível de certeza no que diz respeito aos constituintes de tais famílias. Não há dúvida de que a investigação futura conduzirá a uma combinação de famílias que agora figuram como separadas; mas não é provável que implique o desmantelamento dessas unidades classificatórias.

## O ÁRTICO

Os especialistas estão de acordo em que os primeiros grupos de caçadores entraram no hemisfério ocidental através do que agora é o Alasca. Muitos dos movimentos primitivos devem ter sido feitos através de vastas zonas da plataforma continental, que sobressaíam do nível do mar no final da Idade do Gelo, mas agora estão submersas e são inacessíveis aos arqueólogos. Biologicamente, o homem moderno (*Homo sapiens sapiens*) evoluiu como uma população no hemisfério ocidental, mas entrou nas Américas muito pouco a pouco, e só depois que essa evolução se completasse há cerca de 40.000 anos. Por isso, as provas arqueológicas sobre os primeiros habitantes americanos são necessariamente escassas, estão muito dispersas e são difíceis de reconhecer, se comparadas com o imenso acervo de provas que documentam períodos muito mais remotos no hemisfério oriental.

A arqueologia ártica se desenvolveu em três contextos nacionais, que desde o Alasca, passando pelo Canadá, chegam até a Groenlândia. Entre uns contextos e outros, as tradições dos eruditos diferem. Apesar disso, os diferentes critérios em matéria de taxonomia e interpretações podem ser compendiados com o emprego de cinco amplas etapas, que definem de modo aproximado as datas do começo e do final, para comportar os atrasos no desenvolvimento dessa vasta região.

### Etapa I

Começa por volta do ano 25000 a.C. e termina em torno de 5000 a.C. As que se supõem provas mais antigas desta etapa chegam em forma de artefatos de osso, encontrados em Old Crow, no território de Yukon, e em algumas povoações próximas e relacionados com estas. Eles podem assinalar o advento da pré-história humana nas

COSTA NOROESTE
1 Pentlatch
2 Sechelt
3 Squamish
4 Halkomelem
5 Nooksack
6 Straits
7 Nitinat
8 Makah
9 Quileute
10 Chemakum
11 Luchoodseed
12 Twana
13 Quinalult
14 Chehalis inferiores
15 Chehalis superiores
16 Cowlitz
17 Kwalhiokwa
18 Klatskanie
19 Chinook inferiores
20 Chinook superiores
21 Tillamook
22 Kalapuya
23 Alsea
24 Siuslaw
25 Coos
26 Athapaskan SO Oregon
27 Takelma
CALIFÓRNIA
28 Tolowa
29 Karok
30 Shasta
31 Yurok
32 Chilula
33 Hupa
34 Wiyot
35 Whilkut
36 Chimariko
37 Mattole
38 Nongatl
39 Wintu
40 Yana
41 Nomlaki
42 Lassik
43 Sinkyone
44 Wailaki
45 Cahto
46 Yuki
47 Konkow
48 Patwin
49 Miwok do lago
50 Wappo
51 Miwok da costa
52 Foothill Yokuts
53 Monache
54 Tubatulabal
55 Kitanemuk
56 Tataviam
COSTA NOROESTE
ESCUDO
PLANÍCIES SETENTRIONAIS
GRANDE BACIA
CALIFORNIA
PRADARIAS
SUDOESTE
PLANÍCIES MERIDIONAIS
NORDESTE DO MÉXICO
grupos pouco conhecidos da planície costeira do golfo e do interior
OCÉANO PACÍFICO
Bella Coola
Haisuk
Kwakiutl
Nootka
Comox
Carrier
Chilcotin
Beaver
Sarsee
Shuswap
Lillooet
Thompson
Nicola
Lago Okamagan
Kutenai
Columbia
Sanpoil
Kalispell
Spokane
Coeur D'Alene
Flathead
Klikitat
Yakima
Palus
Teninos
Umatillas
Cayuses
Nez Perce
Molalas
Klamath
Modoc
Achumawi
Atsugewi
Maidu
Pomos
Nisenan
Washo
Miwok
Costanoan
Yokuts do vale setentrional
Esselen
Salinan
Kotus do vale meridional
Chumash
Kawaiisu
Gabrielinos
Serranos
Chemehuevi
Mohaves
Luiseños
Cahuilla
Cupeño
Ipais
Tipais
Quechan
Halchidhoma
Cocopas
Kiliwas
Paipais
Nakipas
Cochimis
Guaycuras
Pericus
Cree dos bosques ocidentais
Cree das planícies
Lago Winnipeg
Saulteaux
Blackfoot
Gros Ventre
Assiniboin
Ojibwa das planícies
Crow
Hidatsa
Mandan
Arikara
Yanktonai
Teton
Cheyenne
Santee
Missouri
Yankton
Ponca
Omaha
Pawnee
Iowa
Oto
Missouri
Kansa
Arapaho
Kiowa
Kiowa-Apaches
Osage
Wichitas
Comanches
Snakes
Shoshones e Bannock do Norte
Paiutes do Norte
Shoshones orientais
Shoshones ocidentais
Paiutes do vale de Owens
Utes
Paiutes do Sul
Colorado
Walapais
Havasupai
Hopis
Navajos
Keresanos do Jémez
Rio Grande
Tewas
Tiwas do Norte
Apaches Jicarillas
Tanos
Pecos
Zunis
Lagunas
Acomas
Tiwas do Sul
Tompiros
Piros
Yavapais
Maricopas
Apaches ocidentais
Apaches Chiricahuas
Apaches Mescaleros
Papagos e Primas superiores
Jocomes e Janos
Sumas
Jumanos
Opatas
Eudeves
Seris
Jovas
Pimas inferiores
Concho
Rio Grande
Lipan
Tonkawa
Atakapa
Karankawa
Yaquis
Guarijios
Tarahumaras
Tubar
Mayos
Toboso
Guasaves
Tepehuanos
Zacatecas
Pame
135º
50º
130º
125º
120º
115º
110º
105º
100º
95º

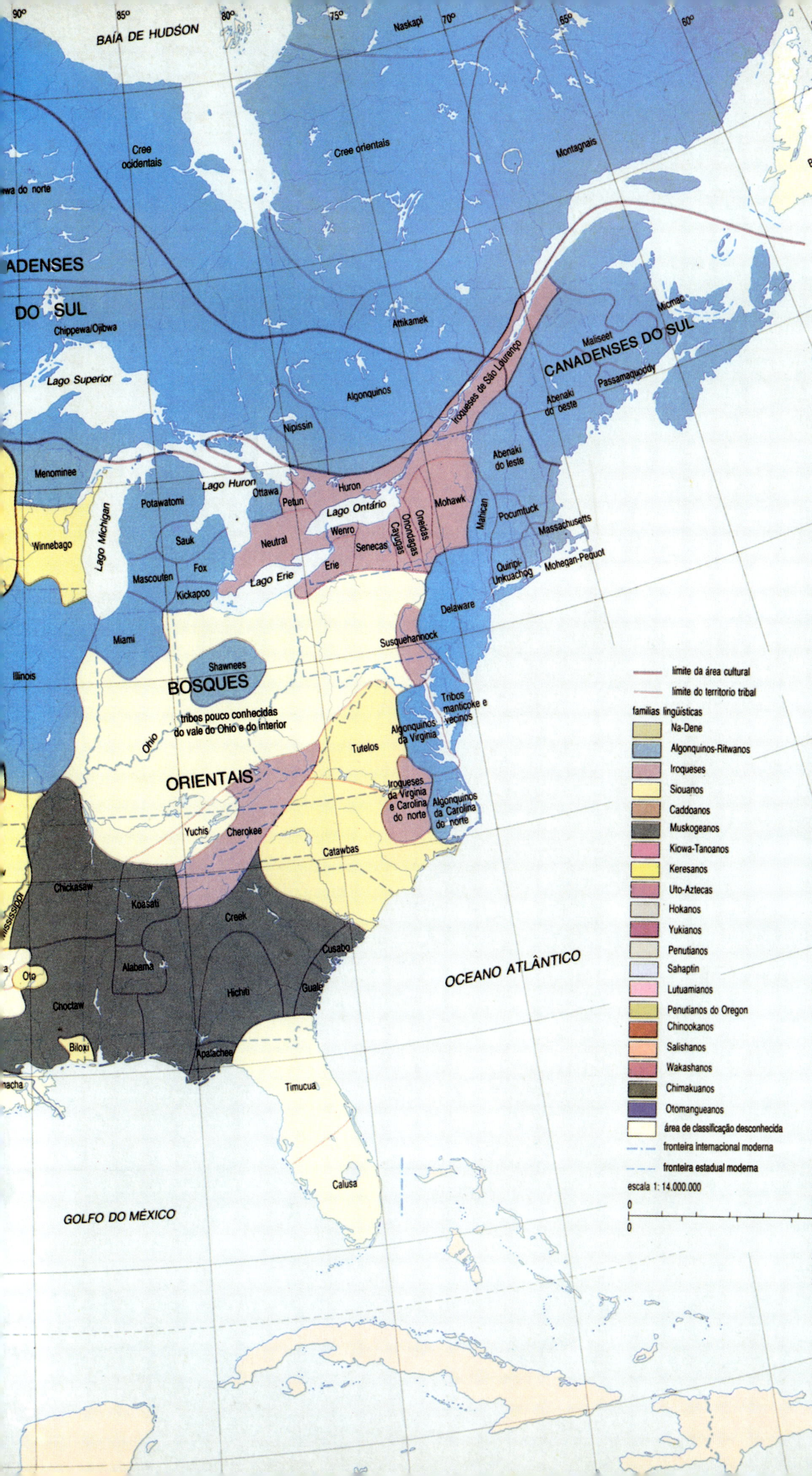


**Línguas indígenas da América do Norte II**

O mapa assinala as fronteiras étnicas tal como as encontraram os primeiros exploradores europeus. Embora muitos grupos costeiros estejam perfeitamente indicados, no interior numerosas nações devem ter mudado de localização antes da que aqui é indicada para os últimos séculos. Por exemplo, a maior parte das culturas das planícies que aqui são assinaladas viviam ao redor das planícies e das Pradarias da América do Norte central, mas não propriamente nelas, antes da introdução e difusão do cavalo nos séculos XVII e XVIII.

Embora contenham muitos sítios arqueológicos, boa parte das regiões dos bosques orientais aparecem vazias por efeito do despovoamento devido às epidemias e à emigração antes que suas tradições fossem consignadas por escrito. O mesmo ocorre com o Nordeste do México e com algumas regiões do Sudoeste desse país.

Por razões de método e organização, assinalam-se aqui só 14 áreas culturais. Cada uma delas corresponde de maneira aproximada a uma zona ambiental maior; mas as culturas que constituíam cada uma das áreas estiveram em evolução constante. Além disso, as fronteiras foram imprecisas e cambiantes. Todas as tribos e nações formaram culturas completas, cujas características poderiam permitir em muitos casos uma classificação alternativa. Algumas mudaram drasticamente em breve espaço de tempo, como foi o caso dos cheyennes, que em poucos anos passaram de horticultores da pradaria a nômades das planícies setentrionais.

O acordo lingüístico atual permite a fragmentação das línguas em não menos de 21 famílias, três das quais ao menos requerem uma subdivisão ulterior (ver pág. 43). Só a esquimó-aleutiana não aparece neste mapa.

Há 32 línguas isoladas que resistem à classificação em alguma das 21 famílias. O beothuk desapareceu tão rapidamente, que não cabe uma análise lingüística concludente sobre as poucas palavras que sobreviveram. Outras, como o zuni, permanecem, mas são um mistério para os historiadores da lingüística. Há casos isolados de pequenos grupos de línguas ou dialetos, muito pouco compreensíveis, sem relações externas conhecidas.

Américas. Alguns especialistas admitem datas anteriores para alguns restos achados em outros pontos do hemisfério, e outros rejeitam qualquer pretensão de estabelecer datas muito anteriores a 14.000 anos. A prova indiscutível mais antiga no Ártico é proporcionada por alguns sítios de instrumentos de pedra, que são datados entre 9000 a.C. e 6000 a.C. e que geralmente são considerados como a tradição paleoártica americana. Essas coleções contêm caroços de frutas, folhas e microfolhas, e se associam a espécies de fauna moderna, alguns espécimes de bisão e talvez também cavalos e alces.

A tradição afim Anangula — assim chamada pela povoação típica de sua ilha aleúte — pode ter-se acomodado já aos recursos marinhos. Enquanto a maior parte das povoações americanas paleoárticas contêm instrumentos de duas faces, a coleção de Anangula é formada preferentemente por ferramentas unifaciais, como o é a muito similar do sítio de Gallagher Flint.

Em todas as povoações dos últimos milênios da etapa I, os materiais são similares às provas do interior da Sibéria. Essa semelhança induziu alguns arqueólogos a relacionar todos os materiais primitivos de ambos os lados do estreito de Bering como pertencentes a uma tradição "beringiana" comum.

### Etapa II

Embora no Ártico a caça e a atividade forrageira nunca tivessem podido ser substituídas por uma produção de alimentos mais avançada, as variedades regionais dos recursos disponíveis cedo introduziram algumas diferenças nos instrumentos. A etapa II se iniciou por volta de 5000 a.C., e já pelo ano 4000 a.C. os dados que nos chegaram tanto de Anangula como de Ocean Bay indicam que os caçadores costeiros se haviam adaptado aos recursos marinhos de que careciam os caçadores do interior. As provas procedentes de Onion Portage e de outras povoações coetâneas do interior sugerem uma adaptação variável aos recursos do interior, mas sem consistência suficiente como para justificar sua identificação como uma tradição arcaica setentrional. Alguns arqueólogos interpretam esta tradição como de origem meridional nos primeiros desenvolvimentos paleoindígenas, enquanto outros a entendem como uma evolução local da etapa anterior. Pode ser que o povo responsável pela tradição arcaica setentrional fosse o tronco ancestral dos povos históricos de língua athapaskana no Oeste da América do Norte; mas esta é uma hipótese que até agora conta com pouco apoio.

### Etapa III

A passagem da etapa II à III se deu entre 2500 e 1900 a.C. As primeiras mudanças sucederam no Norte do Alasca e nas ilhas Aleutas. Com a chegada deste período, a pré-história ártica se converte num fenômeno esquimó mais que ameríndio. As modernas línguas esquimós apresentam relações distantes mas claras com o aleúte; sua separação deve ter começado pelo menos no início da etapa III, porque desde essa época a tradição aleúte se desenvolve como uma tradição arqueológica separada já dos estádios posteriores da arqueologia ártica.

No Norte do Alasca, a etapa III se caracteriza pela presença de uma coleção de instrumentos típicos, conhecida como tradição ártica de objetos pequenos. Essa primitiva tradição esquimó se desenvolveu e difundiu rapidamente através da zona ártica marítima da península do Alasca à Groenlândia. Os aleútes não participaram desse desenvolvimento, que pode perfeitamente ter-se dado na Sibéria oriental antes de estender-se para o leste através do Ártico americano. Na tradição faltavam em geral as lâmpadas de azeite, que seriam características das culturas esquimós históricas, razão por que aqueles primitivos esquimós necessariamente devem ter continuado a depender da madeira para iluminar e esquentar-se. Eles exploravam uma variedade equilibrada de caça marinha e terrestre, e em algumas regiões viviam em sólidas casas semi-subterrâneas.

A tradição ártica de objetos pequenos esteve sujeita a diversificações à medida que se estendia para o leste. Os sítios arqueológicos que contêm elementos da cultura "Independence I" no Canadá e na Groenlândia oferecem contrastes significativos com os catalogados como pré-Dorset (Canadá) ou Sarqaq (Groenlândia). Houve desenvolvimentos *in situ* por volta de 1900 a.C., e a adaptação se prolongou em vários lugares até 800 a.C.

### Etapa IV

O começo da etapa IV é marcado pelo desaparecimento progressivo da tradição ártica de instrumentos pequenos, à medida que a adaptação dos esquimós mudava

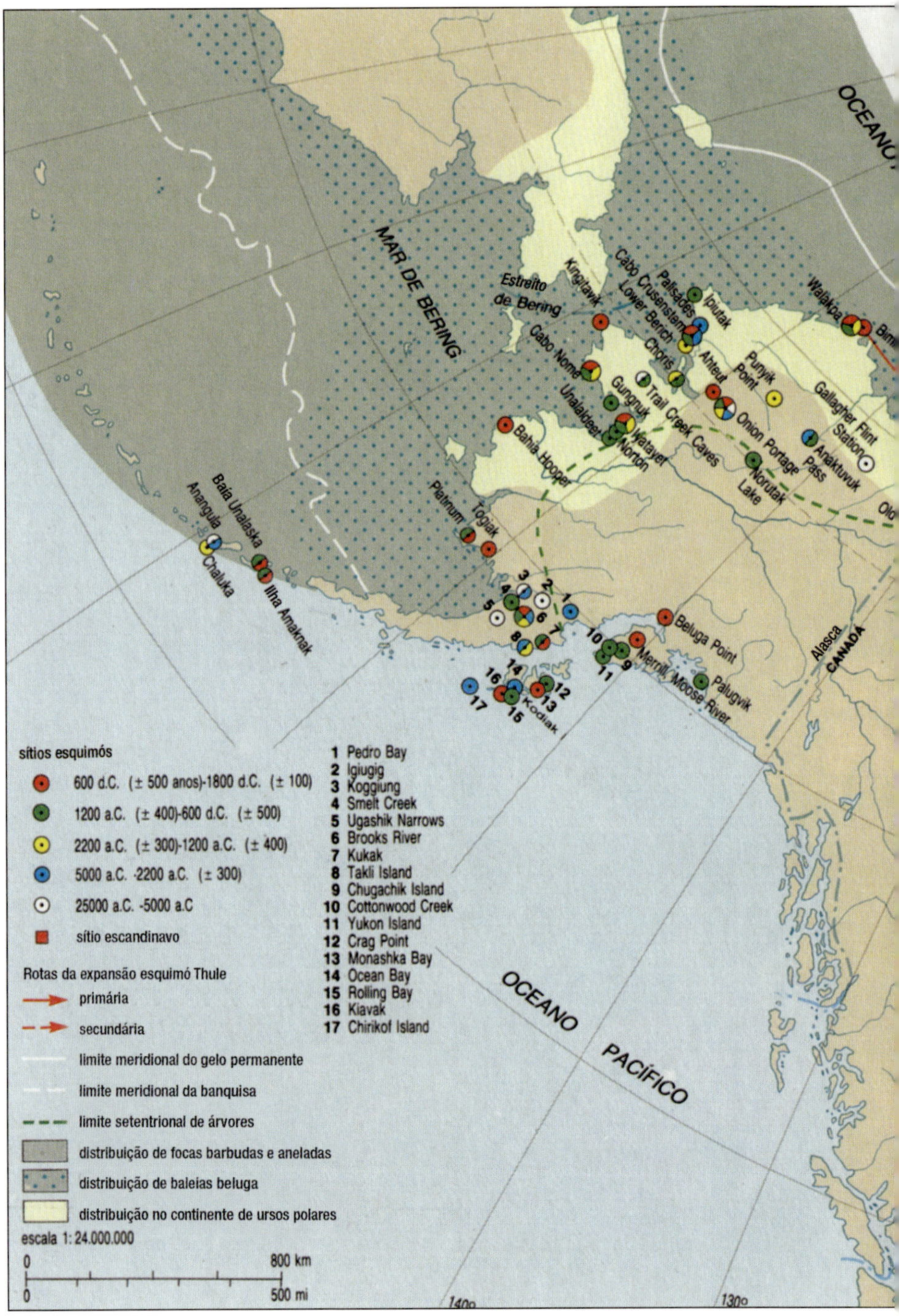


**Arqueologia do Ártico**
Os esquimós e aleútes se adaptaram aos duros ambientes do Ártico. Ao longo da pré-história, viveram em geral para além da linha de bosques, numa zona marítima calva, entre os gelos permanentes e o limite meridional dos blocos de gelo flutuantes. Seus domínios eram compartilhados em terra pelos ursos-polares. Focas, baleias-brancas e outras espécies de mamíferos marinhos que viviam diante da costa lhes proporcionavam as proteínas indispensáveis e azeite para calefação e luz. As cronologias pré-históricas do Ártico alcançam

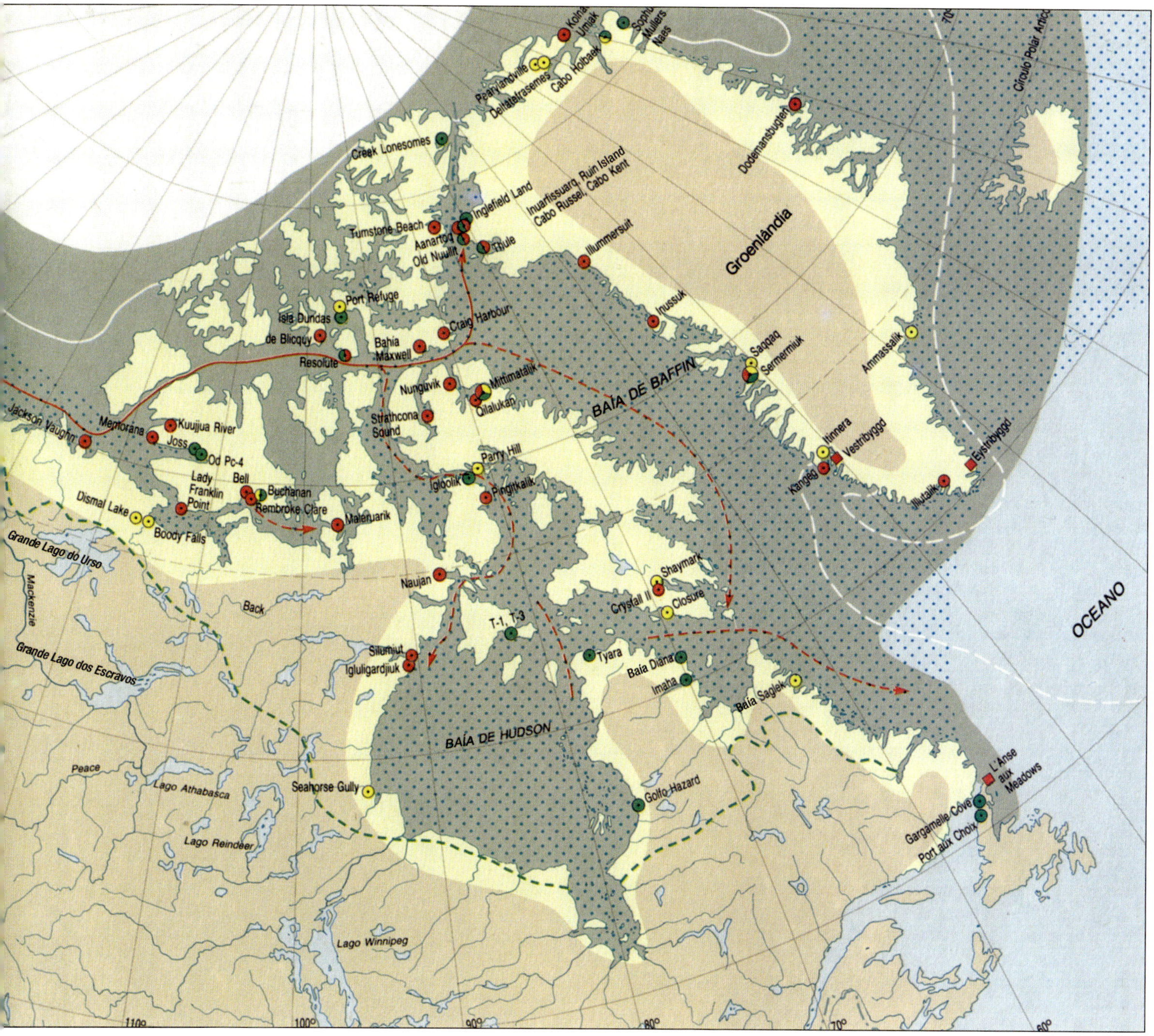


sua antiguidade e complexidade maiores no Oeste. Os aleútes logo se separaram de seus parentes esquimós e adotaram uma tradição marítima especializada em suas ilhas diante do Sudoeste do Alasca. As costas do Oeste e do Norte do Alasca foram a plataforma de posteriores desenvolvimentos esquimós. A pré-história do Ártico canadense e groenlandês foi dominada primeiro por uma expansão para o leste dos esquimós dorset, e depois por outra similar dos esquimós thules, que deslocaram completamente seus predecessores.

cada vez mais para a exploração dos recursos marinhos, em especial a caça dos mamíferos. A mudança se iniciou possivelmente por volta de 1600 a.C. no Norte do Alasca, onde a etapa IV comportou uma sucessão de fases: Choris, Norton e Ipiutak. Um curioso desenvolvimento, conhecido como cultura da "pesca antiga de baleias" (Old Whaling), aparece bruscamente, para desaparecer cem anos depois em cabo Krusenstern durante esse período. A diversidade foi menor ao sul do estreito de Bering, onde a etapa se define unicamente pela cultura Norton. Os habitantes das Aleutas continuaram o desenvolvimento por sua conta.

Embora na região da ilha de Kodiak a continuidade seja parecida, conhece-se bastante desta etapa para defini-la como tradição Kachemak. Alguns arqueólogos vêem durante esse período na Groenlândia um desenvolvimento "Independence II" à margem da primitiva cultura Independence I. No entanto, no Ártico oriental é mais generalizado o surgimento da cultura Dorset a partir da pré-Dorset, tanto no Canadá como na Groenlândia. Arpões, localidades de povoações costeiras e ossos refugados apontam para uma dependência Dorset dos mamíferos marinhos, em especial de focas e morsas. Em algumas povoações Dorset, foram encontrados arcos e flechas, bem como pequenas lâmpadas de pedra; mas desta cultura está ausente a tosca olaria que se dá na Norton do Alasca.

Algumas das marcas diferenciadoras da cultura histórica dos esquimós, como as facas de neve para a construção dos iglus, os sapatos de gelo e os pequenos patins, apareceram pela primeira vez em Dorset. Curiosamente, no entanto, os cães, os arcos e flechas e as verrumas escasseiam em muitas povoações do final da Dorset. As mudanças ocorridas, como a adoção das lâmpadas de pedra e a exploração dos mamíferos marinhos que proporcionavam gordura, crescem em importância. São mudanças que podem indicar um abandono da caça terrestre por uma economia que dependia só do mar. Certos fragmentos achados nas povoações Dorset permitem supor que seus caiaques, tão importantes para a caça marinha, eram tecnicamente tão avançados como outras embarcações posteriores.

**Etapa V**

A etapa V começa por volta do ano 100 d.C. na região do estreito de Bering, como Cultura Antiga do mar de Bering, surgida de um tronco similar à Norton. Depois deu origem à cultura Birnirk no Norte do Alasca, por volta de 900 d.C. Nesse marco cultural e físico, a cultura Birnirk evoluiu para a denominada cultura Thule. Esta cultura esquimó foi adotada pelas outras comunidades esquimós do Alasca, mas seu efeito mais decisivo no Ártico foi sua rápida difusão para o leste. Os esquimós thules absorveram os de Dorset no que provavelmente foi um processo complexo que comportou, de fato, alguns deslocamentos dos de Dorset pelos thules, bem como a aculturação das comunidades Dorset restantes. No período do primeiro contato histórico, a fala esquimó era formada por dialetos de uma única língua que se estendia desde a Groenlândia até o Norte do Alasca, tendo substituído em sua totalidade as línguas Dorset primitivas.

A expansão thule se viu favorecida por uma supremacia técnica, que incluía o emprego de grandes umiaques e flotilhas de caiaques, do arco e flecha, dos trenós de cães, arpões aperfeiçoados, lâmpadas de gordura de baleia, iglus de neve e dezenas de artefatos especializados. As condições climáticas favoráveis, que empurraram os noruegueses para o oeste, permitiram aos esquimós thules e às baleias que eles caçavam deslocar-se para o leste, onde as duas culturas competiram de fato pelos recursos da Groenlândia. A expandida cultura thule e suas análogas do Alasca, um pouco mais diversificadas, persistiram até os tempos históricos, como a série complexa e rica de culturas que costumam denominar-se esquimós de modo genérico.

## OS BOSQUES ORIENTAIS: CONSTRUTORES DE TÚMULOS (700 a.C.-400 d.C.)

No final da época arcaica, em numerosos pontos da América do Norte, as culturas indígenas passaram da intensa atividade forrageira ou coletora para o cultivo de algumas plantas nativas. Tais plantas não tiveram de modo algum a importância que os verdadeiros cultivos domésticos têm para o agricultor, e sua manipulação provavelmente não se parecia muito com os cultivos modernos. Apesar disso, foi cada vez maior a importância do girassol, do nabo, do trevo, da campainha, do pilriteiro, do sabugueiro-d'água, da abóbora, do pepino e de algumas espécies primitivas de milho, enquanto no começo da horticultura continuaram a ser praticadas a caça e a coleta intensivas. O modelo resultante de subsistência foi qualificado por alguns arqueólogos como o "tipo de ecossistema de cultivo".

As sementes foram importantes, mas naquele tempo não se cultivavam todas as plantas por suas sementes. Os girassóis incluíam ao menos uma espécie cultivada por seus tubérculos, espécie que depois se designou de maneira inapropriada como "alcachofra-de-jerusalém". As cucurbitáceas tropicais (abóbora e pepino) chegaram à América do Norte através do México, e foram utilizadas tanto por sua polpa como por suas sementes. Sua introdução se dá por volta de 2500 a.C. e se prolonga pelo menos até 400 d.C. em alguns lugares em que os índios exerciam um controle sobre a propagação e produção dessas plantas muito maior do que teriam podido imaginar os antigos coletores, ainda que inferior ao que pratica um verdadeiro horteleiro. O baixo rendimento dos primeiros cultivos, em comparação com as colheitas regulares que viriam depois, sugere que serviram principalmente para remediar os períodos de penúria na caça e forrageio de frutos silvestres. Não chegaram a ser os alimentos básicos, mas havia a possibilidade de armazená-los, e representaram uma diferença fundamental com relação às povoações ameaçadas de inanição, que aparecia raras vezes, mas com efeitos letais. Essa ameaça pode ter aumentado com a redução gradual das comunidades indígenas a territórios pequenos e bem delimitados, nos quais os imprevisíveis fracassos das colheitas naturais só podiam ser remediados com uma produção deliberadamente maior e um armazenamento cuidadoso.

O Serpent Mound de Ohio segue ao longo de um cimo proeminente, e ao longe sua cauda parece uma serpente que se desenrosca. Seu comprimento sem se desenrolar é de aproximadamente 400 m (ver *abaixo*). A cabeça da serpente, que aparece em primeiro plano nesta antiga foto tirada do sul, é difícil de interpretar. O montículo em anel oval parece estreitar-se na boca da serpente. Só nos é possível conjecturar a inspiração específica deste talude único. A estatuária de pássaros e serpentes dominou durante 2.000 anos a pré-história dos bosques orientais. A falta de pistas arqueológicas dentro do montículo torna muito difícil a sua datação e atribuição. Serpent Mound pode pertencer ou à cultura Adena ou à Hopewell; perto há montículos conhecidos que se enquadram na cultura Adena, mas a escala e a complexidade do monumento parecem convir melhor com a cultura Hopewell, segundo muitos arqueólogos. Os visitantes modernos podem ver a serpente de uma torre a leste da casa (agora derruída) que aparece perto da cauda enroscada. O sítio arqueológico se salvou da destruição numa mostra precoce de conservação arqueológica, e agora pertence ao Estado de Ohio, que o protege.

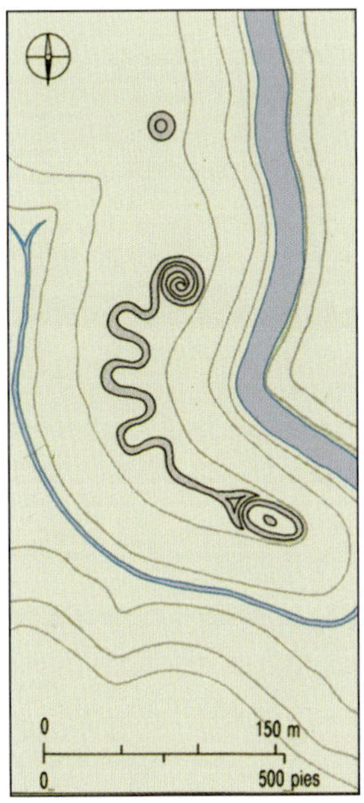

**A cultura Adena**

O novo tipo de ecossistema de cultivos foi a base sobre a qual se ergueram os fenômenos culturais conhecidos como Adena e, depois, como Hopewell. A cultura Adena se desenvolveu no vale do rio Ohio por volta de 700 a.C., e talvez até cerca de 1100 a.C. Os tardios desenvolvimentos da era arcaica, como os complexos de Glacial Kame e Red Ocher, parecem ter influído no desenvolvimento de Adena, na qual podemos ver os temas arcaicos de um cultivo rudimentar, e a renovação das trocas de longa distância da origem das mercadorias. Conhecem-se mais de 200 povoações da Adena, que teve sua área central no Sul de Ohio e nas regiões adjacentes da Virgínia ocidental, da Pensilvânia, de Kentucky e de Indiana. Os taludes são típicos das povoações de Adena em Ohio. Levantavam-se lombadas de terra dispostas em grandes círculos, quadrados e pentágonos, enquanto às vezes seguiam os ângulos irregulares de algumas elevações naturais. Muitas alcançam 100 m de diâmetro; mas ao que parece temos de entendê-los mais como recintos sagrados do que como verdadeiras obras de defesa. Por vezes a remoção de terra do interior da obra como possível material de construção deixou no interior uma valeta, que aos olhos dos europeus que encontraram aquelas realizações 2.000 anos depois pareceu um fosso interno.

O povo da Adena também construiu túmulos, o maior dos quais é provavelmente o que se encontra em Miamisburg, Ohio. As tumbas sob tais monumentos eram feitas algumas vezes em tigelas de argila individuais, outras vezes em madeira, e eram capazes de conter até três corpos. Os cadáveres achados em tumbas mais simples amiúde haviam sido incinerados. As tumbas mais suntuosas contêm provas de que o defunto havia sido besuntado com almagre ou plumbagina, e freqüentemente se encontram objetos de valor nas tumbas mais luxuosas. Alguns montículos menores, construídos dentro ou fora dos grandes taludes, parecem dever-se a uma operação em honra de determinado indivíduo. Outros, sobretudo quando se trata de tumbas de madeira, parece que se mantiveram abertos durante longos períodos, de modo que de quando em quando podiam ser-lhes incorporados novos cadáveres. Ao final, as tumbas acabavam por fechar-se e afundar sob o peso dos montículos de terra. Às vezes, parece que os montículos foram levantados sobre restos de estruturas queimadas, e ainda podem ser rastreados no subsolo os postes de sustentação.

As mulheres da Adena trabalhavam na olaria, que às vezes aparece entre os objetos domésticos de fins do período arcaico, embora sem alcançar particular perfeição nem desempenhar papel importante nas cerimônias fúnebres. Os utensílios das tumbas da Adena incluíam colares em forma de sarta, lápides esculpidas e cachimbos tubulares. Todos são feitos com uma típica ardósia rajada ou com alguma outra pedra de grão fino que pode adquirir grande brilho. As tabuinhas têm gravados desenhos curvilíneos ou de caráter zoomorfo abstrato, que em geral representam um ave de rapina. Podem ter servido para aplicar os desenhos à manufatura ou talvez para fixar os traços na pele, fosse de maneira provisória, fosse como preparação para a tatuagem.

Os cachimbos tubulares constituem um artefato importante porque revelam a presença do tabaco indígena antes de que aparecessem as diminutas sementes dessa planta como prova botânica direta. Tudo parece indicar que o costume de fumar veio da América do Sul, e a presença de cachimbos tubulares indica que a planta do tabaco, o complexo equipamento para fumar e todo o seu ritual já estavam presentes na sociedade da Adena.

O tabaco forte que fumavam os índios americanos no século XVI era muito mais duro que as espécies por que os europeus o substituíram depois de 1600. Uma vez plantado, o tabaco se reproduz por si só, e pode perfeitamente ter feito parte do complexo herbanário cuidado e utilizado pelos índios da Adena. A vigorosa planta podia produzir efeitos quase narcotizantes, e sem dúvida serviu a antigos propósitos xamanísticos, bem como a certos objetivos sociais e políticos, como os que conhecemos perfeitamente no período histórico.

Os artesãos da Adena importaram cobre do Norte de Michigan para fazer braceletes, avelórios, anéis, colares e machados. Esses e outros objetos de luxo com freqüência eram depositados nas tumbas como sinais da categoria social da pessoa, o que demonstra que a sociedade da Adena já no começo estava estratificada em diferentes classes. É provável que aquela sociedade ainda estivesse firmemente ancorada nos princípios da realeza; mas a prática do comércio de longa distância e o trato desigual que recebiam os defuntos sugerem que os chefes dos clãs eram pessoas de alta categoria e os encarregados do intercâmbio entre os grupos familiares.

### Os artesãos da Hopewell

Os artesãos da cultura Hopewell assumiram todos os traços da Adena e os elaboraram, dando-lhes novos níveis em volume e complexidade. Boa parte das escavações das povoações Hopewell foi empreendida durante o século XIX, quando ainda não estavam plenamente desenvolvidas as possibilidades técnicas modernas nem os modelos de escavação. A conseqüência é que contamos com poucas povoações Hopewell bem datadas. Muitos desses sítios arqueológicos foram destruídos por depredadores ou agricultores, e muitos dos artefatos desapareceram. Freqüentemente foram escavados os montículos, enquanto eram ignoradas as povoações da população.

Mas sabemos que seus túmulos amiúde foram construídos em duas etapas, o que não os diferencia dos túmulos da Adena. Construíram-se tumbas de troncos, e depois foram cobertas com montículos de terra. Um montículo característico da cultura Hopewell podia ter 12 m de altura e 30 entre as duas extremidades da base. Ao redor dos montículos muitas vezes se levantaram recintos de defesa, muito mais elaborados do que os dos arquitetos da Adena. Os taludes circulares, retangulares, quadrados e octogonais podem superar os 500 m de diâmetro ou de comprimento. Às vezes há dois ou mais unidos por calçadas. Outras vezes, os túmulos aparecem espalhados ao redor de uma área de grandes taludes, como ocorre em Mound City, Ohio. Em outros casos, parece que os imensos complexos de fortificação foram construídos sem nenhuma outra finalidade, como em Newark, Ohio. A grande Serpent Mound, em Ohio, parece ter funcionado como uma efígie sagrada mais que como lugar de enterro.

Os conteúdos dos montículos da Hopewell de Ohio ultrapassavam tudo o que se pode ver nos túmulos da Adena. Batia-se o cobre autóctone para forjar brincos, aplicações, narizes artificiais (provavelmente para o defunto), colares, contas, pingentes e até cachimbos. Finas lâminas de cobre eram realçadas com desenhos, e outras, mais pesadas, eram usadas como peitorais. As peças pesadas se transformavam em machados, enxós e sovelas. Uma refinada touca de cobre imita um par de chifres de cervo. O ferro meteórico e as pepitas de ouro e de prata eram utilizadas também para fazer lâminas finas, que por sua vez eram empregadas para o revestimento de brincos, enxós e outros objetos de materiais menos impressionantes.

A mica era importada dos montes Apalaches e utilizada para a produção de aplicações, similares na forma às de cobre. Serpentes, mãos humanas, cabeças, esvásticas e garras de ave eram formas populares. Importavam-se carapaças, as queixadas e dentes de jacarés, tubarões e barracudas.

Os instrumentos de pedra lascada eram manufaturados com uma grande variedade, que ia das pederneiras exóticas à calcedônia e à obsidiana. De protótipos vulgares, os artesãos da Hopewell fizeram belos instrumentos que provavelmente só serviam para impressionar. Num processo similar de elevação, os artesãos da Hopewell criaram, a partir da olaria corrente, uma série de tipos de cerâmica delicada que só se empregava como oferenda funerária. Algumas têm áreas de decoração, dispostas como painéis ao redor do vaso. Os ceramistas da Hopewell fizeram também estatuetas humanas, extraordinárias, certamente, mas diferentes das encontradas no México ou no Sudoeste.

A talha da pedra adotou diversas formas, a mais notável das quais pode ser o cachimbo típico da Hopewell, que re-

**As culturas Adena-Hopewell e similares**

O culto da cultura Adena tem seu centro em Ohio; mas sua influência pode encontrar-se em sítios tão distantes como Vermont, Nova York oriental, Nova Jersey e Maryland. Antes se pensava que essas povoações remotas haviam sido resultado de uma migração de colonos da Adena para fora de Ohio. Hoje parece mais provável que tais sítios tenham sido construídos por uma população local, que havia entrado na rede comercial dos da Adena, recebendo sua influência. É possível que os produtos dessa cultura chegassem a essas áreas afastadas em troca de suas matérias-primas. A cultura Adena alcançou seu esplendor máximo em Ohio por volta de 1000 a.C., entrando já em decadência cerca de 400 d.C. Na Virgínia ocidental pôde subsistir até 700 d.C., mas em Ohio meridional havia sido suplantada pela cultura Hopewell 900 anos antes. Pode ser também que a inspiração Hopewell chegasse a Ohio vinda de Illinois; o indubitável, porém, é que Ohio foi o centro desse amplo fenômeno que se chamou a esfera de interação Hopewell.

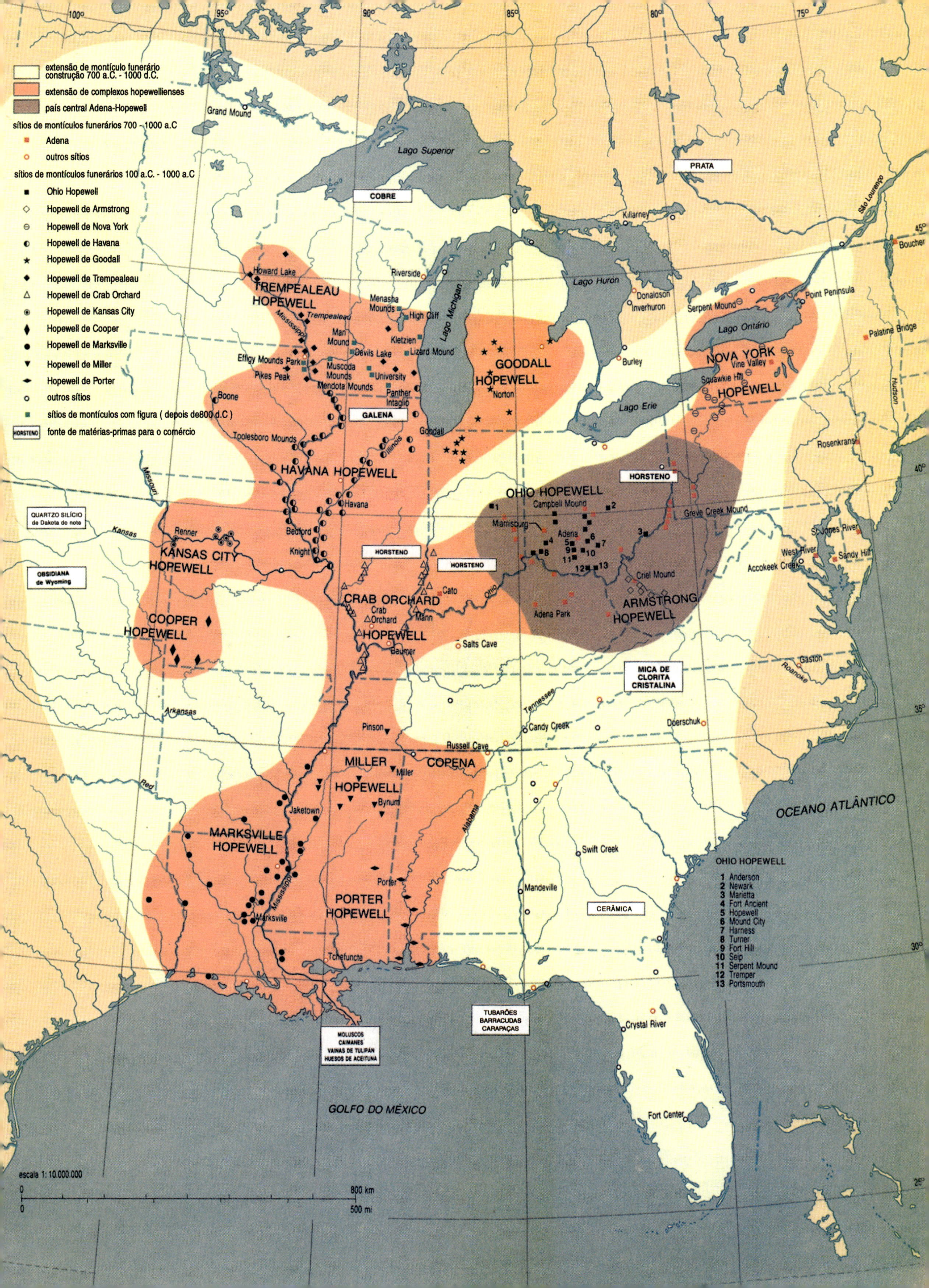

extensão de montículo funerário construção 700 a.C. - 1000 d.C.
extensão de complexos hopewellienses
país central Adena-Hopewell
sítios de montículos funerários 700 - 1000 a.C
Adena
outros sítios
sítios de montículos funerários 100 a.C. - 1000 a.C
Ohio Hopewell
Hopewell de Armstrong
Hopewell de Nova York
Hopewell de Havana
Hopewell de Goodall
Hopewell de Trempealeau
Hopewell de Crab Orchard
Hopewell de Kansas City
Hopewell de Cooper
Hopewell de Marksville
Hopewell de Miller
Hopewell de Porter
outros sítios
sítios de montículos com figura ( depois de800 d.C )
HORSTENO fonte de matérias-primas para o comércio
Grand Mound
Lago Superior
COBRE
PRATA
Killarney
São Lourenço
Boucher
Riverside
Howard Lake
TREMPEALEAU HOPEWELL
Mississippi
Trempealeau
Menasha Mounds
High Cliff
Lago Michigan
Lago Huron
Donaldson
Inverhuron
Serpent Mound
Point Peninsula
Lago Ontário
Palatine Bridge
Man Mound
Kletzien
Devils Lake
Lizard Mound
Effigy Mounds Park
Muscoda Mounds
University
Pikes Peak
Mendota Mounds
Panther Intaglio
GOODALL HOPEWELL
Norton
Burley
NOVA YORK HOPEWELL
Vine Valley
Squawkie Hill
Lago Erie
Hudson
Boone
GALENA
Goodall
Toolesboro Mounds
Illinois
Rosenkrans
Missouri
HAVANA HOPEWELL
HORSTENO
OHIO HOPEWELL
Campbell Mound
Miamisburg
Grave Creek Mound
QUARTZO SILÍCIO de Dakota do note
Havana
Kansas
Renner
Beaford
Adena
St. Jones River
KANSAS CITY HOPEWELL
Knight
HORSTENO
HORSTENO
West River
Sandy Hill
Accokeek Creek
OBSIDIANA de Wyoming
Criel Mound
CRAB ORCHARD
Cato
Ohio
Adena Park
ARMSTRONG HOPEWELL
COOPER HOPEWELL
Crab Orchard
Mann
HOPEWELL
Baumer
Salts Cave
Gaston
MICA DE CLORITA CRISTALINA
Roanoke
Arkansas
Tennessee
Candy Creek
Doerschuk
Pinson
Russell Cave
MILLER HOPEWELL
Miller
COPENA
Red
Bynum
Jaketown
Alabama
OCEANO ATLÂNTICO
MARKSVILLE HOPEWELL
Swift Creek
Porter
Mandeville
PORTER HOPEWELL
CERÂMICA
Marksville
Tchefuncte
TUBARÕES BARRACUDAS CARAPAÇAS
MOLUSCOS CAIMANES VAINAS DE TULIPÁN HUESOS DE ACEITUNA
Crystal River
GOLFO DO MÉXICO
Fort Center
escala 1: 10.000.000
0 800 km
0 500 mi
OHIO HOPEWELL
1 Anderson
2 Newark
3 Marietta
4 Fort Ancient
5 Hopewell
6 Mound City
7 Harness
8 Turner
9 Fort Hill
10 Seip
11 Serpent Mound
12 Tremper
13 Portsmouth

produz a figura de um animal, sentado sobre uma tábua arqueada. O fornilho é formado pela cabeça ou pelo lombo do animal, e a fumaça saía por um buraco aberto na extremidade da tábua retangular. Nesses cachimbos figuram cabeças humanas, rãs, sapos, aves aquáticas, corujas, falcões, corvos, ossos e outras figuras de animais. Só dois artefatos — um polegar gigantesco de 18 cm de comprimento e um escaravelho monstruoso — são feitos com um tipo de carvão de especial densidade. Outros objetos são feitos da pedra vermelha dos cachimbos.

Para apoiar a aquisição de tão variados e extraordinários artefatos, os indivíduos da cultura Hopewell criaram uma rede comercial de dimensões quase continentais. A obsidiana e os caninos de urso-pardo eram importados de Yellowstone Park, em Wyoming. A caulinita vinha de Minnesota, e a calcedônia, de Dakota do Norte. A mica, o vidro de quartzo e a clorita procediam dos Apalaches; a galena, de Illinois, e o cobre, do alto Michigan. As carapaças, os cascos de tartaruga, os dentes de tubarão e as queixadas de barracuda procediam da costa do golfo do México. As pepitas de prata eram importadas de Ontário.

Como um reflexo da demanda de matérias-primas pelos indivíduos da cultura Hopewell de Ohio, as comunidades indígenas que as proviam delas adotaram seus adornos e provavelmente também suas práticas de culto. As variantes hopewellienses se inseriram nas culturas locais e floresceram enquanto se manteve a rede comercial. Além desses centros, outras culturas adotaram a idéia básica da construção de túmulos, até o ponto de dezenas de milhares de tais exemplares salpicarem a paisagem desde as planícies orientais até a maior parte dos bosques do Leste. Os desenvolvimentos hopewellienses se deram em 13 áreas específicas. Não está claro o que proporcionavam, se é que davam algo, os diversos centros hopewellienses aos da cultura Hopewell de Ohio em troca dos produtos terminados, e pela informação ritual que com o comércio recebiam.

Um consumo notável é o tema contínuo nas povoações da cultura Hopewell. O sistema comercial se manteve algum tempo pelo constante consumo de objetos de luxo nos programas funerários. A maior parte da obsidiana de Yellowstone encontrada em Ohio apareceu numa tumba particular; o indivíduo que havia adquirido esse grande acúmulo de matérias-primas as levou consigo ao morrer. Uma pequena porcentagem de obsidiana apareceu em forma de produtos acabados em algumas povoações coetâneas de Ohio. Assim, as necessidades funerárias criaram uma demanda contínua de mercadorias que entravam no sistema mercantil de Hopewell; demanda que não teria podido ser satisfeita se tais objetos tivessem sido amontoados como riquezas e tivessem passado para os herdeiros.

A cultura Hopewell já estava em decadência por volta de 400 d.C. Embora possa ter-se mantido por algum tempo em alguns núcleos locais, é evidente que a rede comercial se estava rompendo, conquanto ainda não saibamos com certeza os motivos disso. Talvez estivessem vindo do México novas espécies de plantas de cultivo, e o ecossistema que sustentava as comunidades da Hopewell sofressem a pressão de outro ecossistema mais adequado. A luta pelas férteis depressões dos rios, que permitiam o novo sistema de horticultura intensiva, pode perfeitamente ter tornado incompatível a manutenção da envelhecida rede comercial dos da cultura Hopewell. Outra possibilidade seria que as sutis mudanças climáticas, talvez para algumas condições mais secas, tivessem repercutido em todas as partes, acarretando uma menor

# Oferendas funerárias da Hopewell

O centro da cultura Hopewell ficava no vale do rio Scioto, no sul de Ohio, onde entre 100 a.C. e 600 d.C. se construíram túmulos monumentais e obras de fortificação. Os taludes geométricos eram recintos rituais, e muitos dos de maiores dimensões continham longas fileiras de túmulos. Os artefatos, amiúde de grande beleza, pelos quais são famosos os artesãos da Hopewell, são concebidos como oferendas funerárias.

Infelizmente, muitos túmulos foram saqueados por causa precisamente de tais objetos, antes que aparecessem as modernas técnicas arqueológicas e os critérios éticos a esse respeito. Daí serem poucos os artefatos adequadamente documentados ou datados. O mapa da página 51 assinala a localização das principais povoações Hopewell, bem como as fontes de matérias-primas que estiveram ligadas a elas através da ampla rede comercial hopewelliana. Às vezes os produtos finais estão perto das fontes de abastecimento de matérias-primas, o que sugere que a Hopewell não foi tanto uma cultura particular quanto um sistema internacional, que manteve vinculados entre si grupos social e lingüisticamente diferentes.

*Abaixo, à esquerda.* Esta peça numa prancha de mica é uma mão procedente do montículo 25 da povoação típica da Hopewell, em Ross County, Ohio. Com 29 cm de comprimento, supera o tamanho natural.

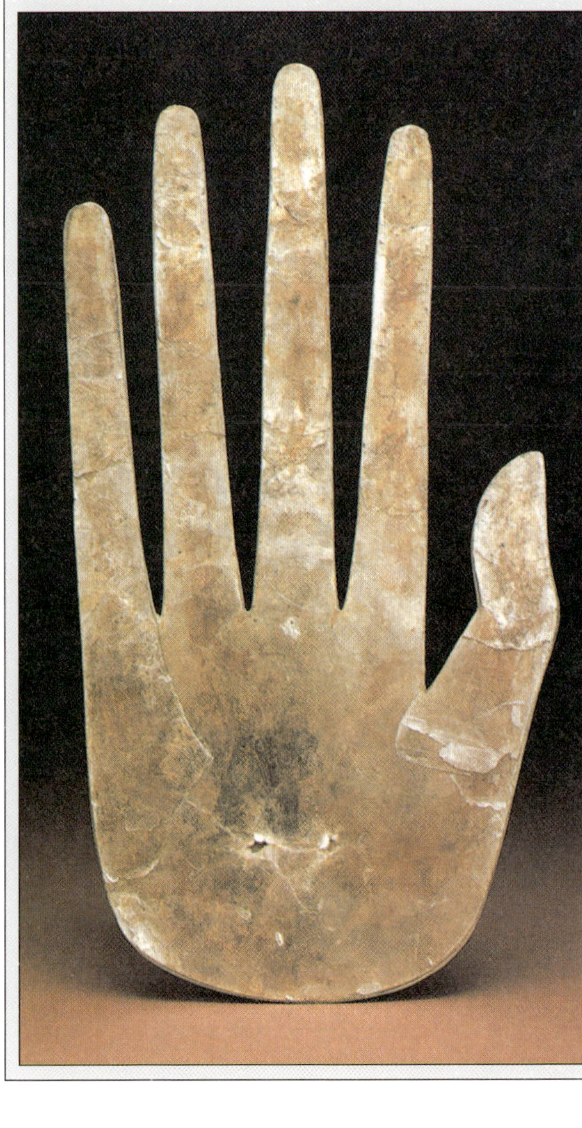

*Abaixo.* A pantera de esteatita é um cachimbo do sítio arqueológico de Mann, Indiana. O cachimbo, cujo comprimento é de 16 cm, foi encontrado em 1916, mas lhe faltava a pata dianteira direita, que foi achada em uma reescavação cuidadosa que se fez vinte anos depois. A figura estilizada não é típica de Ohio Hopewell, mas se relaciona com a cultura coetânea de Allison/Copena. Neste caso, e diferentemente do uso habitual, a figura dá as costas ao fumante, e a fumaça saía através da pequena plataforma formada pelas patas traseiras e furadas do animal.

*Esquerda.* Este falcão de cobre realçado procede do montículo 7 de Mound City, Ohio, um sítio arqueológico protegido agora como monumento nacional. O cobre autóctone procedia dos depósitos glaciais do Norte de Michigan e era transportado em barco até Ohio, onde era martelado e temperado em forma de lâminas. Um tema popular da cultura hopewelliana eram as aves de rapina. Este falcão supera os 30 cm de comprimento.

*Abaixo.* Esta cachimbo com figura de Castor foi achado em Bedford Mound, Illinois, em 1955. A figura é lavrada em pedra de cachimbo, só tem 4/5 cm de altura e é decorada com entalhes de pérolas de água doce e osso. O tabaco era posto num fornilho aberto no lombo do castor, e a fumaça saía por um buraco feito quase ao final da plataforma. Como de costume, a figura olha para o fumante.

**As culturas do Mississipi e outras afins**

O centro primordial da cultura do Mississipi foi o curso médio deste. Através do Sudeste se desenvolveram algumas variantes regionais. Uma variante regional, conhecida como Oneota, floresceu na pradaria a noroeste do Mississipi central, e a cultura Fort Ancient, derivada da Hopewell, manteve os mississipienses na baía do Nordeste. As que parecem ter sido colônias do Mississipi médio podem dar-se nestas regiões afastadas. Assim, por exemplo, Aztalan, Wisconsin, fica dentro da esfera da cultura Oneota. Igualmente, Ocmulgee, às vezes chamado Macon Plateau, é uma povoação do Mississipi médio no território meridional do mississipiense apalachiano.

*Direita.* Este felino ajoelhado, que mede apenas 15 cm de altura, é menor do que pode parecer. É um dos muitos e estranhos artefatos de madeira que se conservaram no sítio arqueológico úmido de Key Marco em Collier County, na Flórida. Pertence à cultura Calusa, do final da pré-história, que se foi além dos limites da expansão mississipiense pouco antes do descobrimento da América pelos europeus.

produção, e tivessem debilitado sua capacidade de sustentar o sistema comercial e os programas funerários que dependiam dele.

Enquanto ruíam no Centro, as tradições de construção de túmulos experimentavam em Wisconsin e nos territórios adjacentes de Iowa e Minnesota um desenvolvimento que ainda iria manter-se por mais alguns séculos. A construção de túmulos deu lugar a povoações cujo traçado adota uma forma de figura: panteras, ursos, seres humanos e pássaros. Deste último tipo há túmulos em torno de Madison, Wisconsin, e eles têm envergaduras gigantescas: um alcança os 190 m. O Man Mound representava uma figura humana de 65 m da cabeça aos pés (antes que lhe cortassem os pés ao construir uma estrada). Uma figura de pantera é na verdade um túmulo em negativo: uma escultura escavada no que agora é um jardim residencial. As povoações de túmulo em efígie contêm tumbas secundárias sem ordem alguma e com poucos objetos funerários. Se não fosse pelas formas dos

próprios túmulos, o fenômeno não teria constituído mais que um desenvolvimento secundário à margem da influência hopewelliense.

Na região central de Ohio, os sucessores dos da cultura Hopewell aplicaram sua perícia em erigir taludes à construção de fortificações baixas. A cultura resultante de Fort Ancient foi coetânea dos êxitos mississipienses, que se seguiram aos de Hopewell como a passagem intermediária e de grande alcance na pré-história dos bosques orientais.

## Moundville

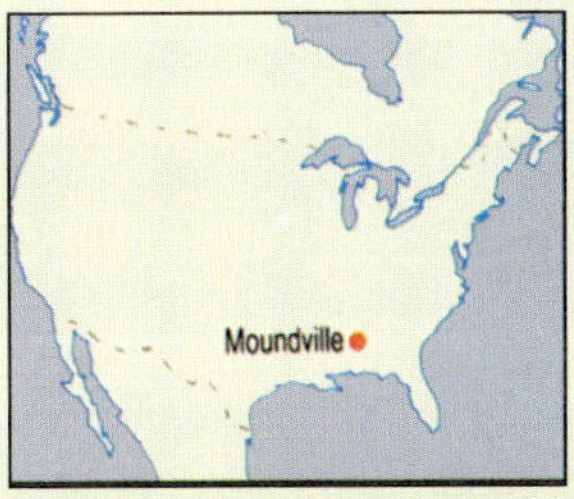


Moundville, Alabama, é uma povoação do Mississipi médio. Embora menor que Cahokia, alguns dos objetos artísticos mais delicados do Mississipi procedem desta povoação. Ela cobre uma extensão de 120 hectares e contém 20 plataformas de templos. O montículo maior tem 112.000 m³ de terra. Três lagos artificiais dentro da área do sítio arqueológico eram empregados ao que parece como viveiros de peixes, que faziam parte da dieta de uma população estimada em 3.000 pessoas. Ao que parece, a construção da povoação começou por volta de 1200 d.C., data tardia se comparada com a da povoação, mais importante, de Cahokia. No entanto, Moundville continuou a florescer depois de 1300, quando Cahokia já começava a declinar.

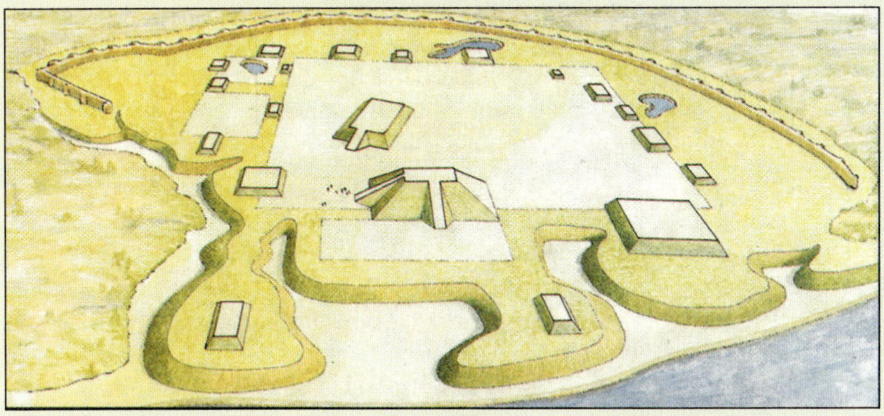

*Acima.* Vista meridional de uma reconstrução de Moundville, Alabama, em que aparecem as construções principais e a paliçada desta cidade do Mississipi médio. As depressões que proporcionaram o material para a construção do montículo parece que foram usadas como lagos artificiais para criação de peixes.

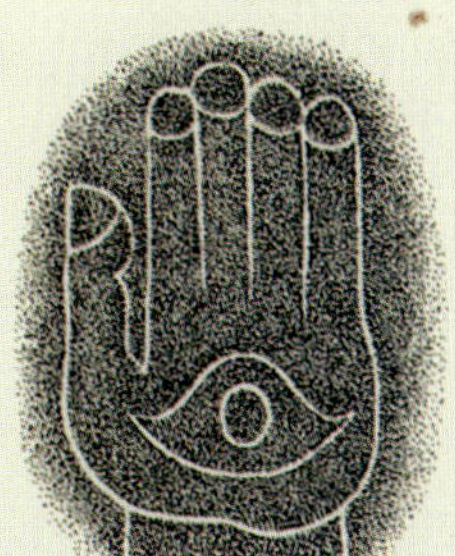

*Esquerda.* O motivo da mão com olho é um dos múltiplos simbolismos do culto meridional. É um detalhe numa pedra achada em Moundville (ver pág. 58). O significado deste símbolo e de outros que aparecem no culto meridional continuam a ser debatidos pelos arqueólogos.

### OS BOSQUES ORIENTAIS: OS CONSTRUTORE DE TÚMULOS-TEMPLOS (800-1500 d.C.)

No desenvolvimento das grandes tradições nos bosques Orientais, percebe-se um hiato de 400 anos, concretamente entre 400 e 800 d.C. As tradições locais continuaram a desenvolver-se, e algumas floresceram notavelmente nesse período. Entre elas se deve contar a tradição de Point Peninsula, em Nova York; a de Wee-

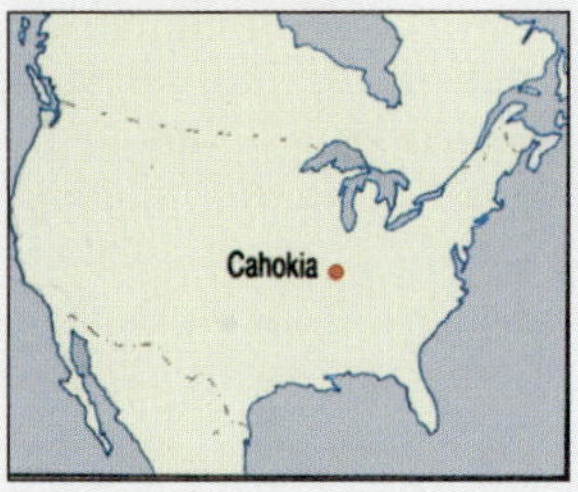


# Cahokia

A povoação de Cahokia se acha em East St. Louis, Illinois. É a maior cidade pré-histórica ao norte do México. Foi fundada por volta de 600 d.C. e contém mais de 100 montículos numa área aproximada de 13 km$^2$. Em sua época mais esplendorosa, entre 1050 e 1250, viviam ali cerca de 10.000 pessoas. No centro de Cahokia há um imenso túmulo de pedra, de 316 m de comprimento por 241 de largura na base, elevando-se a uma altura de mais de 30 m, e conhecido como Monks Mound (Túmulo dos Monges). Contém mais de 600.000 m$^3$ de terra, e foi construído em etapas pelos índios do Mississipi médio, carregando cestos de 18 kg.

O centro da cidade é formado pelo Monks Mound e outros 16 montículos rodeados em três de seus lados por uma paliçada. O quarto lado é formado pelo riacho Cahokia. A maioria dos montículos fica fora do núcleo rodeado pela paliçada. Um pequeno túmulo em outro ponto da cidade continha as tumbas das pessoas de nível social mais elevado. Ao redor dele havia depósitos de pontas de flecha, pedras polidas, mica, seis criados homens sacrificados e, além disso, uma sepultura comum com os restos de 53 mulheres.

Cahokia começou a decair depois de 1250; mas suas colônias de Angel, Aztalan e outras povoações continuaram florescentes quando o centro original da cultura do Mississipi médio já havia desaparecido. No final, Cahokia foi o centro do colapso demográfico que precedeu o contato com os europeus.

Vista lateral da cidade pré-histórica de Cahokia (*direita*). É aproximadamente a mesma perspectiva que se poderia obter com um telescópio do alto do arco moderno de St. Louis, Missouri. A paliçada — cuja posição é confirmada pelas escavações — abarcava cerca de 120 hectares e 17 estruturas maiores por volta de 1200 d.C. A população interior e a dos núcleos próximos à paliçada provavelmente superava os 10.000 habitantes. A cidade (*acima, à direita*) continha mais de 100 montículos; o maior era o Montículo dos Monges, que ainda se ergue a mais de 30 m de altura. Sua base supera a da Grande Pirâmide do Egito e se aproxima das dimensões da imensa pirâmide mexicana de Cholula, em Puebla.

O frasco em figura de mãe que amamenta o filho (*acima*) procede da região de Cahokia e é atribuído a um artesão do Mississipi médio. O frasco mede 15 cm de altura.

Cahokia foi o centro de pelo menos 50 comunidades, situadas na fértil região meridional do vale do Mississipi. Ao longo desse rio e de seus afluentes houve outros centros, bem como postos avançados coloniais. Continuamos sem saber com certeza as bases políticas e econômicas daquele aparente império.

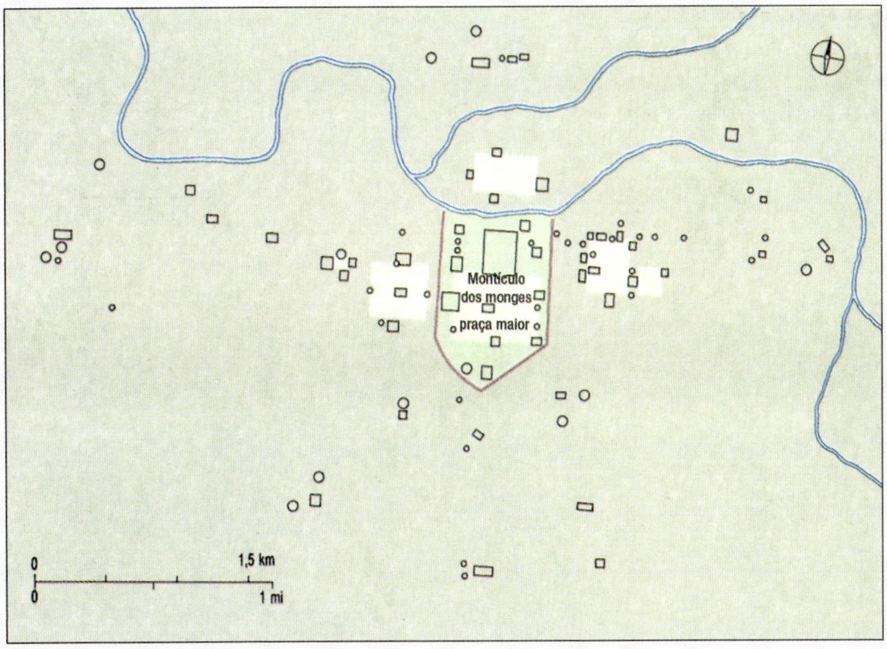


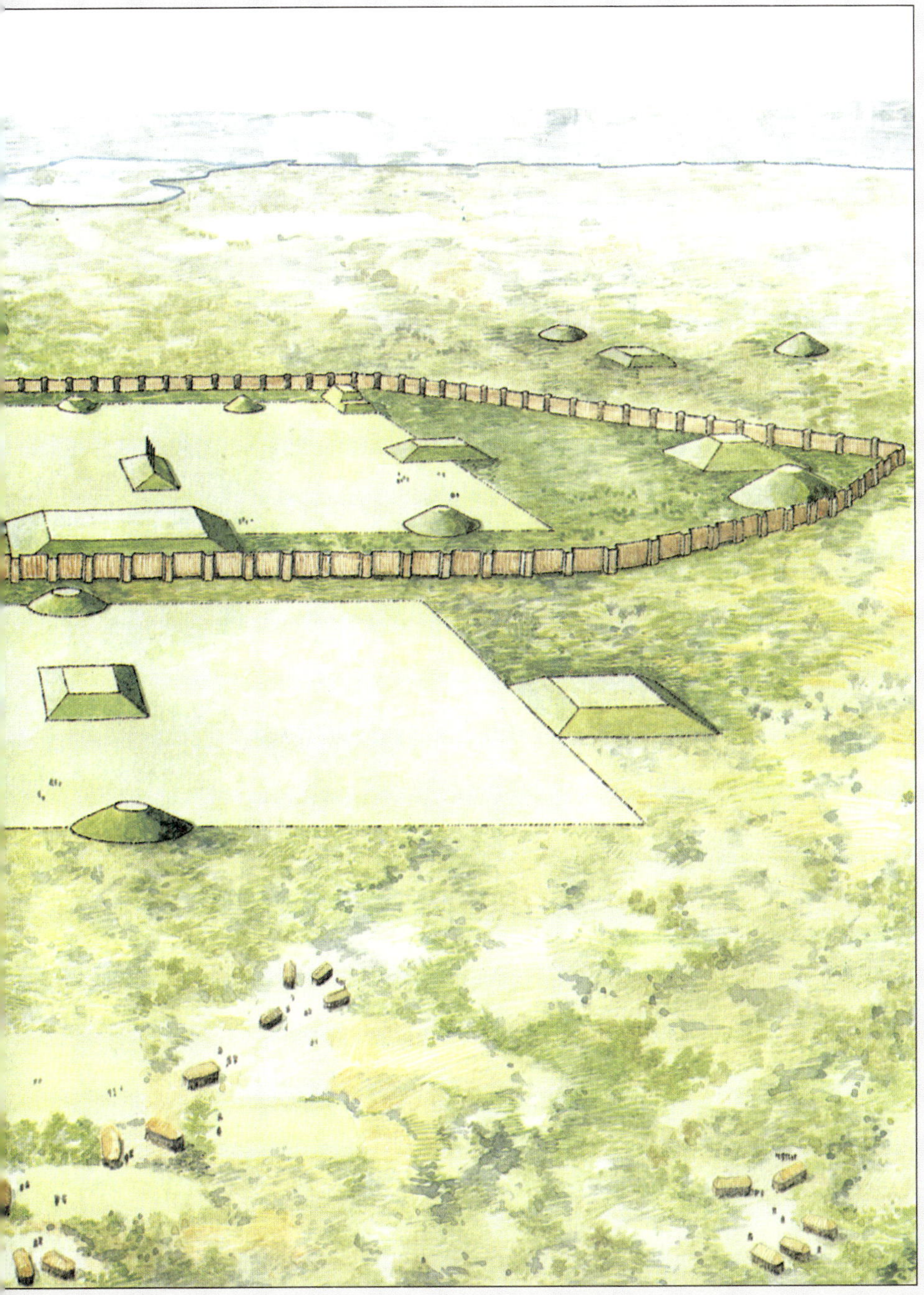

den Island, na Flórida; a tradição do golfo da Louisiana e a dos túmulos em efígie de Wisconsin. No entanto, já estava extinto o sistema de comércio inter-regional de Hopewell, que havia mantido unidos muitos daqueles centros e até os havia levado a participar das atividades culturais de Hopewell. Por volta de 800 d.C., impôs-se um novo desenvolvimento cultural de grande relevância nas terras dos bosques orientais, estendendo-se mediante uma série de novos mecanismos. Essa nova tradição é conhecida geralmente como cultura do Mississipi.

Tal cultura se assentava na introdução de novas espécies de milho vindas do México. Os primeiros tipos de verdadeira planta doméstica devem ter-se limitado às regiões dos bosques orientais, que experimentaram algumas estações de cultivo de 200 dias ou mais e comportavam algumas variedades de milho de 12 a 14 fileiras. As novas espécies aparentemente incluíam algumas que podiam adaptar-se a períodos de crescimento de 120 dias sem geadas. Entre estas se contava uma variedade de milho duro de 8 fileiras. Além disso, ao menos por volta do ano 1000 d.C., o feijão mexicano se somou ao número das plantas domésticas. Essa introdução proporcionou um importante incremento de proteínas, libertando as povoações das travas que a densidade demográfica impunha por não disporem senão das proteínas da caça. A carne continuou a ser uma parte necessária da dieta, mas não a fonte indispensável de energia que havia sido até então. Com o feijão entravam em jogo "as três irmãs", o trio de milho, feijão e sucos, que constituíram o sistema dominante da horticultura doméstica no final do período pré-histórico. O feijão e o milho se complementavam muito bem. O milho carece de dois aminoácidos indispensáveis, mas em combinação com o feijão proporciona as proteínas suficientes aos membros de uma população humana, com exceção dos que necessitam de superalimentação.

As povoações da época da Hopewell podem ter alcançado densidades máximas de 40 pessoas por cada 100 km$^2$, de acordo com as investigações realizadas em Illinois. Pois bem, o ecossistema que suportou a expansão do Mississipi permitia de fato densidades cinco vezes superiores. Além do mais, o ecossistema mississipiense se centrava nas terras baixas, ricas e férteis dos grandes rios do interior da América do Norte, terras magníficas com rendimento relativamente pequeno. As densidades demográficas que o novo ecossistema tornou possíveis, ao se somarem à escassez de terrenos desejáveis, levaram a uma expansão agressiva do novo sistema em detrimento do antigo. Enquanto a expansão de Hopewell parece ter sido de tipo ideológico, que se servia do sistema comercial como conduto, a expansão do Mississipi dá muitas vezes a impressão de ter comportado a conquista e colonização de terrenos de primeira qualidade por parte de algumas sociedades com claras vantagens de adaptação superiores às dos primeiros residentes.

Em outro campo da tecnologia, o arco e a flecha apareceram provavelmente no período que vai de 400 a 800 d.C. O *atlatl* (lança arrojadiça), que desde os tempos paleoindígenas havia sido a principal arma de caça, não foi substituído imediatamente. Mas o arco e a flecha chegaram a converter-se na arma dominante no final da pré-história nos bosques orientais, e o *atlatl* desapareceu com o fim da pré-história. Uma segunda melhoria tecnológica foi a enxada, indício de que o novo ecossistema de horticultura insistia nos cultivos domésticos muito mais do que havia feito o ecossistema de cultivo antigo.

As povoações do Mississipi eram maiores do que todas que tinham havido até então. Merecem o título de

# O culto meridional

O culto meridional foi o mais forte desde a área caddoense ao leste até o sul da Geórgia, mas elementos dele podem ser encontrados mais ao norte.

Os dentes encontrados sugerem que a imagem de carapaça (*extremidade inferior esquerda*) representa uma cabeça-troféu.

O olho aforquilhado é um motivo freqüente no culto meridional, e com outros desenhos incisos pode representar uma decoração facial tatuada ou pintada. O estilo de penteado com coque no alto da cabeça é mais antigo e remonta ao menos aos tempos de Hopewell. A obra só mede 6 cm de altura.

O disco de carapaça (*abaixo, à esquerda*) tem dois buracos perto da borda superior, o que provavelmente permitia levá-lo pendurado como um colar. Traz um perfil masculino, com desenhos que podem representar pintura ou tatuagem.

O perfil de cobre repuxado (*abaixo*) procede de Craig Mound,

O trabalho das carapaças foi um recurso importante das pessoas do Mississipi. Em carapaças inteiras ou discos delas foram gravados desenhos característicos. Uma série de motivos muito específicos aparece em carapaça incisa com diversas variantes nas povoações do Mississipi meridional. Esse conjunto de motivos, que resultam estranhos no Mississipi médio, é conhecido como culto meridional. Motivos comuns são um sol entre nuvens, uma cruz complexa, um olho humano na palma de uma mão aberta, uma flecha com lóbulos acrescentados, o olho aforquilhado, o olho choroso e numerosos desenhos abstratos. Embora comuns à talha de carapaças, esses motivos se dão também em madeira, pedra talhada, pedra desbastada, tecidos pintados e lâminas realçadas em cobre autóctone. O culto meridional mostra alguma influência mexicana, mas reflete igualmente uma herança de Hopewell e outros elementos dos bosques orientais. Objetos com motivos do culto meridional aparecem com mais freqüência em grandes povoações e estão relacionados com as cerimônias que se realizavam nos grandes montículos-templos de terra e ao redor deles. O culto só acabou de aperfeiçoar-se após o ano 1000, e persistiu até a chegada do espanhol De Soto. No entanto, os mississipienses do Sudeste foram os primeiros índios a padecer as epidemias européias, e muito do que teríamos podido conhecer do culto meridional desapareceu com seus praticantes antes que pudesse ser recolhido pelos historiadores. Uma exceção notável é o caso da povoação Natchez. Exploradores franceses visitaram Grand Village e Emerald Mound enquanto os mississipienses da povoação de Plaquemine seguiam em ação, e as descrições que deixaram foram utilizadas amiúde pelos arqueólogos para explicar seus achados.

no sítio de Spiro, Oklahoma. A peça tem 24 cm de altura e apresenta elementos típicos do culto meridional, o mais notável dos quais é o símbolo aforquilhado ao redor do olho.
*Direita.* Esta paleta em pedra gravada mede 30 cm de diâmetro e contém vários motivos do culto meridional. Duas cascavéis com chifres, duplamente atadas, emolduram o símbolo de uma mão com olho. A peça procede do sítio arqueológico de Moundville, no Alabama.

*Acima, à direita.* A morte é um tema familiar no culto meridional. Este vaso em forma de cabeça, com uma altura aproximada de 16 cm, foi achado perto de Paducah, Kentucky. Representa uma cabeça-troféu; tem os olhos fechados e os lábios recolhidos mostrando os dentes. As múltiplas perfurações nas orelhas e na saliência central sobre o ponto onde nasce o cabelo são comuns aos vasos deste estilo, embora se desconheça sua finalidade.

*Direita.* Fragmento de uma carapaça incisa, que representa um homem remando num tronco ocado e com objetos de culto.

verdadeiras cidades, por vezes cidades pré-industriais, que freqüentemente continham montículos-templos e outros traços urbanos de influência mexicana. Uma horticultura intensiva junto aos rios sustentava aqueles centros, especialmente nos férteis vales aluviais dos rios Mississipi, Ohio, Tennessee, Arkansas e Red, bem como os de seus afluentes principais.

**A sociedade e a economia mississipienses**

As cidades desta cultura incluem como traço típico de 1 a 20 montículos-templos de cimos aplanados, que serviam de plataforma para templos e outras construções públicas. Em alguns casos, eram residências da classe dirigente. As povoações eram rodeadas por uma estacada, com vivendas dentro e fora das cercas.

A horticultura nos campos adjacentes era intensiva. Em alguns casos, os campos de milho davam duas colheitas por ano. O milho era colhido quando ainda estava verde e tenro, para consumo imediato. Outros campos produziam uma só colheita anual, permitindo que o milho amadurecesse e secasse, para seu armazenamento. O feijão era plantado nos milharais e nos vinhedos, servindo-lhes os caules do milho como estacas, enquanto as plantas para sucos, as abóboras, os girassóis e outras plantas domésticas eram semeadas ou cuidadas nas margens dos campos de cultivo. A horticultura intensiva deste tipo foi possível porque as gramíneas de raízes profundas não podiam prosperar nas terras baixas, freqüentemente irrigadas. Os bastões para cavar e as enxadas bastavam para o cultivo de grandes campos. Isso não sucedia nos planaltos dos arredores, em que o terreno se manteve em grande parte sem cultivar até que os europeus introduzissem o arado e os animais de tiro, necessários para usá-lo.

Diferentemente do que ocorria no México e no Sudoeste, os agricultores do Mississipi não utilizavam a água, nem em forma de rego nem de inundação dos campos. E, em vez de se expandirem para as áreas em que teria sido necessário o controle da água, os cultivadores mississipienses lutavam para apoderar-se das melhores terras aluviais. Há provas evidentes de guerras numa área que aos agricultores modernos poderia parecer rica em terras de cultivo. A premente necessidade de terras levou as pessoas do Mississipi a lutar pelos melhores campos, até em zonas em que podiam dar-se alternativas de produção ligeiramente inferior ou com riscos ligeiramente maiores.

Tudo parece indicar que as sociedades mississipienses eram hierarquizadas, com ofícios permanentes. Os cargos dos chefes eram provavelmente vitalícios e de certo modo hereditários. As sociedades menores eram politicamente satélites das de maior envergadura, e as comunidades que exerciam o domínio político central apresentam algumas construções públicas que surpreendem por seu número e complexidade. Em Cahokia e em Moundville, parece que as vivendas dos chefes alcançaram tal complexidade, que alguns especialistas crêem ver nelas as origens de uma organização estatal. É provável que houvesse dois ou mais níveis na hierarquia de cargos políticos de tais centros; mas a organização estatal continua a ser uma hipótese aberta a futuras investigações.

Entre os artefatos portáteis da cultura do Mississipi, encontram-se machados de pedra polida, tigelas e cachimbos. No caso dos machados, as peças incluem o cabo e o gume talhados numa só peça de pedra muito compacta. A olaria dá continuidade às técnicas de decoração plástica dos períodos precedentes, embora fossem aparecendo novas idéias em forma de vasos com cabeças-troféus, bacias de pescoço longo para a água,

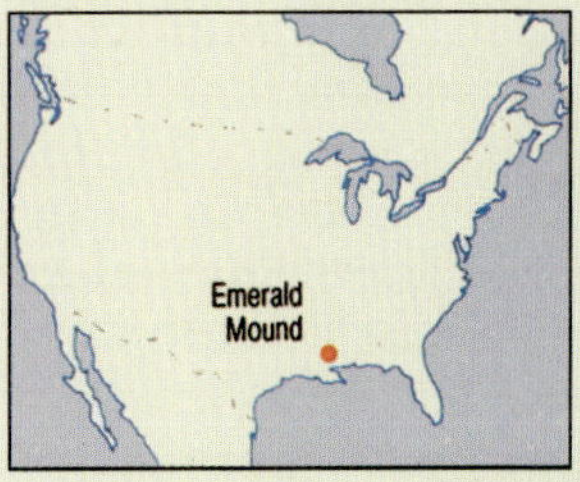


# Emerald Mound

Emerald Mound foi o centro de um dos principais povoados dos natchez históricos, portadores da variante Plaquemine na cultura do Mississipi, com outras nações do vale inferior do rio. A povoação fica perto da moderna cidade de Natchez, Mississipi, e representava o extremo meridional da influência natchez; originalmente, uma pista indígena enlaçava esta zona com a de Nashville, Tennessee.

Exploradores franceses chegados da Louisiana visitaram Natchez antes de sua destruição pelas epidemias e pela guerra. Suas memórias descrevem uma cultura do Mississipi viva, e às vezes foram utilizadas como modelo de interpretação das culturas pré-históricas, às quais se devem os restos que remanesceram no Mississipi e em outros pontos dos bosques orientais.

Os natchez foram governados por um chefe conhecido como o Grande Sol. Naquele caciquismo matrilinear, o comando passava para um filho da irmã do governante, e toda a sociedade se dividia em quatro classes bem delimitadas. Só nas classes superiores existia certa mobilidade social de acordo com algumas regras rígidas. No século XVI houve pelo menos nove cidades natchez, cada uma das quais tinha edifícios públicos, como os que ainda se podem ver em Emerald Mound.

*Acima, à direita.* Emerald Mound é uma colina natural que foi aplanada e modificada até ter dimensões totais de 133 por 235 m. A plataforma resultante serviu de base para duas pirâmides truncadas, a maior das quais tem quase 10 m de altura e se ergue aproximadamente 20 m acima do terreno circundante. Com a pirâmide menor, localizada na outra extremidade da plataforma, e outras estruturas menores aos lados, o conjunto formava uma grande praça em que se celebravam jogos e cerimônias públicas.

*Direita.* Este cachimbo de pedra tem 17 cm de comprimento, procede de Emerald Mound e representa um prisioneiro ajoelhado.

xícaras de base redonda e outras formas que sugerem influências mexicanas. Nas povoações do final do Mississipi aparecem ocasionalmente vasos pintados, raros nos bosques orientais. Muitos apresentam duas cores, e alguns requeriam o emprego de uma pintura negativa, na qual se aplicava uma camada de cera em cima da primeira cor e antes de o vaso receber a camada da segunda cor. O desenho final era o da primeira cor, que aparecia nos pontos em que se havia aplicado a camada de cera.

As povoações do Mississipi médio e do Oneota foram construídas, ao que parece, pelos antepassados dos índios de fala siouana, alguns dos quais sobrevivem na região. Curiosamente, pode ter existido uma "região vacante" no centro mesmo do Mississipi médio por volta de 1450 d.C.; data demasiado inicial para se poder atribuir esse vazio às doenças introduzidas pelos europeus. Deve-se pensar antes num colapso demográfico ou, ao menos, numa grave diminuição, devido a fatores indígenas. As novas provas sugerem que na maior parte das cidades pré-manufatureiras do Novo Mundo a população vivia amontoada. Isso as transforma em centros urbanos de grande atrativo social, mas fundamentalmente insalubres. A tuberculose era uma doença autóctone, cuja persistência se devia às condições de vivendas superpovoadas e estáveis. Houve outras doenças relacionadas com o amontoamento e com a ausência de sistemas eficazes para a eliminação de dejetos, o que provocava os parasitas intestinais endêmicos. Agora se compreende que as cidades pré-manufatureiras pudessem perfeitamente depender de uma corrente contínua de imigrantes, e que sem eles o crescimento natural não teria podido superar a mortalidade crescente. Se era assim, o colapso das cidades do Mississipi médio, no centro mesmo da região, poderia ser considerado resultado natural do esgotamento das reservas do potencial imigrante nas terras do interior.

## OS BOSQUES ORIENTAIS: OS IROQUESES DO NORTE

Os grupos, tribos e nações indígenas, situadas na periferia do florescimento da cultura do Mississipi, continuaram em muitos casos a praticar modelos de subsistência mista, que compreendiam a caça, a coleta, a pesca e os cultivos. O ecossistema de cultivos mais antigo e simples continuou a ser praticado sem dúvida alguma nos séculos posteriores a 800 d.C. No entanto, quase todas as comunidades que praticavam algum cultivo foram adotando gradualmente os tipos mais duros de milho e feijão, que podiam ser cultivados no Norte até um limite de 120 dias sem geadas. Para além desse limite, os cultivos eram raros, até os de índole rudimentar. O velho modelo de cultivo — que compreendia os frutos para suco, as abóboras e uma extensa série de plantas locais como o nabo e o girassol — foi substituído em sua totalidade ao longo dos últimos séculos da pré-história pela horticultura do milho, do feijão e dos sucos.

Fora, no entanto, dos limites da expansão mississipiense, o novo ecossistema de horticultura não implicou um cultivo intensivo em planícies aluviais de inundação. Em seu lugar emergiu um modelo extensivo de cultivo nas terras altas. Os agricultores do Nordeste, por exemplo, praticavam cultivos alternantes, empregando o sistema de roça ou praticando uma agricultura de excedente. Semeava-se uma colheita de milho por ano, intercalada com as de feijão e plantas para suco. Os velhos campos eram abandonados ao se esgotarem ou serem infectados por alguma praga, e eram abertos novos campos no bosque cada poucos anos. Os povoados se transladavam para as cercanias dos novos campos de cultivo, com uma periodicidade de quase 20 anos. A

*Direita.* Os povoados iroqueses do final da pré-história tinham uma paliçada típica. Aqui vemos o povoado histórico mohawk de Caughnawaga, ocupado por volta de 1690. Mas as epidemias da época causaram a redução do povoado, com as casas longas já mais curtas com três chaminés cada uma segundo o modelo habitual. Esta povoação é um raro exemplar de povoado iroquê que se conservou inteiro e pode ser visitado com facilidade. Apesar de sua posição periférica com relação à expansão do Mississipi, os iroqueses estiveram no centro dos conflitos colonialistas entre as potências européias.

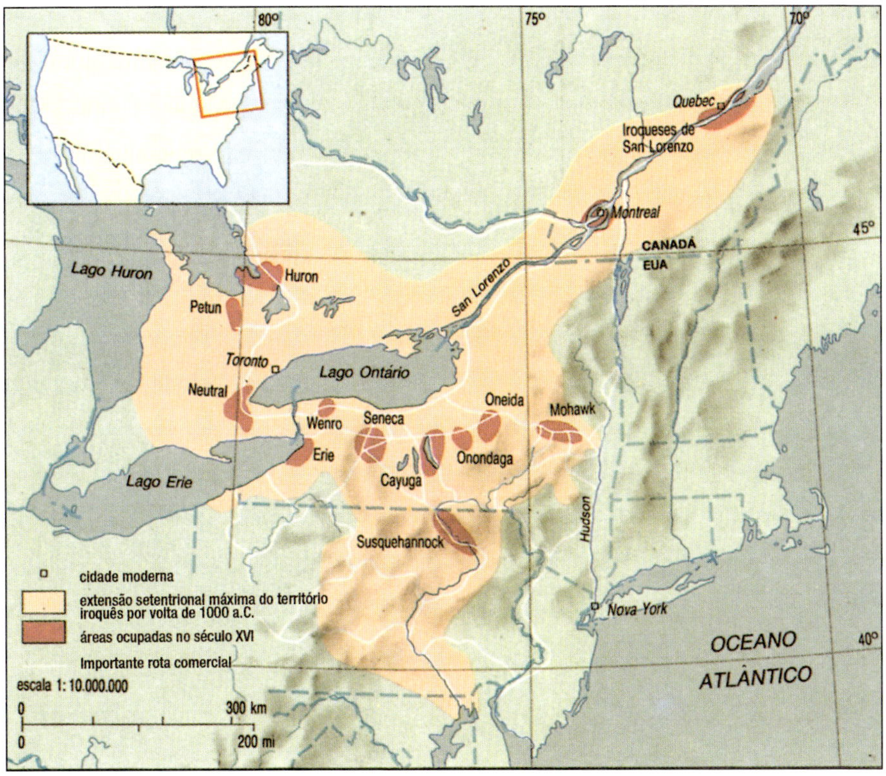


*Acima:* **Os iroqueses setentrionais**
Os antepassados das nações que seriam conhecidas como os iroqueses do Norte chegaram provavelmente ao Nordeste entre 1700 e 700 a.C. Argumentos lingüísticos indicam que nessa época eles se separaram de seus parentes cherokees e que romperam com seus vizinhos de fala algonquina. As provas arqueológicas apontam em geral para uma continuidade depois desse período; mas por volta de 1000 d.C. eles se haviam expandido pela região que assinalamos no mapa. Por volta de 1600, uma horticultura avançada havia tornado possível a redução a territórios nacionais pequenos, em razão dos conflitos.

caça, e especialmente a do cervo, complementava as colheitas. As grandes cidades estáveis da horticultura mais intensiva do Mississipi nunca foram possíveis no âmbito daquela adaptação às terras altas, não obstante o que esta prosperou até a chegada dos colonizadores europeus.

As povoações da cultura Oneota, a noroeste do Mississipi médio, são um bom exemplo do ecossistema nas terras altas dessa região, como o são as povoações dos iroqueses setentrionais no Nordeste. Uma das diferenças principais entre os dois é que a cultura Oneota foi tão alterada pelas influências européias no tempo em que os exploradores a repeliam para o oeste, que não nos é possível estudar seu ecossistema através de documentos históricos. Os iroqueses, por outro lado, estão bem documentados no que se refere aos decênios anteriores às mudanças drásticas que experimentou seu ecossistema no planalto, razão por que nos proporcionam um exemplo útil.

**Os iroqueses**

Por volta do ano 1000 d.C., os iroqueses adotaram um sistema de horticultura nas terras altas, que se baseava nas melhorias das três irmãs (milho, feijão e sucos). Em contrapartida, a maior dependência dos cultivos logo ativou algumas tendências à nucleação demográfica em três planos. Primeiro, as unidades familiares começaram a juntar-se e a ocupar vivendas multifamiliares. É quase certo que as mulheres eram os cultivadores tradicionais e que a nova importância da horticultura reforçou ao mesmo tempo seu papel na manutenção da casa e nos assuntos domésticos. As novas casas plurifamiliares provavelmente foram habitadas por famílias aparentadas através das mulheres.

O segundo plano em que progrediu a nucleação foi o aldeão. As vivendas plurifamiliares começaram a ser construídas junto a outras do mesmo tipo nos povoados que iam crescendo. Na medida em que os arqueólogos podem estar certos com respeito a estas coisas, é provável que cada casa chegasse a abrigar um segmento do clã (uma linhagem) e que os povoados desenvolvessem conselhos de chefes de linhagem para a solução dos assuntos locais.

Num terceiro plano, os povoados iroqueses do Norte começaram a reunir-se em reassentamentos regulares. Ao chegarem os primeiros europeus, viram que de uma série de pequenas comunidades muito dispersas se haviam formado mediante contratos 13 áreas tribais. As 12 nações iroquesas do Norte, resultado desse processo de tribalização, foram as de St. Lawrence Iroquois, Mohawk, Oneida, Onondaga, Cayuga, Seneca, Susquehannock, Wenro, Erie, Neutral, Petun e Huron.

A rivalidade, característica da expansão da cultura do Mississipi, estendeu-se também aos iroqueses. Muitos povoados iroqueses do último período eram rodeados de paliçadas, e o estado de guerra pode ter favorecido a tendência das famílias a reunir-se em povoados, e os povoados, em diferentes tribos.

Apesar da rivalidade, uma rede de rotas comerciais enlaçava os povoados iroqueses e os grupos de aldeias tribais. Aquelas rotas incluíam tanto os deslocamentos em canoa como as sendas das terras altas. Quando no século XVI as mercadorias européias atracavam em determinados pontos da costa, eram distribuídas terra adentro através daquelas rotas traçadas muito tempo atrás. O comércio de peles que surgiu daqueles primeiros contatos colocou os iroqueses no sistema econômico mundial e criou uma nova dinâmica nos intercâmbios, rivalidades e guerras que iria influir profundamente na história colonial do Nordeste.

A liga dos iroqueses foi inicialmente uma trégua formal entre as povoações iroquesas propriamente ditas: os mohawks, os oneidas, os onondagas, os cayugas e os senecas. É possível que a liga tenha sido formada como um meio de frear o aumento da violência intertribal, e talvez em benefício dessas cinco nações iroquesas ante os iroqueses do Norte e os vizinhos não-iroqueses na contínua sucessão de guerras. Mas não está claro se a liga foi estabelecida antes ou depois dos primeiros contatos com os europeus, e é possível que tais contatos não tenham desempenhado papel algum ou pelo menos não um papel determinante. Depois, no entanto, a liga serviu de veículo para a formação da confederação iroquesa, uma aliança política que se tornou possível e até necessária pelo comércio europeu e pela rivalidade entre as potên-

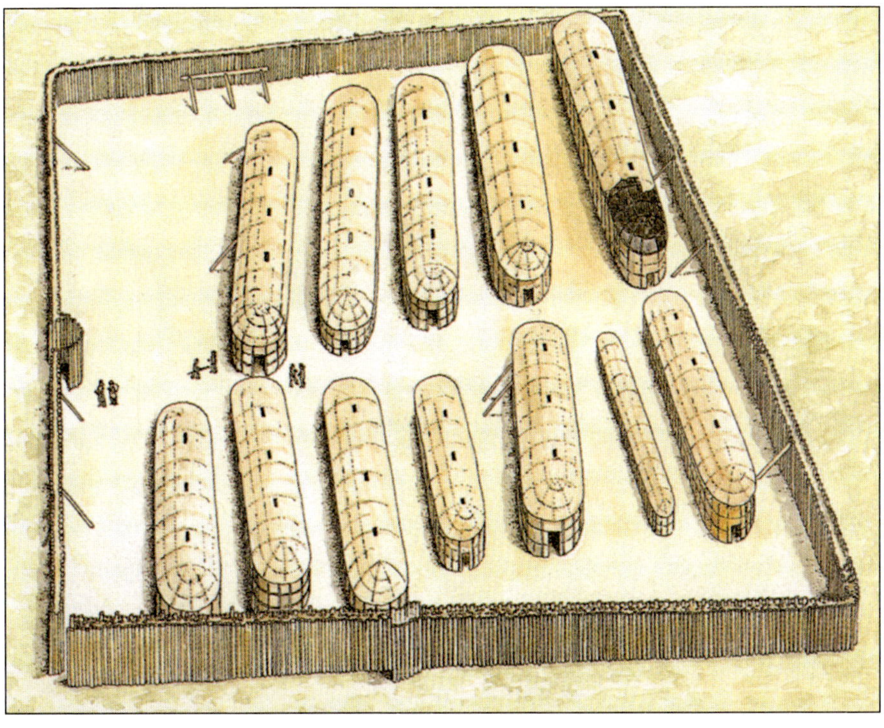

cias européias que atuavam na América do Norte. Mas em nenhum momento a liga nem a confederação formaram uma verdadeira organização política de chefes, e nem sequer uma organização estatal. É provável que nenhum dos povoados horteleiros das terras altas, que floresceram na periferia da cultura do Mississipi, fosse além de algumas organizações baseadas no parentesco e no ordenamento tribal. Os postos hereditários só evoluíram no sentido de que os chefes eram eleitos entre as linhagens de nível mais alto. A organização política dos povoados e os laços entre eles continuaram a ser consensuais, apesar das aparências formais.

O caso iroquês ilustra até que ponto se avançou para além dos limites dos caciquismos e quase-Estados que constituíam o núcleo do fenômeno mississipiense. Seu ecossistema das terras altas e sua organização tribal foram suficientes com relação ao potencial hortiagrícola de suas regiões, um tanto inferior. Mas o caso iroquês ilustra também como esse sistema de adaptação era insuficiente para enfrentar a concorrência dos agricultores vindos da Europa. Os colonizadores europeus praticavam os três componentes de uma verdadeira agricultura: a horticultura, a lavoura e a silvicultura. Os animais euro-asiáticos de tiro, sem concorrência possível em todo o continente americano, permitiam a seus proprietários a produção e o acarreio de fertilizantes e a aração das terras em proporções que não estavam ao alcance dos cultivadores que só dispunham de enxadas e bastões para cavar. Essas vantagens permitiram aos europeus praticar um cultivo intensivo no Nordeste, onde os agricultores indígenas se tinham visto forçados a adotar as técnicas do cultivo extensivo. Os europeus cercaram seus campos e viviam em povoações estáveis, enquanto os índios ocupavam povoações semipermanentes e dependiam da alternância dos cultivos. Com tais vantagens, e respaldados igualmente pelas organizações de nação e Estado com base territorial, os europeus alcançaram uma capacidade de adaptação que teria sido irresistível, se as epidemias européias não tivessem dificultado o caminho da colonização. E, para piorar, as infecções euro-asiáticas de varíola e outras epidemias reduziram a população indígena americana a extremos tais, que por vezes alcançou 95% dela, limpando o terreno de competidores, às vezes quando os colonizadores europeus mal acabavam de chegar.

*Esquerda.* Antes da introdução do cavalo, os nômades das Grandes Planícies caçavam a pé. A exploração das manadas de bisões americanos exigia engenho porque se carecia de máquinas e armas poderosas. Os despenhadeiros, como o da foto, eram muito utilizados para aqueles animais. Longas linhas convergentes de montões de pedras e de caçadores empurravam as manadas de bovídeos para uma depressão em que a pressão do estampido assegurava a morte e captura de alguns animais. A análise das técnicas de esquartejamento indica que boa parte da carne era desaproveitada.

## AS GRANDES PLANÍCIES
## 250 a.C.-1500 d.C.

O centro do subcontinente norte-americano é ocupado pelas Pradarias setentrionais de clima temperado. Os mamíferos tendem ali a pastar e fazer suas tocas. Essas regiões foram outrora a pátria do bisão e do antílope, de várias espécies de cervos (como as denominadas "mulo" e "rabo branco"), alces e ursos pretos e pardos. No Oeste, as pradarias são mais altas e secas, com uma vegeta-

*Acima.* A chegada do nomadismo montado às Grandes Planícies mudou completamente as culturas indígenas da região. Os antigos horticultores abraçaram o nomadismo a cavalo, e a fusão cultural e lingüística das pradarias e das planícies alcançou uma complexidade nova. Curiosamente, esta variação recentíssima no tema das culturas indígenas americanas veio a simbolizar o conjunto delas na mente de muitos. Na verdade, o fenômeno foi efêmero: prolongou-se por algo mais de um século, e em muitas regiões ainda menos.

ção em que prevalecem as espécies de erva caduca. As diferenças climáticas entre as zonas norte e sul das planícies de erva caduca induziram os investigadores a levar em conta essas variações e a delimitar as áreas culturais. A parte oriental das pradarias, baixa e úmida, é dominada por espécies de ervas gigantescas, e é conhecida como a pradaria para diferenciá-la das planícies ocidentais, mais secas. Uma "península" da pradaria se estende para o leste cruzando a parte meridional de Wisconsin e a maior parte de Illinois, até o Nordeste de Indiana.

As Grandes Planícies abrigavam plantas que produziam grande variedade de sementes, frutos e tubérculos para os coletores arcaicos. Alguns desses produtos figuravam entre os cultivos potenciais que foram cuidados pelos cultivadores primitivos nos bosques do Leste. Mas as Grandes Planícies ficaram tão à margem da agricultura, que os sistemas de cultivo teriam de desenvolver-se em outros lugares antes que as comunidades já especializadas em horticultura os aplicassem nos vales fluviais da pradaria. Em conseqüência, a pré-história pós-arcaica das Grandes Planícies comportou a difusão dos cultivos orientais, ou ao menos das influências orientais, no Oeste da região. Em alguns casos parece que também avançaram para as Planícies grupos de população cujas origens estavam no Sudoeste.

Embora a imagem popular do índio norte-americano seja a do guerreiro das Planícies no lombo de um cavalo, essa imagem é de origem recente. O cavalo autóctone

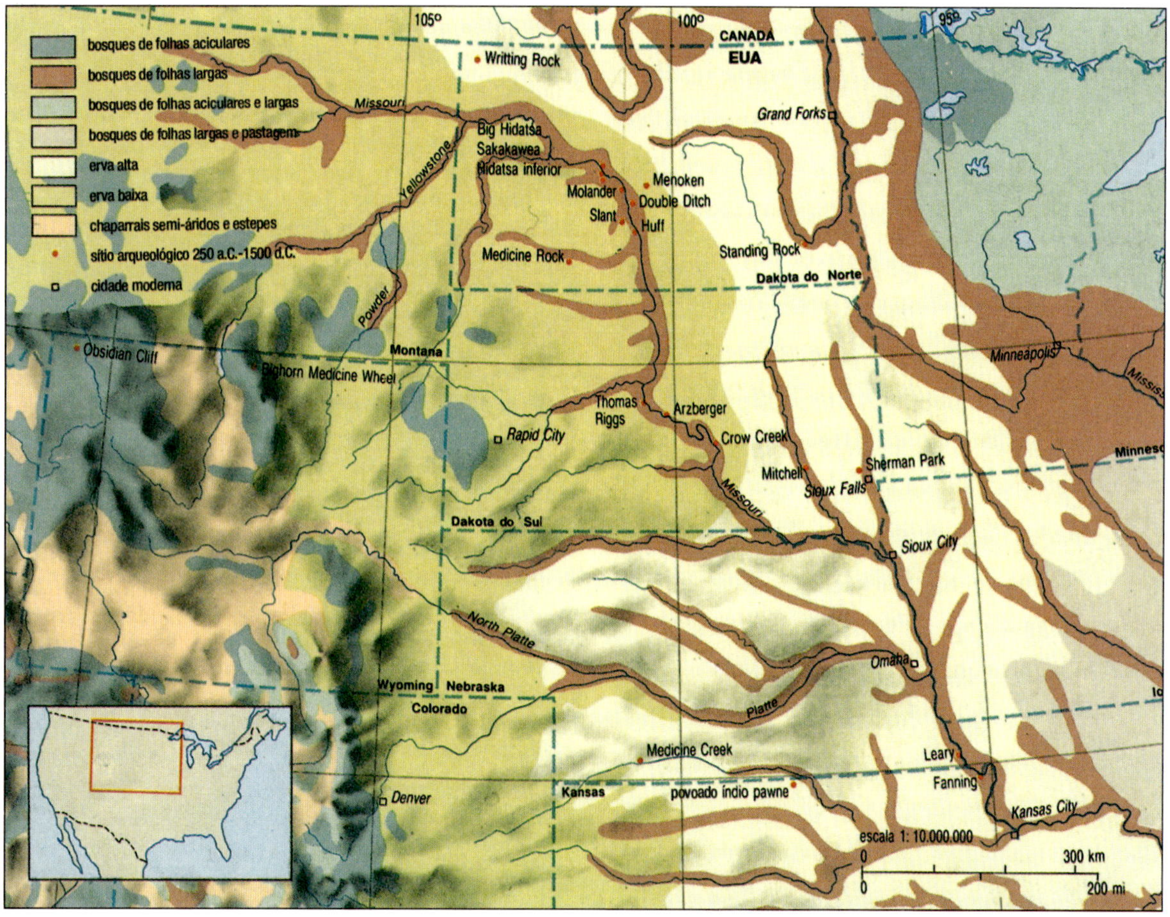


**Agricultores e caçadores das Grandes Planícies**
O vale do Missouri foi um foco importante do fenômeno dos povoados das planícies. Os sítios da tradição inicial do Missouri médio são mais de 35, e estão espalhados em sua maior parte ao longo do vale em Dakota do Sul. Sítios do que se chamou extensão do Missouri médio foram encontrados no curso do rio que corresponde a Dakota do Norte. Os povoados eram amontoamentos compactos de casas retangulares e alongadas plurifamiliares. No final da pré-história, a seca e os resultantes movimentos de população motivaram a redução dos povoados do final do Missouri médio a um trecho menor do vale do rio, no qual a história acabou por conhecê-los como hidatsas e mandanes. As povoações aldeãs do Missouri central incluem Arzberger, Huff, Thomas Riggs, Crow Creek, Medicine Creek, Big Hidatsa, Sakakawea, Lower Hidatsa, Molander, Menoken, Double Ditch e Slant. As etapas das povoações das planícies centrais incluem as de Upper Republican, Nebraska, Smoky Hill e Pomona em Kansas e Nebraska. Datam de 1000-1400 d.C., e em conjunto são conhecidas como a tradição das Planícies Centrais.

americano desapareceu com outras espécies do Plistoceno há 10.000 anos, e os índios americanos não tiveram acesso ao cavalo até que os espanhóis tornassem a introduzi-lo no continente no século XVI. E o cavalo tornou mais acessíveis as manadas de grandes bisões do que o haviam sido para os nômades a pé, ao mesmo tempo que a nova estratégia de adaptação arrancava de seus povoados muitos horteleiros, que voltam a abraçar a forma de vida do caçador nômade. Assim como na Eurásia o pastoreio não foi possível senão depois que os agricultores domesticaram os animais de manada, tampouco as culturas indígenas das Planícies com nômades a cavalo foram possíveis senão depois que os espanhóis introduziram o animal.

Os caçadores-coletores arcaicos das Grandes Planícies não foram muito numerosos. Sua densidade demográfica foi baixa, e os cultivadores orientais que avançavam para o oeste pelos vales dos afluentes do Mississipi encontraram pouca resistência. A primeira onda de agricultores orientais que penetraram na pradaria se deu durante o período entre 250 e 950 d.C. Eram grupos pelo menos inspirados, e talvez descendentes, das culturas hopewellienses. O grupo hopewelliense de Kansas City se estabeleceu perto da cidade moderna, e há provas nessas povoações de que o milho era um dos produtos cultivados na pradaria que entrava na rede comercial de Hopewell. O grupo Cooper, ao sul do anterior, é menos conhecido, mas parece ter sido similar à variante de Kansas City. As comunidades hopewellienses da pradaria viviam em povoações de 3-4 hectares; a cerâmica procedente de tais povoações revela influências de Hopewell. Produtos acabados em cobre, obsidiana e pedra autóctones indicam que faziam parte do comércio Hopewell, embora ainda não esteja clara a contribuição daquelas comunidades da pradaria a tal sistema. As matérias-primas mais procuradas depois nas Grandes Planícies pelos da Hopewell de Ohio incluíam a obsidiana de Yellowstone Park e a calcedônia procedente do Oeste de Dakota do Norte. É possível que a rota desses materiais fosse o rio Missouri, e que seu comércio fosse controlado pelos hopewellienses de Kansas City.

Outros complexos desta cultura, mais para o oeste, tinham coleções mais simples. Muitas foram identificadas em Kansas e em Nebraska, e trabalhos recentes demonstraram que esses grupos haviam penetrado a oeste e a leste de Colorado. As provas de sua presença nas planícies meridionais são parcas. Embora às vezes se ache olaria dos bosques, a impressão é que se tratava de algumas formas de vida que prolongavam a cultura arcaica. De modo parecido, nas planícies do Noroeste os caçadores e coletores arcaicos continuaram a praticar suas atividades, especialmente a caça do bisão comum, durante o período de Plains Woodland e até depois.

A construção de túmulos se deu nas Dakoas orientais e na Manitoba meridional, que representavam os limites norocidentais deste fenômeno cultural. Alguns são taludes lineares; outros, montículos cônicos. Amiúde eram cavadas fossas e cobertas de lenhos para conter as tumbas sob os montículos. Certo sabor das planícies se somou a esta tradição, na região do Nordeste, com a inclusão de esqueletos ou crânios de bisão em muitos túmulos. A construção de montículos de enterramento parece ter-se estendido por esta região através de Minnesota. Trata-se de uma tradição sucessora de Hopewell e similar à tradição dos montículos em efígie de Wisconsin. Os portadores da tradição construtora de montículos no Nordeste das planícies foram provavelmente os antepassados dos índios históricos dakotas, assiniboines e cheyennes.

No final deste período, o arco e a flecha já haviam entrado nas planícies. Sua origem era provavelmente dos caçadores atapascas (na-denes) do Oeste do Canadá, que por sua vez haviam recebido a arma inovadora dos esquimós. A aquisição do arco e da flecha também teve que ver com a expansão afortunada dos atapascas setentrionais para o sul através das planícies ocidentais, e que acabou levando-os para o Sudoeste.

### O período de Plains Village

É o período seguinte a Plains Woodland, e se prolongaria de 900 a 1850 d.C. Esta nova onda de influência e de colônias procedentes do Leste teve origem na cultura do Mississipi. As novas comunidades de Plains Village eram em vários aspectos muito mais fortes que as do período anterior. Primeiro, suas povoações são grandes e estáveis; às vezes eram fortificadas com fossos secos e paliçadas, e habitualmente eram equipadas de várias cavernas subterrâneas para armazenamento. Segundo, suas casas eram vivendas plurifamiliares, maiores, mais sólidas e mais estáveis que as vistas até então nas planícies. Terceiro, dispunham de um conjunto de instrumentos maior e mais complexo, no qual figuravam uma cerâmica muito mais variada, enxadas e outros petrechos feitos com grande variedade de materiais.

O sistema de horticultura, presente sem dúvida alguma nas povoações de Plains Village, implicava o emprego de espécies evoluídas de milho e feijão junto com outros cultivos domésticos. A agricultura se restringia às terras baixas e aluviais dos grandes rios, e nesse sentido o sistema copiava as técnicas intensivas da horticultura do Mississipi médio. Em outros aspectos, a adaptação de Plains Village se assemelhava mais aos sistemas alternantes de horticultura nas terras altas, que se encontram em outros lugares das regiões marginais à expansão mississipiense. É provável que as comunidades de Plains Village não alcançassem nunca um estado de caciquismo, e menos ainda a organização quase estatal de alguns centros do Mississipi.

Suas casas eram construções quadradas ou retangulares de estrutura sólida, dispersas em pequenos grupos sem fortificação ao longo das rochas junto aos rios. A seca parece ter obrigado a abandonar muitos povoados no século XIII, especialmente os que se encontravam mais a oeste nas planícies altas e secas. As povoações aldeãs das planícies centrais se desdobraram rio abaixo num processo de consolidação que conduziu à chamada tradição Coalescent. Esta se difundiu por sua vez pelo Missouri, adotando inovações como a vivenda circular de terra sobre quatro postes durante o período 1450-1680. Os pawnees ficaram como um dos descendentes históricos da tradição Coalescent, enquanto seus parentes próximos, os arikaras, se uniam aos mandanes e aos hidatsas na região do Missouri central.

No final da pré-história, muitas comunidades hortaleiras abandonaram sua forma de vida sedentária para transformar-se em nômades a cavalo. O mapa cultural das Grandes Planícies mudou então de forma rápida e drástica. Algumas comunidades oneotas se converteram em tribos que falavam siouan e são conhecidas historicamente como otos, missouris e iowas. O mesmo ocorreu com o ramo wichita dos caddoanos do Mississipi, e com o ramo crow dos hidatsas. Comunidades pawnees, quapaws, kansas, osages, poncas e omahas abandonaram as bordas dos bosques orientais para dedicar-se, ao menos durante algum tempo, à caça a cavalo do bisão. No Norte, vários grupos dakotas, em companhia de grupos assiniboines e cheyennes, deixaram suas comunidades sedentárias para transladar-se para povoados portáteis típicos das planícies. Os arapahos, pés-pretos, nezpercês, comanches e alguns shoshones e apaches mudaram o modelo arcaico de caça e coleta a pé pelo nomadismo a cavalo, mais interessante e produtivo. Os kiowas, cujos antepassados provavelmente haviam sido caçadores-coletores ao estilo arcaico ao longo das planícies, juntaram-se aos outros cavaleiros. No final, os mandanes, hidatsas e arikaras ficaram como sobreviventes raros da forma de vida horticultora do final da pré-história, continuando em seus povoados estáveis e comprando a carne de bisão que os novos nômades a cavalo distribuíam nas planícies circundantes.

As povoações arqueológicas atribuíveis aos nômades das planícies só são visíveis em forma de anéis *tipi*. Algumas exceções notáveis são as chamadas "rodas médicas", dispersas de Wyoming a Alberta. A maior é formada por um círculo de seixos rolados com 28 raios e um montão de pedras no centro; encontra-se nas Bighorn Mountains de Wyoming.

Essas estruturas podem relacionar-se de algum modo com os recintos históricos da dança do sol, estruturas rituais abertas utilizadas em muitas culturas históricas dos índios das planícies. A dança solar era praticada em torno do solstício de verão, e nas "rodas médicas" se encontraram alinhamentos com o ponto do horizonte em que nesse dia saía o Sol.

*Abaixo.* Os símbolos solares aparecem em toda a América do Norte; mas prevalecem nas povoações tardias, nas quais em geral as artes decorativas são mais desenvolvidas e as probabilidades de conservação são boas. Remanescem, no entanto, alguns exemplares antigos, como petróglifos (desenhos gravados) ou pictografias (desenhos pintados) nas saliências das rochas. Um tambor manual das planícies traz o símbolo de uma cruz similar ao já visto numa cabeça-troféu.

As rodas amuletos das planícies altas (*abaixo*) eram, ao que parece, símbolos solares gigantes, bem como recintos em que podiam realizar-se cerimônias dirigidas ao Sol. O raio principal nessas grandes rodas é freqüentemente orientado para o ponto em que sai o Sol no solstício de verão. Os lugares rituais do período histórico (*abaixo, à direita*) perpetuam a mesma estrutura circular, amiúde com entradas para o Sol nascente.

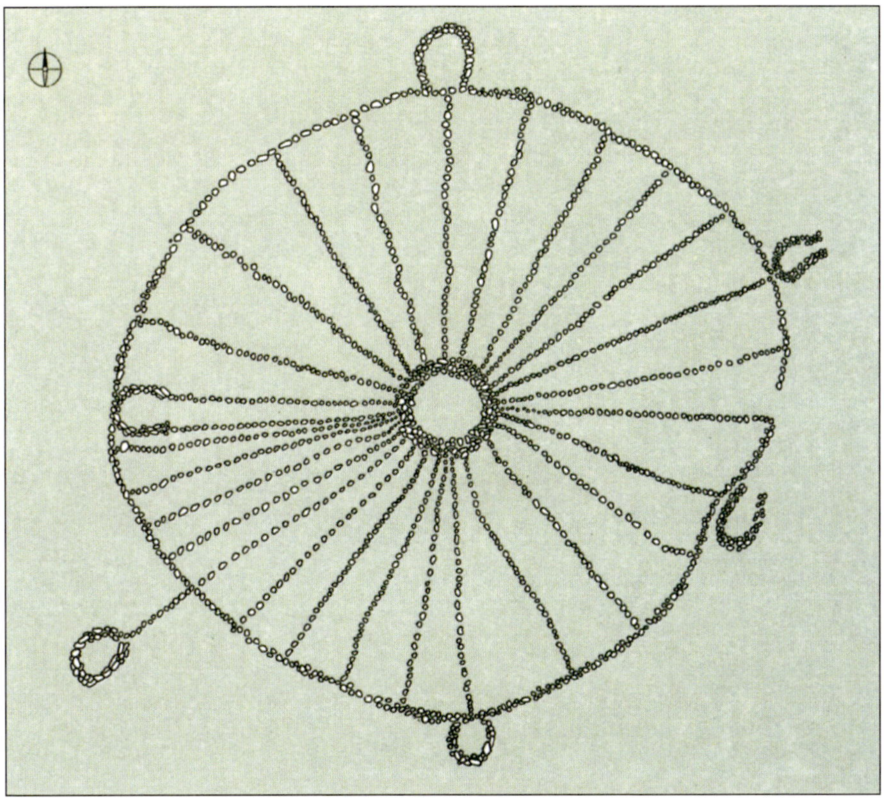

*Esquerda.* A região do Deserto Ocidental conhecida como Bryce Canyam apresenta os espantosos Pink Cliffs junto com paisagens mais comuns na Grande Bacia. Zimbrais, pinheirais de pinhão e às vezes o pinheiro-amarelo disputam as encostas com a mateira desértica. Salgueiros, bétulas, bordos e álamos crescem nos *canyons* frios e úmidos. A neve se amontoa em grandes quantidades durante o inverno, e os índios pré-históricos terão tido de refugiar-se em vivendas sólidas contra os frios invernais.

*Abaixo:* **O Deserto Ocidental**
A Grande Bacia compreende Nevada, Utah e parte do Oregon e da Califórnia. Vindos das montanhas, os rios correm para o interior, mas a evaporação e as filtrações acabam com eles, sem que nenhum alcance o mar. As variações de altitude são o principal fator determinante da vida vegetal e animal. Os índios pré-históricos obtiveram grande êxito com seus constantes deslocamentos seguindo os ciclos dos dias e das estações.

## O DESERTO DO OESTE
## 1000 a.C.-1800 d.C.

O deserto do Oeste se divide em duas sub-regiões: a Grande Bacia e o Planalto. Os rios da Grande Bacia correm para o interior vindos do arco de montanhas que marcam seu limite para lagos salobros em que a água estanca e evapora. O maior de todos é o Grande Lago Salgado de Utah. Nenhum rio drena a Grande Bacia, e a pouca chuva que cai forma numerosas lagoas superficiais e arroios, secos a maior parte do ano. Antes da chegada dos modernos métodos de regadio e trasfega, os recursos alimentares da Grande Bacia só podiam sustentar uma população escassa, que levava uma vida baseada na caça e na coleta.

Uma exceção a essa dura pobreza de recursos é constituída pelo desenvolvimento da cultura de Fremont, em Utah. Essa tradição se estabeleceu como um rebento dos anasazis, talvez já em 400 d.C. Mas desapareceu com a decadência geral das tradições do Sudoeste por volta de 1300, sem deixar descendentes modernos claramente identificáveis. (A tradição de Fremont é também tema de discussão na parte que trata do Sudoeste.)

Por outro lado, a Grande Bacia se estende até o Sudeste do Oregon, a parte mais meridional de Idaho, a faixa oriental da Califórnia e o ângulo mais meridional de Nevada. Nessa vasta região, jamais surgiu algo equivalente à cultura Fremont durante o período pré-histórico, e as

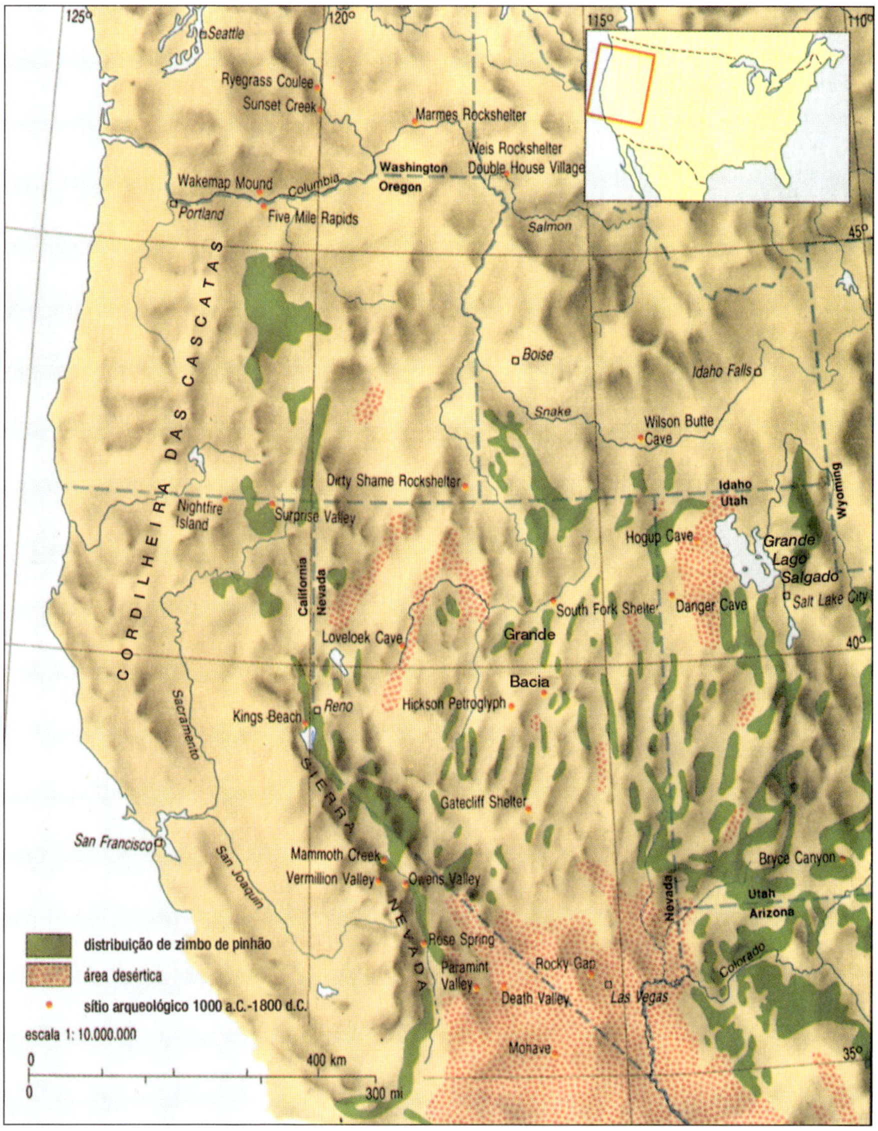

culturas conservaram ali um estilo essencialmente arcaico até o final da pré-história.

O Planalto se estende entre montanhas, ao norte da Grande Bacia. É drenada por dois grandes sistemas fluviais: o Columbia e o Fraser. O Planalto ocupa a maior parte de Idaho, o Nordeste do Oregon e Washington oriental, e se estende até a Columbia Britânica. A diferença mais notável entre os desenvolvimentos da Grande Bacia e os do Planalto se deve a que as culturas desta última tiveram acesso a recursos fluviais maiores, dos quais careceu a Grande Bacia.

**A Grande Bacia**

Com a cuidadosa escavação de povoações como as de Danger Cave e Hogup Cave, puderam-se estabelecer longas seqüências pré-históricas. As cavernas secas não só trouxeram provas duradouras, como pontas arrojadiças, mós e objetos de osso, mas também fragmentos de redes, cestaria e objetos de fibra. Puderam-se reconstituir as dietas alimentícias tanto a partir das sementes como de outros conteúdos de coprólitos humanos e mediante a análise direta dos restos de fauna encontrados nos depósitos. Neles estão presentes amostras de bisões, antílopes, ovelhas e cervos, embora em pequena proporção se comparadas com os restos de pequenos roedores, lebres e coelhos. É evidente que aqui a tendência arcaica para a maximização da caça menor em grandes quantidades foi mais longe que na maior parte das regiões no final da pré-história. Nos primeiros milênios, caçaram-se aves aquáticas e pássaros de ribeira, mas eles já não são habituais nos depósitos pós-1200 a.C., sinal de que as terras pantanosas continuavam a secar e de que as comunidades humanas se viram ainda mais pressionadas por aquele meio ambiente duro.

Documentos do século XIX indicam que os representantes das culturas da Grande Bacia amiúde emigravam para os campos à margem dos rios, nos fundos dos vales, e para os pinheirais de pinhão nas encostas das montanhas. As pinhas eram recolhidas na época de sua queda e armazenadas para uso ao longo do inverno. As investigações feitas em Nevada assinalam que esse modelo de vida remonta pelo menos a 2500 a.C.

A tradição Fremont deslocou os grupos arcaicos em Utah durante 900 anos. Alguns conseguiram sobreviver como caçadores-coletores ecologicamente marginalizados entre os povoados da Fremont; mas a maior parte foi expulsa ou absorvida. A cultura Fremont terminou no curso das secas do século XIV, e Utah foi ocupado pelos ancestrais shoshones, utes, paiutes e outros grupos lingüísticos que pertenciam ao ramo númico das línguas uto-astecas. Eles se expandiram para o nordeste a partir de uma zona central no deserto do Sudeste da Califórnia e da Nevada meridional. Alguns continuaram movendo-se e, após a introdução do cavalo, difundiram uma nova prática de nomadismo montado pelas Grandes Planícies.

A expansão númica é talvez o problema mais interessante com que deparam os arqueólogos na Grande Bacia. Em termos ecológico-culturais, estava por trás de muitas das comunidades a que suplantaram. Em um caso, deslocaram horticultores da Fremont, e em outro, os antepassados semi-sedentários dos klamaths. É possível que a pressão ambiental tenha imposto as adaptações mais avançadas e criado novas condições mais duras, às quais estavam bem adaptadas as pessoas númicas ancestrais. Neste caso, os grupos númicos se teriam pré-adaptado no deserto da Califórnia-Nevada para preencher o vazio que as comunidades da Fremont e outras deixaram ao partir.

**O Planalto**

O desenvolvimento cultural do Planalto a longo prazo se diferenciou do da Grande Bacia, em boa medida pela presença de uma umidade superior e de sistemas fluviais maiores pelos quais podia chegar ao mar. Os sistemas do Columbia e do Fraser, com sua rede de afluentes, proporcionaram as bases de desova para as migrações de hokan que subiam vindos do Pacífico. O salmão e outras espécies fluviais proporcionaram alimento às culturas primitivas do Planalto, completando a dieta que se dava na Grande Bacia. No primeiro milênio a.C., muitos grupos do Planalto se haviam assentado em povoados semi-estáveis de vivendas subterrâneas, algumas estruturas sólidas que não eram adequadas para os grupos mais nômades da Grande Bacia. Esse modelo de povoações durou até o período histórico.

A exploração do salmão podia não estar tão desenvolvida ou não ser tão antiga no Columbia como no sistema fluvial do Fraser. Um precipício escarpado do Columbia, em sua passagem pelas Cascade Mountains, pode ter detido os hokan migratórios por longos períodos, obrigando as comunidades primitivas de fala sahaptin a adotar as técnicas forrageiras da Grande Bacia com mais probabilidade que as do desaguamento do Fraser. As pessoas de fala salishan da bacia desse rio mantinham um gênero de vida muito dependente do rio e permaneciam antes fechadas aos contatos com seus parentes lingüísticos de rio abaixo, na costa do Noroeste. O corrimento de terras da cascata, por volta de 1265 d.C., restabeleceu as migrações de hokan até os afluentes do alto Columbia.

Os klamaths-modocs históricos viveram numa extensão do Planalto que formava uma cunha entre a Califórnia, a Grande Bacia e as proximidades da costa norocidental. Em tempos históricos, seu território se centrou em torno do lago Klamath, Oregon. Eles viviam em típicos alojamentos subterrâneos de grandes dimensões, que abandonavam e desmontavam em parte cada verão, hospedando-se em abrigos de galhos e arbustos, enquanto as vivendas de terra se arejavam e secavam. A arqueologia descobriu esse modelo nas povoações de Surprise Valley, Califórnia, datando-o em 4000-3000 a.C. Os restos achados na ilha de Nightfire indicam que as vivendas subterrâneas estavam já em uso pelo menos desde 2100 a.C., e que continuaram a ser habitadas em tempos históricos.

*Abaixo.* Nem as origens nem o desenlace último da cultura Fremont são claramente conhecidos. Não obstante isso, figuras como esta (10 cm de altura) indicam bem claramente os laços que esta cultura transitória e marginal teve com as tradições Anasazi e Hohokam, no Sul.

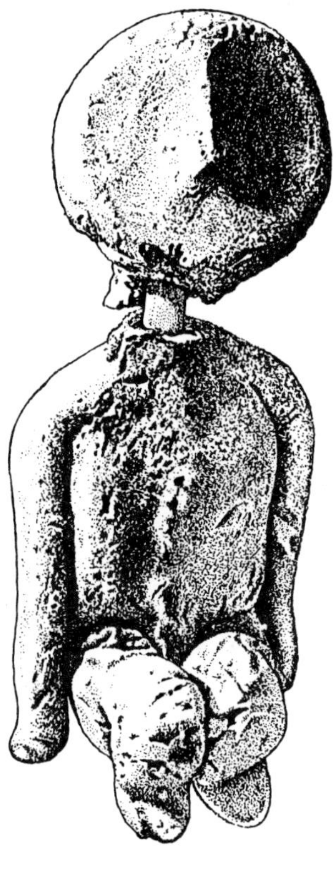

## A PRÉ-HISTÓRIA DO SUDOESTE

Quanto ao Sudoeste, os arqueólogos estabeleceram três grandes tradições culturais em época pré-histórica e outras duas de menor relevância. Em sua expansão máxima, essas tradições se estenderam pelos lados do Arizona, Novo México e Utah, ocupando também algumas áreas do Colorado, Califórnia e Nevada, nos Estados Unidos, bem como de Sonora e Chihuahua, no México. As tradições principais são conhecidas pelos nomes de Hohokam, Mogollon e Anasazi. As outras duas são as tradições de Patayan e Fremont, consideradas marginais com relação às tradições primárias do Sudoeste.

Por várias décadas se utilizou a datação pelos círculos dos troncos das árvores (dendrocronologia) para datar povoações do Sudeste com grande precisão, identificando amiúde até os anos. Essa técnica foi muito útil para as povoações anasazis e para os mogollones. Isso se deveu sobretudo às condições secas do clima, que, ao mesmo tempo que torna muito sensíveis os círculos do tronco da árvore às condições climáticas gerais de pouca magnitude, permite sua preservação nos sítios arqueológicos.

*Direita:* **O Sudoeste pré-histórico**
Cinco tradições cobrem a fase final da pré-história no Sudoeste. Três delas — Anasazi, Hohokam e Mogollon — são consideradas as principais, enquanto as de Patayan e Fremont são julgadas em geral periféricas aos grandes desenvolvimentos da região. As zonas geográficas de tais tradições parecem superpor-se. Em alguns casos, essa superposição foi real, dando-se às vezes comunidades que participavam ao mesmo tempo de duas tradições culturais muito diferentes. Em outros casos, a superposição é mais aparente que real, sendo conseqüência da contração de uma das tradições e da expansão subseqüente de outra na área abandonada pela primeira. Um mapa arqueológico como este, que reduz a uma só lâmina o produto de séculos, inevitavelmente produz tais superposições.
O mapa mostra a extensão máxima de cada tradição. É evidente que tais máximos não podem ter sido alcançados ao mesmo tempo. Menos evidente é talvez que cada uma das tradições se tenha expandido primeiro numa direção e depois em outra, de modo que é provável que em momento algum alcançasse o máximo de extensão aqui assinalado. Todas retrocederam na época da chegada dos espanhóis.
As povoações principais do Sudoeste aparecem no fundo das cinco tradições. Em todos os casos estão habitualmente abertos ao público ou são sítios arqueológicos que, embora fechados, têm tanta importância na literatura arqueológica que deviam ser consignados.

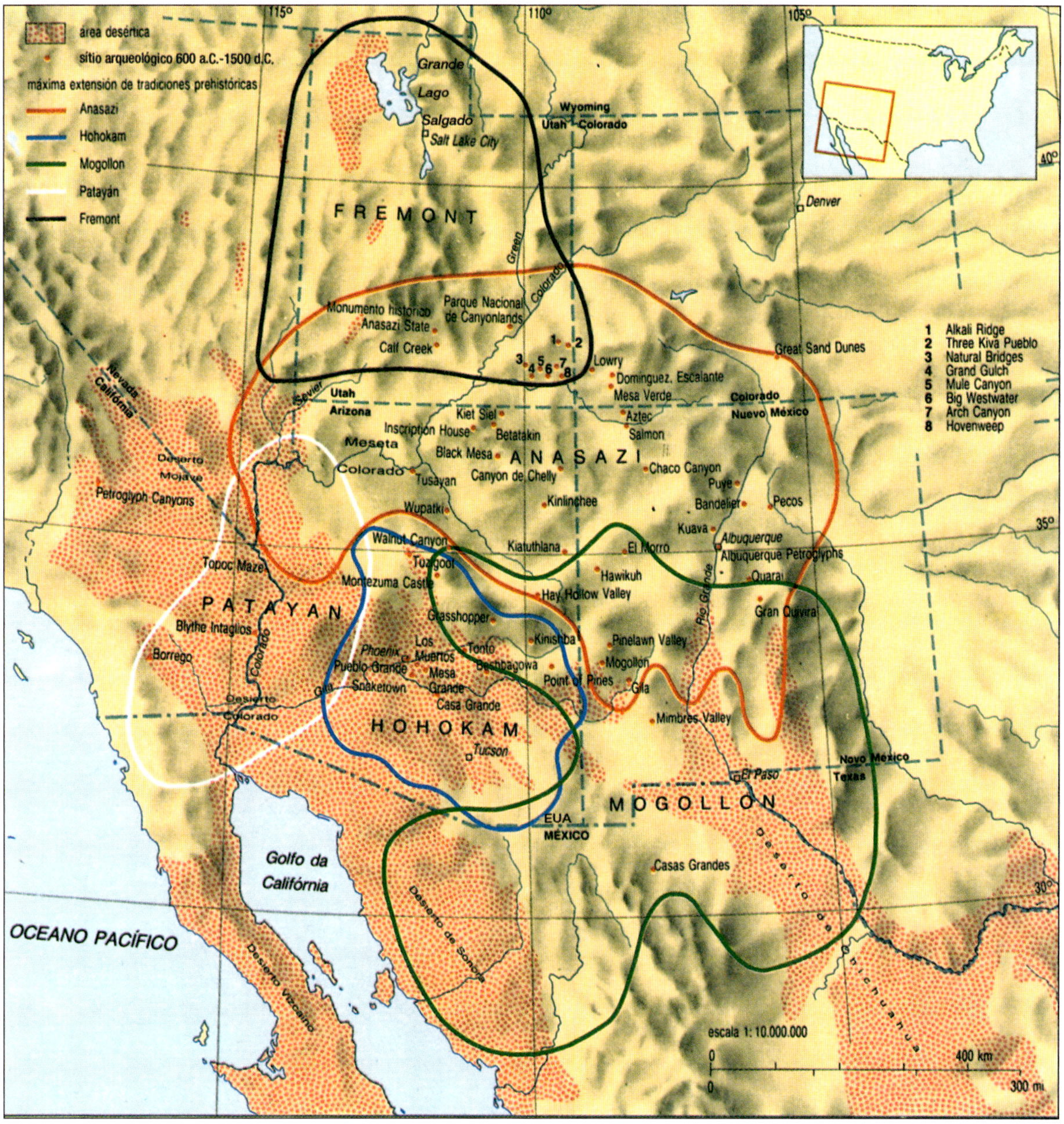


A cronologia de Hohokam teve um desenvolvimento menos preciso, porque em muitas de suas povoações não se conservaram restos de maneira adequada. Nesses casos, os arqueólogos dependem das técnicas de datação derivadas do carbono 14, do arqueomagnetismo e da hidratação da obsidiana.

As tradições pré-históricas do Sudoeste começam a surgir no início do período arcaico, há mais de 2.000 anos. A olaria e a horticultura podem ser aproveitadas graças às fontes mexicanas, e a forma de vida sedentária que implicam talvez tenha começado a emergir já em 300 a.C. Todas se expandiram dentro de limites concretos; mas a extensão máxima de uma tradição não tem por que irromper no âmbito de outra. Ocasionalmente se deram áreas de coincidência, no sentido de numa zona marginal a duas tradições terem coexistido povoados pertencentes a ambas. Com maior freqüência, as áreas de coincidência se deram quando uma tradição abandonava a zona e outra ocupava seu lugar.

### Hohokam

Problemas inerentes às técnicas de datação tornaram difícil e controvertida a datação das origens da Hohokam. Quase não há acordo sobre acontecimentos anteriores a 600 d.C., embora a cronologia posterior a essa data seja relativamente clara. As escavações em Snaketown induziram alguns investigadores a concluir que a tradição foi fundada por volta de 300 a.C. Outros criticam essa data como demasiado precoce e propõem a data inicial de 300 e até de 500 d.C.

A cultura Hohokam teve seu centro no deserto meridional do Arizona, que depois seria a pátria das tribos indígenas de Pima Alto e de Papago. Em geral se acreditou que esses grupos eram os descendentes vivos da tradição Hohokam. É possível que ela irrompesse no Sudoeste vinda do México, tendo dado uma série de traços mexicanos ao Sudoeste pré-histórico. Essa possibilidade é cada vez mais discutida pelos arqueólogos que preferem uma interpretação mais complexa, que comportaria uma evolução *in situ*, o comércio e a interação ritual com as culturas mais meridionais.

Os agricultores da Hohokam empregavam a irrigação para obter colheitas no deserto. Era uma técnica duas vezes mais custosa que a disposição dos campos em terraços e quatro vezes mais que a delimitação do campo, mas bastante produtiva para justificar o alto custo. Eram possíveis as duas colheitas anuais: a primeira em março/abril, quando derretiam as neves nas montanhas distantes; e a segunda em agosto, quando caíam as chuvas de montanha.

*Página seguinte.* O Castelo de Montezuma não é realmente um castelo, nem nada tem que ver com o imperador mexicano executado por Cortés. Esta construção sobre precipício, de nome tão evocativo, se encontra no vale Verde do Arizona central, e é um dos muitos sítios arqueológicos do Sudoeste abertos ao público. Foi construído pelos índios da cultura que se conhece como Sinagua, assim como outros sítios próximos muito influenciados pela cultura Anasazi. A posterior deterioração ambiental obrigou seus habitantes a abandonar o vale Verde.

As povoações da Hohokam se caracterizam por certos tipos de cerâmica vermelhos sobre camurça. Os vasos apresentam com freqüência ombros longos e centros de gravidade baixos, traçados ao menos em parte para permitir um máximo de decorações pintadas. Outros artefatos típicos incluem machados de pedra de gume longo com caneluras profundas para seu manejo, "palatos" de pedra, pontas arrojadiças com denteaduras profundas, sinos de cobre e adornos de carapaça. As peças em forma de palato podem ter sido cobertas com uma fina camada de água e servido como espelhos ou eram usadas simplesmente para moer os pigmentos. Os sinos de cobre foram feitos com o método da cera perdida, e podem constituir um argumento adicional das constantes relações comerciais com o México, sua fonte mais provável. Os adornos de carapaça eram produzidos em geral com materiais importados do golfo da Califórnia, e lhes era dada a forma de braceletes e avelórios.

Nas povoações da Hohokam posteriores a 600 d.C., destacam-se suas pistas de dança e seus montículos de plataforma baixa, que constituem um duplo indício de influências mexicanas. Tanto Snaketown como Pueblo Grande têm pistas de dança impressionantes. Também se encontraram nas povoações da Hohokam bolas de borracha, cujo látex devia proceder igualmente do México. Habitualmente, os montículos em plataforma só têm um metro de altura (raras vezes superam os 3 m), são retangulares, e chegam a 30 m de comprimento. Tais estruturas se concentravam nas comunidades maiores, como Mesa Grande, e sugerem que eram as comunidades mais numerosas que controlavam tanto os pequenos povoados circundantes como a rede de canais de irrigação a serviço de todos. Isso sugere que as comunidades da Hohokam eram organizadas segundo formas de caciquismo e não como povoados independentes.

As pessoas que viviam no Vale Verde, Arizona central, na faixa norte do território hohokam, desenvolveram uma cultura híbrida que reunia as três tradições principais. Essa cultura, chamada Sinagua, floresceu depois de 1100 d.C. como conseqüência da deposição de uma camada de cinza fértil, deixada pela erupção de um vulcão local. A florescência motivada pela erupção do Sunset Crater é recordada pelas povoações de Tuzigoot e de Montezuma Castle (este último de forma menos precisa). Ao que parece, a população da Sinagua se encontrou muito dispersa quando se restabeleceram as condições de vida normais, e a área foi abandonada quase completamente depois de 1300. Muitos grupos da Sinagua se dirigiram para os povoados da Hohokam, aos quais se somaram formando comunidades duplas. Isto poderia explicar a cultura Salado quando aparece em territórios da Hohokam. A povoação de Casa Grande é um exemplo dessa fusão cultural. Enquanto a população da Hohokam continuava a incinerar seus mortos e a guardar suas cinzas nos tradicionais vasos vermelhos, os imigrantes da cultura Salado faziam seus vasos policromados em vermelho, preto e branco para o enterramento de restos não incinerados.

As vivendas tradicionais da Hohokam eram casas em fossos superficiais; casas construídas na verdade com juncos e barro em depressões rasas cavadas no duro solo de caliche, que subjaz na maior parte do deserto arenoso da região. Depois de 1300, e sob a influência da cultura Salado, os povoados da Hohokam adotaram a forma de recintos retangulares de adobe. Os muros desses povoados contêm algumas estruturas de caliche-adobe (barro seco) erguidas inteiramente acima do nível do solo. A construção principal de Casa Grande foi erigida com fileiras sucessivas de adobes de barro, que formam na base paredes maciças e que se vão tornando afuseladas na parte superior. Esse edifício principal tem quatro andares na parte central, embora o cômodo central do térreo fosse vedado com adobes sólidos para dar-lhe maior robustez. Os arqueólogos especulam sobre os imigrantes salados estarem acostumados a trabalhar com alvenaria, como a que aparece em Tuzigoot, o que, como a região de Hohokam carecia do material necessário em pedra, explicaria a desconfiança daquela gente ao adotar os adobes de Hohokam, receio patente na técnica de suas construções maciças, que substituía assim a solidez da pedra.

O fracasso nas colheitas e as incursões apaches provocaram um colapso no sistema político da Hohokam por volta de 1450. No momento das primeiras entradas dos espanhóis, havia-se abandonado o sistema de regadio que os da Hohokam haviam criado e mantido. Seus descendentes buscaram refúgio em pequenos povoados dispersos.

### Mogollon

A data mais antiga da chamada tradição mogollona depende da que se dê às primeiras amostras de sua cerâmica. Embora ainda incerta, essa datação é menos controvertida que a da Hohokam. Muitos arqueólogos aceitam como data inicial alguma que se situe no século III d.C. Depois, após o primeiro aparecimento de um tipo de cerâmica característica de cor vermelha sobre pardo, as povoações mogollones se expandiram por zonas secundárias. Essas povoações se caracterizavam pelo grande número de casas de pequenas dimensões, o que sugere uma mudança nos modelos de residência. A datação de tais acontecimentos no vale de Mimbres indica que já estavam muito avançadas na última parte do século IX d.C.

O estudo detalhado da ampla povoação de Casas Grandes, em Chihuahua, indica que a povoação se encontrava dentro da esfera da tradição mogollona. Os arqueólogos crêem que a construção maior foi iniciada por volta de 1060, começou a declinar depois de 1261 e terminou em 1350. Além disso, a própria localização da povoação induziu os pesquisadores a pensar que foi um conduto para a intervenção dos pochtecas mexicanos (uma classe de mercadores de longas distâncias, conhecidos por terem sido a vanguarda da expansão imperial asteca no século XVI). Embora a solução da controvérsia seja de capital importância para entender o amplo leque de tendências no Sudoeste, será preciso seguir trabalhando para que o quadro da região fique completo.

Antes do ano 1000 d.C., as residências dos mogollones eram habitualmente casas-fossos. Depois dessa data, preferiram-se cada vez mais as estruturas de muitas habitações erguidas acima do nível do chão. Essa tendência abriu caminho primeiro na parte setentrional do território mogollon, onde a influência dos anasazis era forte. A mudança poderia estar relacionada com o desaparecimento da residência orientada para o homem e com o surgimento de modelos residenciais orientados para a mulher que conheceram as comunidades históricas pueblos. A evolução do cerimonial kiva apóia esta interpretação. Os kivas eram uma remanescência das antigas casas cavadas, que serviam como lugares cerimoniais para os parentes homens, que não conviviam nos sistemas residenciais de orientação feminina.

Alguns se chamam grandes kivas por suas dimensões, que às vezes chegam a 10 m de diâmetro; mas só há um em cada povoado, o que sugere que tais lugares funcionavam como centros de cerimônias para toda a comunidade, mais que para um só grupo de homens do clã. Os kivas pequenos, ao que parece, acolhiam os membros homens de um clã particular.

No mesmo período se desenvolveu uma cerâmica característica de cor preta sobre branco em Mimbres Valley. É uma cerâmica que se define por seus desenhos geométricos, bem como pelas formas estilizadas de homens e animais. Os vasos eram empregados amiúde como oferendas funerárias, e como tais ritualmente os sacrificavam quebrando-os ou perfurando-os. Os desenhos são atraentes aos olhos dos artistas modernos, e a demanda de exemplares provocou saques e danos irreparáveis em muitas povoações da cultura Mimbres.

A tradição mogollona experimentou uma decadência que se iniciou por volta de 1100 d.C. Parece que ela foi um pouco freada por volta de 1250, mas voltou a acelerar-se ao longo do século XIV. A tradição como tal acabou, como ocorreu com as outras grandes tradições do Sudoeste, quando as mudanças climáticas interromperam o que sempre havia sido um sistema precário de produção alimentar. As secas, o fracasso nas colheitas e talvez a vagueação dos apaches forçaram o restante das comunidades mogollonas a encerrar-se em alguns poucos enclaves. Alguns dos sobreviventes podem ter passado a residir com os anasazis ou os de Hohokam restantes. O povo zuni parece formado, em parte ao menos, por descendentes da cultura mogollona.

**Anasazi**

Embora muitos arqueólogos tenham aceitado a data de 3000 a.C. para a introdução do milho no Sudoeste, as análises mais recentes indicam que uma data por volta de 750 a.C. seria mais apropriada. Os povoados de casas cavadas iniciaram seu surgimento por volta de 185 a.C. na área das Quatro Esquinas, formada pelo Arizona, Novo México, Utah e Colorado. Nessa época, os portadores da tradição Anasazi não produziam cerâmica, razão por que os períodos iniciais dessa tradição são designados como cesteiros primeiros, aos quais se seguem os cesteiros modificados antes de 700 d.C. O primeiro período "pueblo" começa nessa data, e os períodos subseqüentes da tradição Anasazi estão bem delimitados com a datação proporcionada pelos círculos dos troncos das árvores.

As primeiras casas cavadas dos anasazis eram superficiais e de estruturas simples, se comparadas com as posteriores. Quando as novas casas foram cavadas em maior profundidade, o que antes havia sido um simples buraco para a fumaça se transformou na entrada para uma vivenda inteiramente cavada. As casas posteriores, com sua maior fundura, exigiram aberturas de ventilação que permitiram uma saída para a fumaça através do teto da entrada. Paredes algo inclinadas regulavam o traçado do que se foi convertendo cada vez mais num estilo doméstico formal. Até o piso da casa chegou a exigir a localização precisa de um *sipapu*, um pequeno vão que simbolizava o buraco pelo qual a humanidade em suas origens havia emergido do mundo inferior.

Os anasazis desenvolveram seus próprios estilos de cerâmica depois de 500 d.C., embora com influências notáveis das tradições de Hohokam e Mogollon. Proliferaram os exemplares típicos em preto sobre branco. Pouco depois, os anasazis iniciavam a mudança das vivendas em casas cavadas para as casas construídas com

# A cerâmica de Mimbres

*Abaixo, à esquerda.* Os primeiros pratos em preto-e-branco de Mimbres apareceram no século VIII d.C. O estilo III, a que pertence este exemplar do sítio arqueológico Mattoks, nãose desenvolveu senão três séculos depois. O desenho confunde deliberadamente tema e fundo ao pintar um homem e um pássaro.

*Canto inferior esquerdo.* Todos os pratos de Mimbres são pensados como oferendas funerárias e foram sacrificados com punções em sua base. Este representa um homem que faz girar algo que pode ser um touro. Classificado como um prato clássico do estilo III em preto sobre branco, é feito numa cor avermelhada.

A cultura de Mimbres é um ramo da grande tradição mogollona do Sudoeste. Teve seu centro no rio Mimbres, no Sudoeste do Novo México, e foi um capítulo relativamente pequeno e isolado na pré-história geral do Sudoeste. O rio Mimbres tem um curso de cerca de 100 km antes de evaporar-se e desaparecer nas praias escaldantes próximas à fronteira mexicana.

A trajetória da cultura de Mimbres foi similar à das outras, desenvolvendo-se embora mais no tempo que no espaço, e desaparecendo antes de a história e as entradas dos espanhóis alcançarem a região. O específico da cultura de Mimbres, apesar de suas pequenas dimensões e da ausência de descendentes modernos bem determinados, é sua cerâmica, que depois de séculos continua a deleitar a vista.

*Abaixo.* A criatura pintada neste prato combina traços de homem, morcego e cervo, expoentes talvez de algumas transformações xamanísticas. O prato do estilo III apresenta as cores vermelho e laranja sobre fundo branco, e em conseqüência é classificado como policromia de Mimbres.

*Abaixo.* Duas ovelhas monteses altamente estilizadas ilustram a atração que os pratos de Mimbres com suas tendências abstratas exercem sobre os conhecedores da arte moderna. A demanda de tais peças provocou o saque de muitos sítios. Este exemplar do estilo III mede cerca de 24 cm de diâmetro.

*No pé da página.* Prato do estilo III com a imagem de um morcego, esta vez sem as complicações de atributos humanos ou animais; o morcego é adornado com uma série de desenhos geométricos típicos do Sudoeste. A peça, que foi pouco restaurada, parece não ter o buraco do sacrifício ritual.

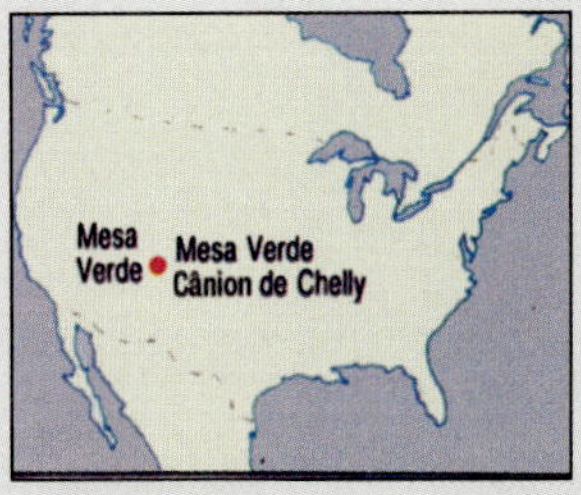


# Mesa Verde e o *canyon* de Chelly

Embora Mesa Verde seja um parque nacional, localizado no Colorado, e o *canyon* de Chelly, um monumento nacional no Arizona, ambos são marcos de importantes povoações anasazis na região do Planalto do Sudoeste conhecida como as Quatro Esquinas (Four Corners). Em ambos os casos, os cursos d'água talharam a meseta criando precipícios escarpados que têm saliências protetoras. No século XII e depois, os carpinteiros anasazis concentraram os novos povoados nessas localidades protegidas, construindo as vivendas sobre precipício que tornaram famosa a região.

Amontoadas em forma de pequenos apartamentos quadrados, os primeiros espaços que se construíram nessas vivendas de precipício eram armazéns. Um espaço aberto na parte frontal apresentava uma escavadura e enchimento típicos para formar um pátio com kivas subterrâneos. Eram lugares de encontro dos membros homens de clãs matrilineares, que além do mais viviam dispersos pelo povoado, nas casas de suas mulheres.

As vivendas sobre precipício foram em grande parte abandonadas no começo do século XIV. Depois do abandono, a maior parte do Sudoeste foi cedida pelos horticultores aos nômades navajos e apaches.

O acesso a Mesa Verde é feito de carro. O *canyon* de Chelly tem uma estrada de circunvalação só até a borda; a visita às vivendas sobre o precipício é feita em excursões com guia.

*Na página dupla seguinte.* Cliff Palace, visto no inverno do precipício de cima, tem mais de 200 habitações e 23 kivas. Alguns dos kivas circulares, agora sem teto, podem ser percebidos na foto. Quando tinham cobertura, contribuíam para formar o espaço aberto e horizontal da fachada das vivendas. O teto das habitações inferiores proporcionavam sacadas às habitações traseiras mais altas.

*Abaixo.* O núcleo central do parque nacional de Mesa Verde fica 32 km ao sul da entrada desse parque. Estradas de circunvalação permitem aos visitantes contemplar, da coroa de *canyons* que cortam a mesa, suas ruínas. Os visitantes começam habitualmente a excursão, acompanhados de um guia, por Spruce Tree House, uma importante casa sobre precipício, perto dos escritórios centrais do museu e do parque.

No cimo plano da mesa, ainda se podem perceber terraços de cultivo e limites de campos. Os povoados Pithouse começaram a surgir nesta parte do Sudoeste no século II a.C. No cimo da mesa havia vivendas por volta de 700 d.C., mas 450 anos depois elas haviam sido transladadas quase inteiramente para amplos nichos nas paredes do *canyon.*

*Abaixo.* Um primeiro plano mostra uma mescla de entradas trapezoidais e em buraco de fechadura com as pilastras de um kiva sem teto em destaque. Habitações interiores mais antigas, enterradas e obscurecidas por construções posteriores, foram utilizadas como armazéns. Cliff Palace teve maior número de kivas do que era habitual em proporção com as vivendas, e isso induziu os arqueólogos a supor que este povoado pode ter servido como palácio central de todos os residentes de Mesa Verde.

A cerca de 150 km, no Arizona, encontram-se as ruínas de White House (*direita*) escondidas em seu próprio nicho e ainda protegidas pelos ameaçadores precipícios do *canyon* de Chelly.

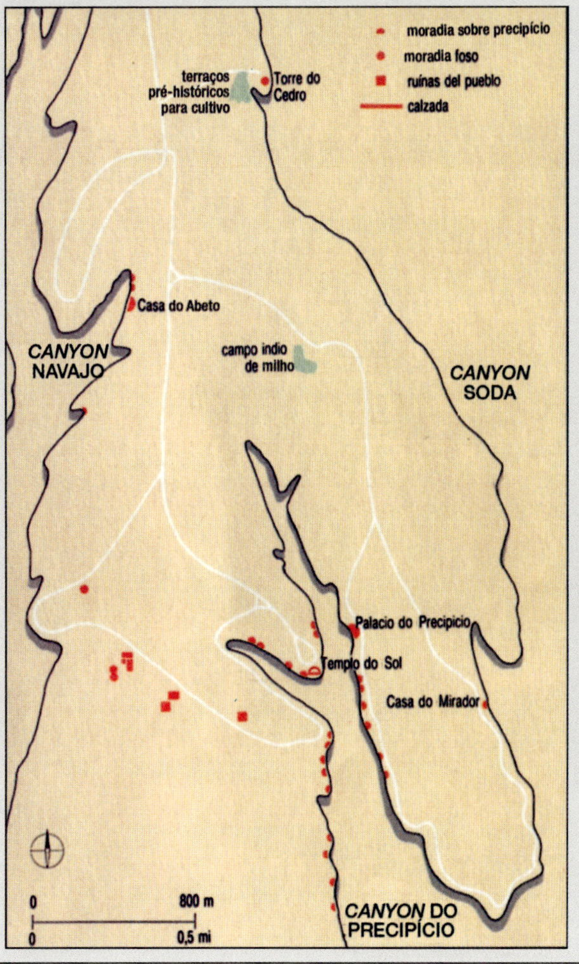

pedras ou adobes acima do nível do chão. Com respeito aos mogollones, as casas cavadas se mantiveram como kivas, que os homens do clã utilizavam para suas reuniões de tipo ritual ou social. A tradição se expandiu notavelmente nesse período, surgindo novos povoados cada vez mais distantes do centro anasazi original; essa expansão alcançou suas dimensões máximas por volta de 1100.

As vivendas acima do nível do chão apareceram em Mesa Verde por volta de 700 d.C. Até 950, a maior parte dos povoados de Mesa Verde eram complexos de vivendas compactas, pênseis sobre precipícios. Por volta de 1150, quase todos os povoados dessa cultura já se haviam assentado dentro de tais precipícios, buscando uma localização mais segura. Os amplos abrigos naturais das rochas permitiram a construção de complexos como Cliff Palace, com mais de 200 habitações e com 23 kivas. Seu acesso era difícil e bem protegido. No entanto, a porcentagem relativamente alta de kivas, em relação às habitações, sugere que Cliff Palace serviu de centro cerimonial de muitos povoados de Mesa Verde construídos sobre precipício.

Os abandonos do Sudoeste foram atribuídos por décadas a uma seca calamitosa que teria assolado a região de 1276 a 1299. A aceitação dessa hipótese está longe de ser geral; mas é evidente que a tradição anasazi e outras sofreram uma drástica redução por volta de 1300. A redução anasazi foi seguida de uma invasão, sem que haja provas bastante concludentes para determinar que os invasores foram os navajos e os apaches até quase o ano 1500. Mas poucas décadas depois se uniram a eles os espanhóis, e os povoados indígenas do Sudoeste sucumbiram à dominação indígena e estrangeira.

**Fremont**

A tradição Fremont foi uma cultura periférica que se desenvolveu em Utah por causa da influência dos anasazis. O fenômeno pode ter começado já em 400 d.C.; mas ainda é objeto de discussão se se deveu originalmente à imigração do povo anasazi para Utah ou se, na verdade, foi um desenvolvimento local ainda que sob influência anasazi. Os portadores da cultura Fremont podem ter sido os antepassados utoaztecas de grupos modernos, como os shoshones. Houve até um pesquisador que sugeriu terem sido pessoas que falavam na-dene, relacionadas com os navajos/apaches, e que a expansão de sua família lingüística chegou até o Sul do Canadá. A maior parte dos arqueólogos parece aceitar uma evolução *in situ* da cultura Fremont, como conseqüência de origens arcaicas e da influência anasazi. As povoações da Fremont foram sendo abandonadas a partir de 950 d.C. Sua cultura se havia reduzido em 1150, e foram poucas as povoações que subsistiram após 1300, sem que se saiba qual foi a sorte última de seu povo.

**Patayan**

A tradição de Patayan, denominada às vezes hakataya, é considerada periférica na pré-história do Sudoeste. Parece ter nascido entre os índios de fala hokan (e especificamente yuman) da região do rio Colorado. Entre seus descendentes modernos, contam-se os yumanes do Arizona ocidental e do Sudeste da Califórnia. A cerâmica mais antiga é datada em cerca de 500 d.C.; mas a tradição nunca chegou a criar os grandes povoados das principais tradições do Sudoeste. Determinaram-se algumas variantes regionais, uma das quais conduziria à cultura Sinagua de Verde Valley, no Arizona central. Já nos referimos a esta cultura quanto a seu florescimento e fusão final com a tradição Hohokam.

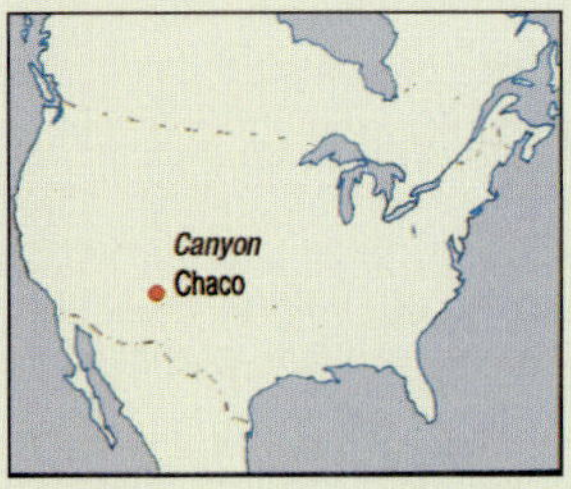


# O *Canyon* Chaco

Embora os arqueólogos ainda não estejam de acordo com respeito à natureza específica do fenômeno "chaco", não há dúvida de que existiu. O sistema chaco, qualquer que seja sua definição, se estende de fato por mais de 53.000 km$^2$ da bacia do San Juan e dos planaltos circundantes. Extensas cidades planificadas se concentram no *canyon* Chaco (agora protegido como monumento nacional), mas houve povoações importantes que ficaram fora desse marco, como o demonstram algumas ruínas de astecas e salmones. Nessa rede, há 125 cidades cujo plano é conhecido e que são dotadas de edifícios públicos; muitas estão ligadas por caminhos pré-históricos, dos quais foram identificados mais de 400 km. As cidades mais impressionantes do *canyon* Chaco são grandes centros em forma de D, como os de Pueblo Bonito e Chetro Ketl.

As povoações do Chaco floresceram entre 950 e 1300 d.C. foram importantes num amplo sistema comercial, mesmo depois de terem mudado as fronteiras da tradição anasazi. Nos séculos X e XI, o *canyon* Chaco ficava no extremo setentrional de tal sistema, e passou a ocupar o extremo meridional no século XII. Alguns arqueólogos sustentam que o *canyon* Chaco foi ao mesmo tempo centro de culto e centro comercial de alimentos e de objetos de luxo, especialmente turquesas. Outros vêem na expansão do fenômeno chaco não propriamente uma expansão sistemática para produzir mais bens, mas sobretudo uma expansão demográfica para dar abrigo a uma crescente população chaca. Os pontos de discrepância se centram em se as povoações fora desse marco foram antes cidades independentes incorporadas ao sistema ou colônias estabelecidas por este. Em relação a isso, há a discussão sobre se a rede viária e o sistema comercial que a sustentava se destinavam a redistribuir bens de subsistência ou artigos de luxo. É possível que todas essas explicações sejam válidas.

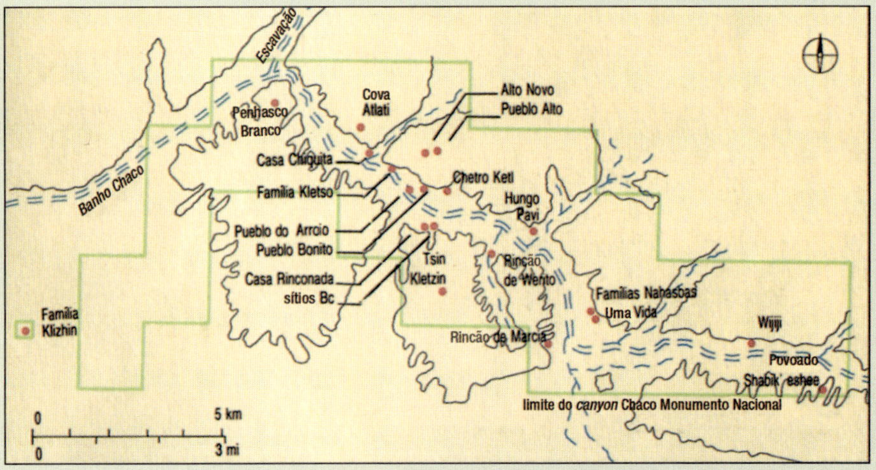


O *canyon* Chaco (*acima*) se encontra num ponto afastado do Noroeste do Novo México, mas foi outrora um centro de cultura anasazi e de intercâmbios de longa distância. Extensos povoados em forma de D se encontram ao norte de Chaco Wash, protegidos pelas paredes abruptas do *canyon*. Caminhos de pedestres ligavam os povoados entre si e com o mundo exterior. As veredas têm amiúde longas escadas, que teriam impedido a passagem de animais de tiro ou de veículos de rodas, dos quais não dispuseramos índios americanos da pré-história. Mas os transportadores humanos galgavam facilmente as escadas empinadas, permitindo aos engenheiros chacos a construção de caminhos quase perfeitamente retos até as povoações remotas e a outros povoados importantes do Sudoeste.

As ruínas de Chaco conservaram muitos vasos de cerâmica em preto-e-branco (*direita*). Seus desenhos são estranhamente atraentes para o olhar moderno. Os originais eram porosos e sem vidragem, e suas cores fortes eram aplicadas por degradação química ao fogo. Todos os vasos são feitos à mão, sem ajuda do torno de oleiro.

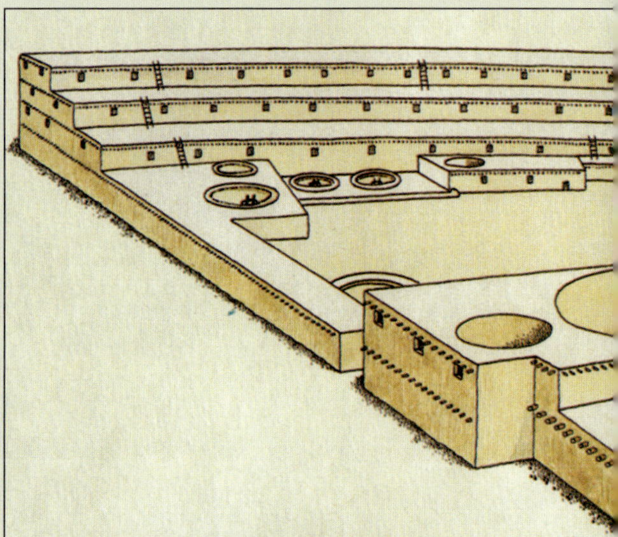

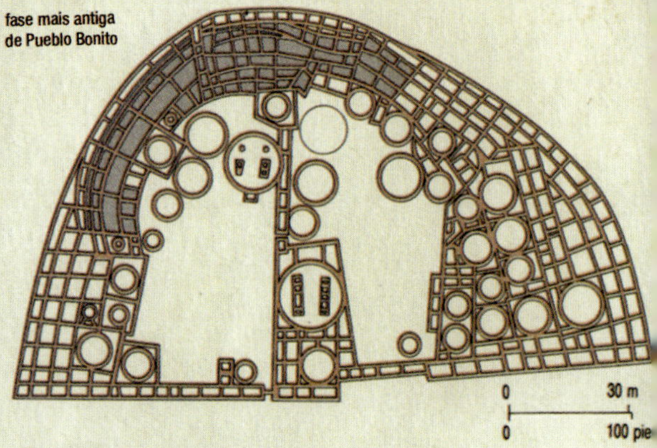


O plano e a reconstrução de Pueblo Bonito dão uma idéia do crescimento e desenvolvimento desta cidade pré-histórica. A entrada para ele era feita por escadas de mão apoiadas na muralha protetora. As peças interiores do térreo eram utilizadas principalmente como armazéns. O plano em forma escalonada permitia aos residentes servir-se dos tetos das peças inferiores como sacadas abertas.

Pueblo Bonito (*abaixo*), as ruínas mais impressionantes de povoados em forma de D no *canyon* Chaco, aparece aqui visto de acima do precipício. São visíveis detalhes interiores do grande kiva, perto do lado plano do povoado. Outros kivas, alguns quase tão grandes, podemser vistos alinhados junto às residências construídas ao redor da muralha curva do povoado. Vigas de aço reforçam agora a muralha de trás, que outrora teve quatro andares. A povoação ocupa mais de um hectare e outrora teve pelo menos 800 habitações (*centro*); sua população era provavelmente superior a 1.200 habitantes. Foi a maior construção de aposentos da América do Norte até que no século XIX se ergueu uma maior na cidade de Nova York. O *canyon* Chaco foi o centro de uma rede de caminhos que o comunicavam com numerosos povoados distantes. Os povoados estavam, conseqüentemente, ligados ao centro de um importante sistema pré-histórico de comércio e troca.

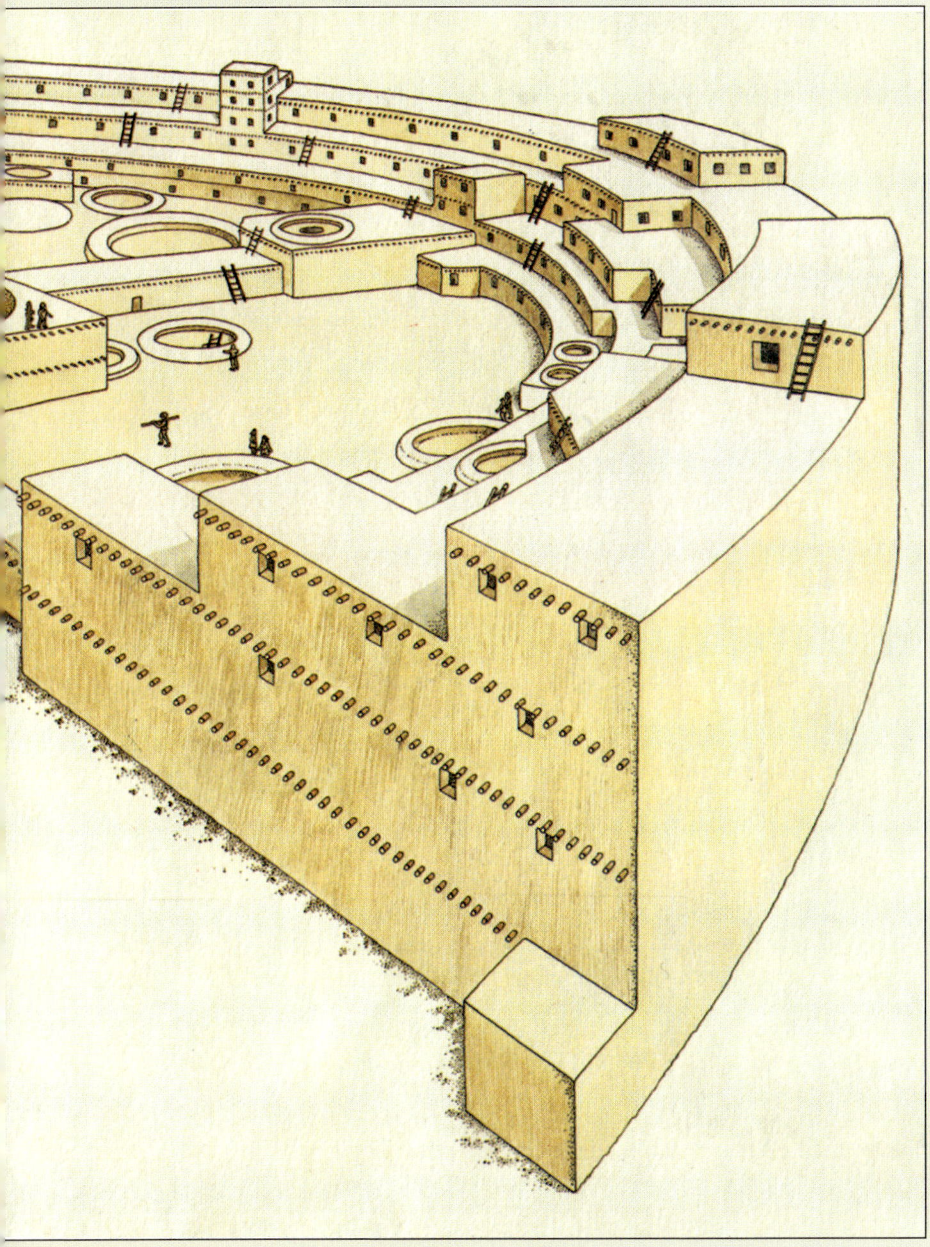

## A CALIFÓRNIA 500-1800 d.C.

A área cultural da Califórnia fica quase inteiramente dentro dos limites do Estado atual. Embora a área cultural não seja particularmente extensa, contém elevadíssimo número de variedades ambientais. Algumas delas se deveram às mudanças de latitude — mais de 10 graus — , o que representa mais de 1.100 km de norte a sul. Outras se deveram às mudanças de altitude, que vão do nível do mar aos 4.400 m. E outras, finalmente, foram resultado da topografia, que em algumas vertentes ocidentais provoca copiosas precipitações, enquanto protege da umidade alguns vales mais interiores. Assim, há bosques repletos de sequóias, carvalhais, semidesertos e extensões de chaparreiros e matagais. As variações ambientais de um lugar para outro produziram uma multidão de microambientes na Califórnia, muitos dos quais com abundantes recursos alimentícios naturais. Essas condições levaram os nativos a não adotar os sistemas mais rudimentares de cultivo, ao mesmo tempo que reforçaram a tendência das comunidades a concentrar-se em territórios pequenos.

Como acontece até hoje, a Califórnia atraiu e hospedou imigrantes de muitos pontos. Ali se deu um número incomumente alto de famílias lingüísticas separadas. Índios de diversas procedências se adaptaram em pequenos grupos a um mosaico ambiental igualmente diferente. O resultado no final da pré-história foi uma série complexa de cerca de 500 pequenas organizações tribais com amplas diferenças na fala, na subsistência, na tecnologia, na religião e na organização social. Mas todas elas continuaram a praticar um gênero de vida essencialmente arcaico até que os colonizadores europeus chegaram à região.

É irônico que o sistema de caça e forrageio prosperasse naquela série abundante de meios ambientes, a ponto de a Califórnia ter tido uma população indígena relativamente densa. É provável que o contraste com as densidades demográficas de outras regiões da América do Norte não tivesse sido tão grande como se acreditou em tempos passados; mas, naturalmente, não foi pequeno.

A complexidade da pré-história californiana ensejou longos debates entre os arqueólogos e também — e é outra alternativa — uma generalização que é incômoda. Razões de espaço nos obrigam a adotar aqui esta última postura.

No começo da era arcaica, por volta de 2000 a.C., os índios da Califórnia começam a abandonar as adaptações demasiado difusas, ao mesmo tempo que se aproximam da exploração dos recursos específicos que abundam em cada lugar. Em um ponto o recurso primordial podem ter sido as bolotas, em outro os mamíferos marinhos, em um terceiro a pesca. Essa especialização se deu paralelamente às práticas de cultivo rudimentar dos índios em outros lugares da América do Norte temperada no final do período arcaico. Por volta de 500 d.C., esse processo particular havia forjado cerca de 500 pequenas tribos especializadas.

Tanto os modelos de produção de alimentos que buscavam deliberadamente o excedente como os modelos de armazenamento, comércio e redistribuição estavam perfeitamente desenvolvidos. Esses mecanismos lhes permitiam amortecer os efeitos das mínguas previsíveis das colheitas e dos esporádicos e imprevisíveis reveses na produção de alimentos. Os excedentes alimentares podiam ser armazenados para o próprio uso ou para o co-

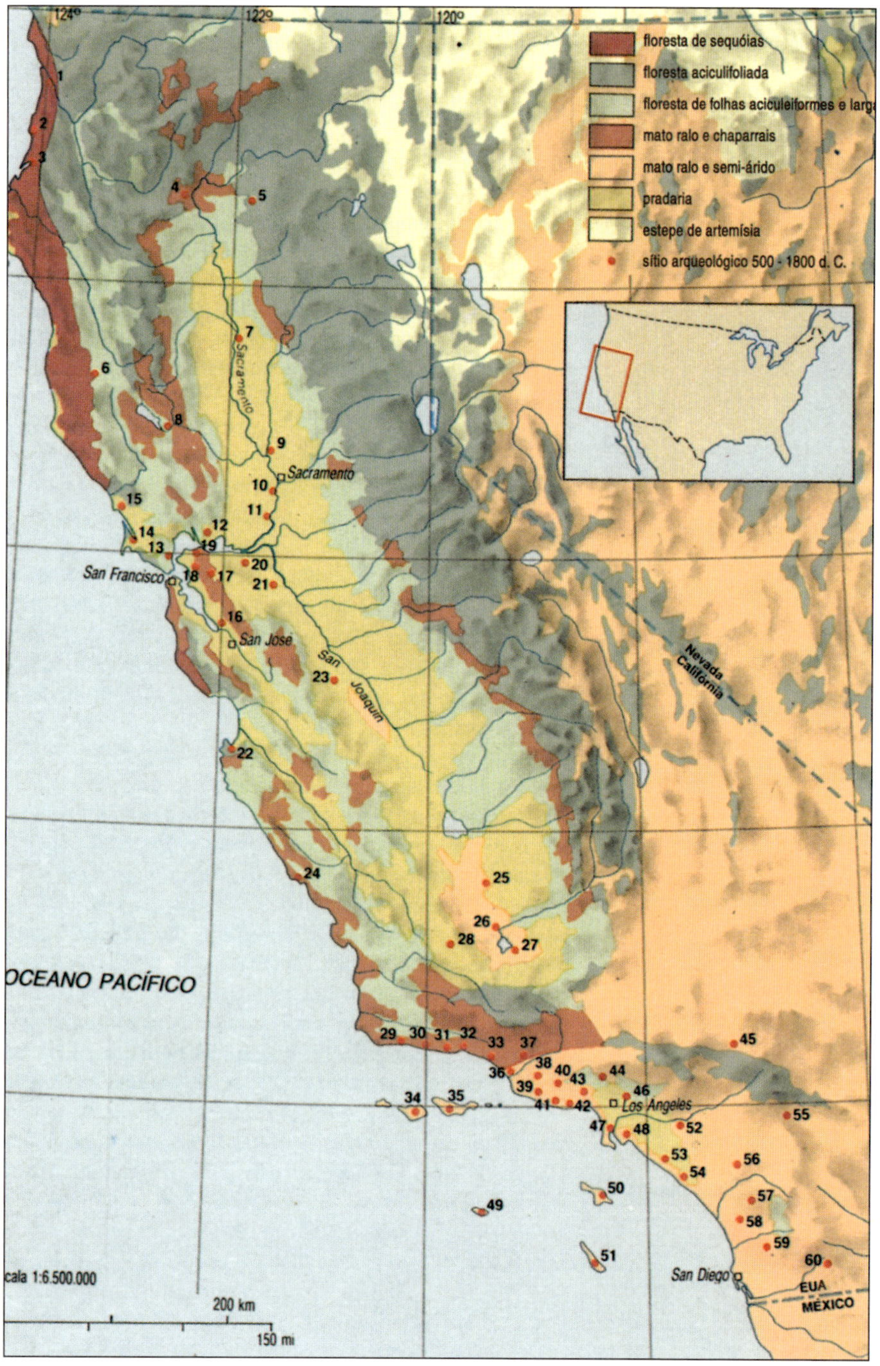


**A Califórnia**
Caracteriza-se pela grande variedade de sua topografia e vegetação, e é de todo temperada pelas correntes do oceano Pacífico, que lhe conferem um clima mediterrâneo. O meio ambiente resultante foi durante milênios um foco de atração para pequenas comunidades humanas chegadas dos pontos mais diversos. E a conseqüência arqueológica foi uma série complexa de sítios pré-históricos.

*1* Lagoa Stone
*2* Tsurai, Ponta de Patrick
*3* Gunther Island
*4* Reserva Whiskeytown, Reserva Trinity
*5* Sítio arqueológico Karlo, Caverna Tommy Tucker
*6* Mendocino 500
*7* Sítio arqueológico Case, Yac. Bambauer, Yac. Fich
*8* Ilha Rattlesnake
*9* Montículo Miller. Mont. Howell's Point, Mont. Sandhill
*10* Montículo Mustang
*11* Montículos Cantrell, Johnson, Bennett, Mosher e Windmiller
*12* Monte Goddard. Vale Wooden, Cappell Valley
*13* Tubarão
*14* Ponta Reis
*15* Baía Bodega
*16* Colinas Coiote
*17* Álamo, Danville
*18* Ellis Landing ,West Berkeley Mont., Emeryville Shellmound
*19* Fernández, sítios Veale
*20* Hotchkiss Mound, Orwood Mound H 2
*21* Montículos Ott
*22* Monterrey
*23* Menjoulet
*24* Enseada San Simeón
*25* Kern
*26* Colinas Elk
*27* Colinas Buena Vista
*28* Potreiro Salisbury
*29* Refúgio Gaviota
*30* Don Pueblos, O capitão
*31* Lodaçal Goleta
*32* Montículo Burton
*33* Punta Rincón
*34* Ilha de Santa Rosa
*35* Ilha de Santa Cruz
*36* Shishilop, Ponta Pitas
*37* Soule Park, Mutah Flat
*38* Coelho Rock Shelter, Ventura 70
*39* Big Sycamore, Little Sycamore e Canyons do Cervo
*40* Century Ranch, Medea Village, Medea Creek
*41* Zuma Creek, Arroyo Sequit, Canyon da Coruja
*42* Canyon Malibu, Enseada do Paraíso, Canyon Corral, Point Dume, Canyon Trancas
*43* Canyon Topanga, Mulholland
*44* Chatswonh, Big Tujunga
*45* As Flores Ranch
*46* Yang-na
*47* Enseada Málaga
*48* Lodaçal Bixby
*49* Ilha de San Nicolás
*50* Ilha de Santa Catalina
*51* Ilha de San Clemente
*52* Santiago Canyon, Black Star Canyon
*53* Newport Bay, Grand Canyon
*54* Ilha de Goff, Cotton Point
*55* Snow Creek
*56* Temecula Creek, Vail Ranch
*57* Pauma
*58* Rancho San Luis Rey
*59* San Vicente
*60* Pine Valley, Dripping Springs

*Acima.* Os índios pomos da Califórnia são famosos por seus cestos, de muito bom gosto. Embora durante séculos no Sudoeste Próximo se tenha produzido uma fina cerâmica, os artesãos da Califórnia nativa preferiram empregar seu talento na feitura de cestos em espiral. Os anéis concêntricos eram cosidos entre si com fibras muito finas que os recobriam, e a superfície exterior era decorada com penas de beija-flores, cavalinhos, codornas e outras aves pequenas. Eram acrescentadas camadas de penas, completando assim o mosaico multicolor.

mércio com os grupos próximos, fazendo frente, assim, à escassez imprevista. A moeda emergiu como um mecanismo que dava maior eficácia ao sistema de intercâmbios. Como o dinheiro moderno, conservava um valor com que se podiam adquirir alimentos ou outros artigos em data posterior.

As equipes locais de produção eram organizadas para recolher bolotas, pescar ou caçar coelhos em grandes quantidades, e o alto grau de diferenciação ambiental tornava possível a redistribuição dos excedentes alimentares entre os grupos vizinhos, mesmo levando em consideração que os meios de transporte eram a canoa e os transportadores humanos. Tais modelos de redistribuição alimentar são impossíveis em regiões em que a ausência de uma diversidade ambiental significativa impede a produção de excedentes de alimentos para sua distribuição em áreas próximas que carecem deles ou os produzem em quantidade insuficiente.

Em outras regiões do mundo em que a extrema diversidade ambiental permitia o surgimento de tais modelos de superprodução e redistribuição, o desenvolvimento implicou freqüentemente um controle político regional. Tal foi o caso no planalto da América do Sul, em que a diversidade ambiental, devida, principalmente, às mudanças de altitude, permitiu uma especialização local na produção de alimentos. E surgiram os caciquismos e as verdadeiras organizações estatais para controlar o comércio e a distribuição, sem que a palavra "império" seja excessiva para designar o estádio final da evolução desse processo. Curiosamente, nada parecido aconteceu na Califórnia. Talvez se tenha de buscar a razão disso na falta de uma horticultura californiana, com a conseguinte ausência de propriedade agrária ou de sistemas de controle da água.

O comando político na Califórnia esteve habitualmente nas mãos de uma pessoa local importante. Tais indivíduos chegavam amiúde à categoria suprema graças à força de sua mesma personalidade. Em muitos casos, organizavam e dirigiam as equipes locais de produção. Freqüentemente, eram indivíduos ricos que conservavam a lealdade de sua comunidade redistribuindo a riqueza numa sociedade baseada no parentesco. Essa redistri-

*Abaixo:* **A costa noroeste**
Na costa noroeste, a diversidade da vegetação regional é menor que a existente ao sul, na área da Califórnia. A região é hermeticamente fechada por altas montanhas, que se erguem justamente a leste da linha costeira. A maior parte dos rios são cursos d'água de montanha relativamente curtos; só dois, o Columbia e o Fraser, penetram nas montanhas para desaguar no planalto interior. Embora a arqueologia tenha desautorizado a idéia de que a costa do Noroeste só foi habitada nos últimos milênios, a verdade é que as viagens por terra continuam a ser difíceis. A topografia favoreceu os deslocamentos em embarcação e estimulou o desenvolvimento de enclaves culturais, lingüisticamente diferentes nas enseadas ao longo da costa. Uma vez estabelecidos, os índios da costa norocidental se moviam entre uma grande variedade de recursos naturais, produzindo uma arte característica que ainda subsiste.

buição se efetuava em forma de subornos, de atos de beneficência ou de patrocínio das festas e celebrações religiosas. O comércio com as comunidades vizinhas era dirigido por tais pessoas, nenhuma das quais parece nunca haver estendido seus poderes políticos para além de sua própria comunidade local. Como e por que as culturas californianas desenvolveram fortes densidades demográficas, provisões estáveis e uma grande riqueza, sem dar lugar a formas de organização política mais complexas, constitui um tema que segue suscitando o interesse dos antropólogos.

A diversidade das 500 culturas individualizadas da Califórnia produziu uma série desconcertante de tipos de artefatos muito específicos. As culturas da costa, por carecerem de sementes e bagas, dependiam dos mexilhões, mariscos e mamíferos marinhos. Em suas povoações se encontraram contas, brincos, anzóis e amuletos de carapaça. As culturas distantes da costa que dependiam das sementes, e especialmente das bolotas em algumas áreas, desenvolveram pilões ou almofarizes e mós. A cerâmica, de que se dispunha no Sudoeste Próximo, foi ignorada em benefício da cestaria, que por sua vez se impôs em tantos estilos quantas culturas locais a produziram. Talvez os mais famosos sejam os finos cestos pomos, com suas decorações de beija-flores, cavalinhos e outros pássaros que adornam sua superfície externa. A população dos canalinhos, caçadores de mamíferos marinhos e antepassados dos históricos chumashs, talhavam tigelas de pedra, talvez para lâmpadas de azeite, e construíam longas canoas de pranchas. Os chumashs também são conhecidos por suas pictografias de grandes dimensões e notável colorido, muitas das quais se conservam ainda nas saliências das rochas da costa meridional da Califórnia. O arco e a flecha entraram na Califórnia antes do período final de sua pré-história, e cada cultura local parece ter dado sua marca a uma série de pontas arrojadiças. Esses são só alguns exemplos que ilustram a complexidade da específica arqueologia local da Califórnia.

## A COSTA DO NOROESTE
## 3000 a.C.-1800 d.C.

Comparada com a Califórnia, a diversidade da vegetação da costa norocidental é pequena. As cordilheiras paralelas à costa geraram um bosque chuvoso e temperado ao longo de toda a faixa costeira que se prolonga do Alasca ao limite setentrional da Califórnia. As correntes oceânicas e algumas massas de ar relativamente quentes mantêm molhada a terra sob uma chuva vaporosa que persiste do outono à primavera, estimulando a produção natural de frutos e a abundância de riachos cheios. Os rios principais, que são o Columbia e o Fraser, atravessam as montanhas vindos de suas fontes no interior e, como os rios menores que brotam nas alturas, abundam em peixes migratórios durante os meses da primavera e do verão. Embora a costa do Noroeste carecesse da complexa variedade ambiental da Califórnia, teve porém quase o mesmo nível de riqueza distribuído de maneira uniforme por toda a área cultural. A conseqüência para as culturas aparecidas aqui em tempos históricos foi um modelo de adaptação bem conhecido pela densidade inesperada de suas povoações, pelos seus ritos elaborados e pela ênfase que davam tanto à riqueza material como ao nível social.

As culturas arcaicas entraram na costa norocidental pelo menos por volta de 7700 a.C. É possível que antes dessa data a região estivesse muito fragmentada pelos gelos glaciais ou por outras condições hostis para atrair as pessoas. Também é possível que as povoações mais antigas tenham desaparecido em conseqüência do nível do oceano no período posterior ao Plistoceno.

Depois do 3000 a.C., todas as áreas da costa do Noroeste começam a participar de um desenvolvimento geral para modelos culturais aparecidos no final da pré-história. A exploração dos moluscos marinhos conduziu a uma acumulação gradual de grandes sítios de conchas. Instrumentos de osso e ardósia, típicos da costa norocidental, começam a aparecer por volta de 3500 a.C. em povoações próximas a Prince Rupert. Na era cristã se haviam generalizado os adornos de pedra para os lábios, as maças também de pedra e as pontas de ardósia. Estas últimas foram substituídas depois por instrumentos complexos que faziam uso mais abundante do osso e da concha.

Os modelos de subsistência dos últimos 2.000 anos insistiram na exploração das migrações de peixes, na caça de mamíferos marinhos e na coleta de mariscos, bem como nas atividades mais tradicionais da pesca, da criação de aves de cercado e da caça de mamíferos terrestres. Os modelos de forrageio intensivo permitiram o

*Esquerda.* Os postes totêmicos da costa são talhados com uma extensa gama de motivos. Alguns tinham caráter heráldico, e descreviam numa mistura colorida de mito e história as origens da família ou do clã a que pertenciam. Alguns refletem acontecimentos históricos importantes. Outros eram postes funerários, erigidos para recordar a morte. Há os que não passam de simples colunas da casa, convertidos depois em obras de arte por arquitetos que não se contentavam com a mera utilidade. E havia os postes potlatchs, erigidos para comemorar as "excentricidades" ou gestos de generosidade transbordante e chamativa, pelos quais se tornou famosa a costa do Noroeste. Alguns poucos tinham objetivos mais concretos, como o de ridicularizar e humilhar algum sem-vergonha.

surgimento de grandes povoações quase estáveis. Os cedros gigantescos da região proporcionavam troncos retos e fibrosos, que os índios aprenderam a cortar em pranchas servindo-se unicamente de cunhas e calços. As pranchas se transformaram, por sua vez, no primeiro material de construção para as casas da costa noroccidental. Também se desenvolveram as embarcações mediante o oco de troncos, e no final da pré-história os artesãos locais construíam grandes barcos de guerra com troncos ocados.

Por volta de 500 d.C., a importância da riqueza e a estratificação social estavam bem estabelecidas na costa do Noroeste. As riquezas naturais do meio ambiente produziam grandes excedentes de alimentos; mas o meio ambiente era tão uniforme e tão ampla a gama de alimentos de que dispunham quase todas as comunidades locais, que o comércio e a redistribuição dos bens de subsistência nunca alcançaram grande desenvolvimento nas diferentes comunidades. A exceção foi talvez a tendência ao intercâmbio de produtos entre as populações aparentadas rio acima e abaixo dos distintos sistemas fluviais; mas nem sequer entre elas teve a troca a suficiente importância para ensejar o estabelecimento de sistemas políticos de nível superior.

A riqueza natural conduziu, não obstante, à produção de excedentes alimentares e de bens manufaturados. Empregou-se o pêlo de cabra-montês para tecer as mantas de fantasia chilkat. Carapaças, cobre e ossos foram empregados para adorno de cachimbos, colheres e outros artefatos ou para fazer refinados instrumentos rituais. Curiosamente, foi-se abandonando pouco a pouco o trabalho em ardósia e outros tipos de pedra. No final da pré-história, começou a aparecer o ferro em refugos vindos do Pacífico ocidental. Os instrumentos cortantes que podiam ser fabricados com ferro estimularam o desenvolvimento da talha decorativa da madeira, pela qual se podem conhecer melhor as culturas da costa noroccidental. Seus postes totêmicos finamente decorados, suas caixas gravadas, as colunas das casas, pranchas, embarcações e máscaras parecem ser antes um desenvolvimento posterior, em substituição talvez ao declinante interesse pela talha da pedra.

Aos objetos talhados em madeira se somaram os produtos de cobre, de cestaria e têxteis como expoentes de riqueza e categoria social. Eles se transformaram em símbolo e moeda ao mesmo tempo do nível e da mobilidade social. O produto último e definitivo foi a cerimônia potlatch, que consistia numa oferenda extravagante de presentes ou até na destruição intencionada dos excedentes acumulados com a finalidade de manter o nível social. Pilhas de mantas prontas para a venda, cântaros de óleo refinado para iluminar, lâminas de cobre e até escravos humanos foram às vezes destruídos ritualmente, quando sua doação não era considerada uma demonstração bastante efetiva.

Muitas das povoações que conhecemos na costa noroccidental são tardias. Isto ocorre sobretudo na zona meridional da região. A povoação de Ozette, na península Olympic, é particularmente espetacular; também impressionam as povoações próximas ao rio Hoko. Apesar de muitas povoações conhecidas serem tardias, a mescla de famílias lingüísticas aparentemente não-relacionadas na costa noroccidental sugere longas tradições com um desenvolvimento separado. A lingüística e a arqueologia irão esclarecer gradualmente suas circunstancias particulares; mas atualmente existe um amplo hiato entre seqüências arqueológicas incompletas e as distâncias profundas que comportam os contrastes lingüísticos.

# QUARTA PARTE

# MESOAMÉRICA

**Clima e vegetação da Mesoamérica**
A topografia mesoamericana apresenta uma grande variedade. O contraste fundamental é constituído pelas terras altas e baixas. O altiplano do México central é formado pela Serra Madre Ocidental e a Serra Madre Oriental que emolduram uma elevada estepe desértica, relativamente seca no norte onde a agricultura era difícil; e pela Cordilheira Vulcânica, direção leste-oeste, em que densas povoações habitaram as bacias altas e os vales fluviais nos últimos tempos anteriores à conquista. As terras baixas são constituídas por uma vasta planície costeira, que se estende desde o norte da costa do golfo do México até o istmo de Tehuantepec, expandindo-se depois para formar a península de Yucatán. Uma faixa mais estreita de terras baixas se prolonga por toda a costa do Pacífico. Como a Mesoamérica fica quase totalmente dentro dos trópicos (veja acima a temperatura média anual), as estações secas e úmidas apresentam um forte contraste. A estação da seca vai desde novembro até final de maio, quando chegam as chuvas (abaixo à esquerda, as precipitações no mês de março). A meados do verão, diminui a umidade, porém, em setembro e outubro as precipitações atingem seu nível mais alto (abaixo à direita, as precipitações de setembro).

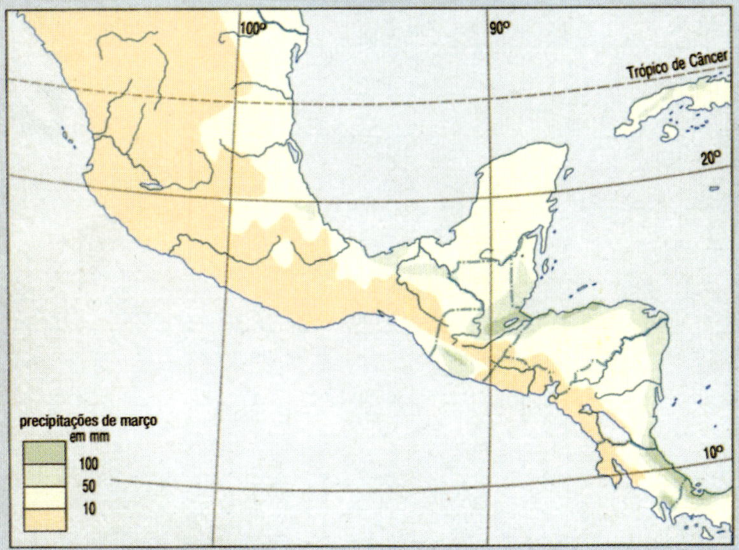


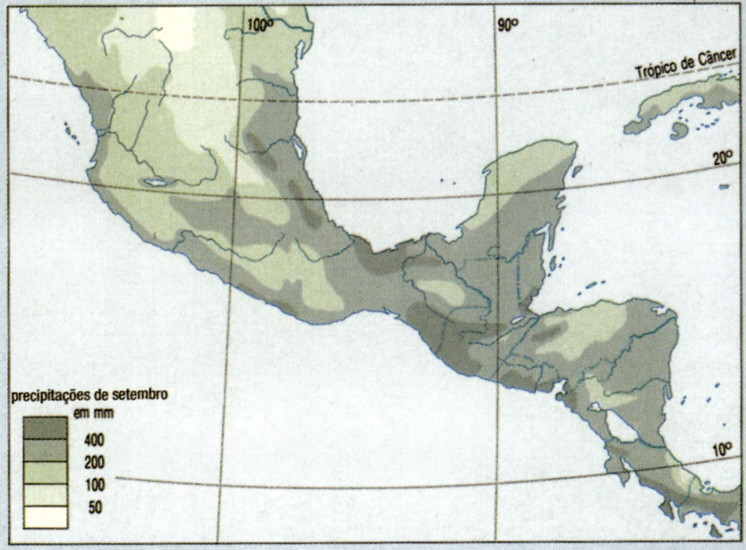

# AS CULTURAS E O MARCO NATURAL

Uma das áreas mais povoadas da Mesoamérica antes da sua conquista foi a região dos vales fluviais e das bacias internas e adjacentes à Cordilheira Vulcânica, massa montanhosa que cruza o México Central. Solos vulcânicos férteis e precipitações estacionais seguras fizeram possível uma agricultura próspera, sobre a qual se assentou o estado de Teotihuacán e o império dos astecas. Xochicalco (abaixo) fica ao sul da cordilheira, que aparece ao fundo. Floresceu no século VIII, quando sua vizinha do norte, Teotihuacán, começou a declinar. Sob os maias pode ter existido um centro de poder, ligando os principais territórios maias com o México central.

"Mesoamérica" é o termo proposto pelo antropólogo Paul Kirchhoff para descrever a parte do México e da limítrofe América Central que já estava civilizada na época da sua conquista pelos espanhóis. O que queremos dizer com "civilizada"?

Pretendemos indicar um nível de complexidade sociopolítica que comporta um certo grau de urbanismo — os mesoamericanos viviam em cidades e grandes povoados, ainda que ali houvesse sempre uma vasta população rural — e uma arte e arquitetura públicas de dimensões impressionantes.

Kirchhoff delineou uma lista de traços culturais, a totalidade dos quais caracterizou, segundo ele, a zona da Mesoamérica, em contraste com outras extensas áreas culturais do Novo Mundo, como o Grande Sudoeste, a área intermediária e a área andina. Entre estes traços incluíam-se pirâmides e templos, a difusão dos sacrifícios humanos, os rituais de penitência até o derramamento de sangue, um complicadíssimo calendário sagrado baseado na combinação de um ciclo de 260 dias com aproximadamente um ano de 365 dias, a escrita hieroglífica (exclusiva da Mesoamérica), um complexo panteão, um jogo com bolas de borracha praticado num recinto especial e grandes mercados perfeitamente organizados.

Como em outros pontos do hemisfério, esses traços de refinada cultura foram mantidos com base numa agricultura notavelmente desenvolvida e de considerável antiguidade: os mesoamericanos cultivaram milho, feijões, frutas para suco, pimentas e outras variedades de plantas durante seis milênios antes da chegada dos espanhóis. Os cultivos adotaram diversas formas de acordo com os diferentes entornos da Mesoamérica; porém um dos mais desenvolvidos (e que Kirchhoff menciona) é o da agricultura em chinampas, que antes acreditava-se ser exclusiva dos astecas, mas que agora sabemos foi difundida entre os aborígines latino-americanos, incluindo a área maia.

Existem muitas diferenças no caráter geral e nos detalhes entre culturas amplamente separadas no tempo e no espaço, como a asteca e a maia clássica; porém, a cada dia aumentam as provas de uma similaridade básica que todas as civilizações centro-americanas compartilham.

A posse comum de um almanaque sagrado de 260 dias, com seus 20 sinais diários e 13 coeficientes, seria

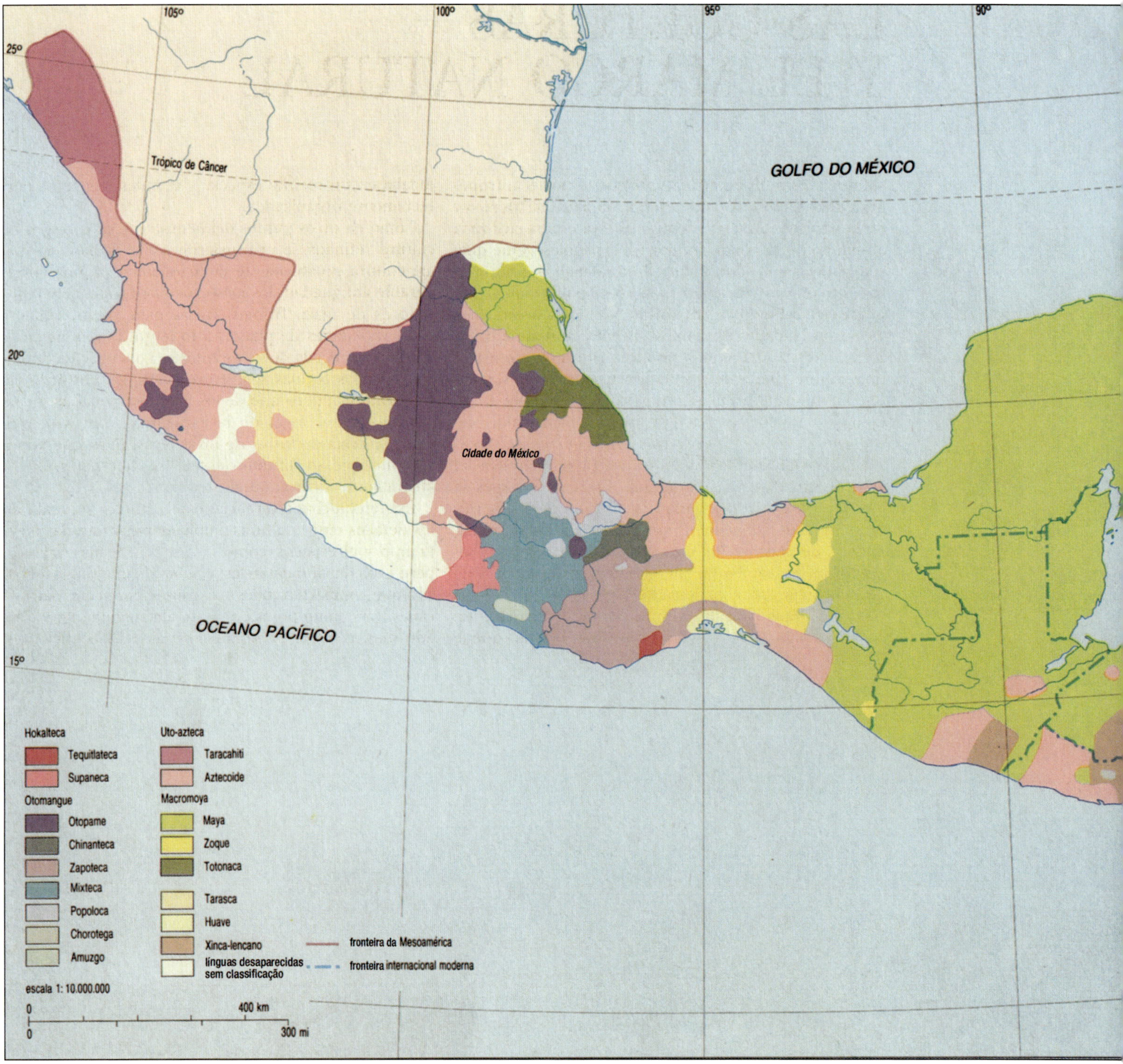


uma prova das influências recíprocas entre essas culturas durante um longo tempo, bem como a demonstração de certo grau de unidade genética.

São muitos, por exemplo, os dados que demonstram a presença de povoações no centro do México, como os teotihuacanos e os toltecas nas terras baixas maias, enquanto estudiosos atuais provaram uma forte presença maia em muitas zonas das terras altas do México central. Há relevos com representações de delegações de teotihuacanos em Monte Albán, Oaxaca, enquanto que na grande cidade de Teotihuacán houve um bairro de mercadores de Oaxaca.

Entre os mesoamericanistas atuais existe um acordo geral de que pelo menos uma parte dessa unidade fundamental é devida a uma origem cultural comum à primeira grande cultura da Mesoamérica: os olmecas, que floresceram por volta de 1200 a 400 a.C. e que foram originários da costa do Golfo, ao sul de Veracruz e Tabasco. Os olmecas foram os primeiros que construíram grandes pirâmides-templos, esculpiram e transportaram monumentos de pedra em grande escala e que desenvolveram uma religião e arte que giravam em torno de um complexo de deidades. Foram eles a grande força civilizadora e desempenharam na Mesoamérica um papel similar ao dos sumérios na Mesopotâmia e ao dos chineses no Oriente asiático. Onde quer que eles ou a sua influência (ou herança) chegaram, surgiu um importante núcleo na Mesoamérica.

**O marco natural**

Ainda que a Mesoamérica fique totalmente dentro dos trópicos, abrange uma enorme variedade ambiental. As diferenças na topografia e no clima, desde as planícies e terras baixas bem irrigadas e povoadas das selvas, até os cumes montanhosos cobertos de gelo e com altitudes superiores a 5.000 metros, deram origem a uma grande di-

**Línguas indígenas da Mesoamérica**

Mais de 200 foram as línguas antigamente faladas no México e na América Central. As análises lingüísticas agruparam a maioria delas em 22 famílias, 19 das quais podem ter formado quatro grandes troncos (phyla) ou grupos de famílias lingüísticas relacionadas por uma origem comum.

Há três famílias que parecem não ter relação com as outras: o tarasco (a língua de um poderoso reino ao oeste do México); o huave, na costa meridional do istmo de Tehuantepec e a xinca-lencano da Guatemala e Honduras.

A família de maior extensão na Mesoamérica foi a aztecoidiana, conhecida desde o norte do México até a Costa Rica. Sua língua mais importante foi a nahuatl, verdadeira língua franca do Império asteca; o nahuatl mais estreitamente aparentado era falado pelas pessoas de Veracruz e pelos pipils da Guatemala e Honduras.

A família lingüística mais coerente foi a maia, distribuída quase sem interrupções, sendo a huasteca a única exceção além da costa do golfo do México, sem que se saiba o por quê da sua separação do resto das línguas maias.

*Direita.* Templo do Jaguar no Tikal (veja página 116). A civilização maia da península do Yucatán floresceu em meio a uma selva chuvosa e tropical.

versidade regional de tipos de cultivo e das épocas das colheitas, bem como dos produtos naturais disponíveis para o consumo local e o comércio. O resultado foi que a Mesoamérica anterior à conquista viveu uma enorme simbiose econômica entre suas regiões e o precoce desenvolvimento de mercados e de redes comerciais. No vale de Tehuacán, Puebla, há, inclusive, indícios de que essa simbiose e interdependência remontam à era pré-cerâmica.

Existe um contraste fundamental no meio ambiente da Mesoamérica: as terras altas e as baixas. Os altiplanos mexicanos estão configurados pela Serra Madre Ocidental e a Serra Madre Oriental descendo até o norte; entre elas há um extenso altiplano, basicamente desértico. O deserto interior ou pradaria seca abriga plantas como o mesquite, a árvore de Josué e diferentes tipos de cáctus e agaves. Ali a agricultura era difícil, se não impossível, de maneira que os habitantes do deserto, a quem os astecas conheciam como chichimecas, eram bárbaros, caçadores e coletores nômades. Viviam no norte da fronteira setentrional da Mesoamérica.

A Serra Madre Ocidental é relativamente bem irrigada, motivo pelo qual permitia que a área de cultivo centro-americana se estendesse até muito ao norte. Por esse corredor a influência mesoamericana, e quiçá também o comércio, chegaram até os assentamentos do sudoeste, como o de Casas Grandes, em Chihuahua.

As duas Serras Madre, numa cordilheira vulcânica com direção leste-oeste, com dezenas de vulcões, uns apagados e adormecidos, outros ativos. Essas altitudes imponentes, originariamente cobertas de bosques de pinheiros e carvalhos (e de flora alpina nos cumes mais elevados), constituem o traço predominante do México central. Embora haja alguns vales fluviais extensos, como o do Lerma, para a evolução das culturas antigas foram muito mais importantes as bacias interiores, que podem ser encontradas nessa paisagem de terras altas. A mais impressionante é formada pelo vale do México, com quase 8.000 km$^2$, que há tempos abrigou um grande lago — o lago da Lua — agora quase esquecido pela drenagem que se seguiu à conquista e pelas gigantescas dimensões da moderna cidade do México. O povo que morava na bacia muitas vezes dominou a cultura e a política centro-americanas, desde o primitivo Estado de Teotihuacán clássico até o poderoso Império Asteca.

Outras bacias ao oeste também foram de grande relevância, especialmente a que rodeia o lago de Pátzcuaro, sede do Estado tarasco e pátria da sua cultura.

Conforme se avança da cordilheira vulcânica para o sudoeste, entra-se em terras altas mais antigas, muito fragmentadas e que formam numerosos vales muito isolados. Isso ocorre principalmente no vale de Oaxaca, no sudoeste do México, onde anteriormente à conquista espanhola, desenvolveu-se uma grande variedade de culturas e línguas. O vale de Oaxaca constitui, na realidade, o ponto de união de três vales fluviais, e que foram o lar da civilização zapoteca do Monte Albán.

O istmo de Tehuantepec é uma espécie de estreitamento na cintura da Mesoamérica. Com uma altitude média em torno de 250m acima do nível do mar, proporciona uma rota conveniente entre as terras baixas que margeiam o golfo do México e as que olham para o golfo de Tehuantepec. E representa também o traço de união entre a área maia e o resto da Mesoamérica ocidental.

As ásperas terras altas de Chiapas e da Guatemala são parte de origem metamórfica e parte de origem vulcânica. Justa fama adquiriu o grande número de vulcões do sul da Guatemala, com uma beleza de cartão-postal. Por causa da riqueza dos solos vulcânicos e da fertilidade das bacias e vales das terras altas maias, a densidade populacional foi e ainda é muito alta nesse local. Em vez dos cultivos variáveis, praticados por muitos maias nas terras baixas do norte, os cultivos das terras altas tendem a fixar-se em períodos de pousio muito curtos, de maneira que a produção agrícola é alta.

Desde a fronteira do Texas pelo sul e sudoeste até o istmo de Tehuantepec, e depois pelo oeste até a base da península de Yucatán, se estende por uma planície costeira quase ininterrupta em torno do golfo do México.

Muitos dos maiores rios (ainda que não os mais extensos) do México correm através dessa planície; os solos são ricos e de origem aluvial. Algumas das principais civilizações pré-hispânicas encontravam-se ao sul do rio Pánuco, e muito especialmente a antiga cultura olmeca na parte setentrional do istmo de Tehuantepec.

No golfo do México está "o pequeno polegar verde" — como alguém a chamou — da península de Yucatán, uma vasta faixa de pedra calcária que foi gradualmente emergindo do mar durante milhões de anos. Mais montanhosa e úmida no sul (como no Petén da Guatemala setentrional) e mais plana e seca no norte, esta foi a grande terra baixa na qual surgiu e decaiu a civilização maia da era clássica. A topografia de Yucatán é do tipo cárstico e calcário, de maneira que enquanto os rios e correntes de água são escassos (os sistemas fluviais de Usumacinta e Belize são exceções), abundam as cavernas e depressões nas quais pode se obter água. As mais conhecidas são as profundas cavernas circulares, chamadas "cenotes", do norte de Yucatán, que os maias utilizaram durante muito tempo como fontes de água potável e que, ocasionalmente, foram o destino final das vítimas sacrificadas ao deus da chuva.

Como a Mesoamérica fica ao sul do trópico de Câncer, o regime das precipitações anuais é do tipo tropical, e os usos agrícolas tiveram que ser adequados a esse dado. Há uma estação muito seca (embora menos que no território olmeca), que se prolonga desde finais de novembro até finais de maio. Durante esse período raras vezes chove nas terras baixas e quase nunca nas altas.

As chuvas chegam no fim de maio ou nos primeiros dias de junho, e nas terras baixas os camponeses já tiveram que preparar seus campos com o corte do bosque e a queimada do mato e plantaram suas sementes (a não ser que tenham optado pelos métodos da chinampa, em cujo caso os cultivos podem ser tema de um ano). No fim de julho ou começo de agosto há uma diminuição das precipitações — quando termina o espetáculo dos trovões ao entardecer — para retomar com grande intensidade e alcançar quantidades notáveis em setembro, outubro e princípios de novembro.

Algumas das diferenças ambientais da Mesoamérica obedecem às diferenças nas precipitações, e isso teve a ver, sem dúvida, com o fato de que certas regiões foram o berço de civilizações prematuras e influentes, enquanto que a importância de outras foi marginal. A área olmeca do sul de Veracruz e as terras baixas meridionais maias recebem uma alta porcentagem anual de chuva, especialmente em setembro e essas regiões foram foco de uma precoce atividade cultural.

Guerrero (um estado do sul do México) é muito seco e somente pode ter interessado a povoações como a olmeca, quando se tornou viável uma agricultura de irrigação e as técnicas para incrementar as colheitas foram conhecidas.

Do ponto de vista cultural, sua importância interna sempre foi marginal.

# ERAS CULTURAIS

**O Vale de Tehuacán**
A melhor prova a favor do começo da agricultura mesoamericana e de sua transição da caça e da forragem para as aldeias sedentárias é proporcionada pelo vale de Tehuacán. É extremamente seco, o que permitiu a conservação perfeita de restos de plantas antigas em cavernas e refúgios rupestres. Por volta do ano 5000 a.C. aparece uma forma primitiva de milho doméstico, ainda que outras plantas já fossem cultivadas. Se bem o vale de Tehuacán é, em linhas gerais, um deserto, este se divide em uma série de subáreas ecológicas, cada uma das quais era explorada nas diferentes estações do ano. Durante o período arcaico, quando o vale esteve habitado somente por grupos e clãs mais ou menos numerosos, estes puderam se mover através de seus pequenos entornos com migrações de ajuste estacional. A plantação das primitivas colheitas domésticas provavelmente foi realizada nos barrancos úmidos dos rios, já que em outros pontos a agricultura era, em grande parte, impossível antes que o sistema de irrigação fosse adaptado no período formativo.

O final do Pleistoceno na Mesoamérica alterou drasticamente as condições de seus habitantes, pelo menos nas terras altas do centro e do sul do México. Quando os gelos retrocederam nas latitudes mais altas da América do Norte, as temperaturas alcançaram os índices atuais e até mais altos. Boa parte do que hoje é a república do México tornou-se mais seca, e apareceram desertos onde antes havia prados exuberantes. Naturalmente não sabemos o que de fato significaram tais mudanças nas terras baixas úmidas. Mas, em grande parte da Mesoamérica desapareceram as grandes manadas de animais de pasto, como mamutes, mastodontes, cavalos e bisões gigantes, ficando a fauna menor de cervos, coelhos e lebres como a presa exclusiva para os grupos de caçadores.

É conveniente lembrar que aqueles antigos mesoamericanos dependiam, quase com certeza, mais da sua habilidade como coletores de frutos do que da sua destreza de caçadores. A paisagem mesoamericana sempre foi pródiga, tanto nas terras altas quanto nas baixas, em alimentos silvestres, que tiveram que ser explorados a fundo. A colheita de frutos maiores, grãos mais abundantes, plantações de raízes mais profundas, e as maiores trocas em geral, conduziram insensivelmente a uma maior seleção das plantas que podiam ser objeto de cultivo doméstico.

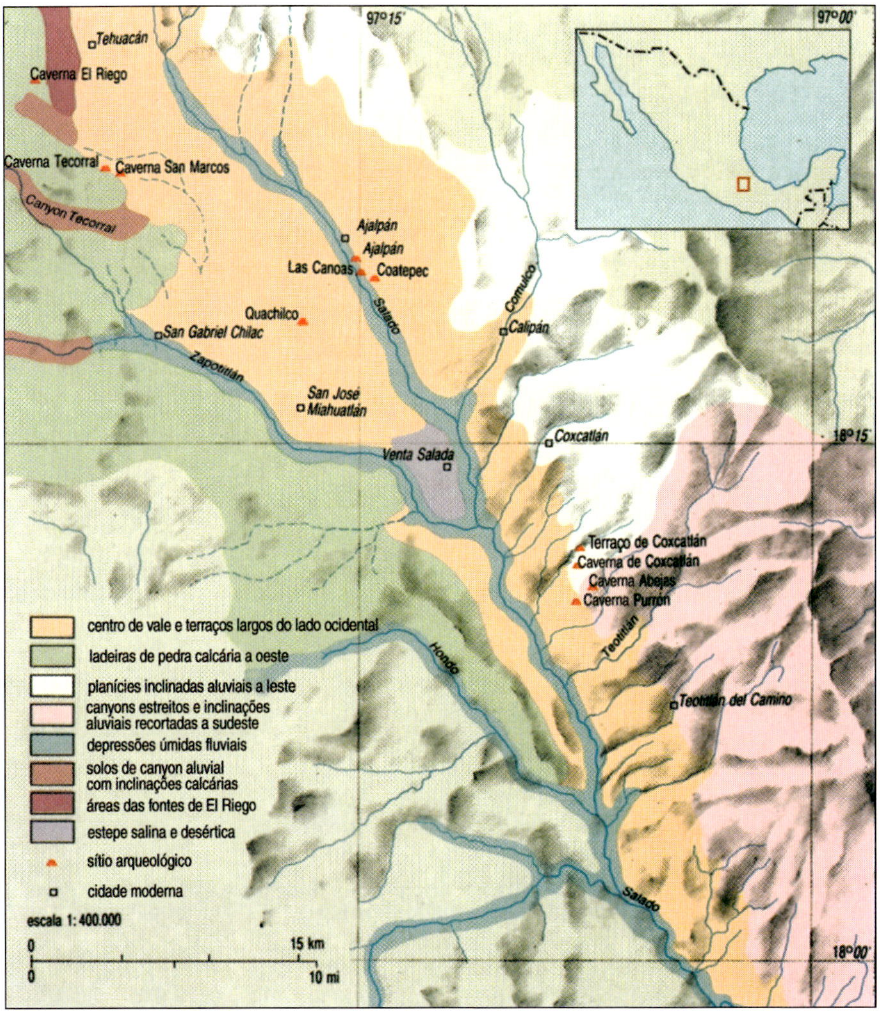


Cabe indagar qual é a diferença entre uma espécie doméstica e uma silvestre. O grande botânico russo N. I. Vavilov definiu a domesticação das plantas como uma evolução dirigida pela mão do homem. As espécies mais produtivas de grão, das que na verdade depende a existência do nosso planeta, estão por completo nas mãos da humanidade, no sentido de que agora não podem dispersar suas sementes sem a intervenção humana. O milho ou trigo índio é um caso digno de registro: a espiga de milho e seus grãos estão completamente fechados dentro da espiga madura com a sua casquinha, que primeiro tem que romper para que os grãos possam ser os progenitores viáveis de uma nova geração. A mandioca ou aipim é outro exemplo: nas baixas altitudes em que habitualmente cresce, não produz sementes, mas se propaga por estacas.

O novo estágio no qual entraram as populações mesoamericanas, aproximadamente depois de 7000 a.C., é conhecida como agricultura arcaica ou incipiente. E prolongou-se até o início do período formativo, depois de 2000 a.C., quando a vida sedentária se tornou norma e povoados foram estabelecidos por toda a área.

Enquanto as provas arqueológicas mais sérias sobre este estágio procedem das terras altas, há que se ter sempre presente que a preservação de materiais orgânicos é muito escassa nas terras baixas tropicais, e que algumas das interações mais significativas entre homem e vegetação poderiam ter ocorrido ali, mesmo sem deixar rastro algum.

**A seqüência de Tehuacán**

A pesquisa das origens da agricultura na Mesoamérica é obra, principalmente, de um homem: Richard S. MacNeish. Seu primeiro trabalho em cavernas e abrigos rochosos de Tamaulipas, México, foi desenvolvido além da fronteira setentrional da Mesoamérica, porém serviu para demonstrar que nos séculos entre o fim da Idade do Gelo e princípios do período formativo, pequenos grupos de índios começaram a forçar a evolução de importantes plantas alimentícias, como milho, feijão, abóbora e pimenta. Foi demonstrado que a primeira planta domesticada foi a abóbora- cabaça, não como alimento, mas como recipiente e, sem dúvida, como elemento flutuante para a pesca.

As origens do milho (*Zea mays*) seguem sendo objeto de discussão. Em outra época, arqueólogos e botânicos pensavam que, graças à seleção humana, tinha surgido de outra planta estreitamente relacionada, o teosinte, que cresce silvestre como uma erva daninha nos milharais do sul e do oeste do México e na Guatemala.

Mas uma escola posterior de botânicos, comandada por Paul C. Mangelsdorf, decidiu que o teosinte não era o pai do milho, mas um rebento, o resultado de uma hibridação entre um primitivo milho doméstico e outra planta pertencente ao gênero Tripsacum; que o progenitor do milho poderia ter sido um milho silvestre agora desaparecido, e que teria tido a capacidade de dispersar suas sementes sem a intervenção do homem.

Na tentativa de encontrar novas provas sobre este problema e de lançar uma nova luz sobre essa era anteriormente desconhecida da pré-história mesoamericana — agora chamada de estágio arcaico —, MacNeish começou a explorar o vale de Tehuacán, em Puebla, uma região árida com cavernas e refúgios rochosos com ossos secos, e nas quais poderiam ter sobrevivido restos de alimentos perecíveis. Ficou estabelecida uma longa seqüência de ocupações estratificadas de tais cavernas, e elaborada uma ecologia humana daqueles grupos primitivos. Durante a fase de El Riego (por volta de 7000-5000 a.C.), acampamentos e cavernas estiveram ocupados por microgrupos nômades, que se movimentavam estacionalmente através de uma série de pequenos enclaves (de maneira muito similar ao que fez a população norte-americana da cultura do Deserto), recolhendo sementes e outras plantas alimentícias conforme estas amadureciam. Eram plantas de abacate, pimentas, amaranto em grão, nozes e algodão.

Por volta de 5000 a.C., durante a subseqüente fase Coxcatlán, aparece um milho doméstico — um tipo extremamente primitivo e talvez improdutivo — na seqüência de Tehuacán. Ignoramos onde foi realizada a domesticação inicial: se no sul do México ou na América Central. Junto com as espigas do milho doméstico, foram encontradas outras pequeninas amostras do que em principio pensou-se ser milho silvestre e que seria o tão procurado antepassado da gramínea.

Porém, alguns botânicos, como Walton Galinat, acreditam que se trata do teosinte: o que está de acordo com a opinião dos botânicos mais recentes; esse milho surgiu como uma mutação monstruosa do teosinte e tais mutações foram selecionadas pelos índios centro-americanos. Não é necessário dizer que o pó dessa controvérsia ainda não assentou.

A dependência cada vez maior dos cultivos domésticos teve conseqüências bem definidas. Começaram a ser construídas moendas fixas (ou metates) e pedras manuais para processar tais alimentos, especialmente o milho, com o que foi diminuindo a dependência da caça. Na fase de Abejas (por volta de 3400-2300 a.C.) foram fabricados pratos muito finos de pedra e jarras sem pescoço, que, por suas formas, eram o prenúncio da cerâmica que logo ia ser manufaturada. A crescente habilidade para colher e armazenar frutos domésticos permitiu à população uma forma de vida mais sedentária, e no fundo do vale foi descoberto um povoado, Abejas, com casas circulares escavadas no solo. O nomadismo foi suplantado gradualmente pela vida sedentária. A verdadeira marca desse tipo de vida é a cerâmica, muito frágil para ser transportada de um acampamento para outro durante o ano. E a primeira cerâmica aparece na fase de Purrón (por volta de 2300-1500 a.C.), escassamente conhecida, que representa a última ocupação arcaica da área de Tehuacán.

**O período arcaico em outros locais**

Posto que a seqüência arcaica de Tehuacán está documentada, e muito bem documentada, existe a tendência de acreditar que o referido vale foi, de fato, o local onde primeiro foram domesticados o milho e outros cultivos mesoamericanos. Porém, é possível que fossem domesticados em épocas e lugares diferentes: o milho, por exemplo, poderia ter sido "domado" pelo homem em algum outro lugar do México central até o Panamá. E há também que recordar que o papel das terras baixas neste processo não está perfeitamente documentado pelos escassos restos de plantas que restaram nos sítios arqueológicos.

Kent Flannery e seus colegas da Universidade de Michigan descobriram em Oaxaca cavernas e assentamentos ao ar livre pertencentes ao período arcaico. Encontraram restos de abóboras-cabaça e pepinos junto com o pólen do que parece ter sido teosinte (este último associado a níveis datados por volta de 7400- 6700 a.C.).

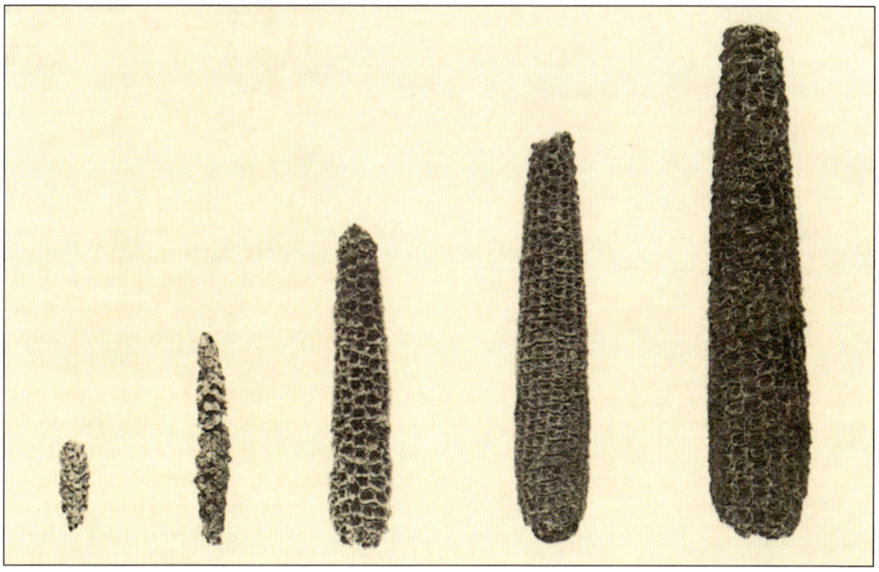

É possível que nas terras baixas da costa, e especialmente na faixa que margeia o golfo do México, a mandioca ou aipim desempenhasse um papel equivalente ao do milho nas terras altas. É significativo que no assentamento do povoado pré-cerâmico de Santa Luisa, no norte de Veracruz, o arqueólogo Jeffrey Wilkerson não encontrasse nem "metates" nem as "mãos", se bem que a preparação da mandioca não exija tais instrumentos. Recentemente, Richard MacNeish encontrou em Belize uma maior ocupação da parte setentrional desse território durante o período intermediário entre os paleoíndios e os primeiros povoadores do período formativo.

E, ainda que não existam restos de plantas nesses assentamentos arcaicos de Belize, foi encontrado um número cada vez maior de instrumentos de moenda, utilizados na preparação de alimentos vegetais, à medida que se avança na seqüência da estratificação arqueológica.

Certamente aqueles mesoamericanos que viviam na faixa litorânea das costas do Atlântico e do Pacífico deveriam estar sujeitos a uma grande dependência da pesca, dos mariscos e de outros recursos dos oceanos e dos estuários.

Restos de espigas, vagens e capim-do-campo, conservados na caverna de San Marcos, no vale de Tehuacán, permitem a reconstrução do milho silvestre. As espigas conservavam os grãos até seu amadurecimento, quando eram liberados.

*Esquerda.* Estão representados cinco mil anos da evolução do milho, que vai desde a minúscula espiga silvestre até um exemplar moderno, por volta de 1500 d.C. O milho moderno é muito maior e mais produtivo que as espécies silvestres, por outro lado, as propriedades botânicas quase não mudaram.

*Centro esquerda.* Organ Pipe Cactus e chaparros espinhosos vistos da caverna de Coxcatlán. A datação de restos orgânicos mediante radiocarbono demonstrou uma ocupação de mais de 10.000 anos em 28 níveis dos estratos escavados.

*Abaixo.* **Os períodos arcaico e formativo**
Qualquer tentativa para relacionar os modelos de assentamento primitivo com as condições ambientais favoráveis está exposta ao perigo que representa a natureza variável dos descobrimentos arqueológicos. Apesar do que, as provas de cultivo encontradas nos assentamentos de Tamaulipas e Tehuacán demonstram a capacidade de adaptação dos primitivos povos mesoamericanos, quando por volta de 7000 a.C. começou a predominar um clima árido. A vida do povoado permanente, baseada nos cultivos que mais tarde emergiram no formativo, tendeu a florescer nas zonas mais úmidas, como as costas do Pacífico e do golfo, as terras baixas maias e os vales férteis do altiplano de Oaxaca e México.

**O período arcaico: precursores do formativo**

O desenvolvimento da agricultura representou uma grande mudança na vida dos índios do Novo Mundo antes da conquista [?]. Essa mudança tornou possíveis, primeiro os povoados, depois as concentrações maiores e, finalmente, as cidades e a civilização. Na Mesoamérica, este processo semelhante de domesticação e sedentarização foi realizado durante o período arcaico. A seleção continuada de variedades de milho, feijões, frutas para suco, pepinos e outras plantas, significa uma melhoria constante na produtividade e povoamentos em permanente expansão. Às vésperas do período formativo, por volta de 2000 a.C., já estavam estabelecidas todas as técnicas e condições de vida desse período, com seus artigos e sua enorme variedade de instrumentos de pedra para a preparação dos alimentos: a olaria, algumas figurinhas de barro, a cordoaria, a cestaria, o tratamento especial dos defuntos e os povoados ao ar livre. Os traços mais elaborados, como a fixação de estilos artísticos, religiões mais complexas, os templos e as pirâmides-templos chegariam depois.

## OS POVOADOS DO PERÍODO FORMATIVO

Para uma geração mais remota de arqueólogos, os restos culturais mais antigos conhecidos na Mesoamérica consistiam de simples fragmentos de pratos e jarros e em algumas figurinhas de mulheres desnudas, feitas à mão. Ao não ser possível fixar precisamente a datação desses materiais, que para eles eram característicos das culturas de povoado que subjazem sob as ruínas das grandes cidades clássicas do México e da área maia, foram chamados de "arcaicos" ou "pré-clássicos" como tributo à sua antiguidade. Já era sabido que os povos que os produziram eram agricultores, e foi consolidada a idéia de que tal era "pré-clássica" do Novo Mundo era o equivalente ao Neolítico do Velho Mundo.

Hoje está cada vez mais claro que essa época, que agora é denominada geralmente de período formativo, foi muito mais variada e complexa do que sugere esse simples quadro. Com efeito, sabemos que os povoados simples coexistiram com governantes e sacerdotes de algumas civilizações muito desenvolvidas já durante esse período. A técnica do radiocarbono nos permitiu fixar as datas do formativo, embora valha lembrar que são datas em termos de anos de radiocarbono; assim, quando o método do carbono 14 assinala 1200 a.C., em anos do calendário para uns determinados restos, essa data tem que ser aumentada cerca de 300 anos. Portanto, a civilização olmeca começa por volta de 1500 a.C. em anos efetivos, ainda que em anos de radiocarbono isso ocorresse por volta de 1200 a.C.

Não é fácil encontrar na Mesoamérica sítios arqueológicos paleoíndios arcaicos (ou pré-cerâmicos), pelo contrário, os sítios arqueológicos do formativo encontram-se em toda a parte, ainda que na área maia sejam encontrados, com freqüência, escurecidos pelas construções posteriores do período clássico erguidas em cima. Deve ter acontecido uma verdadeira explosão demográfica do tipo malthusiano para produzir tal abundância de restos. Havia se conseguido uma melhoria notável nas variedades de milho, graças, principalmente, à hibridação e à introdução de genes do teosinte nos tipos de milho doméstico, produzindo espigas muito maiores e, como conseqüência, rendimentos também maiores. Os povoados fixos deixaram de ser uma exceção para transformar-se numa norma habitual. Por toda a parte da Mesoamérica foram encontrados casarios, povoados e até pequenas cidades de cabanas com tetos de palha. A manufatura de cerâmica é um fenô-

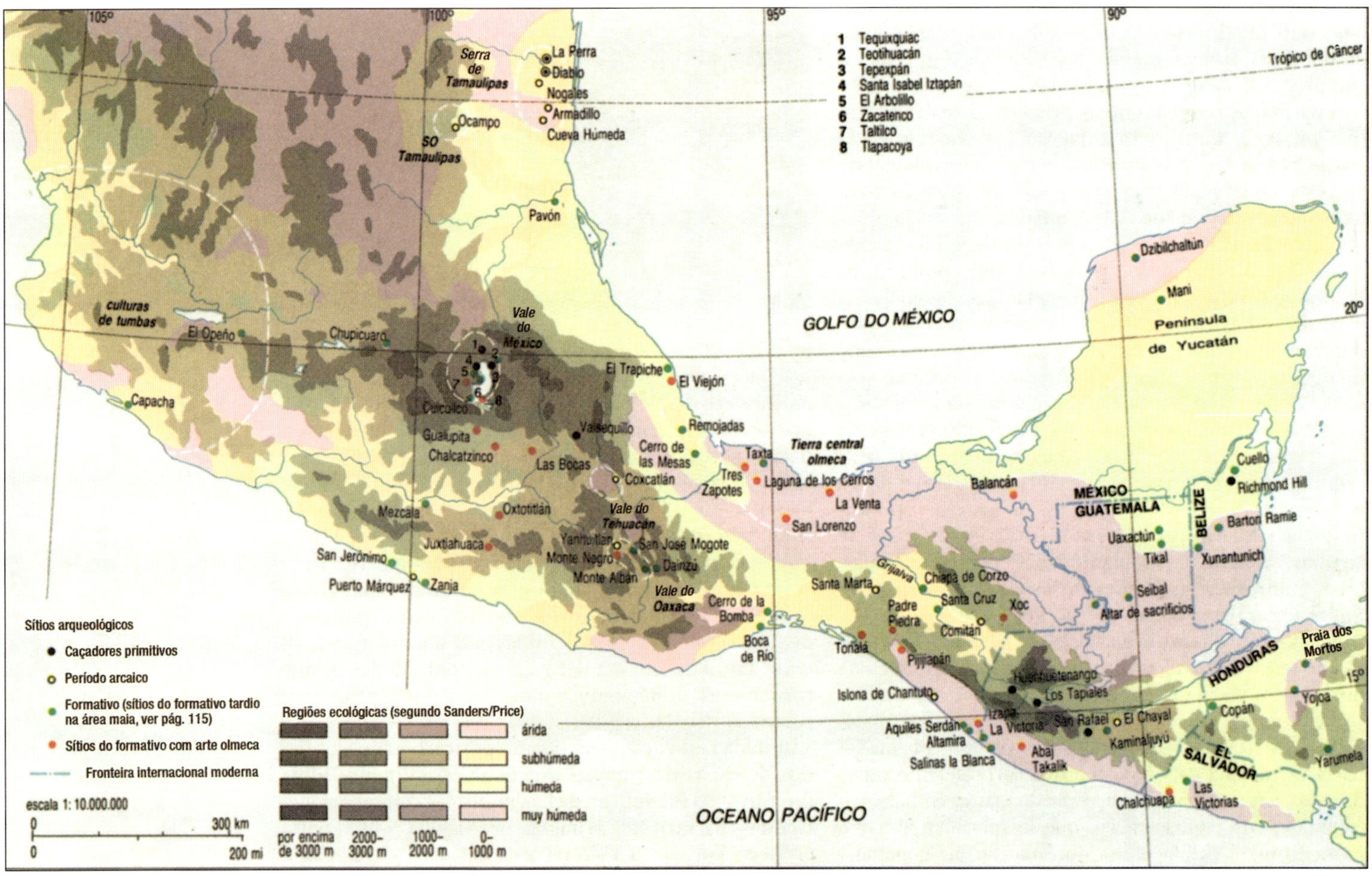

meno universal, como também o são as figurinhas de barro e os tecidos de algodão fabricados em teares.

A questão de quando foi dado o passo do modelo arcaico ao formativo segue sendo objeto de controvérsia.

Os arqueólogos que trabalharam principalmente nas terras altas voltam o seu olhar para o México central, e especialmente ao vale do México, como a *fons et origo* do formativo. Outros, pelo contrário, com maior experiência nas terras baixas, inclinam-se pelas planícies costeiras, úmidas e cálidas, e particularmente a costa pacífica de Chiapas e da Guatemala. Ultimamente um arqueólogo advoga pela Belize setentrional e no momento a sua hipótese somente encontrou eco em alguns colegas.

Se for aceito que o primeiro formativo prolonga-se — em termos de radiocarbono — desde 2000 ou 1600 a.C. até quase 900 a.C.; que o formativo médio entende-se de 900 a 300 a.C.; e que o formativo último continua desde 300 a.C. até o começo do período clássico: o início da era cristã no México central e 290 a.C. nas terras baixas dos maias.

### A costa do Pacífico

Grande parte da costa pacífica do México é rochosa e escarpada, com escassas enseadas e baías, como a de Acapulco. Mas, conforme se avança em direção ao sudeste e passado o istmo de Tehuantepec, estende-se até formar uma ampla planície que, através do estado de Chiapas, continua até a Guatemala. Essa planície, extremamente quente, ainda que fértil, constitui uma das áreas arqueológicas mais ricas do mundo, pois está salpicada de inúmeros montículos de terra, que às vezes estão revestidos com cascalho de rio. Esquecida durante muito tempo pelos arqueólogos, talvez devido ao calor sufocante, essa planície foi, contudo, o berço da vida totalmente sedentária nos povoados, ao mesmo tempo um corredor pelo qual cruzaram pessoas e idéias no transcurso do período formativo e mesmo depois. Durante a primeira parte do formativo primeiro até que surgiram os olmecas na costa do golfo, é provável que a região meridional de Chiapas e da vizinha Guatemala representassem a zona mais inovadora de toda a Mesoamérica.

As cerâmicas mais antigas dessa região (conhecida como Xoconochco pelos astecas muito posteriores) eram muito complexas e aperfeiçoadas. A seqüência do formativo começa com a cultura Barra, na que predominam as jarras avermelhadas, sem pescoço e com paredes muito finas, chamadas tecomates e decoradas com diferentes técnicas. Como data dessa cultura assinala-se 1600 a.C.; depois, por volta de 1500 a.C., a cultura chamada Ocós, que conhecemos melhor. Os assentamentos ocós estão tão bem localizados que usufruem ao mesmo tempo das vantagens do litoral e do interior e assim, sua gente podia pescar, recolher mariscos, caçar tartarugas no sistema de lagunas e estuários, e também plantar seu milho e outros cultivos nos férteis solos próximos à costa. A Victoria, um pequeno povoado com dez ou doze casas assentadas sobre plataformas baixas de terra, é um exemplo de tais assentamentos; estava localizada muito perto de um estuário de maré, agora desaparecido.

A cerâmica ocós, formada em boa parte por tecomates e pratos rasos com paredes inclinadas para fora, está decorada com uma surpreendente variedade de técnicas, que incluem um estampado realizado com ziguezagues curvos que eram aplicados no barro úmido mediante a ponta dobrada de uma concha e uma degradação iridescente e rosácea — técnica que somente se conhece em outros assentamentos do Equador e que muitos acreditam que chegou ali através do comércio marítimo.

As figurinhas de Ocós apresentam um rebuscamento parecido e compreendem uma extraordinária galeria de formas humanas e animais grotescas. As que melhor são conhecidas são as do grande sítio arqueológico ocós de Aquiles Serdán, na costa de Chiapas e talvez representem o estrato mais antigo da arte mesoamericana.

A cultura ocós deixa um rastro em outras várias culturas do povoamento que, de forma um tanto estranha, apresentam uma cerâmica e muitas figurinhas mais simples. Cuadros, uma cultura da costa do Golfo contemporânea dos primeiros olmecas, destaca-se sobretudo por terem encontrado espigas fossilizadas, em que a matéria orgânica foi substituída, com o passar do tempo, por carbonatos lixiviados de camadas de conchas decompostas. Mangelsdorf foi capaz de identificar as referidas espigas como pertencentes à variedade primitiva de Nal-Tel, que ainda cresce no Yucatán. A olaria de Cuadros e a similar à mesma encontram-se dispersas por boa parte da costa pacífica e pela Guatemala, e até foram encontradas no sítio arqueológico de

*Acima.* Paisagem de um monte baixo no altiplano do sul do México, entre os vales de Oaxaca e de Tehuacán. Este foi o tipo de terreno que teve que ser cultivado quando a existência nômade foi substituída pela vida sedentária.

Las Victorias, no oeste de El Salvador. Essa força expansiva certamente se deveu à difusão da cultura e talvez também aos olmecas. Conchas segue Cuadros e segue a tradição das atividades no litoral e na agricultura até o formativo médio, apresentando fortes laços de união com a cultura de Las Charcas, no altiplano da Guatemala e com a costa do golfo do México.

O planalto da Guatemala A cidade da Guatemala está assentada num vale amplo e fértil, perto da linha divisória continental, e está rodeada por colinas e montanhas de origem vulcânica. A parte ocidental da cidade foi uma das zonas arqueológicas mais ricas do país, mas sofreu danos notáveis com o aumento das construções. Conhecida como Kaminaljuyú, nome guatemalteco de um verdadeiro destaque da arqueologia, a zona apresenta uma longa seqüência cultural, que inclui um povoado do formativo médio, chamado Las Charcas. É conhecida principalmente por uma série de fossas-armazéns em forma de garrafa, escavadas no solo de tufo vulcânico.

Nelas são encontradas algumas cerâmicas delicadas em branco e vermelho sobre branco, figurinhas de barro e restos de alimentos, como espigas de milho e caroços de abacate.

É pouco o que sabemos da complexidade cultural avançada pelo povo de Las Charcas, mas há certos indícios de que podiam ter construído montículos de terra como suporte de templos deterioráveis. Isso somente pode nos surpreender, se pensarmos que foram contemporâneos da grande civilização olmeca, encarnada no assentamento de La Venta do formativo médio.

### As terras baixas maias

Agora sabemos, graças principalmente às pesquisas de MacNeish, que houve alguns núcleos de povoamento nas terras baixas dos maias antes do início do período formativo, de modo que não é nenhuma surpresa encontrar abundantes provas de povoações do formativo na península de Petén-Yucatán.

Contudo, a pretensão de Norman Hammond de que a cultura Swasey do sítio arqueológico de Cuello, em Belize setentrional, havia descoberto uma ocupação das terras baixas maias do primeiro formativo, muito mais antiga que todas as demais da costa do Pacífico e anterior aos olmecas da costa do golfo, não deixa de suscitar controvérsias.

Não só é que o radiocarbono fornece datas que se estendem ao longo de um milênio — coisa insólita para uma fase arqueológica —, mas que também a cerâmica aponta para um formativo médio e mesmo a um formativo tardio.

Entretanto, Swasey projeta luz nova sobre a dieta primitiva dos maias nas terras baixas, ao terem sido conservados ali restos de pipocas, inhame, taioba e, possivelmente também mandioca.

Pisamos num terreno muito mais firme com a seqüência de Petén, que se inicia na fase Xe do formativo médio, talvez em torno de 800 a.C.; e é seguida pela fase Mamom, na que Petén e Yucatán presenciam as primeiras concentrações de importantes núcleos de povoamentos e o assentamento de povoados em cada canto de terreno seco. Com a sua cerâmica característica em laranja-avermelhada, que seria típica dos maias das terras baixas durante o formativo, esta cultura provavelmente viu surgir as plataformas de templos revestidas de argamassa, ainda que sejam muito difíceis de descobrir pela quantidade de escombros que deixaram as construções de finais dos períodos formativo e clássico.

### A bacia de Grijalva em Chiapas

Antes de abrir caminho através de uma imponente garganta na sua ida até a planície costeira do golfo, o rio Grijalva de Chiapas corre por uma depressão quente e relativamente seca que, apesar de sua aparente secura, foi berço de muitos assentamentos antigos durante o período formativo. O sítio arqueológico que melhor foi escavado na bacia do Grijalva é Chiapa de Corzo, o qual representa uma longa série de ocupações sucessivas que se estendem desde a conquista espanhola até o período colonial. Desde 1500 até aproximadamente 800 a.C., a população do primeiro formativo da área triturava seu milho com pedras de moenda, e produzia produtos de olaria que consistiam principalmente em jarras globulares e sem pescoço, chamadas tecomates, bem como figurinhas de barro feitas à mão. Todo o complexo oleiro está muito ligado às fases Ocós e Conchas da costa do Pacífico, e tem o mesmo interesse pelo estampado com ziguezagues.

Por essas datas, Chiapas central também está ligado culturalmente com os avançados olmecas da costa do golfo. Uma figurinha de barro de Chiapa de Corzo é olmeca, e outro sítio arqueológico abaixo do nível do mar, coberto agora pela represa de Malpaso, apresentava um conjunto ceramista estreitamente relacionado com a fase San Lorenzo da civilização olmeca, ainda que sem os monumentos de pedra que caracterizam essa cultura.

### Oaxaca

Uma teoria, agora desacreditada, sobre o vale de Oaxaca, berço da civilização zapoteca, afirmava que antes de Monte Albán I, o vale teria estado coberto por um grande lago, impedindo qualquer assentamento precoce.

E assim, até que a projetou a Universidade de Michigan, não foi realizada nenhuma busca de assentamentos antigos nas terras do fundo do vale. Agora ficou estabelecida uma longa seqüência de ocupações do vale no formativo, culminando na construção da cidadela alta de Monte Albán, como força dominante sobre uma grande parte da Oaxaca central.

Durante a fase San José do primeiro formativo (1150-850 a.C.), que mostra claros sinais de contato com os olmecas de Veracruz, o sítio arqueológico do povoado de San José Mogote, situado ao noroeste de Monte Albán, estava formado por aproximadamente 80-100 casas de telhados de palha e paredes de barro branqueadas. As atividades domésticas incluíam as tarefas de fiar, tecer, costurar e preparar a comida por parte das mulheres, enquanto que os homens manufaturavam espelhos em mineral de ferro e objetos de adorno de concha e mica. A base da subsistência do povoado eram os cultivos de milho, pimenta e plantas para sucos, junto com a produção de abacates provavelmente introduzidos a partir das terras baixas.

Alguns exemplares da olaria de San José Mogote são de clara inspiração olmeca, com desenhos do repertório da iconografia religiosa dos olmecas e recortes ou gravuras na parte posterior dos pratos.

Ainda está para ser determinada a natureza exata da influência olmeca no vale de Oaxaca; porém Flannery e seus companheiros preferem levar em consideração o modelo de uma população tribal que vivia em povoados e emulava o prestígio da refinada cultura de Veracruz à possibilidade de uma presença olmeca efetiva.

### O vale do México

O grande lago (o lago da Lua), que há tempos cobria boa parte do vale do México, com suas margens pantanosas e abundantes em juncos, devia representar uma importante fonte de recursos para os aldeões do formativo que viviam nas suas proximidades, proporcionando pesca e aves aquáticas em abundância, e talvez também as algas, tão ricas em proteínas e que foram tão apreciadas pelos astecas posteriores. Esta situação e a fertilidade dos solos do vale permitiram o estabelecimento de povoações agrícolas muito numerosas inclusive no primeiro formativo.

O maior e mais espetacular dos assentamentos que surgiu no vale foi o Tlatilco (que descrevemos na seção dedicada aos olmecas porque a presença cultural deste povo foi muito forte ali). Entre seus habitantes puderam muito bem viver olmecos vindos do sul de Veracruz. Sua posição cronológica foi objeto de longas controvérsias, porque a velha geração de arqueólogos não podia aceitar que uma cultura tão complexa e avançada pudesse ter precedido os simples assentamentos aldeães, aos que então se tinham como os primeiros assentamentos agrícolas do vale.

Zacatenco e El Arbolillo, os sítios arqueológicos em questão, pertencem de fato em boa parte ao período do formativo médio e são posteriores a Tlatilco. Foram povoados de dimensões modestas situados acima da ribeira noroeste do lago Texcoco, que representava a maior reserva de água das que formavam o grande lago.

Conhecidos graças às escavações efetuadas nas décadas de 1920 e 1930, suas ocupações mais antigas são caracterizadas por uma cerâmica mais simples do que a de Tlatilco e por milhares de figurinhas femininas, em parte nuas e em parte vestidas, cujo significado ainda é discutido (Tratava-se de um culto à fertilidade?). Enormes quantidades de lixo doméstico estavam espalhadas pelas cabanas feitas de estacas e palha, sem que faltassem os ossos dos cervos que caçavam nas colinas próximas com lanças de pontas de obsidiana. Aqui não há rastros dos olmecas. Depois de 900 a.C., essa influência desapareceu, e o vale transformou-se num remanso cultural, que não voltaria a recuperar sua importância anterior até o florescimento da civilização de Teotihuacán, no começo da era cristã.

Durante o formativo tardio, depois de 400-300 a.C., houve um breve período de esplendor no extremo sul-ocidental do vale, com a construção de uma grande "pirâmide" circular revestida de pedra no assentamento de Cuicuilco; essa plataforma de templo, com 27 m de altura, que na época esteve coroada por uma construção cônica, poderia ter sido o centro do culto ao antigo deus do fogo, pelos incensários de argila que foram encontrados *in loco* com a imagem dessa importante divindade. Porém Cuicuilco estava condenado a uma vida curta, pois uma violenta erupção do vulcão Xictli cobriu-o de uma espessa camada de lava e obrigou os moradores dos arredores do povoado ou cidade a fugir.

## A CIVILIZAÇÃO OLMECA

O aparecimento da civilização mesoamericana, e talvez também o primeiro passo para o Estado mesoamericano, teve lugar nas terras baixas e pantanosas ao sul de Veracruz e da vizinha Tabasco, nas praias do golfo do México. Aqui esteve o berço da civilização olmeca, pois nesta zona estão quase todos os sítios arqueológicos importantes e se encontram virtualmente todos os monumentos de pedra que conhecemos dessa cultura. Basicamente, a região é uma planície costeira, com algumas colinas baixas; o único relevo significativo é constituído pela cordilheira Tuxtla, uma formação vulcânica ativa da qual os olmecas obtinham o basalto para as suas esculturas.

É uma das regiões mais úmidas da Mesoamérica, que recebe a maior parte das precipitações desde fins de maio até novembro, ainda que não exista nenhuma estação marcadamente seca, já que no inverno também não faltam as chuvas e chuviscos frios que caem em intervalos freqüentes.

O resultado é que durante todo o ano podem nascer o milho e outras culturas. Talvez o fato mais significativo na paisagem olmeca seja a extensa inundação que chega com a estação das chuvas, quando a água dos rios cobre todas as terras baixas; quando as águas baixam fica uma camada de lodo fértil ao longo das ribeiras dos rios. Essas faixas constituem o terreno mais produtivo do México, e foi essa situação — similar à que o Nilo produzia — a que, combinada com o rápido incremento da população, deu origem à complexa cultura olmeca.

Ignoramos o número exato de sítios arqueológicos olmecas no berço dessa civilização, porém, ao que parece, na sua maioria deveriam estar situados em colinas baixas ou nas planícies próximas às margens dos rios e em cima das savanas propensas à inundação. Como toda a pedra tinha que ser importada e somente era empregada em monumentos e utensílios para drenagem e moenda, não existe uma arquitetura de pedra; as estruturas deterioráveis de estacas e palha levantavam-se sobre montículos feitos de terra e de argilas de cores brilhantes.

A cronologia da civilização olmeca foi tema de longas discussões, quando os especialistas da cultura maia recusaram-se a crer que o estranho e complexo estilo artístico dos olmecas, com seus enormes monumentos de basalto e seus jades elegantemente trabalhados, tivesse sido anterior à arte clássica maia. Porém, as escavações realizadas nas últimas três décadas e uma série de certezas em função das análises de radiocarbono demonstraram de maneira convincente que o fenômeno olmeca, tanto dentro da sua área central quanto além dos seus confins, certamente pertence ao período formativo.

*Abaixo.* A civilização olmeca é conhecida por seu peculiar estilo escultural, que combina a simplicidade de linhas com a forma vigorosa e maciça.

O efeito monumental é evidente nas produções de todo tamanho, desde a colossal cabeça da página seguinte até este minúsculo busto de jade.

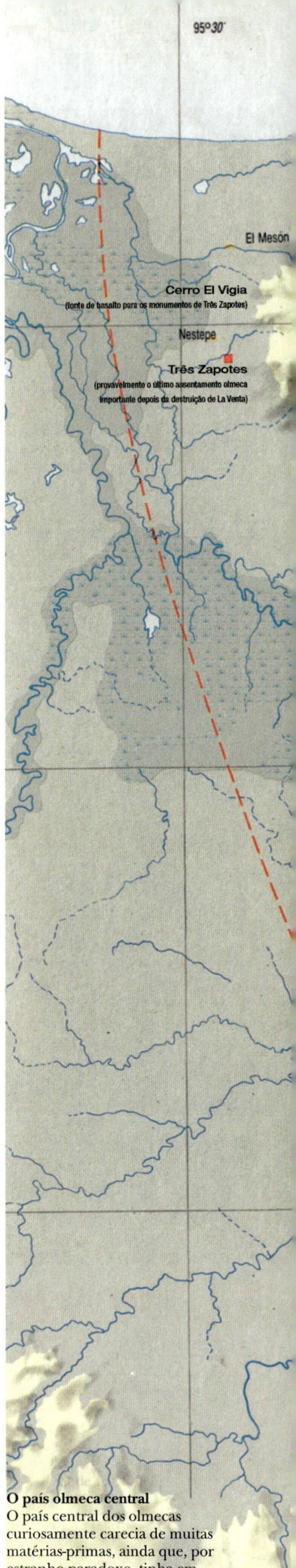


**O país olmeca central**
O país central dos olmecas curiosamente carecia de muitas matérias-primas, ainda que, por estranho paradoxo, tinha em grande consideração a minoria regente de San Lorenzo.
A obsidiana, que desempenhou na Mesoamérica um papel similar ao do aço na civilização ocidental, só é encontrada em regiões vulcânicas do México e da Guatemala, afastadas do território central. A ganga de ferro foi outro dos materiais muito apreciados e que era necessário importar.

*Direita.* Monumento 17, uma das oito colossais cabeças descobertas no sítio arqueológico de San Lorenzo. Esculpida em basalto arrancado das ladeiras da Colina Cintepec, na cordilheira de Tuxtla, é o retrato de um governante olmeca. O adorno de cada uma das colossais cabeças tem a seu próprio símbolo característico. Neste caso se trata de uma cobertura de cordas, em forma de rede, que unem as contas perfuradas de ganga de ferro, como as que foram encontradas durante a escavação de um esconderijo perto da cabeça.

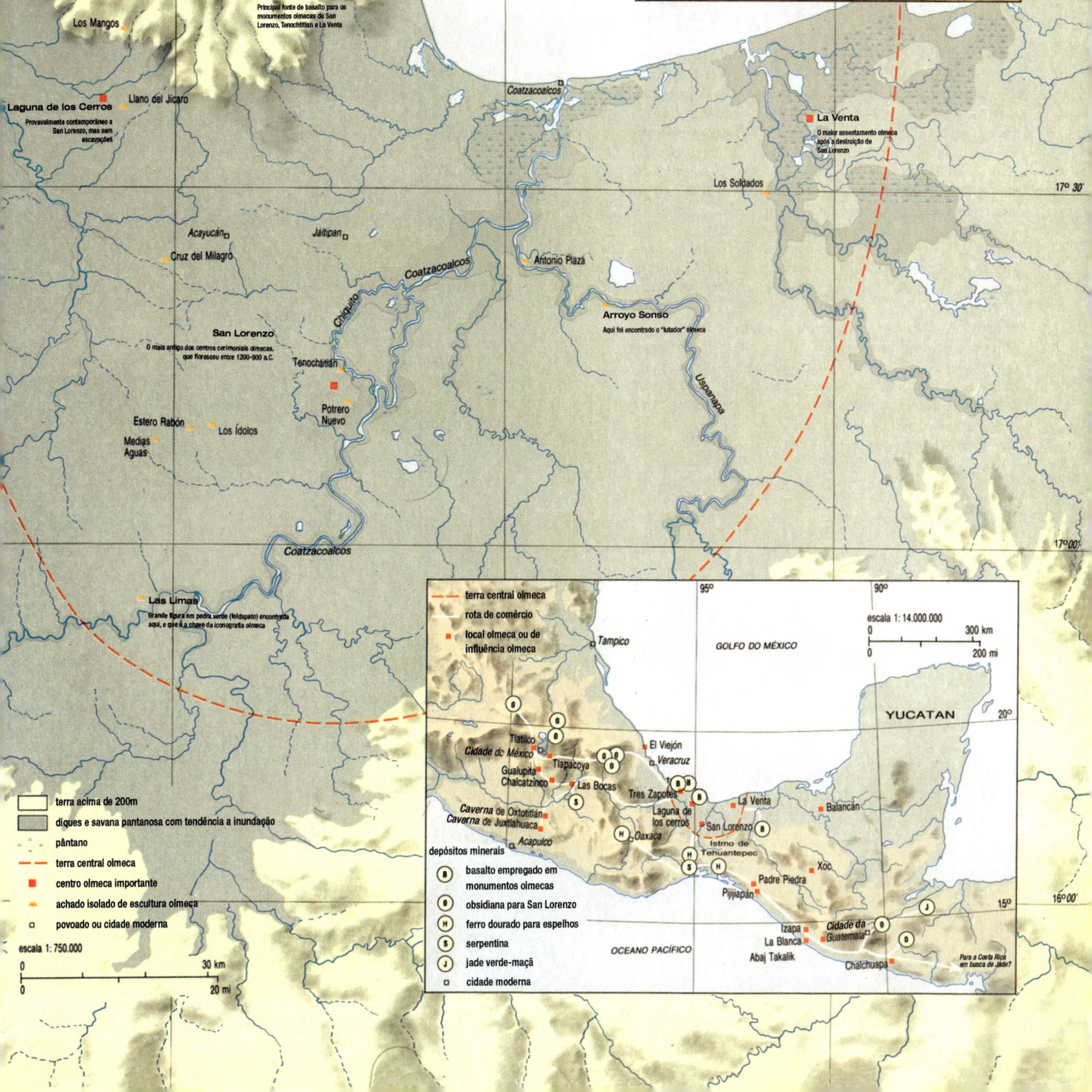

# O mundo sobrenatural dos olmecas

*Abaixo, esquerda.* Divindades cortadas nos ombros e joelhos da figura de Las Limas. Todas têm as cabeças fendidas, típicas dos deuses olmecas. Na parte superior esquerda, uma deidade conhecida só pelas xícaras entalhadas do altiplano do México, e que talvez seja Xipe Totec, o padroeiro da primavera em outras culturas posteriores. Na parte superior direita a divindade da águia-harpia, com a crista de plumas de pássaro que aparece como sobrancelha. Na parte inferior direita, o deus-tubarão, com o olho em forma de lua quarto crescente e um dente que sobressai muito. Na parte inferior esquerda temos a cabeça da serpente emplumada, marcada pelas faixas que se cruzam no olho.

A primeira manifestação artística que aparece na Mesoamérica é a dos olmecas. Exceção feita aos retratos dos governantes (como cabeças gigantescas), foi uma arte basicamente religiosa pelo seu conteúdo, que se concentrou numa enorme variedade de seres sobrenaturais, nos quais estavam combinados os traços do mundo animal com os humanos numa complexidade desconcertante. Somente nos últimos anos soubemos que os olmecas tinham um extenso panteão, já que se acreditava que seu único deus era o característico "homem jaguar", que combinava os traços de um jaguar à espreita com os de um menino vociferante.

Graças ao descobrimento casual, em 1965, de uma esplêndida figura de diorito em Las Limas, Veracruz, agora podemos considerar que houve muitos deuses olmecas, cada um com seus próprios atributos, ainda que se intercambiassem com os de outros seres sobrenaturais.

A figura de Las Limas representa um jovem adolescente sentado com as pernas cruzadas, segurando nos seus braços a familiar figura do menino jaguar.

Outras quatro deidades apresentam as misteriosas cabeças sulcadas típicas dos deuses olmecas com cortes em seus ombros e joelhos. Foram estas deidades as que proporcionaram os primeiros indícios sobre a estrutura da iconografia maia, ainda que não necessariamente sobre o seu significado.

Os formidáveis e perigosos animais, que predominam na iconografia olmeca, talvez tenham sido totêmicos, e com a sua distribuição natural indicam que o culto provavelmente teve sua origem na selva tropical, não longe da costa. Tais animais eram a águia harpia, que se alimenta de macacos no dossel da selva, o jaguar (o maior dos gatos pintados do mundo), o caimão, parecido com o lagarto, a serpente e o tubarão.

*Direita.* Um dragão olmeca em jade. Este monstro multiforme, provavelmente uma divindade terrestre, mostra a tendência combinatória da iconografia olmeca: aqui o animal básico é um caimão, porém tem a boca do homem-jaguar voltada para baixo, um nariz humanóide e as cristas da águia-harpia como sobrancelhas. O dragão pode ter sido o mais importante dos deuses olmecas, já que aparece na arte monumental, em pequenos jades entalhados e, em uma espécie de forma esquemática, cortado sobre cerâmicas domésticas e funerárias tanto das terras baixas como do altiplano.

*Esquerda.* Figura de diorito de Las Limas, Veracruz, provavelmente do período de 800-400 a.C. O mais incrível é que se trata de um retrato que comemora o acesso de um jovem ou de um garoto ao poder. A figura decaída do homem-jaguar, que ele sustenta em seus braços poderia simbolizar sua descendência real. Idênticas divindades infantis são sustentadas pelos governantes nos nichos frontais dos tronos olmecas. Altura: 55 cm.

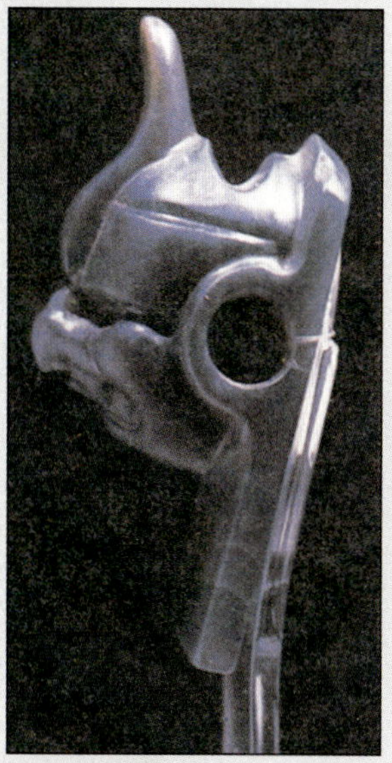

*Direita.* Águia-harpia de jade. Altura: 5,8 cm. Os olmecas foram os melhores entalhadores de jade na Mesoamérica, como demonstrado pela obra-prima pertencente ao período 800-400 a.C. Pode-se ver aqui o elemento antropomórfico característico de todas as divindades animais olmecas; somente o bico, em cima da boca similar à do homem-jaguar, e a crista estilizada manifestam a sua natureza predadora.

*Direita.* Monumento 52 de San Lorenzo. Altura: 90 cm. Trata-se da divindade infantil do homem-jaguar, idêntica à figura que sustenta em seus braços o personagem de Las Limas nos mínimos detalhes. O monumento foi descoberto na cabeceira de um sistema de desaguadouro profundamente enterrado, motivo pelo qual o personagem poderia estar relacionado com a água, sendo talvez uma divindade da chuva.

*Abaixo.* Deus-tubarão em jade verde-azulado olmeca, procedente da costa pacífica da Guatemala. Período formativo médio, 800-400 a.C.

*Acima.* Vaso de argila de Tlapacoya, vale do México. Altura: 13 cm. Começo do período formativo, 1200-900 a.C. De superfície cortada e entalhada, é a mesma deidade que pode ser vista no ombro direito da figura de Las Limas, com faixas curvas através do olho e uma boca rugidora como a do jaguar.

*Esquerda.* Figura de pedra, representando um xamã ajoelhado à espera da sua transformação em jaguar.

# La Venta

No centro de La Venta, agora em grande parte destruída pelas atividades petroleiras, encontra-se o Complexo A, uma série pouco conhecida de grandes montículos e de oferendas rituais com datas do formativo médio certificadas por radiocarbono (por volta de 900-400 a.C.). O complexo, que tem uma disposição linear (orientada para 8º O do Norte verdadeiro), está dominado pelo que se conhece como "Grande Pirâmide", atualmente um montículo de 30 m de altura com a forma de cone truncado.

Calcula-se que contém mais de 100.000 m³ de aterro. Já se supôs que poderia conter uma grande tumba olmeca, porém, tal hipótese nunca foi demonstrada.

A pirâmide é a maior dessa época no México. Foi calculado que a sua construção deve ter exigido o trabalho de 800.000 dias-homem, e que a minoria dirigente do complexo deve ter sido sustentada por uma população interiorana de 18.000 pessoas.

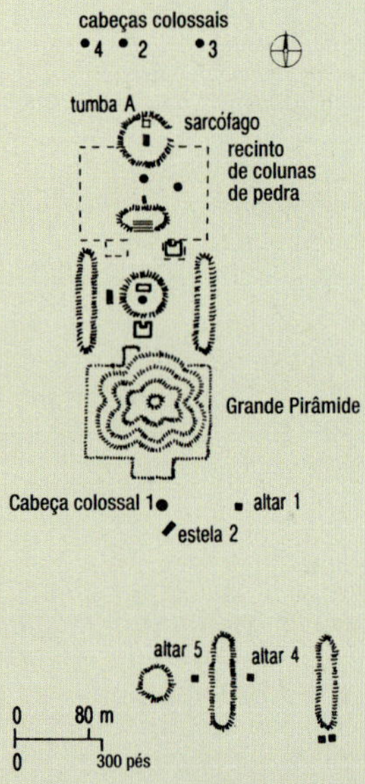


*Direita.* A "Grande Pirâmide", de 30 m de altura, e uma série de plataformas baixas de La Venta — arquitetura de proporções modestas entre os modelos mesoamericanos — não encaixam com a ingenuidade artística dos olmecas e o refinado esforço físico que produziram os monumentos entalhados em pedra e o excelente trabalho realizado em jade, revelados no sítio arqueológico. Diante da ameaça de destruição que podia derivar do desenvolvimento de um complexo petroquímico na ilha de La Venta, os monumentos foram trasladados para um parque público de Villahermosa. Tabasco.

*Abaixo.* Altar 4 de La Venta. É quase certo que essa designação de "altar" não está justificada, já que desconhecemos a função de tais estruturas. A figura sustenta uma corda que corre beirando o ângulo até um prisioneiro amarrado.

*Direita.* Oferenda 4, La Venta. É um grupo de figurinhas em jade e serpentina, dispostas de modo a reproduzir uma cerimônia. As colunatas curtas e retas podem representar um fundo de colunas de basalto. Encontrada sob o solo, a oferenda foi sinalizada de maneira que não pudesse ser descoberta pelos olmecas numa inspeção posterior.

De fato, agora podemos distinguir dois "horizontes": um que faz limite com a última parte do período formativo primeiro (1200-900 a.C.), seguido por outro do formativo médio, entre 900 e 400 a.C. No formativo tardio a cultura olmeca de fato desapareceu.

**San Lorenzo**

São poucos os sítios arqueológicos centrais olmecas que foram objeto de uma verdadeira pesquisa. O único sobre o qual foi traçado um mapa detalhado e para o qual contamos com uma boa seqüência arqueológica é San Lorenzo Tenochtitlán, que forma um conjunto de três sítios arqueológicos próximos a um afluente do rio Coatzacoalcos, que drena boa parte da região setentrional do istmo de Tehuantepec. Embora San Lorenzo fosse ocupado por um povo do formativo, já por volta de 1500 a.C., sua forma atual, e com ela o apogeu da sua existência, somente foi alcançada entre 1200 e 900 a.C., durante a fase denominada San Lorenzo. O sítio arqueológico cobre a esplanada de um altiplano ou platô com 50 m de altitude e 1,25 km de longitude de norte a sul. Graças às escavações realizadas pela Universidade de Yale sabemos que o platô é em parte artificial até uma espessura que em alguns pontos alcança os 7 m de altura. Pelos lados noroeste, oeste e sul sobressaem do platô umas saliências feitas pelo homem.

Foi calculado que esta construção gigante contém dezenas de milhares de metros cúbicos de aterro com barro e areia, tudo isso transportado em ombros humanos.

Os traços mais surpreendentes de San Lorenzo — e dos outros centros olmecas da costa do Golfo — são o número, a envergadura e a beleza de seus monumentos. Os primeiros artistas da Mesoamérica foram os escultores olmecas, que criaram um estilo característico, capaz de rivalizar com qualquer outro dos que o homem já produziu.

Os monumentos, talhados em basalto transportado de uma pedreira na cordilheira de Tuxtla, a aproximadamente 80 km ao noroeste de San Lorenzo, consistem em oito cabeças colossais, a maior das quais com 2,3 m de altura e com um peso que supera as 20 toneladas. É quase certo que tais cabeças são retratos de governantes olmecas: seus rostos, de lábios grossos, pingentes e narizes chatos, lembram as fisionomias que podem ser vistas em algumas populações do sudeste asiático. Porém, cada uma é diferente, assim como cada dispositivo emblemático de seus elmos protetores. De fato, podem ter sido usados no jogo sagrado de bola, que, pelas figurinhas de barro, sabemos que os olmecas jogavam.

Outros monumentos incluem "altares", grandes lousas oblongas, onde na parte frontal aparecem os governantes, sentados e com as pernas cruzadas, segurando em seus braços uma cria de jaguar ou puxando uma corda que imobiliza os prisioneiros de guerra. Em sua maioria são símbolos que glorificam a classe governante, celebrando a sucessão real e suas façanhas bélicas. Outra série de esculturas sugere a identificação dos dominadores de San Lorenzo com o panteão divino. Trata-se de um grupo muito complexo de seres sobrenaturais grotescos, que combinam traços humanos e animais, na maioria das vezes marcados com o cânone olmeca da boca caída e desafiante e um antropomorfismo infantil.

Em San Lorenzo encontra-se o que, com certeza, foi um centro ritual no seu sentido mais estrito: um sistema extraordinário de sumidouros de pedra. Tratam-se de peças de basalto em forma de U, que são unidas pelos extremos e estão cobertas com tampas de pedra. Acredita-se que serviam para dar passagem à água dos reservatórios superficiais situados na parte superior do assentamento, e que provavelmente eram usados para o banho ritual.

Como os olmecas careciam de instrumentos de metal para trabalhar a pedra, é assombroso o esforço que tal sistema de desaguadouro requeria.

San Lorenzo poderia ter sido um centro religioso, venerado pelos mesoamericanos durante o primeiro formativo; ali deveriam viver os governantes e sacerdotes mais poderosos dos olmecas. É impossível calcular a população de toda a zona, porém, a presença de aproximadamente 200 montículos de casas de terra sugere uma cifra de, pelo menos, 1.000 partidários e seguidores no centro ritual.

A abundância de "mãos" e "metates" indica que a agricultura do milho, cultivado nas margens dos rios e nas terras mais altas da zona era a base da sua economia.

Porém, os restos de animais que foram conservados também indicam que complementavam sua dieta com a pesca de robalos, carne de tartarugas e de cachorros domésticos.

É quase certo que eram canibais, a julgar pelos restos do que parecem ser prisioneiros degolados, encontrados nos monturos das cozinhas.

A região central olmeca é singularmente deficitária em muitas matérias-primas, que paradoxalmente eram muito valorizadas pela minoria governante de San Lorenzo.

A obsidiana, que desempenha na Mesoamérica um papel similar ao que corresponde ao aço na civilização ocidental, somente era encontrada nas regiões vulcânicas do México e da Guatemala, longe dos centros daquela cultura. Contudo, é provável que algumas toneladas desse cristal vulcânico, tão útil para forjar ferramentas cortantes, fossem importadas por San Lorenzo desde um amplo leque de fontes naturais, como ficou provado pela análise das peças. Outro elemento foi o mineral de ferro, suscetível de alcançar um refinado polimento, motivo pelo qual foi empregado em espelhos parabólicos e côncavos, que tiveram grande importância ritual.

Uma esquírola de pedra-ímã, finamente lavrada, pode muito bem ter sido a primeira bússola que o mundo conheceu para fins geomânticos.

Enquanto o enorme volume de cerâmica da fase San Lorenzo é formado por jarras sem pescoço, usadas para cozinhar o milho (provavelmente como "tamales"), há muitos vasos recortados com desenhos simbólicos de divindades olmecas. Curiosamente, quando esses vasos domésticos são encontrados fora da região central, aparecem em sepulturas de personagens de grande destaque. O mesmo cabe dizer das grandes figuras ocas de crianças feitas de cerâmica branca. Essas criaturas desnudas, assexuadas e híbridas, aparentemente foram objeto de certo tipo de culto, limitado ao período de 1200-900 a.C., sem que saibamos seu significado preciso.

Por razões desconhecidas, por volta de 900 a.C. uma vasta destruição abateu-se sobre San Lorenzo. Provavelmente houve um cataclismo simultâneo no assentamento gêmeo da Laguna dos Cerros, ainda que o que sabemos sobre esse ponto é muito pouco, já que não foi escavado.

Em San Lorenzo todos os monumentos de superfície foram deliberadamente destruídos nessa época — com mutilações feitas por golpes violentos, buracos, ranhuras, cortes etc., os restos formando longas linhas de escombros que foram cuidadosamente cobertas. A que se deveu tudo isso? A uma invasão, uma revolução, uma destruição ritual e periódica? Todas essas causas foram assinaladas para aquela catástrofe, porém, como os olmecas não escreveram suas memórias, provavelmente nunca saberemos o que aconteceu. Em todo caso, San Lorenzo não voltou a se recuperar e nos períodos esporádicos de ocupação durante a conquista espanhola nunca recuperou seu antigo prestígio.

As pinturas rupestres olmecas do estado de Guerrero combinam os motivos humanos e zoomórficos com aqueles que se referem à chuva, à fertilidade e ao mito das origens. Esta cena de um governante e um prisioneiro, em uma caverna de Juxtlahuaca, deve ter contido uma mensagem, porém, os precisos personagens ou grupos continuam sendo desconhecidos. Temas olmecas parecidos, com governantes e animais, podem ser vistos nas pinturas rupestres de Oxototitlán, a 125 km ao norte de Juxtlahuaca. Os contatos da costa do golfo com o planalto começaram por volta do ano 1000 a.C. Acredita-se que as pinturas rupestres do Guerrero podem se datar entre o 900 e o 700 a.C.

**La Venta**

O sucessor político de San Lorenzo parece ter sido La Venta, situada numa ilha pantanosa formada pelo rio Tonalá, perto do extremo meridional da região central dos olmecas.

La Venta do formativo médio apresenta alguns traços singulares que não são encontrados no assentamento anterior de San Lorenzo. Isto se deveu ao fato de que por essa época os olmecas tinham localizado algumas importantes fontes de jade, que até a conquista dos espanhóis seria o símbolo principal de riqueza na Mesoamérica.

Na fase de San Lorenzo a serpentina já era conhecida; porém, os três grandes pavimentos de mosaicos enterrados do complexo A, na forma de máscaras estilizadas de homens-jaguar — cada um deles contém cerca de 485 blocos de serpentina — são típicos de La Venta. Ao longo da linha que percorre o complexo A de norte a sul, os escavadores encontraram numerosas oferendas funerárias, que incluem depósitos, em forma de cruz, de objetos de jade e espelhos côncavos de mineral de ferro, junto com a espetacular oferenda número 4: um grupo de coluninhas e figurinhas de jade e serpentina, dispostas como se conversassem.

Igual que San Lorenzo, La Venta sofreu um paroxismo de destruição, quando suas colossais cabeças, seus "altares" (mais parecidos a tronos) e outras esculturas foram mutilados quase da mesma forma. No seu núcleo geográfico central, a civilização olmeca foi em grande parte destruída, ainda que no assentamento de Três Zapotes, nas vertentes ocidentais dos Tuxtlas, sobreviveu uma cultura epiolmeca, que compartilha muitos elementos com a civilização protomaia de Izapán, que se desenvolveu no formativo tardio de Chiapas e Guatemala, e que inclui a origem da escrita e do calendário.

**Assentamentos olmecas fora da região central**

Que o estilo e a influência da arte olmeca estenderam-se muito além das fronteiras da região central é algo que sabemos há muito tempo pelas escavações — legais e ilegais — realizadas nas terras altas mexicanas. Alguns dos achados mais surpreendentes pertencem à esfera de San Lorenzo e apareceram nos faustuosos sepultamentos sob o solo das casas de grandes povoados ou cidades. De tais sítios arqueológicos, o que melhor se conhece é o de Tlatilco, na extremidade noroeste da cidade do México, onde foram escavadas centenas de tumbas sob o solo, repletas de objetos de todo tipo: junto a produtos de olaria local há figurinhas e "crianças" ocas, feitas com a cerâmica branca dos olmecas, bem como vasos esgrafiados, produzidos em San Lorenzo e dali exportados aos governantes-clientes, aos que a minoria seleta de San Lorenzo havia considerado bárbaros. São conhecidos outros sítios arqueológicos de influência olmeca nos estados de Puebla (Las Bocas) e de Morelos (Gualupita).

Chalcatzingo, situado a cerca de 120 quilômetros ao sudeste da Cidade do México, é um dos sítios arqueológicos mais impressionantes de toda Mesoamérica. Ali, na parte oriental do estado de Morelos, no fundo de um vale quase plano, erguem-se três grandes cumes. Na base do penhasco do cume central, ao longo do extremo da vertente em escarpa, uma pesquisadora mexicana descobriu em 1934 uma série de baixos-relevos sobre enormes pedras, que ela imediatamente identificou como olmecas por sua semelhança com as esculturas já então conhecidas de La Venta. As escavações, realizadas pela Universidade de Illinóis, demonstraram que enquanto a primitiva ocupação de Chalcatzingo corresponde ao primeiro formativo, com cerâmica e figurinhas similares às de Tlatilco, o período de maior atividade no assentamento situa-se no formativo médio, sendo assim mais contemporâneo de La Venta do que de San Lorenzo.

A maior das esculturas, o Relevo I, representa uma mulher sentada num trono, com saias e um penteado muito alto; tudo isso dentro de uma abertura semelhante a uma caverna formada pelas fauces abertas do dragão olmeca, o principal deus desta civilização. Da sua boca emana vapor ou fumaça, enquanto que na parte de cima da cena — que certamente representa uma governante de Chalcatzingo — três nuvens estilizadas soltam gotas fálicas. O Relevo II contíguo mostra um prisioneiro itifálico, prostrado de barriga para baixo e amarrado, ameaçado por guerreiros olmecas com máscaras de homens-jaguar, talvez uma cena de conquista, enquanto outro relevo representa duas deidades com forma de jaguares mostrando as garras, atacando homens nus.

Durante muitos anos foram feitos achados esporádicos de objetos de estilo olmeca no estado de Guerrero, em frente ao Pacífico, no sul do México. De fato, é tão grande a quantidade de magníficos jades olmecas azuis e verdes que apareceram nessa região, que o arqueólogo Miguel Covarrubias recentemente considerou Guerrero como a fonte primordial da civilização olmeca. Porém, isso é altamente improvável, já que a região é formada por vales desérticos e montanhas abruptas e secas. É certo que os olmecas estiveram em Guerrero, mas também é certo que só se assentaram ali depois de ter aprendido a arte da irrigação.

*Esquerda.* "Dançadores", baixo-relevo entalhado em uma lousa de Monte Albán. Para os zapotecas um corpo humano desnudo em posição contorcida simbolizava um prisioneiro morto. Mais de trezentas dessas lousas, alinhadas em forma de L, comemoram a conquista. Trata-se de uma das estruturas das mais antigas de Monte Albán. Nos últimos tempos do assentamento, mais de cem lousas foram utilizadas, sem cerimônia alguma, como material para a construção de novos edifícios.

*Direita.* Cabeças alongadas, olhos vigorosamente emoldurados, nariz fino e posturas estáticas são características das figuras de terracota oca encontradas em "Ameca Gris", Jalisco. Típica das oferendas funerárias do oeste do México, há ingentes quantidades de representações quixotescas de pessoas e animais, que são perfeitamente conhecidas pelos museus e as coleções privadas, já que lamentavelmente os saqueadores limparam, de fato, as tumbas antes que pudesse ser realizado um verdadeiro trabalho arqueológico.

Até 1966 não se conhecia em Guerrero nenhum assentamento que com certeza fosse olmeca. Porém, em julho desse ano, Gillet Griffin, da Universidade de Princeton, e Carlo Gay, um industrial italiano aposentado, descobriram as notáveis pinturas da caverna de Juxtlahuaca, há décadas conhecidas, mas sem que se tivesse determinado o que eram: olmecas. Juxtlahuaca situa-se no meio das colinas ressecadas do centro-oeste de Guerrero, e é uma caverna em declive com 1,25 km, que se estende abaixo de uma colina. As pinturas ocupam dois compartimentos próximos ao extremo da caverna, e provavelmente foram o centro de um ritual relacionado com o culto dos mortos e do mundo subterrâneo. A pintura principal representa o que parece ser um prisioneiro medroso aos pés de um imponente governante olmeca, com barba preta e túnica com listras horizontais, polainas de jaguar e braços cobertos. No compartimento final aparece uma grande serpente, pintada de vermelho, sobre uma pedra que sobressai do muro da caverna. As faixas cruzadas do olho e o penacho de plumas verdes sobre a sua cabeça, fazem do animal uma das divindades mais antigas e importantes da Mesoamérica: a serpente emplumada.

Sobre a primazia da civilização olmeca na "região central" não há nenhuma discussão: foi a primeira sociedade complexa da Mesoamérica. Objetos e influências olmecas foram encontradas por toda parte, desde o México central até a Costa Rica. Já fosse por emulação ou conquista, por motivos comerciais ou por afã missionário, o certo é que o exemplo olmeca de uma sociedade governada por uma classe minoritária e dedicada ao culto dos deuses e dos antepassados foi convertida em norma em muitas zonas fora da região central.

Parece que algumas dessas zonas, como o vale de Oaxaca, tiveram um desenvolvimento autóctone, enquanto que outras, como as dos maias primitivos, parecem ser descendentes diretos dos olmecas.

**A primitiva civilização zapoteca**

O Monte Albán é um sítio arqueológico no alto de uma colina, situada no ponto em que convergem os três braços do vale de Oaxaca, e que foi o centro do poder militar, cultural e político zapoteca, desde o seu aparecimento por volta de 500 a.C. até a sua decadência depois de 800 d.C. Seus primeiros governantes nivelaram seu cume numa série de amplas praças durante o formativo médio, que corresponde à fase I do Monte Albán. A plataforma de um templo está decorada com uma série extraordinária de blocos de pedra com baixos-relevos; são figuras nuas de homens em baixo-relevo, porém de volume arredondado, com os olhos fechados, a boca aberta e, freqüentemente, com os genitais mutilados, dos que flui sangue à semelhança de flores. Conhecidos há muito tempo como "dançadores", não há dúvida de que são retratos reais de governantes mortos nas guerras da conquista do Monte Albán. Relacionados a eles existem alguns hieroglíficos que provavelmente devem indicar seus nomes, com umas inscrições mais elaboradas que incluem dados sobre o sistema do ciclo completo de 52 anos. É o primeiro tipo de escrita da Mesoamérica, já que somente no fim da sua expansão os olmecas utilizaram uma escrita muito rudimentar. É possível que os zapotecas fossem os inventores tanto da escrita como do calendário mesoamericano.

O Monte Albán II é uma ocupação do assentamento no fim do formativo, que desenvolve a herança do Monte Albán I.

A estrutura mais notável do período é a construção J, um monumento de pedra em forma de ponta de flecha gigantesca, com escuros corredores internos, construídos segundo o princípio da abóbada maia ou arco "falso". O Monte Albán II esteve mais marcado pela expansão conquistadora do que a fase I, incluindo a região de Cuicatec. Esses triunfos foram celebrados em blocos de pedra fixados aos muros do edifício, com inscrições hieroglíficas que dão o nome da cidade conquistada e a data da sua conquista.

Justamente a "arte da conquista" poderia ser a expressão adequada para a escultura do Monte Albán pré-clássico, quando os zapotecas consolidaram um dos mais vastos Estados da Mesoamérica primitiva.

Dainzú, no sudeste da cidade de Oaxaca, apresenta um estilo escultórico muito similar no período do Monte Albán II; só que não permanece nos prisioneiros, mas nos jogadores de bola vestidos com uniformes protetores (a bola de borracha usada no jogo era sólida e muito perigosa), que incluíam um gorro parecido ao elmo das justas da Europa medieval. Apesar do que, algumas das figuras podem muito bem ter morrido no referido jogo.

## AS CULTURAS DAS TUMBAS NO OESTE DO MÉXICO

Alguns dos objetos mais freqüentes nas coleções de museus de arte pré-colombiana são as grandes figuras ocas de argila, que representam homens e animais e que procedem do oeste do México. Estão executadas num estilo naturalista e vivo que ganha a simpatia daquele que as contempla. Parece que todas essas figuras procedem de tumbas dos estados ocidentais de Colima, Nayarit e Jalisco; porém, nenhum arqueólogo profissional pôde escavar e catalogar uma tumba intacta, ainda que tenham sido descritas algumas saqueadas.

As tumbas eram cavadas sob a terra, no solo de tufo vulcânico, e a elas se chegava através de profundos poços.

Como os predadores não tinham interesse pelos esqueletos, estes freqüentemente continuaram no lugar, proporcionando uma prova clara de que uma tumba – às vezes com múltiplas câmaras — foi utilizada para os sepultamentos de uma família ou linhagem durante um considerável período de tempo.

Dada à falta de informação arqueológica sobre tais tumbas e sobre as figuras de argila, não sabemos sua datação exata; porém, é provável que todas pertençam à última parte do período formativo. As mais antigas são,

provavelmente, as chamadas "chinescos" de Nayarit. Igual a todas as figuras mais ou menos humanas da zona, parece que se tratam de casais homem-mulher (que talvez representem os antepassados), porém, estão admiravelmente estilizadas, com os olhos rasgados, corpos sentados e muito alongados.

No último estilo Nayarit há guerreiros, grupos completos de povoados com casas, pessoas e até templos, bem como quadras completas para o jogo de bola, com jogadores e espectadores.

No plano estilístico, as figuras mais impressionantes são as procedentes de Colima, que apresentam os humanos ocupados numa grande variedade de atividades (como o transporte de cargas de cerâmica para o mercado), acompanhados de seus cachorros. Estes eram de uma raça especial, engordada com milho e que no México antigo era empregada como fonte de proteína.

Durante muito tempo acreditou-se que a escultura funerária do oeste do México era uma arte de natureza morta, que representava a vida cotidiana de um modo que pudesse divertir no além os mortos aos que honrava. Contudo, recentemente o antropólogo Peter Furst pôs em dúvida essa interpretação, sugerindo que essa arte, basicamente funerária, tem dois temas importantes: o xamanismo e o mundo dos mortos. Os chamados "guerreiros", por exemplo, estão de fato, numa posição que era a efetivamente adotada pelos xamãs do Novo Mundo

*Direita.* **Culturas funerárias do oeste do México**
São conhecidas milhares de grandes figuras em cerâmica, descobertas nas tumbas profundas escavadas através de poços na pedra vulcânica de tufo, que existe nos estados ocidentais mexicanos de Colima, Jalisco e Nayarit. Acredita-se que essas tumbas, geralmente com várias câmaras, serviram de sepultamento para famílias inteiras ou clãs. Nunca puderam ser datadas de maneira satisfatória, porém, provavelmente, devem ser do final do período formativo.

As figuras sepulcrais de Colima são de uma perfeição excepcional, e com freqüência representam guerreiros brandindo clavas e espadas. Foi sugerido que poderiam ser xamãs em atitude de luta para enfrentar os maus espíritos ou aos xamãs rivais.

Jalisco é um estado muito grande, cuja arqueologia começa a ser desenvolvida. As figuras de suas tumbas apresentam uma grande variedade de estilos e podem abranger um longo período de tempo.

As figuras funerárias mais antigas são provavelmente as de Nayarit, em estilo "chinesco". Nas mais recentes desse estado na maioria das vezes aparecem casais de homem-mulher; o que provavelmente sugere que a maior parte da arte funerária do oeste mexicano está relacionada com figuras ancestrais. A escultura funerária mais atual do referido estado reproduz casas individuais de dois andares e até aldeias inteiras, às vezes com dezenas de figurinhas ocupadas em todos os tipos de atividades. Também são conhecidas cenas de pátio de bola realizadas em argila.

quando numa batalha, enfrentavam os espíritos maus ou outros xamãs, enquanto os grupos da casa de dois andares de Nayarit retratam, segundo parece, o mundo superior dos vivos e o mundo inferior dos mortos.

Também é de se destacar que os cachorros, segundo a crença mesoamericana, eram os que conduziam as almas de seus donos, através da sua versão da lagoa Estigia, na espantosa viagem até o mundo inferior.

Por mais insatisfatórios que sejam nossos conhecimentos atuais, por meio de tais figuras podemos conseguir uma visão quase única do mundo primitivo mesoamericano.

## A TEOTIHUACÁN CLÁSSICA E SEU IMPÉRIO

A relativa obscuridade e o atraso cultural em que havia caído o vale do México depois da decadência da influência olmeca, experimentaram uma drástica mudança no começo da era cristã com a ascensão de Teotihuacán.

A fundação desta cidade, a maior da América antes da conquista, marca o começo do período clássico na Mesoamérica, pelo menos no que diz respeito ao México central. (O período clássico prolonga-se por mais de dois séculos nas terras baixas dos maias).

Não houve cidade, Estado ou cultura que exercesse uma influência maior sobre o resto da Mesoamérica do que Teotihuacán; nem os olmecas, os toltecas ou mesmo os astecas. Por isso, é potencialmente certo que Teotihuacán foi a capital de um império mais poderoso, inclusive, do que o asteca. O que não quer dizer que não houvesse entidades independentes dentro de seu território (como as houve, de fato, entre os astecas). Os zapotecas do Monte Albán, por exemplo, parece que conservaram sua integridade política e que conviveram, via diplomática, com os teotihuacanos, porém sua cultura não deixa de refletir a trilha de Teotihuacán.

### A cidade de Teotihuacán

A grande metrópole estende-se no vale de Teotihuacán, uma planície bem irrigada na parte nordeste do vale do México, onde o rio San Juan e seus afluentes desembocam no lago de Texcoco. Às vantagens agrícolas desta região favorecida somam-se algumas fontes caudalosas e perenes que, junto com outros arroios menos seguros, ofereciam boas possibilidades de irrigação. William Sanders e seus colegas durante muito tempo defenderam a idéia de que Teotihuacán foi uma civilização de irrigação ou "hidráulica"; porém, por desgraça, as provas evidentes da existência, nessa época remota, de canais no vale são realmente escassas.

A cidade é um dos sítios arqueológicos do Novo Mundo melhor escavados e mais pesquisado.

Boa parte desses trabalhos foi levada a cabo por René Millon, da Universidade de Rochester, que dirigiu o Teotihuacán Mapping Project. Agora sabemos que a zona urbanizada de Teotihuacán cobre mais de 20 km$^2$. Enquanto que na parte noroeste há algum assentamento do formativo tardio, a maior parte parece ter sido levantada e disposta em forma de grade mediante uma massiva operação. Somente cabe fazer conjeturas sobre o censo de sua população, porém pode-se pensar, razoavelmente, que esteve entre os 125.000 e os 250.000 habitantes, fazendo de Teotihuacán uma cidade muito maior do que a maioria das cidades do Velho Mundo naquela época. A unidade modular básica do plano urbano de Teotihuacán foi a moradia quadrada, de 50-60 m de largura, de um andar, rodeada por um alto muro exterior. Dentro dos recintos mais opulentos, na maioria das vezes localizados mais perto da Avenida dos Mortos que os outros, as salas e os dormitórios com teto davam para espaços abertos parecidos com os átrios romanos, e geralmente estavam ladeados por baixas plataformas feitas de tábua nas que se podiam realizar as cerimônias da família ou do clã. Entre esses complexos residenciais da classe alta ou média, as paredes interiores estavam decoradas com figuras e cenas muito repetitivas da sua mitologia de linhas estilizadas. A mais famosa dessas representações é o chamado Paraíso de Tlaloc, no palácio de Tepantitla, que se supõe representa o céu para o qual iam os que morriam pela água (como as mortes por inundações, descargas de raio ou hidropisia); porém, é mais provável que se trate de um reino presidido pela deusa aranha, cujo culto estava muito difundido. A multidão de figuras que dançam e brincam numa paisagem de árvores, flores e mariposas tornou-se justamente famosa.

Longe das residências elegantes do centro da cidade estavam as moradias menos impressionantes dos artesãos e dos pequenos comerciantes. As escavações demonstraram que tiveram que ser muito parecidas às aglomerações das cidades tradicionais da Europa ou do Oriente Próximo em tempos medievais, com diminutos quartos, enormes aglomerações e ruelas miseráveis.

Dentro da cidade foram descobertas centenas de oficinas de obsidiana, um dos recursos locais mais importantes, indispensável como material para instrumentos cortantes na Mesoamérica antiga. Teotihuacán controlava algumas das mais importantes jazidas de obsidiana. A cidade também produzia uma cerâmica seleta, que era exportada para toda a área mesoamericana, e especialmente para a zona maia. Típicas amostras da excelente cerâmica de Teotihuacán, imitada e até importada por minorias estrangeiras dentro da órbita cultural teotihuacana, são os cilindros montados sobre trípodes com tampa.

Muitas vezes aparecem estucados ou pintados com cenas mitológicas no estilo mural da metrópole. Delicadas laranjas de louça, produzidas talvez no moderno estado de Puebla, são outra prova da influência da cidade sobre o resto da Mesoamérica, sendo assim que aparecem entre as oferendas com as quais se honravam os mortos em pontos tão distantes como a zona maia.

### A economia e a cultura de Teotihuacán

Uma primeira questão que os mesoamericanistas levantam é qual foi a base econômica que deu origem a Teotihuacán e lhe permitiu afiançar seu domínio avassalador.

Pela agricultura, o vale de Teotihuacán nunca poderia ter mantido uma população tão numerosa como a que habitava a cidade antiga, nem sequer com a prática da irrigação. Contudo, nos mapas de Millon há indicações de chinampas numa seção de Teotihuacán. Nos tempos astecas, as chinampas (as mal chamadas "hortas flutuantes") eram quadros retangulares de terra, deixados pela abertura do canal nas margens pantanosas do grande lago, e que eram fertilizados com a aplicação de esterco e vegetação das lagoas. Alcançaram uma incrível fertilidade e chegaram a ser "a cesta do pão" para a capital asteca.

As chinampas ainda sobrevivem na zona de Xochimilco, ao sul da Cidade do México. É curioso que o sentido da rede de canais de Xochimilco seja exatamente o mesmo que o de Teotihuacán, e é provável que a base de subsistência da antiga cidade, incluindo todo o vale do México, se apoiasse nas suas chinampas.

Não há dúvida de que Teotihuacán manteve estreitos laços comerciais com o resto da Mesoamérica. Milhares de artesãos produziam lâminas, facas, pontas de flecha e

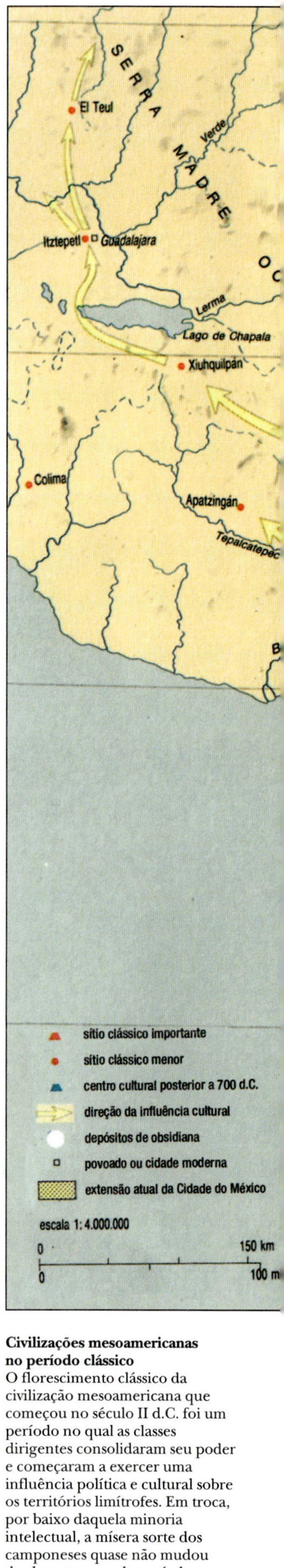


**Civilizações mesoamericanas no período clássico**
O florescimento clássico da civilização mesoamericana que começou no século II d.C. foi um período no qual as classes dirigentes consolidaram seu poder e começaram a exercer uma influência política e cultural sobre os territórios limítrofes. Em troca, por baixo daquela minoria intelectual, a mísera sorte dos camponeses quase não mudou desde os tempos do período formativo. Nenhum centro usufruiu um triunfo maior que Teotihuacán, que cresceu até desenvolver uma ampla rede comercial através de grande parte da Mesoamérica, incluindo as terras maias. Com as transações

comerciais chegou o intercâmbio cultural: a arte dos teotihuacanos influenciou os estilos de outras civilizações que surgiram naquela época, enquanto que Teotihuacán recebia a influência dos estilos da costa do Golfo e do Monte Albán, pelo menos em seus estágios iniciais. Quando Teotihuacán decaiu no século VII, começaram também a mudar as relações das terras altas mexicanas com os maias, que até então haviam dominado os primeiros. As provas proporcionadas por assentamento como os de Cacaxtla e Xochicalco — assim como o período tardio de Monte Albán — revelaram uma poderosa presença maia no período que se seguiu ao colapso de Teotihuacán.

outros instrumentos de uso cotidiano, feitos de obsidiana, destinados ao comércio exterior. A matéria-prima procedia das minas de Pachuca, que ofereciam uma esverdeada e fina obsidiana, e estavam sob o controle de Teotihuacán. As pesquisas arqueológicas demonstraram que mercadores estrangeiros e, talvez, também artesões, residiam na grande urbe. O projeto Millon revelou um bairro inteiro de Oaxaca repleto de seus ídolos zapotecas de louça cinza e as escavações suecas da década de 1930 descobriram em outro setor da cidade uma cerâmica policromada do início do clássico maia, feita nas terras baixas de Petén.

É preciso chamar a atenção para o fato de que, embora muitos sejam os hieroglíficos dispersos por Teotihuacán, quase na sua maioria com dados de calendário, não aparecem documentos escritos daquela civilização. Assim, qualquer reconstrução das formas de governo e da sociedade em Teotihuacán tem de ficar no terreno das meras conjeturas. O modo de reconstruí-las depende da disposição que a gente tenha para projetar o modelo asteca de império no passado remoto, para o que contamos com detalhada documentação.

Foram os astecas, por meio dos toltecas, os herdeiros culturais de Teotihuacán? Os teotihuacanos falavam uma forma ancestral de nahua ou náhuatl, que era a língua asteca? Sabemos que o Estado asteca foi um império de conquistas, e que o principal apoio de sua economia não foi tanto a produção direta de alimentos e outros artigos necessários, mas a obtenção de pesados tributos que arrancavam à força das populações subjugadas e que resistiam

# Teotihuacán

*Direita.* Planta do centro cerimonial de Teotihuacán. A vista aérea e da superfície do projeto cartográfico de Teotihuacán identificou mais de 5.000 construções, das quais 2.300 foram residências. A intensa atividade de construções foi iniciada por volta de 400 d.C., quando a cidade adotou a forma que ira conservar até a sua destruição.

*Abaixo.* Destaca-se a pirâmide do Sol pelo oeste sobre um grande conjunto de construções. Acreditava-se que os montículos que recobrem esse eixo norte-sul, em sua maioria sem escavar até a década de 1960, continham sepultamentos; daí sua falsa denominação de Avenida dos Mortos. Contudo, os arqueólogos descobriram plataformas, que se acredita foram bases de templos e espaços em que os sacerdotes desenvolviam seus rituais. As construções frontais à pirâmide podem até ter sido a moradia dos próprios sacerdotes. A montanha dominante de Cerro Gordo serve como pano de fundo dramático à Pirâmide da Lua, e foi, sem dúvida, o ponto focal para o alinhamento da avenida principal.

O eixo principal de Teotihuacán é a Avenida dos Mortos, que segue na direção norte-sul (de fato, está orientada para 15°03' a este do Norte Verdadeiro, ao que parece por razões astronômicas). A fotografia aérea revelou a existência de uma avenida este-oeste em ângulo reto com a principal. O centro da cidade, situado entre as referidas avenidas, estaria diante do grande recinto quadrado, que talvez fosse o palácio real, e que se conhece como Ciudadela. Teotihuacán estava, dessa forma, dividida em quadras, como os que sabemos existiram na capital asteca de Tenochtitlán, muito posterior.

A construção mais imponente de Teotihuacán — que pode ser vista a vários quilômetros de distância — é a Pirâmide do Sol. Os túneis abertos pelos arqueólogos nas últimas seis décadas demonstraram que uma boa parte foi construída no fim do formativo tardio, por trabalhadores que colocaram milhões de adobes e de cestos com entulho. Na sua forma final, se elevava sobre quatro grandes fileiras de pedra até um cume de 70 m de altura, sobre o qual, provavelmente, se erguia a estrutura de um templo adintelado. Não sabemos se esse templo esteve dedicado ao culto do Sol, como quer a tradição asteca; porém, uma recente descoberta sugere porque a pirâmide foi ali levantada. Ficou demonstrado que era uma caverna natural, ampliada pelos antigos até convertê-la numa câmara em forma de trevo, e à qual, por um túnel, se chegava até o ponto que fica justamente embaixo do verdadeiro centro da pirâmide.

Por razões histórico-etnográficas foi sugerido que os primitivos teotihuacanos poderiam tê-lo considerado como um "lugar de emergência" sobrenatural, uma espécie de caverna-matriz, da qual surgiram os antepassados das tribos. Já que a Pirâmide do Sol não somente é a estrutura ritual mais antiga, mas também a mais ampla da cidade, isso também poderia explicar porque a própria cidade foi ali levantada e não em qualquer outro ponto do vale do México.

No lugar há outras importantes construções rituais. A Pirâmide da Lua, que não é tão imponente como a do Sol, está localizada no extremo setentrional da Avenida dos Mortos. Como muitas das construções importantes de Teotihuacán, seu exterior oferece um motivo arquitetônico tipicamente teotihuacano: um entablamento retangular, emoldurado com argamassa inclinada. Todos os exteriores são recobertos por argamassa espessa e branca, e habitualmente eram decorados com cenas mitológicas pintadas de vermelho ou policromadas.

Já nos referimos à Ciudadela. Basicamente, tratava-se de um pátio amplo e fundo, perto de cujo centro encontrava-se o imponente templo de Quetzalcoatl, uma pirâmide com entablamento de alvenaria, com quatro lados, sobre a qual se alternam austeras figuras em relevo de serpentes emplumadas com serpentes-fogo, expressando a oposição básica entre o verdor e a vida, de um lado, e os quentes e ardentes desertos do outro.

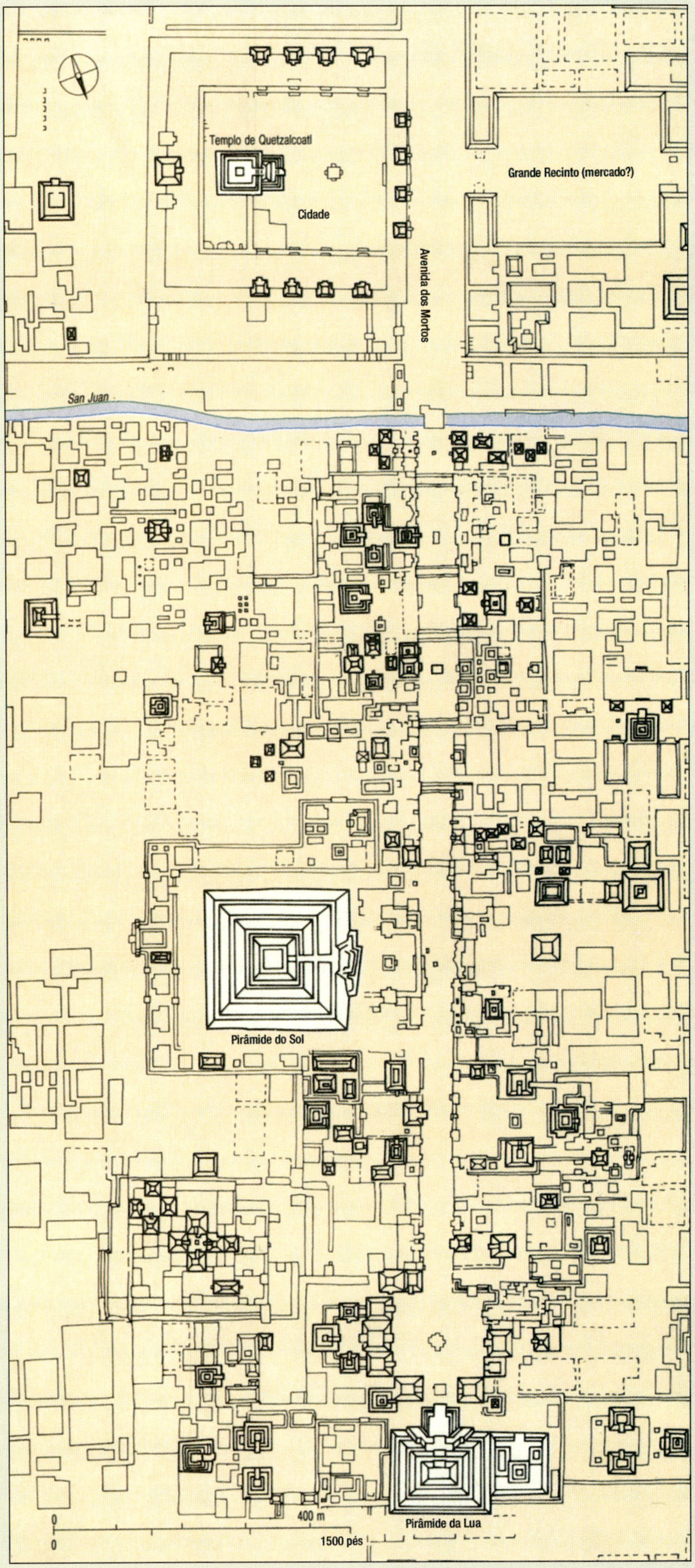

*Acima.* As máscaras de pedra e terracota são características entre os artefatos de Teotihuacán. De tamanho natural ou um pouco menores, podem ter sido aplicadas às múmias. Talvez tivessem o propósito de retratar, e pela configuração e dimensão faciais são reconhecidas como sendo de Teotihuacán. Proporções similares existem nas figurinhas e incensários de terracota, que foram produzidos em enormes quantidades, e também nesta máscara de jade.

*Abaixo.* A reprodução mais naturalista de uma águia, datada de um período anterior ao da pintura do mural, repete-se na base da plataforma do templo das Conchas Emplumadas.

*Ao pé da página.* Este vaso em forma de tripé, estucado e pintado, reproduz a cabeça de um jaguar emplumado, tema freqüente na arte de Teotihuacán.

# O jogo de bola mesoamericano

O jogo de bola foi, em princípio, pan-mesoamericano. Era jogado com uma bola grande e sólida de caucho, num pátio especialmente construído, entre duas equipes opostas. As quadras mais antigas remontam aos tempos olmecas, e eram estruturas simples, com forma de pilão, entre muros de terra. Do período clássico foram encontrados por toda a Mesoamérica pátios de alvenaria com superfícies inclinadas, exceto em Teotihuacán, onde os setores afundados da Avenida dos Mortos podem ter desempenhado o mesmo papel.

Ainda que a bola não pudesse ficar na mão durante o jogo, e os melhores lances se faziam com o quadril, é pouquíssimo o que sabemos das regras e de como se ganhavam os pontos. O equipamento protetor dos jogadores incluía um cinto largo e pesado de madeira e couro, protetores dos quadris e dos joelhos, luvas e, em algumas zonas, também capacetes. Apesar de tudo isso, o jogo era muito perigoso pela velocidade e peso da bola.

O jogo de bola não era uma simples competição atlética. A própria quadra era um diagrama cosmológico e a bola simbolizava o Sol. O jogo estava profundamente imbuído da estatuária da morte e do sacrifício, e as cerimônias subseqüentes ao jogo parecem ter incluído o sacrifício dos perdedores.

*Acima esquerda.* Painel em relevo de uma quadra no El Tajín. O capitão da equipe perdedora é colocado em uma pedra sacrifical e um dos vencedores afunda uma faca no peito do derrotado.
*Extremo esquerdo.* "Canga" de diorito, pertencente à cultura clássica do centro de Veracruz. As cangas eram réplicas em pedra dos cintos protetores de madeira e couro que os jogadores de bola usavam nas cerimônias posteriores ao jogo.
*Centro esquerda.* Palma de basalto que reproduz um prisioneiro amarrado. Cultura clássica de Veracruz central. As "palmas" eram pedras espatuladas colocadas na testa dos portadores de cangas nos rituais posteriores ao jogo de bola.
*Esquerda.* Machado de basalto ou pequena cabeça de pedra, que representa um condor. Os "machados" eram usados como as palmas na testa das cangas.

*Acima.* Ilustração de um vaso do clássico tardio, procedente da zona maia central. Dois competidores lançam-se uma bola de caucho, de proporções exageradas, diante de uma superfície escalonada e destinada ao jogo. Pode ser a ilustração de uma cena do *Popol Vuh* (a epopéia dos maias quichés), na qual dois pares de gêmeos revezam-se para jogar uma partida de bola com os senhores do mundo inferior.
*Esquerda.* A quadra em forma de I de Xochicalco, em Morelos, México. Final do período clássico. É uma das primeiras quadras com argolas nos muros verticais em cima das superfícies do jogo. Segundo uma remota tradição, o jogador que enfiasse a bola através de uma argola não só ganhava o jogo, mas também obtinha os vestidos e jóias dos espectadores.

a tais gravames. Os indícios do "horizonte Teotihuacán" na Mesoamérica sugerem, em boa parte, o mesmo estado de coisas, ainda que numa escala muito maior.

Porém, o Estado de Teotihuacán não só foi movimentado pelas forças econômicas, como também era guiado por uma ideologia.

Os olmecas tiveram seus deuses, que nós somente podemos identificar, de uma maneira muito indireta, comparando-os com as divindades mesoamericanas posteriores, porém, em Teotihuacán nos deparamos com deuses perfeitamente reconhecíveis em termos dos sistemas religiosos posteriores da Mesoamérica, e em concreto, o asteca. Aqui estão presentes Tlaloc, o deus da chuva; Chalchiuhtlicue, a deusa da água e esposa de Tlaloc; Mictlantecuhtli, senhor do mundo inferior; Quetzalcoatl, a serpente emplumada, e toda uma multidão de divindades, que formavam parte do culto estatal de Teotihuacán.

Como o erudito Ignácio Bernal destacou, em Teotihuacán nos encontramos na presença da primeira cultura totalmente mesoamericana.

### A queda de Teotihuacán

No século VII d.C. terminou a hegemonia cultural do Estado de Teotihuacán na Mesoamérica. Por falta de documentos escritos é difícil saber com certeza as causas que determinaram o desaparecimento dos Estados antigos.

George Vaillant, já falecido, supôs que a causa poderia ter sido a degradação do ambiente, pelo desmatamento massivo das terras altas mexicanas.

As ingentes quantidades de gesso e argamassa usadas na construção de Teotihuacán poderiam ser produto da queima de incalculáveis quantidades de madeira.

Contudo, uma coisa é certa: grande parte da cidade foi destruída pelas chamas, devido a uma invasão ou insurreição interna. Os indícios mais convincentes da segunda possibilidade estão nas zonas mais elitistas, que ladeavam a Avenida dos Mortos. O impressionante palácio da Mariposa-Quetzal, no lado ocidental da praça fronteiriça à pirâmide da Lua, foi queimado e destruído. Apesar disso, durante todo o período asteca, as pessoas continuaram vivendo na cidade, ao menos nos bairros que haviam escapado à destruição.

Quando os imperadores astecas faziam a sua peregrinação anual a Teotihuacán, parte da cidade já estava coberta de ruínas. Suas glórias eram lembradas somente em termos mitológicos: sua construção deveu-se aos gigantes, e a cidade alcançou tal importância que os deuses voltaram para criar o mundo no lugar onde esta se assentava.

## A CIVILIZAÇÃO CLÁSSICA DE VERACRUZ

Durante os últimos séculos antes do nascimento de Cristo, tudo o que restava da civilização olmeca sofreu transformações tão importantes, que dificilmente pode reconhecer-se como tal. Em grandes centros, ocupados durante longo tempo, como Três Zapotes, nas vertentes da cordilheira de Tuxtla, algumas tradições escultóricas olmecas foram mantidas; porém, em Chiapas e na Guatemala, os laços com a tradição protomaia de Izapán foram muito mais fortes que com a tradição olmeca mais antiga. O mais significativo é que no século I a.C. os intelectuais e a minoria culta do sul de Veracruz tinham começado a calcular as datas segundo o calendário conhecido como conta longa. Esse grande avanço também foi compartilhado pela tradição Izapán e terminou desembocando no calendário maia clássico. Contudo, o uso da conta longa desapareceu por completo depois do século VI d.C., com a única exceção das terras baixas maias.

**Cerro de Las Mesas**

Ocupado desde o formativo médio até o período pós-clássico, Cerro de Las Mesas é um sítio arqueológico num montículo mais amplo, e do qual somente existem plantas e mapas traçados por Barbara Stark, da Arizona State University. A longa seqüência arqueológica do assentamento é ainda pouco conhecida. As escavações e explorações realizadas por Matthew Stirling sugerem que seu período de apogeu foi o clássico arcaico, de 300 a 600 d.C., coincidindo com a era hegemônica de Teotihuacán. É pouco o que se sabe da arquitetura do assentamento, que foi construído principalmente com terra e argila, ainda que Cerro de Las Mesas tenha um grande número de monumentos de pedra, nenhum deles olmeca. Duas são as estelas com datas da cronologia longa que correspondem, respectivamente, aos anos 468 e 533 d.C.

Associadas às mesmas há figuras em relevo com homens sobre pernas-de-pau. Provavelmente os acontecimentos nessas datas lembrados sejam históricos.

Que os governantes de Cerro de Las Mesas, no período clássico, foram destacados colecionadores, está demonstrado pelo descobrimento fortuito de um enorme esconderijo de objetos de jade e serpentina, enterrados sob uma escada de argila. Nesse tesouro apareceram alguns objetos, como uma canoa de jade, no estilo olmeca de La Venta, entalhada com rostos de homens-jaguar; coluninhas de jade procedentes da Costa Rica e placas e pingentes também de jade do clássico primitivo maia. Cerro de Las Mesas, como outros sítios arqueológicos de Veracruz central no começo do período clássico, era caracterizado pelas figuras de cerâmica de suas divindades, grandes e ocas, entre as quais singularmente se destaca um ídolo andrógino do velho deus do fogo.

El Tajín e a civilização clássica de Veracruz Se existe um traço que possa definir a civilização clássica de Veracruz é, sem dúvida, o jogo de bola, altamente ritualizado, que tem profundas raízes na cultura olmeca.

Na costa do Golfo, esse jogo pan-mesoamericano esteve intimamente associado aos sacrifícios humanos e ao mundo infernal, e talvez implicasse na imolação do capitão da equipe perdedora.

Três tipos de objetos de pedra são particularmente freqüentes nas coleções da Veracruz clássica, e pôde ser demonstrado que os três estavam associados com o jogo de bola. O primeiro é a "canga" de pedra, um objeto em forma de U que representa o cinto protetor de lã e couro usado na cintura durante o jogo.

O segundo é o machado ou "fina cabeça de pedra", e o terceiro, a palma ou "pedra em forma de palma". Qualquer destes dois últimos poderia estar sobre a parte frontal da "canga" durante as cerimônias e sacrifícios depois do jogo. Tais objetos são abundantemente adornados com motivos mitológicos do mundo inferior sobre um fundo de volutas entrelaçadas e levantadas nas bordas, que constituem a marca característica da arte de Veracruz central durante o período clássico, onde quer que tenham sido encontradas.

Na literatura, esse estilo está freqüentemente associado aos totonacas, e pode ser significativo que esses índios reivindicassem a autoria da construção de de Teotihuacán. Alguns dos relevos em pedra de Veracruz central são conhecidos por Teotihuacán, bem como a plataforma de um templo perto da Avenida dos Mortos, adornada com murais policromáticos, em que aparecem os motivos de volutas de Veracruz.

O "sítio arqueológico modelo" da civilização clássica de Veracruz é El Tajín, no país dos totonacas, no centro-norte de Veracruz, uma região fértil de colinas baixas e

# El Tajín

*Acima.* O deus da morte emerge do desenho de uma intricada grega; é um monumento encontrado nas escadas de uma construção de El Tajín.

*Direita.* A Pirâmide dos Nichos (18 m de altura), é, provavelmente, o edifício mais antigo de El Tajín e está datado por volta de 600 d.C. Trezentos e sessenta e cinco nichos, de 0,6 m de profundidade, recobrem os quatro lados da pirâmide, criando um forte jogo de luzes e sombras sob o céu tropical de Veracruz.

*Abaixo.* Vista de El Tajín, com a Pirâmide dos Nichos no centro, rodeada de pirâmides e quadras. Tajín Chico, uma seção de construções mais recentes, com diferente orientação, fica ao norte. Formado em grande parte por montículos sem escavar, o centro cerimonial mal ocupa 60 hectares de uma zona arqueológica de 950. Sabe-se que pelo menos 12 dos montículos eram jogos de bola, o que representa a cifra mais alta de todos os identificados nos sítios arqueológicos da Mesoamérica. Quase não conhecemos a cronologia de El Tajín , porém, o assentamento de Veracruz deve ter alcançado seu apogeu no final do período clássico.

A mais notável construção em El Tajín é a Pirâmide dos Nichos, uma pirâmide escalonada de quatro lados, com uma escadaria na face este e 365 nichos.

A lenda situa, em cada nicho, um ídolo correspondente a cada dia do ano. Outros edifícios de El Tajín, talvez palácios ou construções administrativas, possuem tetos em açotéia de cimento sólido. Na arquitetura de El Tajín, o motivo decorativo predominante era a grega escalonada, que talvez representasse as nuvens de chuva.

São três, pelo menos, as quadras de pedra conhecidas em El Tajín. A maior tem três relevos em pedra sobre cada muro frontal, todos realizados com o entrelaçamento de espirais, típico de Veracruz; só que o tema está longe de ser meramente decorativo.

Nas quadras há cenas de sacrifícios humanos, com os participantes exibindo o regulamento de "cangas" e palmas. Outro relevo mostra um deus jorrando sangue pelo pênis, num ato de auto-imolação típico da Mesoamérica.

Na medida em que se estudou seriamente a iconografia clássica de Veracruz, claro está que prova as estreitas relações com a ideologia da minoria clássica maia sobre o mundo inferior.

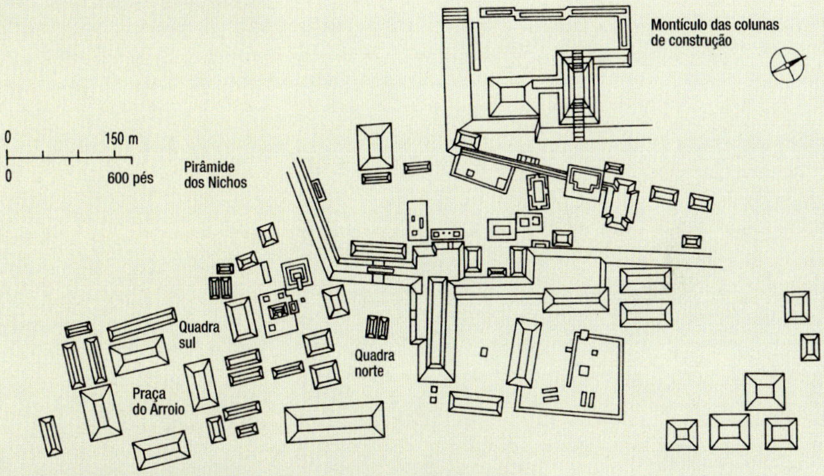


*Acima.* O montículo das colunas de construção domina a praça de Tajín Chico. Denominada assim pelas seis colunas feitas com discos de pedra de 25 cm de espessura — recurso arquitetônico único em El Tajín —, a construção é provavelmente da fase final.

*Esquerda.* Painel sul-ocidental (1,7 m de altura por 2 m de largura) da quadra do sul. A figura central do homem-pássaro eleva seus braços sobre uma figura inclinada e destinada ao sacrifício, e está rodeada por músicos com instrumentos de percussão. Por cima da cena sacrifical emerge entre as volutas uma figura esquelética. O jogo de bola e os rituais de sacrifício, apresentados no estilo narrativo sobre painéis entalhados em pedra, decoram as principais construções de El Tajín.

conhecida por sua produção de baunilha. Constitui um vastíssimo conjunto de arquitetura em pedra, que em grande parte, pertence ao final do período clássico (600-900 d.C.) e que lembra alguns dos grandes centros clássicos das terras baixas maias.

**Veracruz e Teotihuacán**

A presença da cultura teotihuacana não é tão patente em Cerro de Las Mesas e em El Tajín, talvez por falta de uma moderna escavação nesses sítios arqueológicos. Porém, no montículo e sítio arqueológico de Matacapán, na cordilheira de Tuxtla, há provas de que os teotihuacanos estabeleceram um posto na beirada do caminho, talvez um posto de correio que regulava o comércio a longa distância. No começo do período clássico, construíram algumas plataformas com terra e lodo, segundo o estilo arquetípico de tábuas e reboco, que com toda exatidão anunciam as plataformas funerárias dos nobres num dos mais distantes postos marginais: Kaminaljuyú, no altiplano da Guatemala.

**A cultura de Remojadas**

Grupos de montículos ornamentam as terras baixas de Veracruz central. Ainda que somente uns poucos foram pesquisados de acordo com a arqueologia, é provável que muitos possam ser atribuídos ao período clássico. Em vários desses montículos apareceram figuras funerárias de argila, que se referem ao estilo Remojadas, e estão decoradas com pintura de betume, prolongando-se desde fins do formativo até o início do período pós-clássico (depois de 900 d.C.).

*Acima.* Menino mostrando os dentes: uma das muitas figurinhas de Remojadas em Veracruz central. A expressão exuberante confere um forte realismo ao estilo, mesmo que o desenho incorpore traços geométricos. O significado de tais figuras ainda aguarda uma explicação. Outras esculturas de Remojadas incluem guerreiros, jogadores de bola, enamorados e animais.

# Monte Albán

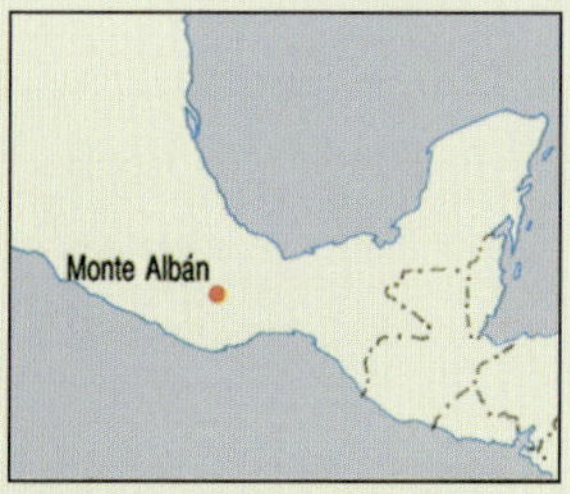


*Abaixo.* A estela 6 apresenta um homem amarrado, em pé, diante de um glifo. Da sua boca sai um rolo escrito. É uma das 16 estelas recuperadas, pertencentes ao período III (100-600 d.C.) e nas quais aparecem prisioneiros ou conquistadores. As provas de um primitivo sistema de escrita relacionados com a conquista não são anteriores ao período I (500-200 a.C.).

No período clássico, Monte Albán foi um importante centro de culto, construído de pedra e dotado de praças, terraços, plataformas de templos e uma pirâmide muito grande (ainda sem escavar). As plataformas parecem ter sustentado templos pouco elevados, sobre vigas e com tetos em açotéia, um estilo parecido ao de Teotihuacán, ainda que com diferenças nos detalhes do entablamento.

No decurso das escavações mexicanas da década de 1930, Alfonso Caso e seus colegas descobriram 170 tumbas subterrâneas no Monte Albán, a maioria do período clássico (Monte Albán III A e B), e muitas realmente suntuosas.

São muitas as estelas e outros relevos no Monte Albán clássico. Muitas estão arquitetonicamente incorporadas às plataformas. Nelas aparece um texto em boa parte ainda sem decifrar (a escrita claramente decaiu entre Monte Albán I e II). Somente as anotações do calendário puderam ser entendidas, ainda que de forma parcial: parecem ter expressado os dias em termos de um calendário de 52 anos (ou seja, em termos de um cálculo de 260 dias ao ano num ciclo de 52 anos), bem como numa "semana" de 13 dias. As datas aparecem associadas principalmente aos acontecimentos de conquista, o que é uma herança do período formativo do Monte Albán. Os prisioneiros amarrados aparecem com um símbolo que indica o nome da cidade conquistada pelos senhores de Monte Albán. O tema parece conter um assunto mais pacífico. De acordo com Joyce Marcus, representa uma procissão de emissários de Teotihuacán, levando oferendas ou dádivas para as autoridades zapotecas. Tudo parece indicar que as relações com esse poderoso império eram amistosas.

*Abaixo.* As construções na praça principal do Monte Albán surgiram no período III. A população alcançou os 20.000 habitantes. As residências, construídas sobre terraços nas ladeiras da montanha, abrigaram a maioria dos habitantes de Monte Albán. As cerimônias civis e culturais eram realizadas na praça principal. Novos edifícios foram sendo agregados ou ampliados, e eram muitas as tumbas suntuosamente decoradas e com ricas oferendas. Para o período IV, o esplendor do Monte Albán já havia desaparecido, e a população se dispersou à medida que os assentamentos do vale se converteram em importantes centros.

*Ao pé da página.* Nos sepultamentos do Monte Albán foram encontradas numerosas urnas de terracota. Aqui temos um personagem, identificado por uma máscara bucal de língua bífida. O gorro cônico (encontrado com um glifo C), o peitoral, o colar de contas e o tecido que cobre as costas combinam-se neste tipo de figura.

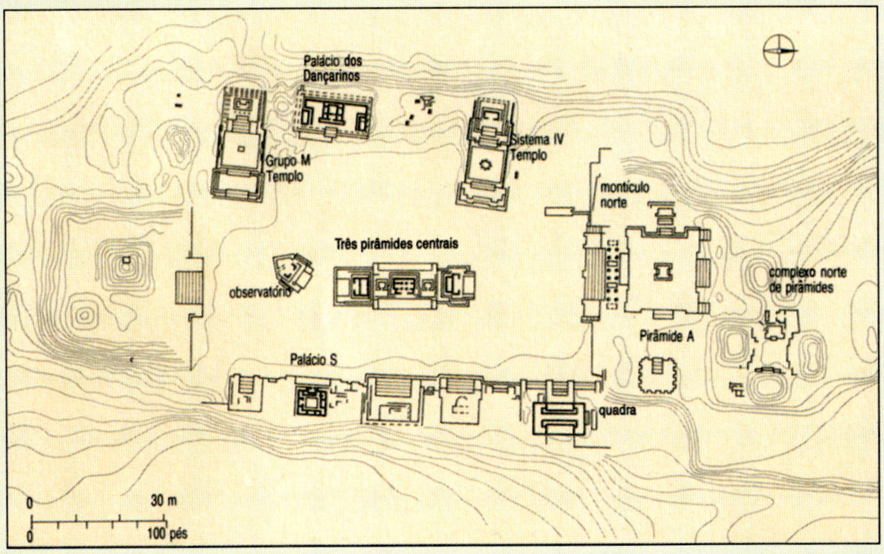


*Abaixo.* Vista do setor sul-ocidental do Monte Albán. Durante o período II (200 a.C.- 100 d.C.) boa parte do cume da montanha de 400 m de altitude foi rebaixado, e começou uma febril atividade construtora. O montículo J (aparece parcialmente à direita, datado no período II), similar a uma ponta de flecha, pode ter sido um observatório, ainda que nos seus lados alinhem-se 50 lousas entalhadas com glifos de conquista.

As mais impressionantes são certas figuras enormes e ocas de deuses e deusas, adorados pelas populações clássicas de Veracruz e pelos cihuateteos. Tratam-se de mulheres divinizadas: morreram ao dar à luz e foram convertidas em terríveis deusas guerreiras. Mais agradáveis à moderna sensibilidade são as "figuras risonhas" de rapazes e moças com um sorriso muito bobo e mãos levantadas. Não há nenhuma explicação convincente para elas, ainda que tenha se aventado a hipótese de que representam os efeitos da ingestão de alguma planta alucinógena, como certos cogumelos psicotrópicos.

É necessário continuar trabalhando na cultura de Remojadas. Suas manifestações do clássico tardio estão, em parte, sob uma forte influência maia. Também pode estar presente o elemento teotihuacano, pois o geógrafo Alfred Siemens descobriu na zona numerosas relíquias chinampas com a mesma orientação que a própria Teotihuacán (cerca de 15º a leste do Norte verdadeiro), porém ainda estão sem datar.

### Os zapotecas clássicos do Monte Albán

Os três braços do vale de Oaxaca presenciaram uma perfeita continuação entre os esplendores do formativo e do clássico no Estado zapoteca, que, pelo menos em 400 a.C., já havia se estabelecido com o assentamento do cume de Monte Albán. Durante o chamado período formativo foram poucos os centros políticos-religiosos no vale; porém, no clássico, já somavam várias centenas.

Não somente a colina proeminente sobre a que se assenta o monte Albán foi inteiramente reduzida a terraços para o fim de acolher as unidades residenciais, como também se alterou a geografia das colinas adjacentes. Foi realmente uma civilização urbana, sem que chegasse a ser totalmente igual à de Teotihuacán, porém alcançou uma urbanização notavelmente maior que a civilização contemporânea dos maias clássicos.

Recentes pesquisas arqueológicas demonstraram que os zapotecas do período clássico estenderam a irrigação às terras um tanto secas do fundo do vale, o que tornou ali possível uma considerável população.

O estudo da iconografia religiosa do Monte Albán ainda está no começo. Um dos problemas é que grande número das urnas do Monte Albán, que fazem parte de coleções públicas, são falsificações modernas (de acordo com as provas de termoluminiscência). Um dicionário espanhol dos primeiros tempos da conquista dá os nomes de algumas divindades zapotecas, porém, deve se tratar de uma lista parcial. Entre elas destaca-se Cocijo, o deus da chuva, ainda que também seja nomeado um deus do milho. Os deuses das urnas e dos murais funerários não são fáceis de identificar, porém certamente estão presentes o deus do fogo velho, o deus do milho e o deus da chuva. Também estão representadas no seu panteão algumas deidades conhecidas dos maias clássicos, como o deus jaguar do mundo inferior e uma divindade ctónica, que é o ancião Pauahtún dos maias.

A civilização clássica do Monte Albán começou a decair pouco depois do ano 700 a.C., como aconteceu com Teotihuacán; à sua decadência logo se seguiram as terras baixas maias. Nos últimos séculos do período clássico,

Monte Albán IIIB foi sucedido por Monte Albán IV, conhecido pelo extenso e importante sítio arqueológico de Lambityeco, e onde foi encontrada uma tumba de grande valor artístico, em cujo frontispício figuram as esculturas de argila de um casal de deuses anciães. É interessante que duas lousas, que sabemos foram realizadas nas terras baixas maias nos últimos séculos do período clássico, tenham sido encontradas nos depósitos de Monte Albán IV; seria um caso de intrusão maia, como os que conhecemos pelos assentamentos coetâneos nas terras altas do centro do México.

## O APARECIMENTO DA CIVILIZAÇÃO MAIA

Não há a menor dúvida de que a cultura clássica dos maias ultrapassa notavelmente as outras civilizações do Novo Mundo pré-hispânico. Os maias são, certamente, o único povo aborígine da América que pode chamar a atenção dos historiadores. Seus sucessos foram enormemente apreciados pelos estudiosos europeus e americanos, em grande parte, de acordo com os critérios ocidentais, através da sua arte enganosamente "realista". Agora sabemos que as verdadeiras premissas sobre as quais aquela arte se assentou eram totalmente alheias à mentalidade euro-americana.

Áreas decisivas para a formação da civilização protomaia foram a planície de Chiapas e Guatemala, na costa do Pacífico, e as terras altas que rodeiam a moderna cidade da Guatemala. Há aqui um grande número de sítios arqueológicos com relevos monumentais de um estilo claramente anterior à arte mais antiga das terras baixas dos maias. Algumas inscrições calendáricas na conta longa são muito anteriores às que conhecemos dos maias clássicos.

### A civilização de Izapa

Izapa é um sítio arqueológico chave para o primeiro desenvolvimento da civilização maia: encontra-se na planície de Chiapas, aberta ao Pacífico, e muito perto da fronteira guatemalteca.

Está formado por um grande número de montículos de terra revestidos com seixos de rio, e foi ocupado durante um longo tempo, desde o começo do formativo. Alcançou seu apogeu no fim do referido período, quando muitos dos monumentos de pedra foram esculpidos. Entre estes está o primeiro exemplo complexo de estela-altar, que depois seria transformado no monumento típico dos maias clássicos nas terras baixas.

O estilo dos monumentais relevos de Izapa, e dos sítios arqueológicos aparentados, é confuso e absolutamente barroco, muito diferente do estilo olmeca anterior e mais "clássico", porém certamente dele deriva.

Há complexas cenas de deuses que parecem atuar. Outras estão claramente relacionadas com o grande mito do Herói Gêmeo do *Popol Vuh* (o livro sagrado de uma das nações das terras altas maias).

Enquanto Izapa não tem em seus monumentos anotações calendáricas, nem nada escrito que delas se aproxime, foi certamente o maior centro de civilização numa área que nos tempos pós-clássicos e coloniais diferiu por sua imensa produção de grãos de cacau de alta qualidade, fonte do chocolate tão apreciado pelas populações pré-hispânicas da Mesoamérica. (A cotação do cacau chegou a ser tão alta que seu grãos foram utilizados como moeda corrente no tempo dos astecas). Provavelmente o cacau contribuiu para a precoce civilização da planície costeira do Pacífico.

### Kaminaljuyú

Provavelmente a área mais crucial para a transmissão desta civilização izapiana para os maias de Petén foi a região próxima a Kaminaljuyú, nos bairros ocidentais da moderna cidade da Guatemala. Antes da sua destruição pela desenfreada febre das construções modernas, existiam no assentamento centenas de grandes montículos-plataformas, muitos deles pertencentes ao formativo tardio, ainda que alguns eram do começo do período clássico, junto com as praças anexas.

A enormidade de alguns desses centros surpreende e desconcerta. Durante a fase Chicanel da cultura maia, no formativo tardio, El Mirador presenciou a construção da maior das arquiteturas piramidais no hemisfério ocidental, seu corpo inferior alcançando, em seu conjunto, uma altura de 70 m.

Estes enormes templos de plataforma, revestidos de estuque, apresentam um traço comum onde quer que se encontrem: as máscaras de gigantescas divindades que ladeiam as escadas de acesso.

Há também provas de que as práticas agrárias dos maias nas terras baixas, que provavelmente dependiam mais do método dos cultivos mutáveis de corte e queimada, começavam a se intensificar por essa data, pois, pelo menos alguns dos campos levantados das zonas mais pantanosas das terras baixas meridionais, parecem ser dessa época. Isso poderia explicar a explosão demográfica, da que cada vez há mais testemunhos, no final do formativo. De qualquer maneira, a pressão demográfica e o efeito estimulante da cultura de Izapán e Kaminaljuyú logo frutificaram na civilização maia clássica, tal como nós a conhecemos.

## A CIVILIZAÇÃO MAIA CLÁSSICA

A civilização maia clássica é a única cultura totalmente literária entre os aborígines do Novo Mundo. Sobre seus numerosos monumentos de pedra está esculpida uma história que agora podemos ler graças aos notáveis avanços feitos na decifração dos hieroglíficos nos últimos 25 anos do século.

A civilização "típica" maia floresceu nas terras baixas de Petén e da península de Yucatán durante os seis séculos que vão de 300 d.C. a 900 d.C. Foi caracterizada por imponentes templos-pirâmides construídos de pedra calcária e revestidos de estuque; numerosos aposentos, às vezes chamados de "palácios", aposentos abertos com falsa abóbada; vias que comunicam grupos de construções dentro das cidades e, às vezes, as próprias cidades; pátios para jogo de bola feitos de alvenaria, monumentais inscrições sobre estelas, às vezes altares associados a estas e sobre os painéis murais, escadas com hieroglíficos, às vezes sobre as próprias construções. Nas estruturas inferiores dos edifícios há também notáveis sepultamentos com ricas oferendas.

Ao contrário, as terras altas maias, durante o período clássico, não tiveram qualquer tipo de escrita (ainda que no fim do formativo conseguissem um notável desenvolvimento desta), de arquitetura em pedra e, claro, de falsa abóbada. Tanto no altiplano da Guatemala quanto em boa parte das terras altas de Chiapas, sua cultura é muito diferente da que existe nas terras baixas, e em muitos aspectos quase não merece o qualificativo de "maia". Vamos agora examinar essa cultura, tal como se manifestou num dos grandes e antigos centros da Mesoamérica.

### O começo da civilização clássica em Kaminaljuyú

É conveniente lembrar que Kaminaljuyú, no extremo ocidental da moderna cidade da Guatemala, foi um centro precoce do formativo e do que depois seria a civilização maia. Sua situação estratégica, na divisão das águas entre o Atlântico e o Pacífico, provavelmente a converteram em importante centro comercial para a distribuição de um elemento, para muitas áreas do sudeste da Mesoamérica, tão vital como a obsidiana.

*Acima.* Estela II de Kaminaljuyú; final do período pré-clássico da fase Miraflores, no altiplano guatemalteco. As estelas do Cerro das Mesas, em Veracruz, e em Izapa, na costa pacífica da Guatemala, compartilham motivos similares do deus de lábios alongados e toucado de plumas, que antecipam os temas clássicos nas terras baixas maias, e que sugerem a presença de estreitos laços ideológicos em uma ampla zona geográfica.

*Direita.* **A civilização maia no final do período formativo e no protoclássico**
A complexa vida cerimonial entre os maias antigos começou no altiplano meridional e na região ao pé da montanha entre este e a costa do Pacífico. Ali existem muitos sítios arqueológicos de grandes montículos, com monumentos lavrados no estilo izapano, assim chamado pelo sítio arqueológico modelo de Izapa em Chiapas. Algumas dessas esculturas possuem datas no sistema da conta longa, ainda que se conheçam datas ainda mais antigas em Três Zapotes, dentro da zona olmeca, e em Chiapa de Corzo.

Durante o tardio formativo, aproximadamente depois de 200 a.C., a cultura Izapa chegou via Kaminaljuyú ao altiplano setentrional de Petén, onde as populações maias estavam se tornando sedentárias. Parece não haver ali monumentos dessa primeira época, porém, no **nordeste de Petén e no norte de Belize há alguns sítios arqueológicos muito grandes e importantes, como os de Tikal e El Mirador, em que as escadarias das grandes plataformas-templo aparecem revestidas na frente com gigantescas máscaras de estuque dos deuses maias. No entanto, até o final do protoclássico esses monumentos de pedra não aparecem datados nas terras baixas** (estela 29 em Tikal, 292 d.C.). A cerâmica "modelo" do final do formativo na zona maia é a de Usulután, uma cerâmica em tons de laranja, decorada com linhas ondulantes paralelas, produzidas com a técnica do negativo. Provavelmente eram manufaturadas no sudeste de El Salvador.

No começo do período clássico, aproximadamente 400-500 d.C., atraiu a atenção da grande cidade de Teotihuacán, nas terras altas do México central, na época a potência regente da Mesoamérica.

Uma considerável parte da capital guatemalteca foi remodelada de acordo com as linhas da arquitetura de Teotihuacán, ainda que os artesões autóctones tivessem que trabalhar com argila e tufo e não com a fina pedra de construção mexicana. Dois montículos, escavados pelo Carnegie Institution de Washington no começo da década de 1940, lançaram luz sobre essa presença teotihuacana no altiplano guatemalteco.

Cada um dos montículos é formado por uma série de plataformas de templos superpostas, com escadas frontais, coroadas por estruturas de madeira e palha agora desaparecidas. As plataformas propriamente ditas eram do familiar tipo de reboco e tábuas.

A ocasião para reconstruir cada um deles foi o sepultamento de um grande personagem sob a escada da nova construção. Num alarde de habilidade arqueológica, A. V. Kidder e seus ajudantes revelaram uma seqüência de tumbas incrivelmente ricas.

É lógico perguntar quem eram aquelas pessoas e porque a poderosa Teotihuacán voltou-se para essa cultura.

Alguns dos melhores especialistas no tema, como William T. Sanders, acreditam que faziam parte de um grupo minoritário de mercadores e guerreiros de Teotihuacán, que havia conquistado a zona do altiplano maia e que talvez tivessem se casado com mulheres da nobreza local para legitimar o seu domínio. Sendo assim, sua hegemonia não se limitou à referida zona, senão que provavelmente também controlaram a costa pacífica da Guatemala, como confirmado pelos numerosos objetos no estilo de Teotihuacán, e pelos complexos incensários. Conforme veremos, os teotihuacanos também estiveram presentes nas terras baixas dos maias. Ao que parece, nos últimos séculos do primeiro período clássico, imperou uma Pax teotihuacana sobre a maior parte da Mesoamérica.

### O primeiro classicismo nas terras baixas maias

O clássico arcaico ou período tzakol nas terras baixas maias estava suficientemente estabilizado para ter começado por volta de 300 a.C. O prato de Leiden é uma placa de jade recortada, encontrada na costa caribenha da

Guatemala, num âmbito pós-clássico, e que agora se encontra no Rijksmuseum voor Volkenkunde de Leiden.

O prato tem uma data que, em épocas passadas, acreditou-se ser a mais antiga da conta longa que os estudiosos da cultura maia podiam aceitar.

A data era 8.14.3.1.12, que corresponde a um dia do ano 320 d.C. Porém, escavações subseqüentes na cidade de Tikal, onde o prato de Leiden foi feito, revelaram a estela 29, relacionada com uma data que corresponde a 292 d.C. Isto quer dizer que, na última década do século III d.C., os maias da região de Petén já haviam adotado o calendário "maia", desenvolvido séculos antes fora da zona maia propriamente dita.

Tikal e sua vizinha setentrional Uaxactún prontamente consolidaram a primazia cultural do norte de Petén. Nas construções da Acrópole Central de Tikal, correspondente ao clássico tardio, subjazem numerosas estruturas do período Tzakol. Foram construídas sobre tumbas ilustres abertas na rocha. Nelas foram enterrados os governantes do primeiro período clássico de Tikal entre vasos de argila, alguns de uma louça de um delicado laranja, procedentes de Teotihuacán, estucados e pintados com seu estilo mural.

A descoberta da estela 31, um monumento propositalmente mutilado e que havia sido profundamente enterrado numa estrutura de tipo tzakol, em Tikal, lançou uma nova luz sobre a presença dos teotihuacanos no começo do clássico de Petén. A estela contém um longo texto dinástico de grande importância: a figura principal é um governante maia, ricamente vestido, ao que os epigrafistas deram o apelido de "Céu tormentoso", e que no cotovelo do braço esquerdo tem um "símbolo emblemático" que personifica Tikal. O personagem está ladeado por dois guerreiros com vestimenta teotihuacana, que inclui escudos com rostos tlaloc. Não há unanimidade nas diversas opiniões sobre o tema, porém, muitos especialistas estão convencidos de que no ano em que a estela foi esculpida, 435 d.C., Tikal, e provavelmente outros centros de Petén, haviam caído sob o controle dos grupos de guerreiros e mercadores de Teotihuacán, que também possuíam Kaminaljuyú nas terras altas. A presença daqueles mexicanos do centro também está documentada nas terras baixas do norte, como o assentamento de Acanceh, em Yucatán.

O que os teotihuacanos fizeram depois? Os governantes maias das terras baixas provavelmente tiveram acesso a grandes quantidades das tão estimadas plumas verde-azuis de quetzal da Alta Verapaz, bem como a outros produtos tropicais desconhecidos no altiplano mexicano.

Em troca, levaram com eles a excelente obsidiana verde das minas de Pachuca, sob controle dos teotihuacanos, assim como os magníficos vasos de cerâmica, que incluíam tigelas estucadas e cilindros com trípode. Com o controle de todas as regiões da área maia, que também compreendia a fértil planície costeira do Pacífico, rica em cacau, parece que o teotihuacano era um império tanto comercial como político.

Quando Teotihuacán declinou — e caiu —, seu poder e sua presença desapareceram entre os maias. Seu declínio deve ter provocado sacudidas, e até rupturas, em todo o mundo mesoamericano, incluído o maia. Do ano 534 até 593 d.C., não se talharam nem se ergueram novos monumentos nas terras baixas dos maias meridionais e cessaram as novas construções, o que indica uma profunda crise política e econômica. Depois desse hiato, no início do clássico tardio, a civilização maia alcançou novos ápices, livre do provável jugo teotihuacano.

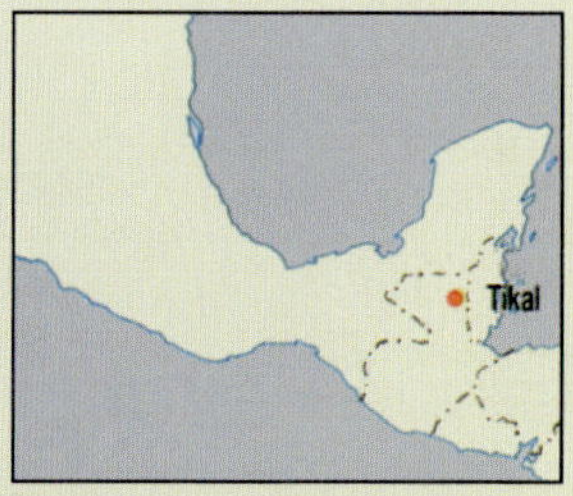


# Tikal

Situada no coração da selva pluvial de Petén, a cidade maia de Tikal estende-se sobre 16 km². Pelos imponentes templos-pirâmide e os suntuosos palácios localizados no centro, pensou-se que Tikal somente havia servido para fins cerimoniais. Agora está demonstrado que ali viveu uma importante população suburbana.

As construções do centro cerimonial foram iniciadas em modesta escala no período formativo, cresceram em complexidade durante a primeira fase do período clássico, para alcançar, nos séculos VIII e IX, a grandeza arquitetônica que hoje podemos ver. As inscrições sobre estelas (a última datada de 869 d.C.) conservam lembranças do tempo e da dinastia, dois temas que parecem ter obcecado os maias. As relações com os outros centros maias estão anotadas em estelas e, no início do período clássico, os laços com a longínqua Teotihuacán foram muito fortes. O esplendor de Tikal desapareceu no fim do período clássico, como parte do misterioso "colapso" maia.

*Abaixo.* O primor artístico dos maias se manifestou tanto nos pequenos objetos finamente trabalhados como na arquitetura monumental. Este incensário de cerâmica identificado pela falta de dentes e pelo afundamento das bochechas como o deus-ancião, sustenta uma cabeça humana em seu prato, e é provavelmente uma oferenda. O incensário foi descoberto no sepultamento 10 da acrópole setentrional (grupo A), e foi datado pelos arqueólogos como de 450 d.C. A tumba continha os restos de um sacerdote e algumas oferendas exóticas, e também restos de outros nove cadáveres, talvez ritualmente sacrificados.

*Abaixo direita.* Numa visão aérea, os templos parecem flutuar sobre o dossel da selva. As pirâmides, construídas no século VIII (templos I-IV), erguem-se por cima dos 45 m.

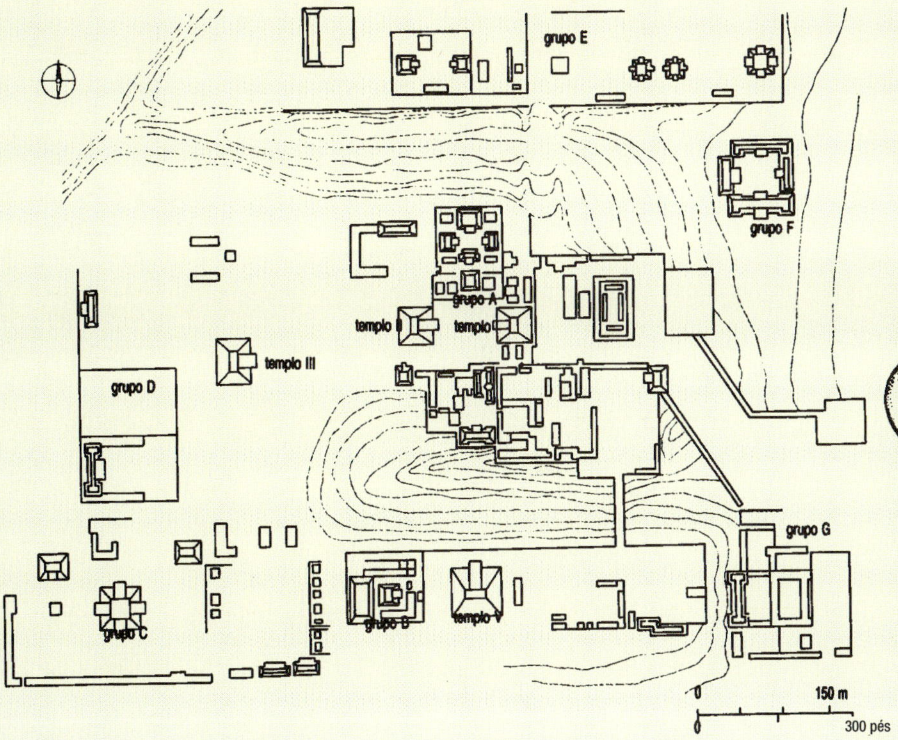


*Esquerda.* Planta do centro de Tikal. Os templos I e II ladeiam a praça Mayor, delimitada por estelas de complexa talha. A acrópole setentrional (grupo A), a mais intrincada de todas as construções e grupos, e que ocupava mais de um hectare, domina a grande praça. Na maioria das estruturas jazem ricos sepultamentos.

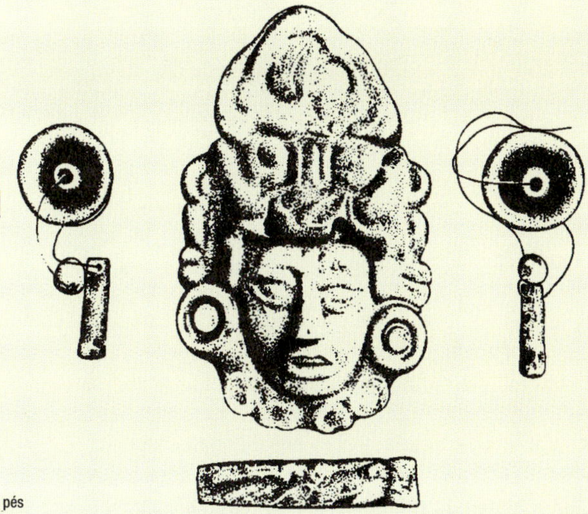

Calçadas e rampas unem o coração do centro cerimonial de Tikal aos santuários e templos de fora do recinto. Este pingente de jade, do clássico tardio, fazia parte de uma rica oferenda do sepultamento 77, na praça ocidental. Um rosto humano sustenta um toucado divino e alguns carretéis, similares aos mostrados, rodeiam o pingente.

# A escrita e o calendário maias

A escrita maia representa o único sistema completo de escrita que existiu no Novo Mundo antes da chegada dos espanhóis. Isso quer dizer que os maias foram os únicos que puderam pôr por escrito a sua linguagem.

Esta linguagem era uma complexa mistura de elementos ideográficos e fonéticos, com uma estrutura similar à de certas escritas do mundo antigo, como a suméria, a egípcia ou a japonesa. Já que o sistema incluía um silabário completo (ou seja, cada símbolo representava uma sílaba), quer dizer que, em teoria, os maias poderiam escrever tudo foneticamente; porém, como os japoneses, não o fizeram, porque os hieroglíficos continuavam tendo um enorme prestígio e provavelmente também certa ressonância religiosa. Os amanuenses maias com freqüência ampliaram suas habilidades misturando os hieroglíficos com a escrita fonética e aproveitando o fato de existirem numerosos homônimos nas línguas maias; os símbolos de "céu", "quatro", "serpente" e "prisioneiro" podiam ser trocados, já que as quatro palavras se pronunciavam chan (cholano) ou can (yacateca).

A escrita hieroglífica maia aparece sobre uma grande variedade de materiais. Da última década do século III d.C. até a decadência do clássico, há centenas de inscrições sobre estelas, murais, dintéis e outros monumentos em pedra, que agora sabemos conter lembranças dinásticas, como nascimentos, acessos ao poder, casamentos, vitórias e falecimentos da casta dominante que governava as cidades das terras baixas. Devem ter existido milhares de códices — livros de papel cortiça recoberto de gesso e dobrados em acordeão — porém todos os do período clássico desapareceram e só restam quatro da época pós-clássica. São muito numerosos os vasos funerários pintados ou entalhados, que contêm textos hieroglíficos, alguns deles tão longos quanto os que aparecem nos monumentos.

Os hieroglíficos maias, mais bem em forma de blocos, têm que ser lidos (com raras exceções) em duas colunas, da esquerda para a direita e de cima para baixo. Tal como acontece nos monumentos públicos do Egito antigo, os textos em pedra são escassos e, geralmente, representam a pintura de um evento importante, como a captura de um prisioneiro ou o rito de um sacrifício sangrento. Como os relatos de Hemingway, as inscrições clássicas evitam os adjetivos e advérbios. O "esqueleto" sobre o qual se sustentam as inscrições dinásticas é o calendário da conta longa, que os maias não inventaram, mas aperfeiçoaram até o último grau.

Consiste no acúmulo de cinco tipos de ciclos de tempo, com os coeficientes numerais pelos quais há que se multiplicar. Esses ciclos são: baktún, 144.000 dias; katún, 7.200 dias; tun, 360 dias; uinal, 20 dias e kin, 1 dia. Uma data da conta longa devia ser calculada somando esse total à suposta data de origem do calendário, geralmente considerada como a data de criação da nossa era atual.

Assim, usando uma anotação moderna, a data da conta longa 9.8.9.13.0 equivaleria a 1.357.100 dias a partir do ponto de partida, alcançando uma posição no giro calendárico de 8 Ahau (no cálculo de 260 dias), 13 Pop (no cálculo de 365 dias). Este sistema era ideal, naturalmente, para recordar acontecimentos históricos, posto que podiam se situar num ciclo, não de 52 anos, mas em mais de cinco milênios.

*Abaixo.* Em uma data típica da conta longa, nas inscrições clássicas, cada ciclo está expresso por um glifo, geralmente ideográfico, com um valor numeral diferente; baktun, 144.000 dias; katún, 7.200 dias; tun, 360 dias; uinal, 20 dias; kin, 1 dia. Esses valores tinham que ser multiplicados pelo coeficiente de barra e ponto precedendo o glifo ciclo, tudo somado para expressar o número de dias a partir do ponto de partida, 13 de agosto de 3114 a.C.

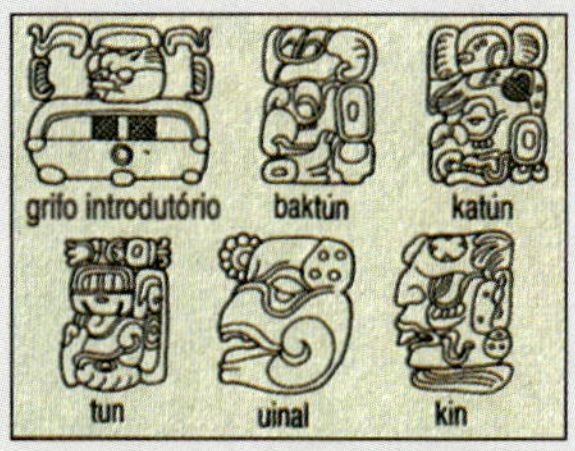


*Abaixo.* O sistema numérico maia trabalhava com somente três símbolos: uma concha estilizada para o zero ou frações; um ponto para o um, e um traço para o cinco. O sistema era em grande parte vigesimal (com base no 20) e posicional. Contudo, a diferença de nossa numeração arábica horizontal, os números maias eram dispostos verticalmente, com os valores menores na parte inferior e os mais altos acima. A maior parte dos números maias lembram os dias transcorridos da conta longa, para o que a medida básica era o tun de 360 dias. A terceira posição é assim 18 x 20, mais que 20 x 20.

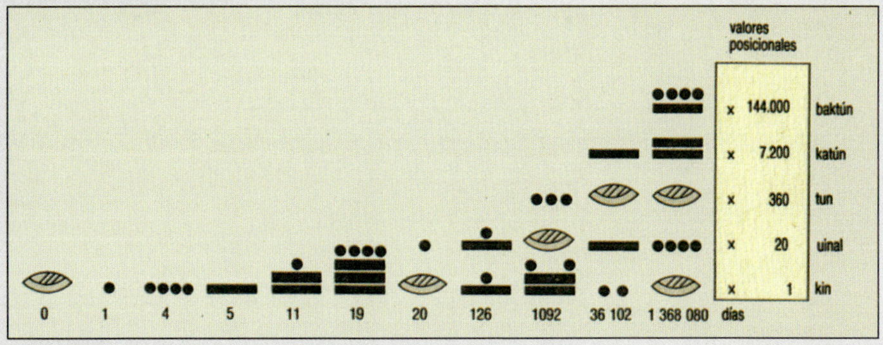


*Direita.* Um deus-coelho aparece como escrivão em um vaso pintado do século VIII. Em uma mão sustenta uma pluma-cinzel e escreve um códice dobrável em acordeão, com capas de pele de jaguar.

*Abaixo.* No centro do calendário maia estava o antigo cálculo ou almanaque de 260 dias. Era formado com os coeficientes 1-13, intercambiados com 20 dias nomeados. Ainda vigente em algumas zonas das terras altas maias, nos tempos clássicos, foi provavelmente o fator decisivo para determinar a sorte de um dia concreto, já se tratasse do nascimento ou acesso ao trono de um governante ou de dar o nome a uma criança.

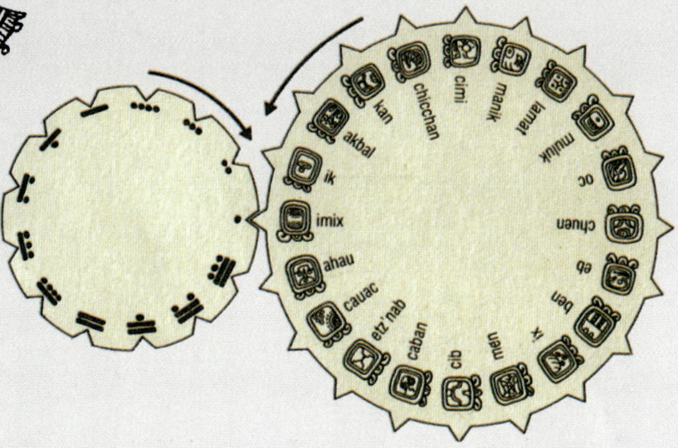

*Esquerda.* Detalhe de um vaso do clássico tardio de Yucatán. Mostra um deus-escrivão, com efígie de homem-macaco, sustentando um códice dobrável.

*Direita.* Parte de um dintel do centro maia de Yaxchilán, entalhado com glifos calendáricos.

Cada momento importante do tempo teve seus augúrios de base astrológica, que foram anotados com o maior cuidado. Muitos personagens e eventos dos textos clássicos são inverossimilmente remotos no passado e devem se referir a antepassados divinos dos dinastas clássicos.

Com freqüência pretendeu-se que todos esses acontecimentos, e o próprio sistema de escrita, esteve nas mãos de um sacerdócio durante o período clássico. Porém, não está claro se algum grupo, que controlava a informação epigráfica, astronômica e histórica, era uma casta de escribas (ah dzib) que tinha suas próprias divindades protetoras: Itzamná, o deus criador e lendário inventor da escrita, e os deuses homens-macaco do *Popol Vuh.* Os escribas devem ter desfrutado de um enorme prestígio social.

Sem a ajuda de telescópios, os maias conseguiram dados muito precisos sobre o comprimento do ano, as fases da lua e os movimentos planetários. Suas observações estavam, em boa parte, fundamentadas, ainda que não por inteiro, no aparecimento e desaparecimento dos

Operando com o cálculo de 260 dias obtinha-se um "ano impreciso" ou aproximado de 365 dias, formado por 18 meses de 20 dias cada um e um período extra de cinco dias, chamado uayeb, que se colocava no final. (Abaixo aparecem os símbolos dos meses e uayeb.) Ainda que os maias clássicos soubessem que o ano tropical constava realmente com 365 dias e 1/4 de dia, não contaram com anos intercalares. Entre outras deficiências o ano impreciso foi sempre prevalecendo sobre as estações, fazendo assim difícil coordenar as atividades agrícolas com as datas importantes. A permuta dos ciclos produziu a tabela calendárica, um intervalo de 52 x 365 dias. Foi este um calendário mesoamericano que retrocedia até os olmecas.

*Abaixo.* Com freqüência, os nomes podiam ser escritos de vários modos. O nome do governante de Palenque (século VII), Pacal ou "Escudo de mão", podia ser escrito: a) ideograficamente mediante a pintura de um escudo de mão, precedido do título mak´ina; b) com a pintura de um escudo de mão ao qual se adicionava um l (a) como reforço fonético e c) silabicamente como pa-ca-l(a).

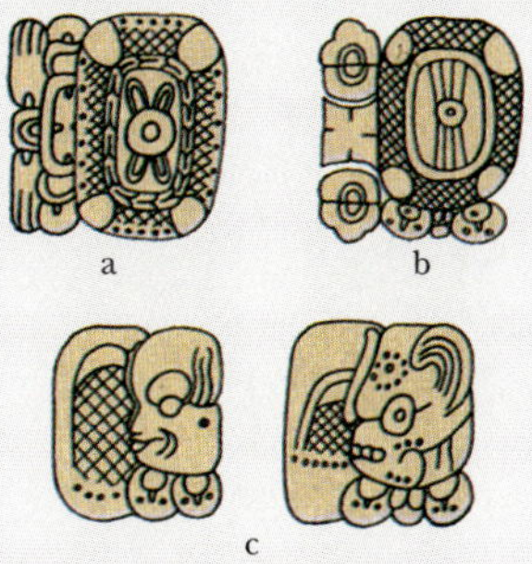


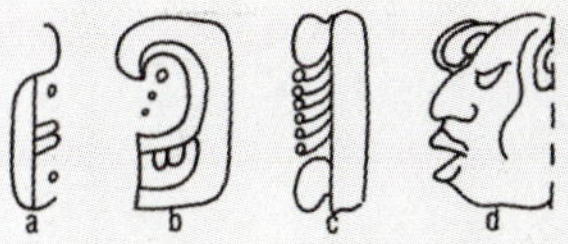


*Esquerda.* Alguns símbolos gramaticais: a) u, possessivo de terceira pessoa singular; b)-ah, um sufixo verbal; c) ah, prefixo honorífico masculino; d) na, prefixo honorífico feminino.

*Acima.* Cada cidade do período clássico nas terras baixas maias politicamente importante estava representada nas inscrições por um ou vários emblemas glíficos, que provavelmente fazem referência às linhagens (o "sangue dos reis") que governaram em tais assentamentos. Cada glifo está formado por um símbolo distintivo principal, coroado por outros dois símbolos que equivalem a ahpo ou "governante". A combinação está prefixada pelo símbolo do sangue do auto-sacrifício. O reconhecimento dos glifos emblemáticos conduziu à compreensão dos monumentos maias clássicos como lembranças históricas.

A Relación do bispo Diego de Landa (1566) traz um denominado "alfabeto" com exemplos para o seu uso; porém, agora se sabe que era um silabário parcial. Foi em boa parte ampliado pelos modernos eruditos com a análise de substituições glíficas. Palavras e nomes podiam ser foneticamente escritos de um modo completo, em cujo caso a vogal final do último símbolo silábico era muda; as palavras podiam ser escritas mediante um hieroglífico, reforçado por um ou vários símbolos silábicos, ou somente mediante hieroglíficos. Assim, os especialistas estão de acordo na leitura de 40/50 símbolos silábicos (abaixo), porém, são mais os que faltam identificar.

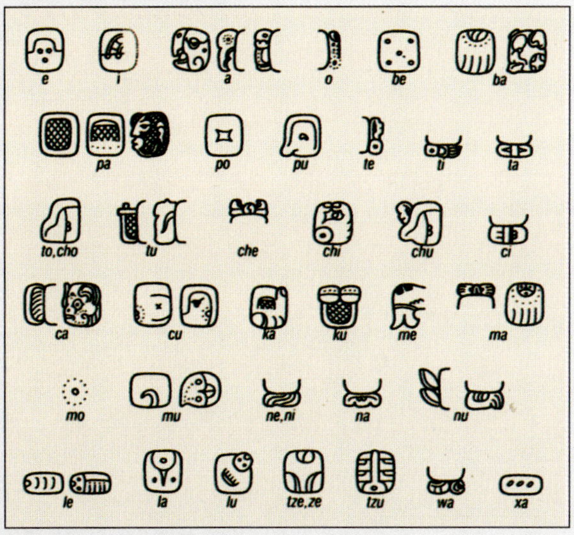


*Direita.* As datas de nascimento dos governantes e até de seus antepassados divinos foram freqüentemente comemoradas em monumentos clássicos. O acesso ao poder estava marcado por rituais impressionantes, que incluíam sacrifícios humanos e provavelmente a auto-imolação. O derramamento ritual de sangue — nos governantes homens, do pênis e nas rainhas, da língua — teve seus próprios símbolos hieroglíficos e sua iconografia. Já que a guerra entre cidades foi um traço tão importante da cultura clássica dos maias, nada há de estranho na existência de numerosos glifos, tanto hieroglíficos como fonéticos, relacionados com essa atividade. Recentemente foram identificados outros símbolos relativos ao parentesco, ao matrimônio e aos títulos.

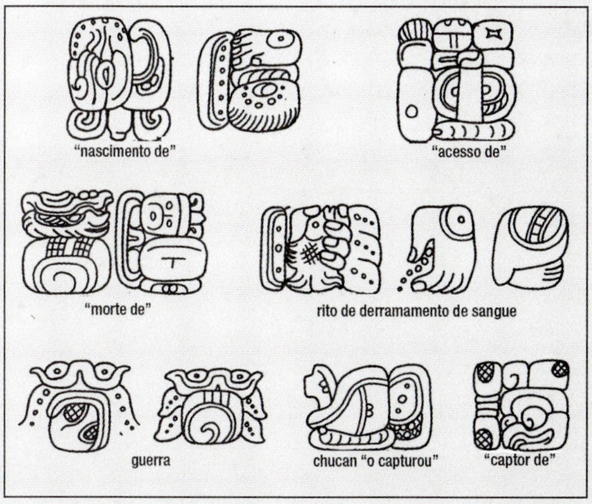

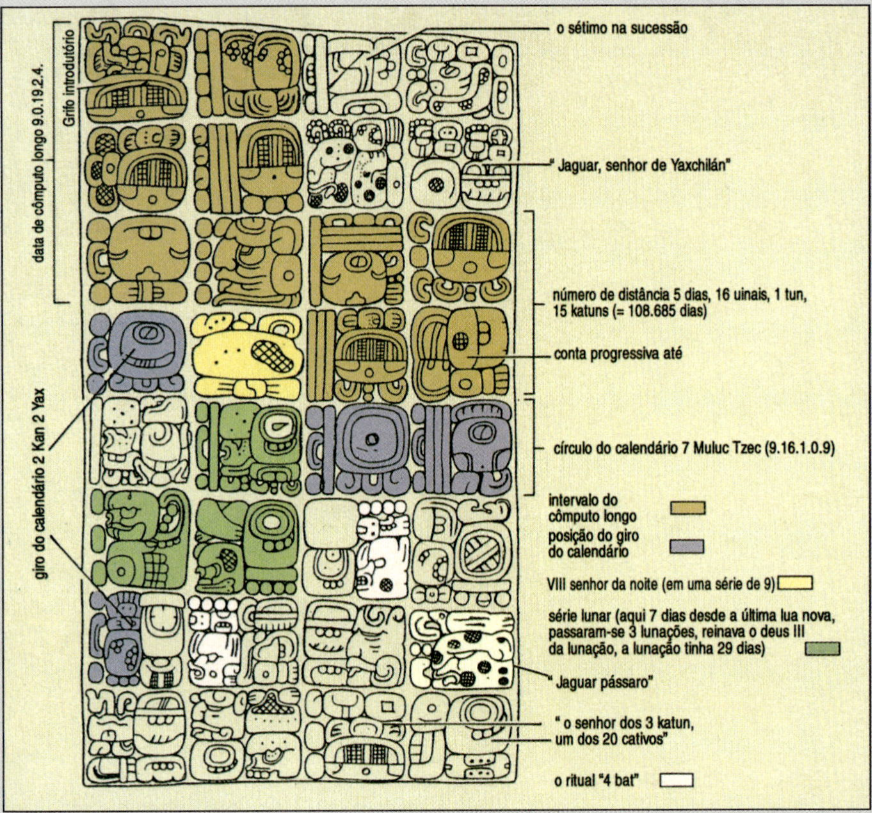


*Abaixo.* Dintel 8 de Yaxchilán, outra lembrança do reinado do jaguar-pássaro. Aqui, o rei e o governador de um assentamento secundário estão capturando prisioneiros importantes. O texto principal reza: "O 7 Imix 14 Tzec foi capturado Crânio adornado com jóias, o prisioneiro do Jaguar-pássaro, senhor de Yaxchilán". Os nomes dos prisioneiros estão escritos em suas respectivas coxas.

*Acima.* Dintel 21 de Yaxchilán, uma lembrança dinástica quase trivial do final do período clássico, que se refere ao reinado do Jaguar-pássaro de Yaxchilán. Inicia com um cálculo da conta longa e com a expressão do ciclo calendárico, e inclui uma anotação que assinala o senhor da noite que reinava naquela época, junto com cálculos lunares astrologicamente importantes. Nesse tempo, um predecessor do Jaguar-pássaro, descrito como o sétimo governante, realizou em seu palácio ou templo um ritual desconhecido, chamado "bat 4". Aproximadamente 297 anos e meio mais tarde o Jaguar-pássaro comemorou o mesmo ritual, nessa época já era rei há mais de 40 anos ("o Senhor dos 3 katun") e reclamava a honra de ter feito 20 prisioneiros.

corpos celestes, bem como em seus movimentos norte-sul sobre o horizonte visual. Embora o propósito final de seus cálculos fosse astrológico, os maias se aproximaram da verdadeira ciência. As páginas sobre eclipses no códice de Dresde, por exemplo, estão baseadas na fórmula de que 405 lunações equivalem a 11.958 dias, dando um mês sinódico de 29,52592 dias, com uma diferença de somente 7 minutos em relação aos cálculos modernos. O mencionado códice também contém uma tabela com cinco páginas sobre Vênus que, unida a outras tabelas, sugere que os maias também seguiram muito de perto o curso de Júpiter, Marte e Mercúrio.

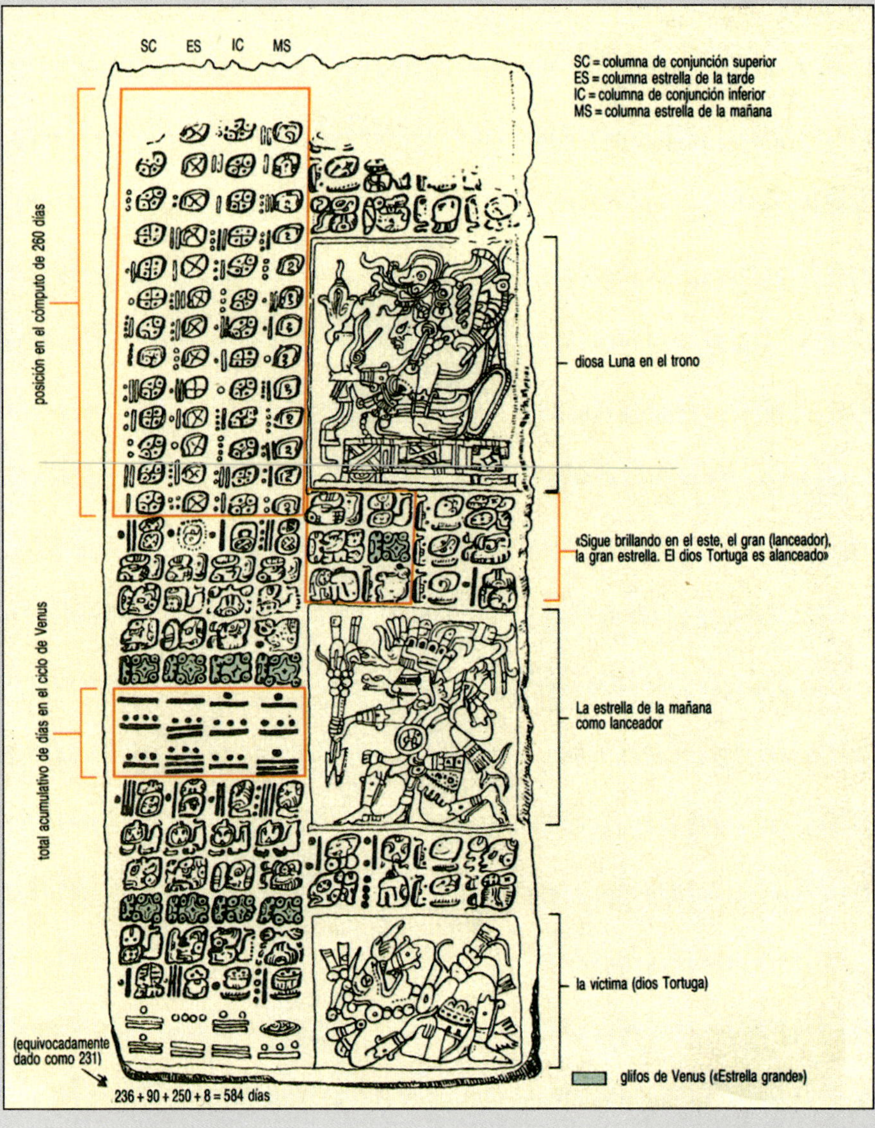


*Direita.* Página 49 do calendário de Vênus, códice de Dresde. Ainda que o referido códice tenha sido composto na primeira fase do pós-clássico, as inscrições mostram que o calendário de Vênus já existia no período clássico. De fato, fica evidente que os aparentes movimentos de Vênus sobre o fundo das estrelas, freqüentemente determinavam as datas de importantes batalhas entre as cidades. Os maias calcularam o período sinódico do planeta em 584 dias (muito próximo do período atual de 583, 920 dias). O fato de que 5 æ 584 = 8 æ 365, levou-os a dispor o calendário de Vênus através de cinco páginas do códice e a relacionar Vênus com o ano solar aproximado.
O códice de Dresde divide o período sinódico em estrela da manhã (236 dias), conjunção superior (90 dias de invisibilidade), estrela da tarde (250 dias) e conjunção inferior (8 dias de invisibilidade). Os tempos de ascensão helíaca do planeta (primeira aparição como estrela da manhã) eram especialmente temidos, pois os raios de Vênus eram imaginados como os de um deus que balançava uma vítima, representativa de uma classe da sociedade maia. Está graficamente representado na página 49 do códice.

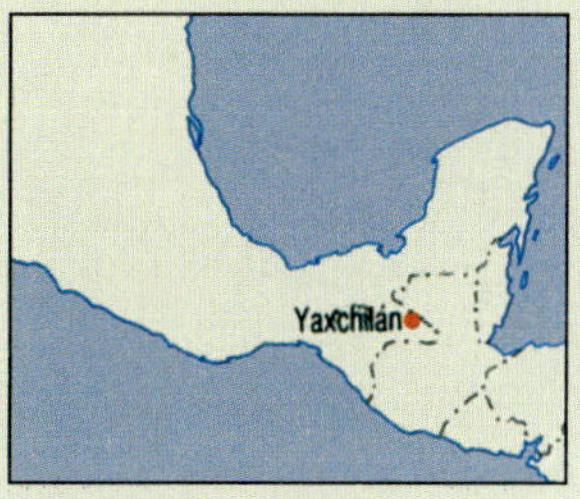


# Yaxchilán

*Abaixo.* Yaxchilán segue os contornos naturais do banco fluvial; templos e palácios estavam assentados no cume de picos e cerros de pouca altura no terreno plano. O grupo oriental tinha uma vista espetacular do rio.
*Direita.* Dintel 24 da construção 33. A imponente figura do Jaguar-escudo aceita o sacrifício expiatório de uma mulher ajoelhada, que passa uma corda com espinhos pela língua. As cenas gráficas de penitência, entalhadas em pedra, são exclusivas de Yaxchilán.
*Abaixo direita.* Distribuições internas da estrutura 33 proporcionam espaço para uma série de dintéis colocados no teto de cada porta de entrada.

Yaxchilán fica às margens do rio Usumacinta e, juntamente com seu vizinho Piedras Negras (45 km rio abaixo e na margem oposta da Guatemala), constitui o núcleo dos centros do curso médio do rio. Característica de todos estes lugares, além da sua localização geográfica, é a execução de estelas e dintéis entalhados em baixo-relevo.

No que se refere a Yaxchilán e Piedras Negras, os estilos inicial e final estão definidos. O culto da estela começou por volta de 292 d.C. Em 760 (9.16.10.0.0) aparecem figuras de perfil de preferência à posição frontal, e os temas narrativos repetem-se em pedra talhada. As inscrições para Yaxchilán dão como data o fim do período clássico e documentam as épocas do Jaguar-escudo e do seu sucessor, o Jaguar-pássaro.

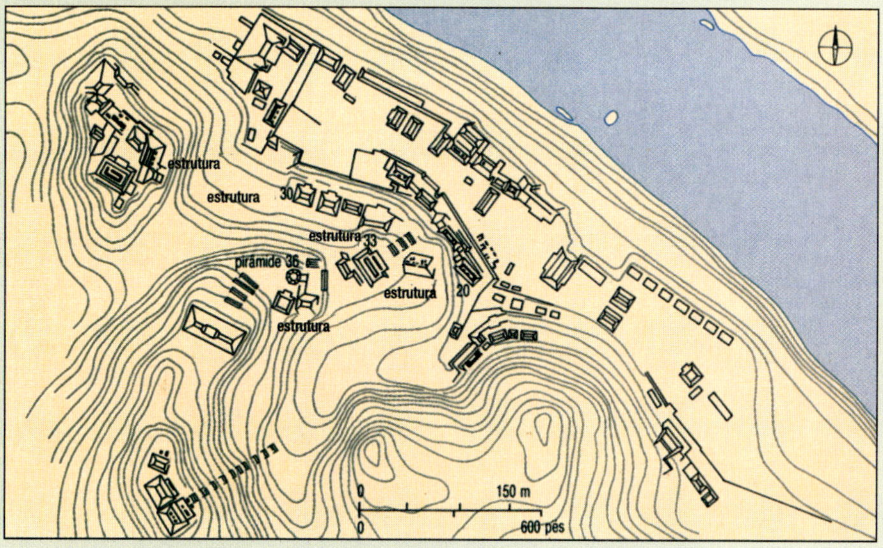

**A civilização maia no classicismo tardio**
Uma geração anterior de arqueólogos falava da civilização clássica maia nas terras baixas do sul como o "império antigo". Hoje sabemos que ali nunca houve tal coisa: as terras baixas dos maias estavam fracionadas numa série de entidades independentes, semelhantes às cidades Estado da Suméria e da Grécia. Nenhuma cidade em particular teve hegemonia sobre todas as demais, ainda que parece ser que, ocasionalmente, Tikal, a cidade mais populosa no classicismo maia, controlou alguns centros ao longo da bacia do Pasión.

Vinte e cinco anos de rápidos avanços no trabalho de decifrar as inscrições clássicas maias nos permitem falar com certa segurança da natureza da política maia e dos assuntos da minoria que governava seus grandes centros. Parece que estiveram em permanente estado de guerra, e que seu principal objetivo foi a captura de prisioneiros de alto escalão e não a ampliação do território. O último destino daqueles desafortunados era o sacrifício, geralmente por decapitação, e freqüentemente depois de uma lenta tortura que, segundo parece, incluía a mutilação sexual.

Outra obsessão dos senhores maias foi a linhagem e a descendência real. A deidade que presidia a casa real era um estranho ser na forma de réptil, que os arqueólogos conhecem com o deus K. Os dinastas reais exibiam a imagem do deus K a intervalos regulares, com freqüência segurando a imagem como uma espécie de cetro.

Igual as minorias regentes de outras civilizações mesoamericanas, incluídas as astecas, também os governantes clássicos das terras baixas maias acreditavam ser os descendentes diretos dos deuses. Assim o proclama a grande inscrição da lápide do templo da cruz de Palenque, que comemora a ascendência de Chan-Bahlum, o filho mais velho do grande rei Pacal. Como os governantes continham em seus corpos a verdadeira essência da descendência divina — seu próprio sangue —, era necessário que esta fosse publicamente vertida nos momentos apropriados. Os homens derramavam sangue do pênis, perfurando-o com uma espinha de arraia ou com uma sovela de osso (este instrumento chegou a ser tão importante que o divinizaram), enquanto as mulheres passavam uma série de cordas com espinhas através de um buraco executado na língua; ritual graficamente ilustrado nos magníficos dintéis de Yaxchilán.

Geralmente os governantes eram homens, ainda que nos documentos sucessórios de alguns sítios arqueológicos às vezes apareçam mulheres. No entanto, elas exerceram cargos de enorme importância, especialmente no que se refere ao estabelecimento de alianças matrimo-

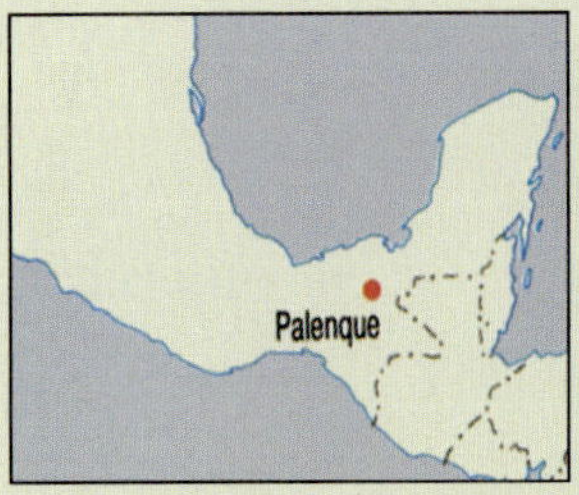


# Palenque

*Abaixo.* Duas cabeças de estuque em tamanho natural e finamente entalhadas, que sem dúvida são retratos verdadeiros, e descobertas na tumba do governante Pacal, mais precisamente debaixo de seu sarcófago que estava assentado sobre seis blocos de pedra. Esta aqui apresentada durante muito tempo pensou-se que representava a esposa de Pacal. Porém, um estudo recente sugere que seja de um retrato do próprio Pacal aos 12 anos de idade, no instante de seu ascensão ao poder.

Palenque, um assentamento na zona maia das terras baixas ocidentais, a 50 km do curso inferior do rio Usumacinta, é notável pelas suas construções nas colinas cobertas de bosques, que dominam as planícies aluviais que se estendem em direção ao golfo do México.

O assentamento foi habitado nos primeiros tempos do período clássico, começando pelo reinado de Pacal, a quem parece se devem as construções mais importantes que hoje se conservam. Palenque deve ter adquirido sua inteira personalidade depois dos distúrbios e separações das terras baixas meridionais dos maias, por volta de 600 d.C. O acesso de Pacal (com 12 anos de idade) ao trono é lembrado como tendo ocorrido em 615. Governou durante 68 anos e foi enterrado na famosa tumba dentro da pirâmide do Templo das Inscrições.

Foi sucedido por seu filho Chan-Bahlum II (com 48 anos), cuja grande contribuição para a arquitetura foi a construção dos templos da Cruz, da Cruz folhada e do Sol. Dentro dos templos, e em painéis confusamente entalhados sobre pedra calcária, encontram-se cenas e textos que legitimam sua autoridade e sua condição de descendente, através do seu irmão, das divindades patrocinadoras de Palenque. Após sua morte, depois de 18 anos de reinado, o trono passou a seu irmão mais jovem, Kan-Xul II (com 57 anos), que continuou com a expansão iniciada. O palácio foi consideravelmente ampliado e uma torre foi acrescentada. Depois foram três reinados breves, e talvez interrompidos, que contribuíram para o refinamento arquitetônico.

No fim do século VIII, o controle de Palenque foi debilitado, pelo menos sobre o seu domínio regional. A de Kuk, em 764, é a última data lembrada de acesso ao trono de um governante da linhagem de Pacal.

*Esquerda.* Os hieroglíficos maias eram expressos, às vezes, em formas humanas ou animais, apresentadas como glifos de figura completa. A anotação calendárica de "dias zero" aparece aqui na forma do deus do zero à esquerda, identificada pelos desenhos florais de seu braço e o deus-macaco antropomórfico que representava o dia. Em outros contextos, o macaco orelhudo é o deus-patrono dos escribas. Este glifo de figura completa, e que faz parte da série inicial que proporciona a data de nascimento de Kan-Xul II o 9.10.11.17.0 (643 d.C.), está inscrito na placa do palácio que comemorava seu acesso ao poder.

*Acima.* Uma vista do centro cerimonial de Palenque em direção ao leste, desde o Templo da Cruz. No fundo o Templo das Inscrições (esquerda); a maior parte de sua base piramidal está enterrada em uma vegetação densa e domina o complexo palaciano. No desenho arquitetônico de Palenque é digno de menção o pente de telhado em gelosia e a escultura de estuque sobre as fachadas de telhados em forma de mansarda, especialmente bem conservados no Templo do Sol (na frente). Para a sensibilidade ocidental, os aposentos pequenos e irregulares dos templos e casas maias não se encaixam com os amplos espaços abertos em torno das mesmas. Sem dúvida os maias antigos apreciavam suas quentes temperaturas tropicais, tanto quanto os residentes e visitantes atuais, quando passavam boa parte do dia fora de suas casas.

*Acima.* Esta máscara em mosaico de jade foi encontrada sobre a tampa do sarcófago de Pacal junto com outros pequenos utensílios rituais, ali colocados pelos antigos. Talvez tenha se intentado representar o governante Pacal, porém suas rígidas linhas geométricas contrastam diretamente com os traços mais realistas do estuque frontal, que se supõem seja seu retrato. O ideal maia de beleza que ele representa — uma ampla testa e um proeminente nariz aquilino — era, na realidade, conseguido mantendo o crânio da criança entre duas tábuas até que os ossos endurecerem.

O palácio de Palenque tinha numerosas funções, tanto sagradas quanto profanas, conforme demonstrado nas placas dedicatórias, nas representações de deuses e homens em estuque e na própria arquitetura. A torre era, sem dúvida, empregada para observações astronômicas.

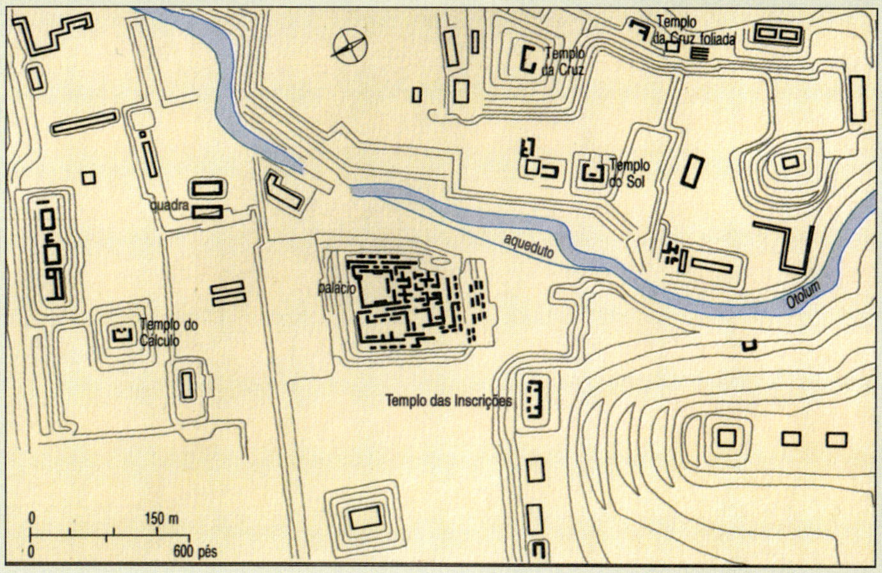

niais entre as diferentes cidades. A sucessão no governo parece ter sido de pai para filho mais velho, ainda que conheçamos alguns casos de sucessão entre irmãos. O acesso ao trono, realizado numa data favorável de acordo com a posição dos astros, constituía uma cerimônia grandiosa marcada pelo sacrifício de prisioneiros.

É muito pouco o que sabemos sobre as classes sociais inferiores à dos governantes e suas famílias. Na hierarquia do palácio houve uma classe nobre, que exercia importantes cargos, tanto rituais como militares, e também existiu um grupo especial de governadores dos assentamentos secundários. Entre os personagens do alto escalão, que constituíam a infra-estrutura palaciana, deviam existir escrivões, pintores e escultores, que contavam com seus próprios padroeiros sobrenaturais: um casal de divindades com aparência de homens-macaco, que aparecem nos vasos de argila no momento em que estão escrevendo sobre livros em forma de painel, e cobertos com peles de jaguar. Os escribas devem ter sido os depositários dos conhecimentos sobre a escritura hieroglífica, astronomia, história e mitologia. É curioso que, enquanto no Yucatán anterior à conquista espanhola houve uma classe de sacerdotes (chamados ah kin, "o do Sol"), não existem provas da existência de sacerdotes em tempos anteriores. Suas funções no período clássico devem ter sido exercidas pelos escribas ou pelos próprios governantes.

**Sociedade e economia**

Em cada cidade deve ter existido um grande número de artesãos qualificados que proporcionavam à minoria regente os suntuosos deuses que seu status requeria. A arte maia do classicismo tardio, especialmente nas terras baixas do sul, é deliciosamente delicada e de um extremo naturalismo; era aplicada a uma extensa variedade de materiais, que incluíam a madeira (grande parte desaparecida), ossos, conchas, jade (o material mais precioso), muros e livros de estuque, cerâmica, obsidiana e facas de pederneira cinzelada (as chamadas "pederneiras excêntricas"). O destino final desses delicados objetos era acompanhar seus falecidos senhores na sua jornada final. O governante de cada cidade era enterrado na sua própria pirâmide funerária, motivo pelo qual os imponentes templos-pirâmides do período clássico tardio eram mausoléus.

Parece que a maioria foi construída depois da morte de seus proprietários; porém, no caso do templo das inscrições de Palenque, a pirâmide foi construída pelo próprio governante Pacal para abrigar seus descendentes.

Os nobres e outros membros da família governante foram enterrados em outros monumentos. Assim, as estruturas principais da cidade maia no clássico tardio refletem os assuntos e a ideologia da minoria regente. Cada centro teve duas ou três quadras de alvenaria; e, como no centro da Veracruz clássica, o jogo de bola esteve estreitamente associado aos sacrifícios humanos e ao mundo infernal. Parece que o desenlace vitorioso da guerra era comemorado numa escada hieroglífica, como a enorme que há em Copán, construída depois da sua conquista em 737 d.C. pela cidade muito menor de Quiriguá. Não sabemos com certeza a que atividades exatas eram dedicados os "palácios" com numerosos aposentos; porém, alguns deles contêm tronos, que são realmente isso: bancos de pedra esculpidos, onde os governantes podiam receber suas insígnias e exercer o seu poder.

A maior parte da população morava em cidades e em concentrações menores localizadas por todo o lugar e dispersas pelo campo. Sua ocupação principal foi, sem dúvida, a agricultura, ainda que provavelmente o povo esteve sujeito a periodicamente prestar serviços pessoais para a construção e manutenção das grandes cidades, com trabalhos de extração e transporte de pedra calcária, trabalhos de alvenaria, construção de aquedutos, abertura de caminhos etc.

O tamanho exato da população maia nas terras baixas, e mesmo em qualquer cidade maia durante o clássico tardio, é matéria de conjeturas. Assim, por exemplo, os cálculos sobre a população de Tikal variam de 20.000 a 125.000 habitantes, porém a cifra mais baixa é a que provavelmente mais se aproxima da verdade. É impossível adivinhar a população total das terras baixas, mas pode ser que superasse os três milhões de pessoas.

Como a forma predominante de cultivo desde os tempos da colônia nas terras baixas maias foi o roçamento, os arqueólogos durante muito tempo supuseram que esta tivesse sido também a única forma de trabalhar a terra na época clássica. Porém, cada vez se torna mais patente que os antigos maias conheceram e empregaram outros métodos de cultivo. A agricultura dos campos elevados estendeu-se também pelas zonas baixas, sobre tudo ao longo dos cursos fluviais, nos que a drenagem natural era muito escassa, enquanto que a disposição em terraços dos campos permanentes foi praticada em alguns terrenos ondulados das terras baixas meridionais.

As colheitas devem ter sido muito maiores do que nas regiões em que a norma era a agricultura itinerante, e há que se levar em conta uma força demograficamente maior do que até agora se acreditava.

**O colapso da civilização maia nas terras baixas meridionais**

No fim do período clássico, a civilização maia — e provavelmente a antiga cultura americana em geral — alcançou seu apogeu nas terras baixas meridionais no fim do século VII d.C. e ao longo do século VIII. Por volta do ano 800 d.C. começou a aparecer um amplo e inexplicável mal-estar nas cidades maias do sul.

Durante o século seguinte, um centro depois do outro deixou de esculpir e erguer monumentos de pedra, que celebravam a ascendência e as gestas de quem havia dirigido os destinos do reino maia nos seis séculos anteriores. Por volta do ano 900 a.C. cessou quase totalmente o uso da conta longa dos maias, que foi substituído no período pós-clássico das terras baixas setentrionais por uma versão truncada, chamada conta curta [substituída pelo mesmo nome?]. Por essa época há sinais evidentes de um paroxismo de destruição, tão profundo como o que se havia estendido entre os olmecas nos milênios anteriores. Cessou a construção na maioria dos assentamentos e cidades, que foram abandonadas por seus povos para regressar ao bosque tropical.

Para onde foi a população e o que provocou aquele terrível cataclismo? Ninguém sabe, apesar das infinitas especulações. Ainda que haja alguns testemunhos arqueológicos de que certas cidades seguiram mantendo uma população e cultura no período pós-clássico, certamente a minoria regente e seus interesses foram eliminados. Foi formulado todo tipo de hipóteses, geralmente centralizadas nas causas ecológicas, como o colapso da agricultura provocado por uma mudança climática, resultado de uma exploração excessiva do solo, ou por causas sociopolíticas, como alguma revolução social alentada pelo desgosto das massas ante a prepotência de governantes sem escrúpulos. Por ora só podemos dizer que nenhuma dessas hipóteses antagonistas conta com o apoio dos especialistas.

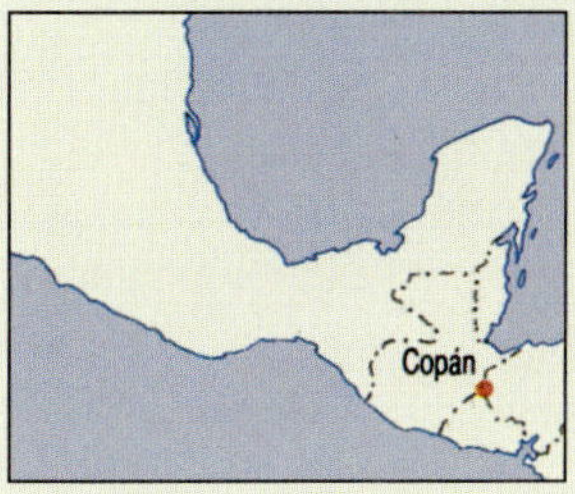


# Copán

Copán, um dos assentamentos mais meridionais do grande Império maia, está localizado junto ao rio do mesmo nome, na bacia hondurenha de Motagua. O Copán metropolitano provavelmente ocupava uma área de 13 por 3 quilômetros, porém hoje só pode ser vista uma pequena parte do que foi, com ruínas de templos, praças e, principalmente, estelas entalhadas em três dimensões. Em 1839, John Lloyd Stephens, que viajava em companhia do artista e arquiteto Frederick Catherwood, comprou o sítio arqueológico por 50 dólares, o que lhe permitiu revelar e estudar sem interrupções os monumentos antigos.

A obra de restauração foi realizada na década de 1930 pelo Carnegie Institute. Não foi sua menor proeza ter desviado o rio Copán, que já havia erodido uma boa parte de um complexo piramidal.

*Abaixo.* No pátio principal agrupavam-se sete estelas com a altura média de 3,5m. Outras estão dispostas na parte sul do recinto. Copán alcançou seu apogeu artístico em meados do século VIII. A escadaria esculpida com hieroglíficos contém a inscrição mais comprida da área maia: 2.500 glifos sobre 63 degraus.

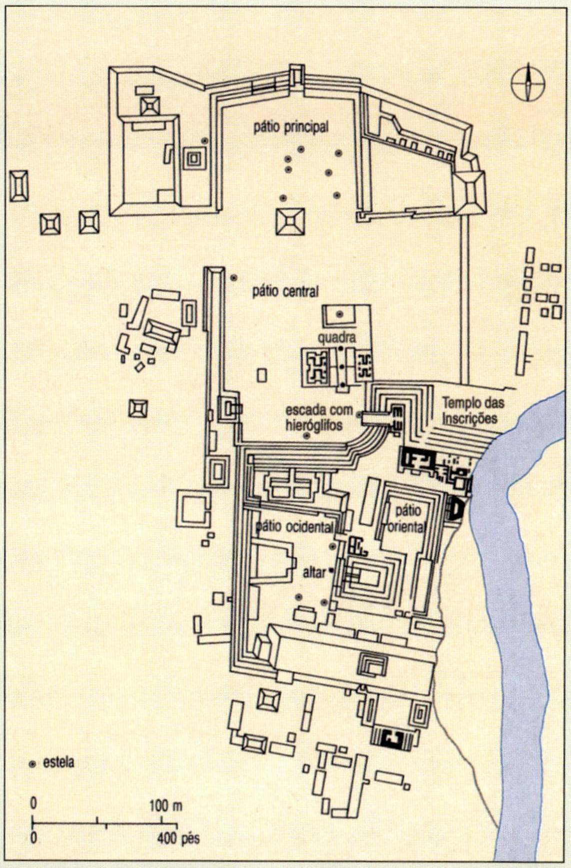


*Direita.* Do Templo das Inscrições pode ser apreciada a beleza de Copán nas líneas graciosas da quadra (na frente) e na elegante estatuária depois do pátio principal.

*Abaixo direita.* A ausência de cenas militares ou violentas é característica exclusiva de Copán. Os personagens têm as insígnias de seu posto, mas não armas. Seriedade escultural reflete o rosto do jovem deus do milho.

*Esquerda.* A atmosfera romântica do "ídolo caído" de Catherwood (estela C) não se encaixa com a precisão e realização cuidada dos desenhos. A estela C e as outras 37, agora novamente erguidas, representam os senhores (e uma senhora) de Copán com todas suas insígnias. Cada um sustenta uma barra ritual, usa vestidos e jóias complexas e está acompanhado de um texto hieroglífico. Os detalhes decorativos destacam-se sobre o bloco de pedra (traquito), dando à estela um alto-relevo que contrasta com as duas rígidas dimensões dos relevos de Yaxchilán e Pedras Negras. Os altares das divindades zoomórficas eram colocados em frente às estelas.

GOLFO DO MÉXICO
YUCATÁN
ÁREA SETENTRIONAL
ÁREA CENTRAL
PETÉN
ÁREA MERIDIONAL
CORDILHEIRAS MAIAS
Dzibilchaltún
Mérida
Acanceh
Izamal
Chichén Itzá
Yaxuná
Cobá
Tancah
Ilha Cozumel
Oxkintok
Uxmal
Mul-Chic
Kabah
Chacchob
Sayil
Labná
Kenic
Chacmultún
Jaina
Xcalumkin
Xcichmook
Campeche
Xtampak
Edzná
Dzibilnocac
Hochob
Huntichmul
Felipe Carillo Puerto
Yucatán
Campeche
Quintana Roo
Lagoa de Términos
Becan
Xpuhil
Hormiguero
Pasión del Cristo
Uaacbal
Rio Bec
Cohunlich
Oxpemul
La Muñeca
Nohmul
El Pálmar
Calakmul
Pared de los Reyes
Altamira
Balakbal
Colhá
Lamanai
Altún Ha
Candelaria
Comalcalco
Grijalva
Villahermosa
Usumacinta
Balancán
Tortuguero
Tabasco
Chiapas
Palenque
Pomoná
Chinikihá
Ucal
MÉXICO
GUATEMALA
El Mirador
Naachtún
Río Azul
Xultún
La Honradez
San José
Cidade de Belize
Uaxactún
San Pedro
El Perú
Holmul
Baking Pot
Belmopan
Tikal
Nakum
Uolantún
Naranjo
Xunantunich
Yaxhá
El Porvenir
Piedras Negras
El Cayo
La Mar
Motul de San José
Flores
Lago Petén Itzá
Toniná
Yaxchilán
Lacanbá
Bonampak
Pasión
Itzán
Caracol
Mountain Cow
Aatun
Balam
Pomona
Tuxtla Gutiérrez
Agua Escondida
Santa Elena Poco Uinic
La Amélia
El Caribe
Seibal
Altar de los Sacrificios
Dos Pilas
Aguateca
Machaquilá
Ixtutz
Nah Tunich
Sacul
BELIZE
Nimli Punit
Lubaantún
Pusilhá
Chinkultic
Grijalva
Cancuén
Salinas dos Nove Cerros
Quen Santo
Lagartero
Chamá
Cobán
Lago de Izabal
San Pedro Sula
GUATEMALA
HONDURAS
MÉXICO
GUATEMALA
Nebaj
Quiriguá
Motagua
Los Higos
El Paraíso
Ulúa
Zacualpa
San Agustín Acasaguastlán
Copán
Lago de Yojoa
Lago de Atitlán
Kaminaljuyú
Cidade da Guatemala
El Baúl
Amatitlán
Pantaleón
Tiquisate
Asunción Mita
EL SALVADOR
Tazumal
San Salvador
94º
92º
90º
88º
22º
20º
18º
16º
Centro clássico importante
centro clássico menor
caverna sítio
estilo Puuc
estilo Chenes
estilo Rio Bec
sítios Cotzumalhuapán
rota comercial
cultivo intensivo em áreas do Norte e do Centro
campos levantados
terraços revestidos de pedra
pântano
fronteiras estaduais e internacionais modernas
cidade ou povoado modernos
fronteira de cidade Estado de 790 d.C.
escala 1: 3.400.000
0
150 km
0
100 mi

## As cidades clássicas do norte

Assim como os antigos especialistas — e basta citar Sylvanus Morley em seus últimos anos — defenderam a idéia de um "império antigo" maia nas terras baixas, também associaram a idéia de um "império novo" na península de Yucatán, ao norte de Petén. Teria sido fundado pelos refugiados do sul, depois do colapso da civilização clássica. Porém, essa hipótese foi desacreditada quando se descobriu que as cidades setentrionais tinham sido construídas e ocupadas no clássico tardio.

A classificação das cidades do norte, em geral, é feita pelos estilos arquitetônicos Começando pelo extremo meridional, o estilo do rio Bec, ao norte de Petén, foi característico das construções com múltiplos aposentos e torres de "frente falsa", que apresentavam uma semelhança superficial com as pirâmides-templos de cidades como Tikal (com a diferença de que as "escadas" não podiam ser subidas). Mais ao norte, no Campeche meridional, há sítios arqueológicos de estilo Chenes com construções rituais em cuja entrada figuram gigantescas máscaras de monstros, talvez rostos dos dragões celestiais de dupla cabeça dos "tribunais rituais" implantados pelos governantes do sul.

Os monumentos arquitetônicos mais esplêndidos da civilização clássica maia são as cidades de Puuc, uma zona ao norte de Campeche e do estado de Yucatán que, em forma de V, se concentra ao redor de uma fileira de colinas baixas. Sítios arqueológicos como os de Uxmal, Kabah, Sayil e Labná, estão entre os que melhor são conhecidos pelos arqueólogos, e suas construções influenciaram inclusive arquitetos modernos, como Frank Lloyd Wrigh. No estilo destacam-se pratos de pedra calcária finamente entalhados e colocados sobre fundos de seixo, empregando elementos lavrados a modo de mosaicos sobre a parte superior das fachadas. Esses elementos formam o impressionante rosto da divindade celestial (o denominado "Deus de nariz comprido"), amontoados de múltiplas maneiras, como um poste totêmico.

À medida que se penetra na península, os solos são mais suaves, as condições climáticas mais secas e os reser-

*Esquerda.* **A civilização clássica maia**
As cidades clássicas maias floresceram nas selvas tropicais das zonas central e setentrional durante mais de cinco séculos (começando por volta de 290 d.C.). Muitos dos centros clássicos estiveram unidos por meio de matrimônios reais, ainda que nenhuma das cidades teve hegemonia sobre as outras, nem sequer a grande cidade de Tikal, em Petén. Eram independentes e estiveram comprometidas nas freqüentes guerras entre cidades. Por volta de 790 podem ser identificadas 22 cidades independentes em terras baixas do sul. No século IX, centro após centro deixou de glorificar seus governantes com monumentos de pedra. A agricultura itinerante de roçamento foi a norma habitual nas terras baixas maias; porém, esse sistema nunca teria, por si só, podido manter a numerosa população que ali viveu nos tempos clássicos. Cada vez são maiores as provas arqueológicas de que houve duas formas de agricultura intensa, com as quais os campos eram cultivados de maneira permanente durante a maior parte do ano; essas provas apareceram em algumas partes das zonas central e setentrional: campos levantados e terraços com taludes de pedra. Essas podem ter sido as respostas à pressão demográfica.
*Direita.* Uma casa maia contemporânea próxima a um antigo palácio.
*Acima.* O palácio das Máscaras de Kabah é um exuberante exemplo de arquitetura puuc. As máscaras repetitivas do deus da chuva (Chac) em mosaico de pedra cobrem inteiramente a fachada de 46 m de longitude.

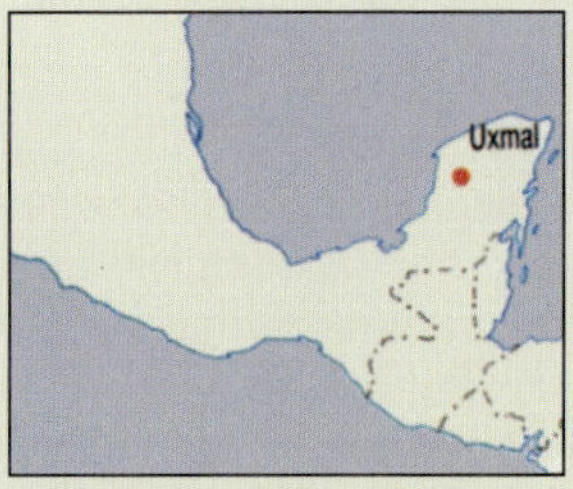


# Uxmal

*Abaixo.* Desenhos geométricos, máscaras de Chac e formas naturalistas estilizadas combinam-se na porta principal do Palácio do Governador (detalhe de uma litografia de Frederick Catherwood). Um esquema similar, ainda que menos adornado, prolonga-se pelos quatro lados do edifício (que mede 100 m de largura). Grandes máscaras de Chad estão sobre cada uma das 11 portas e destacam-se sobre as esquinas com um angulo de 45 graus. O friso (de 3,5 m de altura), como o do Convento de Freiras, foi feito com pequenos mosaicos, provavelmente de produção intensiva, porém cortado com tanta precisão que não é necessário estuque algum para encobrir e disfarçar as imperfeições.

Uxmal é um assentamento conhecido como a jóia arquitetônica da península de Yucatán. Foi realizada uma restauração dos edifícios principais, ainda que não haja nenhum mapa cartográfico do "Grande Uxmal". Aqui faltam as fontes de informação que as outras regiões mesoamericanas dispõem — estelas datadas, longos textos hieroglíficos, códices —, bem como a pintura mural que descreve acontecimentos históricos. Um estudo prévio da cerâmica, algumas estelas sem data e uma data (909 d.C.) pintada sobre uma pedra de acabamento, serviram para estabelecer o contexto temporal de Uxmal. Ainda que seja mais irrebatível o estilo arquitetônico e decorativo puuc, incorporado nas construções de muitos assentamentos.

As provas apontam para uma ocupação no fim do período clássico, que provavelmente terminou com as invasões mexicanas da península. O desenho de Uxmal funda-se na tradição puuc, reformulada com motivos estrangeiros que lhe conferem um caráter internacional.

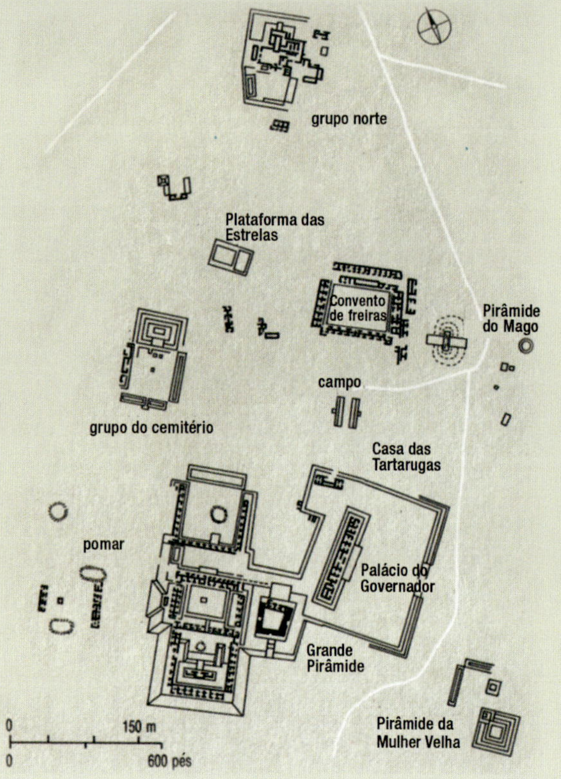

*Acima esquerda.* O motivo da caveira e das tíbias cruzadas está repetido no ângulo superior em volta da plataforma de um grupo funerário. É um exemplo de decoração no altiplano mexicano, utilizado para decorar uma construção puuc.
*Acima.* Serpentes emplumadas entrelaçam-se sobre mosaicos geométricos no friso ocidental do pátio do Convento das Freiras.
*Esquerda.* Os edifícios de Uxmal, que cobrem 100 hectares, parecem ter sido erguidos tanto para criar uma paisagem dramática quanto para fazer parte de um alinhamento astronômico (pode ser observado o ligeiro deslocamento do eixo leste-nordeste). O Palácio do Governador é considerado o exemplar mais perfeito do que resta da arquitetura puuc. Construído sobre duas plataformas sobrepostas, sua entrada principal domina uma vasta praça ao lado da Pirâmide da Mulher Velha, que é talvez, a construção mais antiga de Uxmal. Pelo norte, o monumental arco de abóbada saliente serve de entrada para o pátio quadrangular do Convento de Freiras. Ao redor do pátio (de 75 x 60 m) erguem-se quatro construções separadas, dando ao Convento de Freiras a sensação mais de amplitude que de recinto.

As linhas baixas e horizontais do Convento de Freiras (*esquerda*), junto com a Casa das Tartarugas, na frente à direita, contrastam com a base torreada da Pirâmide do Mago (*abaixo*).
O Convento de Freiras (os primeiros exploradores pensaram que os pequenos aposentos eram celas de freiras, nun em inglês) apresenta traços claros da arquitetura puuc de muros verticais dividindo os espaços horizontais, com fachadas baixas sem decorar e registros superiores mais cuidados. Exclusiva de Uxmal é a base elíptica da Pirâmide do Mago. Estudos realizados durante a restauração mostram cinco estratos de construção, nos quais seguem-se os cânones puuc de desenho, como ocorre nos templos na sua base e seu cume. Posto que quase não há fontes superficiais de água em Yucatán, os primeiros habitantes da região leste assentaram-se nos barrancos úmidos (cenotes) do banco de calcário. E como no oeste também não há poços naturais, os residentes tiveram que recorrer ao recolhimento das chuvas estacionais para poder cobrir suas necessidades durante os seis meses secos. A cisterna (chultun) subterrânea feita pelo homem é talvez a melhor inovação do talento dos maias do norte. Apesar disso a escassez de água foi uma preocupação fundamental, e, com efeito, são inúmeras as máscaras de Chad (o deus da chuva) que decoram as fachadas dos edifícios.

# Arte da ilha Jaina

Jaina é uma pequena ilha argilosa diante da costa de Campeche. Tornou-se famosa pela beleza de suas figurinhas de barro, encontradas às centenas nos sepultamentos da ilha do fim do período clássico. São ocas e geralmente tem um abertura pequena para a entrada de ar na parte posterior. Nelas estão retratados senhoras e senhores, governantes entronizados e deuses, todos eles ocupados nas atividades mais diversas.

A riqueza dos sepultamentos de Jaine sugere que a ilha foi um cemitério para a minoria que governava os vizinhos assentamentos puuc.

O chamado deus-gordo (*direita*) freqüentemente é encontrado entre as figurinhas de Jaina e também aparece entalhado em pedra nas fachadas dos edifícios puuc. De provável origem teotihuacana, seu papel no panteão mesoamericano segue sendo desconhecido. Aqui está com uma vestimenta guerreira de plumas e um escudo na mão. Algumas figurinhas parecem entregues a suas tarefas cotidianas, como a jovem senhora maia que tece em um tear de sentido inverso (*esquerda*); porém, é provável que nos engane e que represente mais bem a jovem deusa lunar como patrona das tecedoras. Um pássaro pousa sobre o poste onde o tear está suspenso, e debaixo há outros dois pássaros. Numerosas figurinhas de Jaina são retratos em miniatura (abaixo), que proporcionam uma boa informação sobre a vestimenta maia no final do período clássico. A figura sentada em posição de alfaiate é um nobre, que carrega um objeto parecido com um espelho sobre o peito, enquanto que a da direita é uma mulher vestida e adornada com jóias que também sustenta algo parecido com um espelho. Os espelhos estiveram estreitamente ligados à idéia de governo, porque um grande senhor maia era considerado como "o espelho do seu povo".

*Abaixo.* Algumas figurinhas de Jaina são de uma extraordinária expressividade, tendo sido permitido aos artistas uma liberdade maior que a concedida aos entalhadores dos monumentos públicos. Este personagem talvez seja um governante captado em pleno êxtase da dança.

*Ao pé da página.* Muito mais hierática é esta figura de um governante sentado em um tronco circular. Enquanto a barba é rara na escultura monumental maia do período clássico, os governantes de Jaina, como este, freqüentemente têm cavanhaque. Em sua mão esquerda sustenta uma bolsa para o incenso de copal.

vatórios de água, lagos e rios mais escassos. Os assentamentos Puuc, incluída Chichén Itza, seu prolongamento mais oriental, estão estreitamente ligados à única fonte de água potável. A agricultura do milho é mais precária no norte, e o comércio de sal e mel pode ter sido o principal pilar da economia.

Enquanto segue sendo duvidoso que algumas migrações chegassem desde o sul até os assentamentos de Puuc quando da decadência dos meridionais, é provável que essas cidades mantivessem sua população e sua vida cerimonial até depois de 900 d.C. E contribuíram, em grande parte, para a civilização híbrida tolteca-maia, que floresceu em Chichén Itzá depois que os toltecas se apoderaram do Yucatán no fim do século X.

Os artistas e arquitetos de Puuc tiveram um relevante papel na explosão da atividade criadora no grande centro pós-clássico.

**Os maias no México central**

Costumava-se acreditar que os maias clássicos tinham sido pessoas "caseiras" culturalmente falando, com influência sobre outras áreas, e que nunca transpuseram suas fronteiras. Porém, nos últimos anos, surgiram provas convincentes que confirmam a presença maia nas terras altas do México central, aproximadamente durante o último século do período clássico tardio.

Para entender a natureza dessa presença, é necessário voltar a Putún. Na época da conquista espanhola ali houve um grupo que falava chontal-maia e ocupava a região costeira e pantanosa de Tabasco e do sul de Campeche. Aquela região era conhecida dos astecas como Acallán, o "país das canoas", em homenagem à extensa rede de comércio marítimo que, passando por Putún, percorria toda a linha costeira desde Honduras até Veracruz. Os náhuatl a conheciam pelo nome de Olmeca-Xicallanca. Atualmente há razões convincentes para acreditar que os putunes preencheram o vazio de poder produzido pelo colapso das cidades petén por volta de 800 d.C.

O extenso sítio arqueológico no cume da colina de Cacaxtla encontra-se na fronteira dos estados de Tlaxcala e Puebla, região de terras altas e secas a leste do vale do México.

Arraigadas tradições históricas indicam que foi um verdadeiro baluarte de uma dinastia de origem olmeca-xicallanca, que é o mesmo que putún-maia. A confirmação de tais tradições chegou em 1974 com o descobrimento casual, feito por saqueadores, de um extraordinário complexo palaciano do clássico tardio, com magníficos murais de colorido brilhante, com evidente influência maia na sua totalidade, e, concretamente, dentro do estilo das últimas estelas de Seibal.

Outro sítio arqueológico que evidencia a presença do período clássico tardio dos maias no centro do México é Xochicalco, um enorme complexo arquitetônico sobre uma colina a oeste de Morelos e a sudoeste do vale do México; ali, não só há uma plataforma com serpentes emplumadas, que em suas ondulações emolduram figuras sentadas puramente maias, evidentemente copiadas de jades maias do clássico tardio, senão que também aparece uma rede de vias certamente imitando as sacbeob ou "caminhos brancos" das cidades maias nas terras baixas.

Essas intrusões maias chegaram numa época de perturbações para as cidades das terras baixas meridionais, e, pelo menos Cacaxtla, foi o produto de um povo que soube tirar proveito da bancarrota da maior civilização do Novo Mundo.

*Extrema esquerda.* Cotzumalhuapa é o nome pelo qual se conhece a única talha escultórica que aparece nos mais de 200 monumentos em pedra da costa pacífica da Guatemala. Cada estela da série representa um homem equipado para o jogo de bola; este que aqui se vê pertence ao monumento 6, e mostra um jogador que se volta para cima estendendo um braço em direção a um deus que mergulha. As estelas estão talhadas em baixo-relevo, exceção feita das cabeças divinas que parecem estar saindo do fundo. Certos elementos iconográficos (caveiras, cabeças humanas decapitadas, parreiras floridas, vagens de cacau antropomórfico) repetem-se através das séries, ainda que com diferentes combinações em cada estela.

*Esquerda.* Detalhe de uma estela de Cotzumalhuapa: um sacerdote, vestido de jogador de bola, sustenta uma cabeça humana em uma mão e na outra a faca sacrifical; as serpentes simbolizam o sangue.

**O enigma de Cotzumalhuapa**

Uma das civilizações mais misteriosas da Mesoamérica durante o período clássico é a chamada civilização de Cotzumalhuapa, pelo típico sítio arqueológico de Santa Lucía de Cotzumalhuapa, na planície da Guatemala frente ao Pacífico. Numa região muito compacta, considerada uma das de maiores produtoras de cacau na Mesoamérica, há um grande número de pequenos assentamentos com uma arquitetura rústica recoberta de seixos, porém, com uma profusão de monumentos esculpidos em pedra. Apresentam um estilo e uma iconografia que não são nem maias nem mexicanos, mas uma combinação de ambos. Algumas das divindades pertencem ao centro do México; tal como ocorre com Tlaloc, o deus da chuva, com olhos arregalados, e com Mictlantecuhtli senhor do país dos mortos. Os hieroglíficos calendáricos referentes ao cálculo de 260 dias aparecem aqui de uma maneira que é única na Mesoamérica. A estatuária do jogo de bola se encontra em toda parte, e assim há quadras para o referido jogo que sugerem uma conexão com a cultura clássica de Veracruz, na costa do Golfo; porém Cotzumalhuapa não pode derivar dela, nem tampouco de Teotihuacán, que havia tido uma grande presença na costa guatemalteca no começo do clássico. A data de tal cultura até é questionada, ainda que o especialista doutor Lee Parsons acredite que corresponda ao "clássico médio", entre o fim do clássico primitivo e começo do clássico tardio. Seu florescimento pode ser explicado pela afluência de riqueza em função de uma abundante produção de cacau.

Quem eram aquelas pessoas? Quando da chegada dos espanhóis, a região de Cotzumalhuapa estava ocupada por um grupo não-maia chamado pipil que falava a língua nahua, parente do náhuatl, a língua dos astecas.

A maior parte dos especialistas acredita que os pipils foram os responsáveis pela cultura cotzumalhuapana no período clássico, e que podem ter chegado à costa, talvez desde o centro do México, no século VI d.C. Porém, há aspectos em que continuam sendo um mistério.

*Acima.* **O império tolteca**
A era tolteca ocupa uma posição lendária na mitologia mesoamericana: os tardios governantes maias e astecas insistiram, coerentemente, em sua ascendência tolteca, acreditando que seus reinos seriam períodos de prosperidade universal, como haviam sido os de seus predecessores. Como mostra o mapa, boa parte do México estava sob a influência do poder tolteca, que se perpetuou para além do desaparecimento do império, por obra dos emigrantes de Tula. Entretanto, os toltecas tiveram uma origem humilde, já que descendiam, em parte, de tribos nômades do deserto chichimeca, empurradas em direção ao sul pela seca e pela necessidade.

*Direita.* Xipe tolteca, o deus escalpelado, aparece aqui em uma terracota oca, de tamanho quase natural. Deus da vegetação e das colheitas, seu representante humano revestia a pele esfolada de uma vítima de sacrifício.

## AUGE DO ESTADO TOLTECA

O período denominado Pós-Clássico, que teve início em 900 d.C. e se estendeu até a conquista espanhola, destaca-se de tudo o que o precedeu na Mesoamérica por ser um período histórico. Existem anais e relatos escritos, compilados após 1521 pelos espanhóis e pelos intelectuais nativos, ambos interessados por essa fase histórica. Não resta dúvida de que a vida dos maias durante o Período Clássico foi registrada, mas com extrema parcimônia toda vez que se refere aos fatos e acontecimentos da minoria dirigente. Entretanto, muitos destes relatos, atribuídos ao Período Pós-Clássico, estão repletos de ambigüidades, motivo pelo qual sua análise exige boa dose de cautela.

O advento da metalurgia é o marco divisório entre o período Clássico e o Pós-Clássico. É praticamente certo que essa arte tenha sido difundida a partir da América do Sul, mais precisamente da região costeira dos limites entre Peru e Equador. A Área Intermediária talvez também tenha contribuído para isso, já que, ali, a modelagem do ouro fino e do cobre, através do processo de "cera perdida", tinha velhas raízes. A maior parte da produção da metalurgia mesoamericana era composta por adornos. O bronze, apesar de já conhecido na zona andina, nunca foi utilizado. Os metais, no Período Pós-Clássico, não tiveram grande relevância.

### Os toltecas-chichimecas

Quando os espanhóis chegaram ao México e à América Central, as dinastias indígenas que ali governavam e seus descendentes coloniais falavam de um povo mais antigo conhecido como toltecas, que havia criado uma cultura maravilhosa num lugar chamado "Tollán" (palavra que mais tarde transformou-se em "Tula") ou "Lugar das Canas". Os toltecas eram artesãos e arquitetos extraordinários, e, com isso, Tula transformou-se numa espécie de país de sonho, com palácios cravejados de pedras preciosas. O imperador Motecuhzoma Xocoyotzin se proclamava descendente de antepassados toltecas. Muitas tradições atribuídas aos toltecas foram conservadas e algumas possuem certo grau de veracidade, do ponto de vista histórico, embora as denominadas histórias não sejam, em todos os casos, de fácil interpretação.

Para além da fronteira setentrional da Mesoamérica estava localizado o grande altiplano desértico, encaixado entre os dois braços da cordilheira da Serra "Madre". E, além do território agrícola, ficava a moradia dos chichimecas, povos caçadores e forrageiros que conservavam um estilo de vida herdado do período arcaico da pré-história mesoamericana. Provavelmente, foram eles que introduziram o arco e a flecha na Mesoamérica, a partir das regiões setentrionais e durante os primeiros tempos do Pós-Clássico, já que os únicos arqueiros dos exércitos astecas foram os otomíes, mercenários de filiação chichimeca. Povos nômades, eles provavelmente irromperam no sul, através da fronteira da Mesoamérica, em várias épocas do passado. Mas no final do período Clássico, um grupo comandado pelo chefe Mixcoatl (Serpente Manchada), se estabeleceu no local que logo viria a ser Tula, incorporando-se a outro grupo conhecido como toltecas. O povo resultante desta mistura desenvolveu uma cultura nova, mas ainda influenciada, em parte, pelos assentamentos de influência maia do México Central, como os Xochicalco. Um exemplo é a cancha de Tula que reproduz, em todas as suas dimensões e detalhes, o campo de jogos em forma de I, de Xochicalco. No início da fase "Tollana" do Pós-Clássico (900-1200 d.C.), Tula acabou transformando-se na capital de um grande reino e, até mesmo, de todo o império. Serviu de modelo para os Estados mesoamericanos no final deste período, razão pela qual não só os astecas, mas também as últimas casas governantes dos maias aspiravam ser descendentes dos governantes tulas. A influência tolteca pode ser encontrada em vastas regiões da Mesoamérica, incluindo a costa do Golfo do México e a própria capital; e comprovada pela existência de uma cerâmica fina e vidrada, com chumbo, conhecida como "plomada", produzida de acordo com os modelos toltecas na costa pacífica de Chiapas e na Guatemala. Com ela, os toltecas faziam inúmeras negociações, onde quer que chegassem. Na verdade, essas extensas redes de comércio foram formadas pela população de Tula, pois a fina cerâmica policroma da Costa Rica foi encontrada na capital e em assentamentos estabelecidos, provavelmente pelos toltecas, no noroeste mesoamericano, como "La Quemada" e Chalchihuites. Estes eram destinados à comercialização de mercadorias selecionadas, como a turquesa, com centros do sudoeste, em especial "Casas Grandes".

### Os toltecas em Yucatán

As lendas sobre a queda de Quetzalcoatl (Serpente Emplumada) pelas mãos do malvado Tezcatlipoca (Espelho Fumegante) falam do vôo que o deus fez com sua comitiva, de Tula até a costa do golfo. Uma das versões apresenta a "Serpente Emplumada" realizando um ato de auto-imolação, enquanto outra descreve sua viagem sobre uma jangada de serpentes marinhas pelo Golfo do México, até a região oriental, na esperança de um dia regressar para reclamar seu próprio território. Esta

Tula, capital dos toltecas, está localizada aproximadamente 65 quilômetros a noroeste da atual Cidade do México. Os restos arqueológicos de Tula não são tão grandiosos quanto os de Teotihuacán, o que não impede de decifrar a sede do governo de um extenso império. Certas figuras de atlantes (*abaixo*) no alto da pirâmide B quase se tornaram o símbolo de Tula. Certamente as maiores esculturas da jazida arqueológica (4 a 6 metros de altura, enquanto que a pirâmide quase supera os 10 metros) constituem o ponto focal do elemento militarista que chegou a dominar as representações da arte pós-clássica no altiplano central.

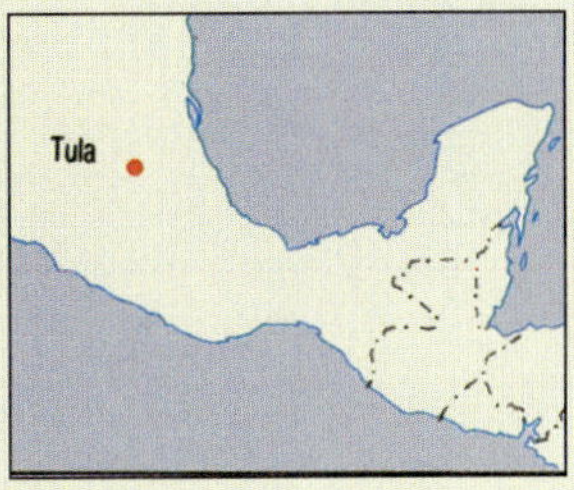


# Tula

*Abaixo.* Detalhe de uma das quatro figuras de atlantes. As feições vigorosas do rosto tolteca (talvez idealizados, compare com o Chac Mool no pé da página) são refletidas na técnica da escultura. Cada uma consta de quatro partes. São esculpidas em basalto e cravadas em uma coluna que sustenta o telhado. Colunas quadradas na parte posterior da pirâmide de figuras, revestidas com o que parece ser uma indumentária militar e esculpidas em baixo-relevo, prolongam a função arquitetônica de sustentação.

Tula, localizada no estado de Hidalgo, é, hoje, representada pelos restos do que foi uma grande cidade; certamente menor do que Teotihuacán, esta mais antiga, mas que não deixa de impressionar. O centro do assentamento é ocupado por vários templos-pirâmide pouco estilizados e de tamanho excepcional, como a pirâmide B, que provavelmente foi dedicada a Quetzalcoatl (Serpente Emplumada). A parte inferior de sua estrutura é recoberta por gravuras em relevo de jaguares e coiotes rampantes, e águias devorando corações; provavelmente uma representação da classe guerreira que dominava a cidade. De acordo com a lenda, Tula foi governada por um rei semi-mítico, que recebeu o título de Quetzalcoatl, e que teria sido enfeitiçado, deposto e expulso da cidade pelo terrível deus Tezcatlipoca, o patrono de feiticeiros e guerreiros.

*Abaixo.* O Muro das Serpentes (Coatepantli). Este muro isolado, de 2,6 m de altura, foi esculpido com repetitivos desenhos de esqueletos humanos sendo devorados por cascavéis. A iconografia de Tula combina a serpente emplumada, Vênus, e hierarquias militares, todos eles componentes do mito de Quetzalcoatl.

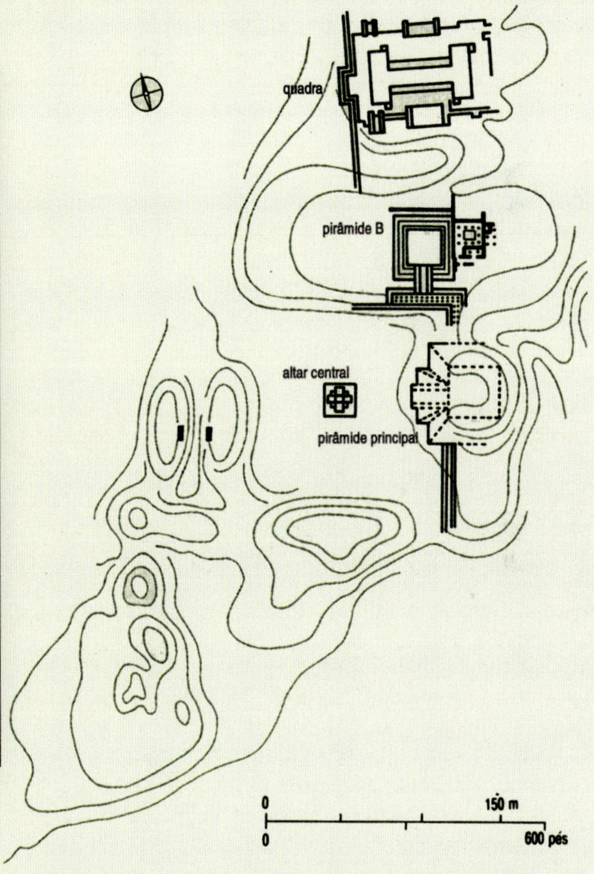

*Esquerda.* A pirâmide B, vista do sudeste, era precedida por uma sala de colunas. A base da pirâmide foi decorada com figuras do perfil de jaguares e águias devorando corações, e com a visão frontal de uma cabeça humana que emerge das fauces de uma criatura emplumada, associada a Vênus e conhecida pelo nome em náhuatl de Tlahuizcalpantecuhtli.

*Acima direita.* Plano de Tula. A cancha em forma de I fica atrás da pirâmide B. Tem, exatamente, as mesmas dimensões e orientação que a de Xochicalco. Contíguo à pirâmide se encontra o Palácio "Quemado".

*Direita.* Um Chac Mool que, supõe-se, era uma pedra para os sacrifícios. Foram descobertas outras seis esculturas similares, todas mutiladas.

última versão foi confirmada por estudos arqueológicos e étnico-históricos. Durante um katún (Ciclo de Tempo) que terminou em 987 d.C., um homem chamado Kukul-Cán (Serpente Emplumada, ou seja, Quetzalcoatl) chegou a Yucatán com seus seguidores e conquistou os maias. A cultura assumida e guiada através das linhas políticas tolteca foi a puuc; porém, a maior parte dos assentamentos puuc foi abandonada nessa época, com a curiosa exceção do Chichén Itzá. Pouco restou de outros assentamentos do começo do período Clássico tolteca-maia em Yucatán, o que sugere que os novos governantes despovoaram o país e concentraram os maias do norte em Chichén Itzá, a fim de ter um controle melhor sobre eles. Outro sítio arqueológico importante da época é Balankanché, uma caverna não muito distante de Chichén, com uma câmara subterrânea destinada ao culto do deus tolteca da chuva, Tlaloc.

**Desenvolvimento na região setentrional dos maias pós-toltecas**

Em 1224, ao terminar um katún Ahau 6, a hegemonia tolteca havia desaparecido das terras baixas setentrionais (de fato, a grande fase "tollana", em Tula, já havia passado), e os toltecas já não eram mais do que a recordação de um passado glorioso, em boa parte da Mesoamérica. Pouco tempo depois, os itzá se estabeleceram no assentamento de Chichén Itzá, onde instauraram, ou talvez impulsionaram, o culto do deus da chuva no poço sagrado (ou poço dos sacrifícios), no qual vítimas humanas eram ofertadas para aplacar a divindade. Durante a segunda metade do século XIII, os itzá fundaram Maiapán, cerca de 100 quilômetros a oeste de Chichén, que se manteve como capital até ser conquistada e destruída, um século depois. Maiapán era uma cidade em forma de lágrima e composta por, aproximadamente, 200 construções no interior de seus muros. A Carnegie Institution, de Washington, que escavou Maiapán durante vários anos, calcula que entre 11 mil e 12 mil pessoas viveram ali. Através dos manuscritos, sabe-se que a maior parte era formada por famílias provenientes do norte de Yucatán, retidas como reféns para garantir o fluxo constante de tributos em favor da família Cocom, dominadores que controlavam a península naquela época. Com as escavações realizadas nas construções mais suntuosas, vieram à luz numerosas urnas com incensários de cerâmica e reproduções das divindades que eram adoradas no local. Tais ídolos incluem diversos deuses originários do centro do México, como o deus indígena da chuva, o maia Chac. Na época em que a península de Yucatán foi invadida pelos espanhóis, os assentamentos de Maiapán e Chichén Itzá estavam em ruínas. A península se encontrava dividida em 16 pequenos estados independentes, muito semelhantes quanto à organização social e política, às cidades-Estado independentes que haviam prosperado no começo do período Clássico maia. A ausência de uma autoridade suprema sobre todo o território fez com que os espanhóis encontrassem maior dificuldade em dominar os maias do que em subjugar o império centralizado dos astecas.

**O fim do Pós-Clássico nas terras altas maias**

Pouco se conhece sobre a arqueologia do altiplano da Guatemala e de Chiapas após a decadência de Teotihuacán, que depois de 500 d.C. deixou de influenciar centros bastante importantes como Kaminaljuyú. Quando o terrível Pedro de Alvarado conquistou esta região, acompanhado por mercenários indígenas de

# Chichén Itzá

*Esquerda.* Visão do Templo dos Jaguares (na parte inferior oriental do campo de bola). Um trono na forma de jaguar olha em direção à pirâmide central do "Castillo". A pirâmide (24 metros de altura), repleta de temas alusivos à "Serpente Emplumada", pertence à última fase da construção. A maior parte dos edifícios de Chichén Itzá revela uma mistura de desenhos maias e toltecas.

*Abaixo.* Esta série de caveiras (*tzompantli*) esculpida nas fachadas de uma plataforma, pertencente ao setor de construções mais recente de Chichén Itzá, repete a ornamentação tolteca.

O assentamento de Chichen Itzá estava estrategicamente localizado no centro da península de Yucatán. Segundo a interpretação corrente da pré-história peninsular, os invasores toltecas fizeram da cidade a sua nova capital e recrutaram arquitetos e artistas maias puuc para criar uma nova Tula, mais grandiosa e opulenta. O Templo dos Guerreiros de Chichén, apesar de imitar o modelo da pirâmide B da velha capital, tornou-se significativamente maior e mais ambicioso do que era anteriormente; e a cancha de Chichén supera qualquer outra existente em Tula. As esculturas toltecas mais típicas de Tula são as estátuas jacentes, denominadas Chac Mool. Muitas têm sido encontradas em Chichén, e, se comparadas, são bem maiores que os originais toltecas. No entanto, a construção mais surpreendente de Chichén é o grande templo-pirâmide de quatro lados conhecido como "El Castillo", que não se compara a nenhuma outra em Tula. Seu único referencial pode ter sido as pirâmides de quatro lados erguidas durante a fase tardia do período Clássico em Tikal e Copán. São muitas as perguntas sem resposta a respeito da cronologia da cultura tolteca-maia em Chichén, em parte devido a um sistema ambíguo de datação que foi empregado no Yucatán Pós-Clássico. Com isso, uma escola de eruditos pôde levar adiante a hipótese de que as construções "estilo tolteca" de Chichén Itzá, de fato, copiaram supostos protótipos de Tula, no distante estado de Hidalgo, mas, evidentemente, com resultados não tão impressionantes. Muitas escavações despretensiosas ainda deverão ser realizadas em Chichén para poder resolver esta controvérsia.

*Acima.* Esta pequena placa de jade, no estilo de esculpir maia, é um dos milhares de objetos recuperados do Poço do Sacrifício, uma cisterna sagrada (*cenote*). Foi cenário de um ritual que incluía oferenda de jade, cerâmica e metais, bem como de sacrifícios humanos. Os discos de metal encontrados ali, com cenas do conflito tolteca e maia destacadas, provavelmente lembram acontecimentos históricos.

*Abaixo.* A arquitetura monumental de Chichén Itzá cobre uma extensão de cerca de 3 km por 2 km. Os edifícios meridionais de estilo puuc foram saqueados durante séculos pelo "Novo Chichén" do norte. Exemplos notáveis de imagens do altiplano mexicano são a sucessão de figuras de guerreiros, o Chac Mool, os temas sobre a "Serpente Emplumada", os sacrifícios humanos e os cultos da águia-jaguar.

*Esquerda.* Templo dos Guerreiros e Pátio dos Mil Guerreiros, cujos desenhos são similares aos da pirâmide B e do pátio "Quemado" de Tula, mas com uma concepção e um propósito maiores. As colunas foram esculpidas, de cada lado, com a figura de um guerreiro que exibe uma combinação de insígnias. As serpentes monumentais que sustentam o teto voltam a aparecer no templo superior que domina o pátio de bola.

*Direita.* Uma figura humana que emerge das fauces de um animal (que aqui aparece esculpida em pedra) constitui um do temas mais representativos que remonta, pelo menos, aos primeiros tempos de Teotihuacán. Foi ganhando importância entre as sociedades guerreiras da águia-jaguar durante a época tolteca e continuou nos tempos astecas, segundo consta em documentos históricos.

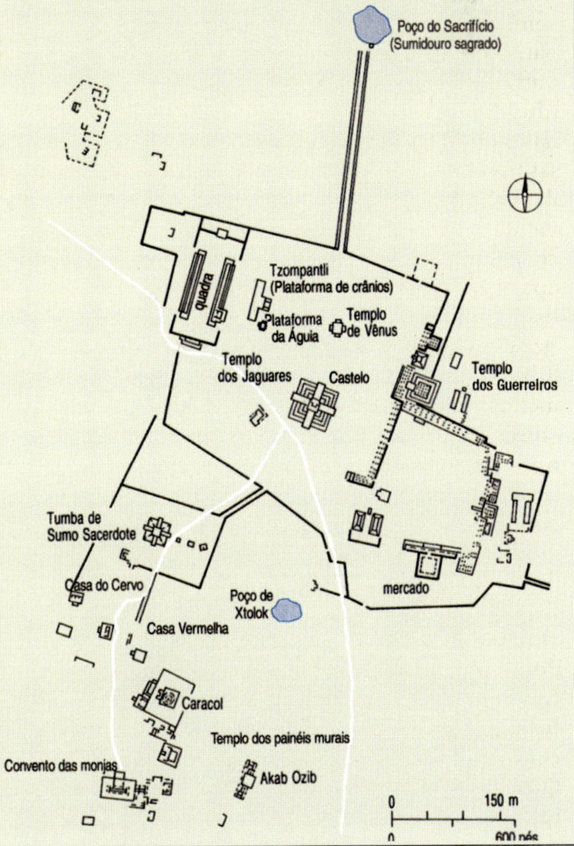

# Uma visão geral do mundo inferior maia

A cerâmica clássica maia, pintada ou esgrafiada, tinha como finalidade acompanhar os mortos em sua viagem ao mundo inferior ou Xibalbá (Lugar do Espanto). Um relato detalhado sobre Xibalbá, existente no Popol Vuh, o livro sagrado dos maias quichés, foi conservado depois da conquista dos espanhóis. Nele, dois jovens chamados Hunahpu 1 e Hunahpu 7, são intimados pelos senhores do inferno (os quais levam nome de doenças mortais) para jogar uma partida de bola. Submetidos a uma série de provas, são finalmente derrotados e condenados à decapitação. A cabeça de Hunahpu 1, exposta em um calabouço, penetra de forma mágica a senhora "Sangre", filha de um senhor de Xibalbá. Após seu exílio sobre a superfície da Terra, "Sangre" dá à luz os gêmeos e heróis Hunahpu e Xbalanque, grandes atiradores de zarabatana e exímios jogadores de bola. Eles acabam sendo convidados para uma disputa com as divindades telúricas e, valendo-se de uma série de subterfúgios, conseguem vencer os soberanos do inferno e sair dali para transformarem-se no Sol e na Lua. Enquanto este e outros tantos episódios do Popol Vuh encontram referência explícita na cerâmica clássica maia, são inúmeros aqueles que não têm contrapartida na memória literária da mitologia.

*Abaixo.* Imagens de um cilindro policromo do século VII, procedente da região de Petén. Dois jogadores de bola se preparam para uma competição, levando, cada um, uma bola, de frente a uma estrutura escalonada. Poderiam ser Hunahpu 1 e Hunahpu 7 ou os dois heróis gêmeos; também poderia tratar-se de apenas um deles e um senhor do inferno. Os pássaros fantásticos à direita lembram as corujas mágicas enviadas pelos governantes de Xibalbá, convocando os habitantes da superfície terrestre para uma partida de bola no mundo inferior. O texto glífico da parte superior ainda não foi decifrado, mas provavelmente contém os nomes e títulos do defunto para o qual o vaso foi pintado.

No *Popol Vuh*, os meios-irmãos dos Heróis Gêmeos sobem em uma árvore por ordem destes para pegar alguns pássaros que os Gêmeos haviam matado. Eles ficam presos e os Gêmeos os transformam em macacos. Neste vaso (*esquerda*) aparecem os homens-macacos como protetores da escritura, apontando os códices cobertos com pele de jaguar. Entretanto, em muitas cerâmicas maias existem cenas do mundo inferior que não podem ser relacionadas diretamente ao *Popol Vuh*. Em um vaso ao estilo do códice (*direita*), um senhor sustenta uma serpente presa em um tubo, de cujas fauces emerge um deus ancião soprando um trompete de concha.

*Abaixo.* Rolo de um vaso cilíndrico do século VIII, do Petén setentrional, Guatemala. Aparece uma jovem, com evidentes sinais de gravidez, diante de uns senhores de Xibalbá que parecem executar uma dança de terror. O *Popol Vuh* sugere que é a senhora "Sangre", grávida dos futuros Heróis Gêmeos. Diante dela há uma divindade sinistra com um nariz quase fálico, que poderia representar seu irmão enfurecido; esse apêndice de forma estranha e o leque que segura na mão levam a crer que se trata de Ek Chuuah, o deus dos mercadores que, certamente, tinham relações com o mundo inferior. As duas outras figuras masculinas poderiam ser seus subordinados. Dispostos em duas colunas, poderiam estar os glifos com os nomes dos protagonistas.

Embora se pensasse que os artistas produtores da cerâmica pintada fossem analfabetos e nada soubessem sobre as preocupações esotéricas da minoria dirigente, hoje, é quase unânime a idéia de que foram eles que produziram os códices, esculpiram os monumentos e pintaram os grandes murais, como os de Bonampak.

No rolo de um vaso estilo códice (*abaixo*), o deus GI (senhor do sacrifício e da chuva) e o esquelético deus da morte dançam pelo triunfo sobre o menino Jaguar, deus do inferno. À direita, há um vaga-lume que carrega uma tocha e um cão monstruoso que transporta as almas para o inferno.

*No pé da página.* Um vaso policromo que representa um deus juvenil do milho.

Direita. A **civilização maia pós-clássica**
Os putunes, que falavam chontal, foram donos de uma rede de comércio que se estendia até o coração de Petén, e que por barco rodeava a península de Yucatán até alcançar centros mercantis como Nito, sobre Rio Doce, e Naco, em Honduras. As canoas carregadas de mercadores e suas mercadorias, que Colombo avistou em 1502, na costa de Yucatán, provavelmente eram maias putunes. O grande centro comercial era Xicallanco, um "ponto de comércio" internacional no qual mercadores astecas que vinham de longe intercambiavam seus produtos com comerciantes da área. A hipótese mais aceita é a de que a população de Chichén Itzá, e mais tarde a de Tayasal, eram putunes de origem mexicana. Como conseqüência da decadência de Mayapán, em meados do século XV, toda a área setentrional caiu em desordem política, com a insurreição de 16 pequenos estados independentes, cada um deles lutando para se impor a seus vizinhos. Apesar disso, houve certa centralização dos cultos, dado que a família governante em cada um daqueles estados minúsculos manteve um culto real no templo da "Sepente Emplumada" de Maní. Mas a "balcanização" política dominante dificultou para os espanhóis a conquista do norte de Yucatán por não haver, ali, uma autoridade única para "domar", como no México central.

**Centros importantes do período Pós-Clássico**
*Mayapán:* era a capital de Yucatán desde 1283 até meados do século XV.
*Chichén Itzá:* centro da antiga cultura puuc, conquistado pelos toltecas do México central no final do século X, que se transformou na capital tolteca-maia de toda a península de Yucatán até seu desaparecimento depois de 1200.
*Balankanché:* onde foi encontrada uma caverna subterrânea que continha inúmeros incensários com a forma de Tlaloc, o deus tolteca da chuva.
*Tulum:* pequena cidade costeira, ocupada desde o Pós-Clássico tardio até a época da conquista espanhola.
*Ilha de Cozume:* ocupada pelos maias putunes que a transformaram em centro de armazenamento das mercadorias de sua rede comercial marítima.
*Ilha de Tayasal:* capital dos maias de Itzá depois que estes abandonaram Yucatán; embora visitada por Cortés, não passou para as mãos dos espanhóis até 1697.
*Nito:* centro comercial do final do Pós-Clássico em Rio Doce.
*Naco:* extenso assentamento comercial durante o período final do Pós-Clássico, relacionado com o comércio marítimo dos maias putunes.
*Zacaleu:* centro Clássico e Pós-Clássico, capital dos maias mam quando, em 1525, Alvarado levou a termo a conquista do altiplano maia.
*Utatlán:* capital do poderoso reino dos maias quichés, reduzida a cinzas pelas forças de Pedro de Alvarado.
*Iximché:* principal cidade dos maias cakchiqueles durante a época final do Pós-Clássico.
*Mixco Viejo:* capital dos maias pokomames. Rodeada de gargantas abruptas, era praticamente inexpugnável; mas, por traição, acabou caindo em poder do exército de Alvarado.

Tlaxcallán, no México central, os planaltos guatemaltecos eram dominados pelos maias cakchiqueles e quichés, que possuíam importantes Estados com grandes capitais; e, em menor escala, pelos tzutuhiles (na margem meridional do lago Atitlán) e pelos pokomamos. A oeste, nas fronteiras com os maias tzeltales e tzotziles, de Chiapas, ficavam os mam, com sua capital em Zacaleu. As dinastias governantes que regiam os grupos maias do planalto costumavam proclamar-se descendentes de tribos emigrantes, originárias de Tula, a grande capital tolteca; mas seus anais (a exemplo do quiché Popol Vuh) demonstram que sua cultura conservava um forte caráter maia indígena. A literatura foi o legado mais extraordinário deixado por estas nações. Foi escrita no inicio do período colonial, mas, seguramente, remonta a hieróglifos originais, em especial à grande epopéia maia e quiché, conhecida como Popol Vuh (O livro do "petate") e aos Anais dos cakchiqueles, que nos abrem uma janela para o pensamento indígena anterior à conquista, único no Novo Mundo.

## OAXACA NO PÓS-CLÁSSICO

Os mixtecas do terço ocidental de Oaxaca surgiram no cenário mesoamericano no fim do período Pós-Clássico, após a queda dos toltecas como potência pan-mesoamericana. Mas suas raízes deveriam ser bem mais antigas. Infelizmente, a arqueologia mixteca ainda dá os primeiros passos. As informações abundantes sobre este povo procedem dos próprios mixtecas, na forma de oito códices (ou livros em tríptico) escritos sobre peles de camurças cobertas de gesso. A maior parte contém informação genealógica e dados históricos sobre as dinastias que governaram o reinado mixteca e expandiram suas conquistas.

Apesar de viverem em uma região montanhosa, os soberanos mixtecas souberam aproveitar o terreno e construíram suas principais cidades nos cumes que proporcionavam maior facilidade de defesa. O hieróglifo para um assentamento específico utiliza, em geral, o símbolo da "montanha".

Depois de 1200 d.C., provavelmente sob a influência de alguns centros antigos e de prestígio da vizinha Puebla, como Cholula, os mixtecas desenvolveram uma técnica de pintura, e talvez uma arquitetura, denominada "Mixteca-Puebla". No século XIV, os mixtecas assumiram a responsabilidade pelo antigo domínio zapoteca, em particular o vale de Oaxaca. Seguindo um modelo familiar na Mesoamérica, os senhores mixtecas se apropriaram dos pequenos Estados zapotecas mediante uma prudente combinação de poder militar e casamentos régios. Segundo consta, os dirigentes locais zapotecas se mostraram dispostos a levar adiante esse arranjo que transformava o tributo em aumento de poder dos novos dirigentes. Convém lembrar que o Monte Albán era a antiga capital zapoteca desde os tempos do período Formativo Médio. Nos últimos séculos antes da conquista espanhola, o assentamento, que ficava no alto da montanha e fora abandonado, foi definitivamente ocupado pelos governantes mixtecas. A conquista asteca de Oaxaca começou com o quarto governante, Itzcoatl (1427-1440), prosseguiu com Ahuitzotl (1486-1502) e foi concluída por Motecuhzoma Xocoyotzin (1502-1520). Houve ocasiões em que mixtecas e zapotecas deixaram de lado suas diferenças para unir forças; mas em outras, es-

*Esquerda.* Incensário mixteca de terracota, que representa o deus da chuva. Encontradas em grande quantidade ao longo de Mixteca Alta (o reino montanhoso dos mixtecas), estas figuras ocas com orifícios na parte superior, quando colocadas sobre o fogo soltavam fumaça pela boca ou pelo penteado. Pelos antolhos e presas de javali, este exemplar foi identificado como Tlaloc (o nome asteca do deus); em outros, faltam essas características divinas.

*Esquerda.* **Mixtecas e zapotecas na Oaxaca Pós-Clássica**
É o único códice sobrevivente, dos oito anteriores à conquista, que nos permite conhecer os mixtecas melhor que qualquer outro povo dos vários que ocuparam o atual estado de Oaxaca, no México meridional. Tais códices relatavam a insurreição da aristocracia mixteca contra o domínio tolteca, no final do período Pós-Clássico. Em 1350 d.C., grande parte da região montanhosa da parte ocidental deste mapa estava sobre seu controle; e seus olhos cheios de cobiça se voltaram para as terras mais ao leste, em especial, para o belo vale de Oaxaca. Ali, os zapotecas haviam vivido durante séculos, sem ser incomodados por ninguém de fora. Agora, sua capital, Monte Albán, e outras cidades importantes, tinham caído, facilmente, nas mãos dos mixtecas, à medida que príncipes e princesas foram entrando nas cortes zapotecas através de casamentos estratégicos. Quando os espanhóis chegaram, os assentamentos zapotecas estavam por toda parte, sob controle dos mixtecas. As cidades de Oaxaca refletiram essa dualidade cultural: Zaachila era uma capital zapoteca, com um rei dessa linhagem, mas nas tumbas ali escavadas foram encontrados notáveis exemplares da cerâmica policroma de estilo mixteca. Mitla, que por algum tempo foi centro de civilização zapoteca, e na qual se dizia que os nobres e heróis zapotecas estavam enterrados em uma Câmara secreta debaixo da cidade, também desenvolveu uma arquitetura estilo mixteca de Puebla.

# Mitla

Este assentamento é, certamente, o mais importante de Oaxaca da fase tardia do período Pós-Clássico, e está localizado no braço sudeste do vale. É composto por cinco grupos de magníficos palácios, verdadeiras obras-primas da arquitetura. Cada grupo é formado por extensos edifícios, dispostos ao redor de um pátio interior, e que lembram a arquitetura puuc da última fase do período Clássico em Yucatán, com a qual deveriam ter certo parentesco. A controvérsia sobre se Mitla era um assentamento zapoteca ou mixteca continua, embora não exista dúvida alguma de que o estilo é o mixteca de Puebla. A atual cidade é puramente zapoteca; mas os dois povos estiveram tão misturados no vale de Oaxaca, que parece não existir uma resposta adequada para esta questão.

*Abaixo.* Mitla, Sala das Colunas, com mosaicos estriados. Cento e cinqüenta painéis sobre os muros exteriores e interiores foram decorados com variações de oito desenhos geométricos fundamentais, alguns realizados em mosaico e outros talhados em dintéis. Tumbas e dintéis cruciformes, decorados com estrias e pintados à maneira dos códices, caracterizam a arte e a arquitetura de Mitla.

*Abaixo, direita.* Nos tempos de Monte Albán V, a zona urbana de Mitla pode ter ocupado uma área calculada entre 1 e 2 km², com o apoio de 20 km² de terra no interior.

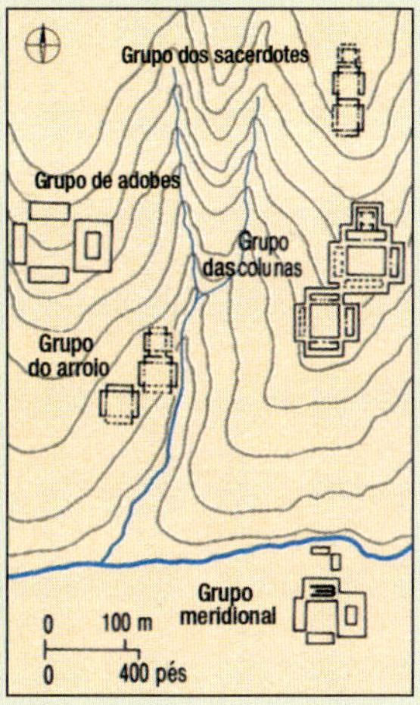


tes últimos tiveram de caminhar por conta própria. Foram os zapotecas, em particular, que resistiram de forma sanguinária e triunfante contra os exércitos astecas da fortaleza do monte de Guiengola, razão pela qual algumas casas zapotecas luxuosas puderam conservar sua independência.

## O REINO TARASCO

A pré-historia de Michoacán, no México ocidental, pátria do povo tarasco ou purépecha, é praticamente desconhecida, o que dificulta determinar até que ponto se pode confiar na história tarasca tradicional, tal qual está descrita e intacta na Relação de Michoacán. Uma corrente de pesquisadores defende que pelo menos alguns de seus antepassados devem ter sido chichimecas que emigraram do Norte rumo à bacia fértil que circunda o belo lago de Pátzcuaro, abundante para a pesca. Os colonos de Michoacán falavam em náhuatl, mas as famílias governantes em tarasco, uma língua sem nenhuma conexão com outras do hemisfério, até onde se tem conhecimento.

Pelo que consta na Relação, a casa real tarasca, presidida pelo rei (ou kasonsi), estabeleceu várias capitais sucessivamente durante a fase final do período Pós-Clássico, tendo fixado a última em Tzintzuntzan, que dominava a região do lago Pátzcuaro. Este assentamento imponente, explorado pelos arqueólogos apenas em parte, era ocupado por uma enorme plataforma retangular de alvenaria, suportada por cinco grandes yácatas. As yácatas são pirâmides escalonadas e circulares, unidas a plataformas também escalonadas, com todas as faces revestidas de lajes planas e perfeitamente unidas, que lembram os trabalhos em pedra dos incas do Peru. As yácatas encontradas em outras jazidas tarascas, como a antiga capital Ihuatzio, parecem ter sido monumentos funerários que continham os restos de antigos kasonsis e seus criados. A Relação de Michoacán oferece informações extraordinariamente detalhadas sobre a estrutura da corte real tarasca e seu funcionamento. Havia uma variedade incrível de criados e artesãos do palácio, alguns dos quais eram sacrificados quando da morte de um kasonsi. Fora do palácio, havia um numeroso grupo de sacerdotes não celibatários, presididos por um pontífice supremo, cuja obrigação era dirigir o culto dos deuses tarascos, dos quais faziam parte o Sol e a Lua. Enquanto o Estado asteca ia absorvendo os Estados rivais da Mesoamérica ao longo da última fase do Pós-Clássico até a conquista espanhola, os tarascos defendiam com sucesso suas fronteiras contra a investida, e por conseqüência, o kasonsi foi tratado como igual pelo imperador dos astecas.

## O IMPÉRIO ASTECA

A civilização asteca é a mais conhecida das culturas pré-hispânicas, não em função da pesquisa arqueológica, que tem sido mínima, mas pelo incrível número de documentos escritos depois da conquista, tanto em náhuatl quanto em castelhano. De nenhum outro povo do Novo Mundo se tem tamanha abundância de dados. Um exemplo é a enciclopédia em 12 grandes volumes, compilada pelo franciscano Bernardino de Sahagún, que reúne testemunhos de pessoas que falavam náhuatl e traz informações sobre quase todos os aspectos da vida asteca, tanto materiais quanto espirituais.

### As origens astecas

Há duas lendas diferentes sobre a origem dos astecas, mas ambas coincidem no fato de que eles não eram nativos do vale do México. Os astecas gostavam de falar de seus rudes antepassados e queriam ser vinculados aos chichimecas. O mais provável, no entanto, é que em um primeiro estágio tenham sido um povo agrícola que, de uma forma ou de outra, adotou as características da antiga cultura tolteca, em particular suas crenças e práticas religiosas. O vale do México, ao qual chegaram no começo do século XIII, era um enclave totalmente povoado e com tradições antigas. As potências dirigentes eram os tepanecas de Atzcapotzalco, nas ribeiras do noroeste do Grande Lago; o Estado de Texcoco, a leste do lago e de origem tolteca; e a poderosa e culta cidade de Culhuacán, ao sul, cujos governantes aspiravam ser descendentes dos toltecas-chichimecas de Tula. Uma profecia tribal havia revelado para os astecas que sua grande capital e futuro centro do mundo se estabeleceria em uma ilha pantanosa, onde uma águia, carregando uma serpente pelo bico, pousaria sobre um cacto (nopal). Depois de muitas vicissitudes, no curso das quais os astecas atuaram ora como vassalos, ora como mercenários, em apoio a uma ou outra potência do vale, a profecia cumpriu-se no ano de 1325, quando os astecas se assentaram em Tenochtitlán (Lugar do "Nopal"). A experiência militar como mercenários havia proporcionado aos astecas um conhecimento formidável, que logo foi aplicado para subverter a soberania de seus antigos dominadores, os tepanecas. Após um pacto com

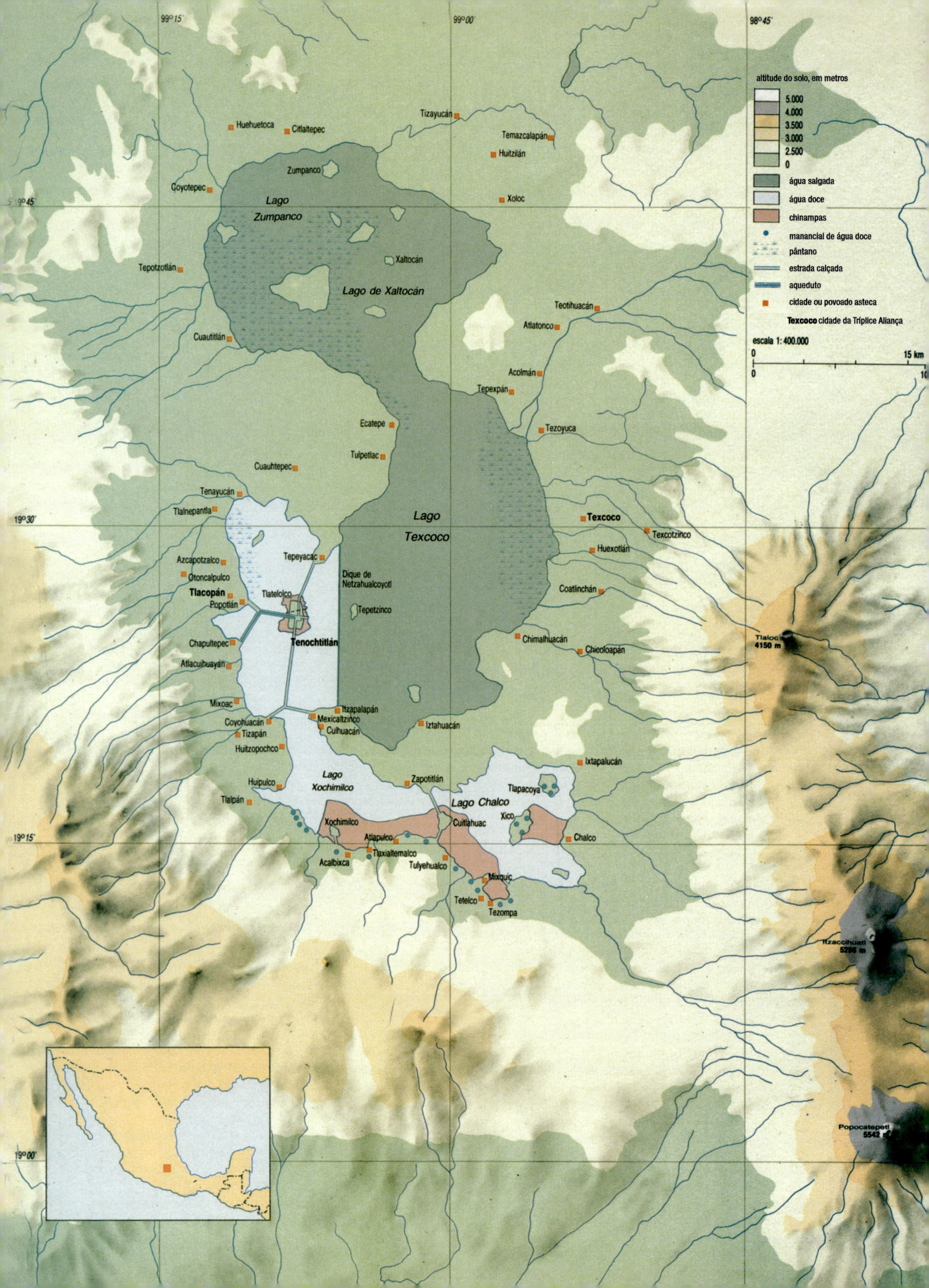

99º15'
99º00'
98º45'
19º45'
19º30'
19º15'
19º00'
altitude do solo, em metros
5.000
4.000
3.500
3.000
2.500
0
água salgada
água doce
chinampas
manancial de água doce
pântano
estrada calçada
aqueduto
cidade ou povoado asteca
Texcoco cidade da Tríplice Aliança
escala 1: 400.000
0
15 km
Huehuetoca
Citlaltepec
Tizayucán
Temazcalapán
Huitzilán
Zumpanco
Coyotepec
Lago
Zumpanco
Xoloc
Xaltocán
Tepotzotlán
Lago de Xaltocán
Teotihuacán
Atlatonco
Cuautitlán
Acolmán
Tepexpán
Ecatepe
Tezoyuca
Tulpetlac
Cuauhtepec
Tenayucán
Tlalnepantla
Lago
Texcoco
Texcoco
Texcotzinco
Tepeyacac
Huexotlán
Azcapotzalco
Dique de
Netzahualcoyotl
Otoncalpulco
Tlacopán
Tlatelolco
Coatlinchán
Popotlán
Tepetzinco
Chimalhuacán
Chapultepec
Tenochtitlán
Chicoloapán
Tlaloc
4150 m
Atlacuihuayán
Mixoac
Itzapalapán
Coyohuacán
Mexicaltzinco
Culhuacán
Iztahuacán
Tizapán
Huitzopochco
Ixtapalucán
Lago
Xochimilco
Zapotitlán
Huipulco
Tlapacoya
Tlalpán
Lago Chalco
Xico
Xochimilco
Cuitlahuac
Chalco
Atlapulco
Tlaxialtemalco
Acalbixca
Tulyehualco
Mixquic
Tetelco
Tezompa
Itzaccihuatl
5286 m
Popocatepetl
5542 m

*Direita.* Faca asteca, talvez originariamente destinada aos sacrifícios. A lâmina é de calcedônia, e o cabo de madeira incrustada de turquesa e concha. Acredita-se que foi um dos presentes que Motecuhzoma Xocoyotzin deu a Cortés, e que mais tarde foi enviado ao imperador Carlos V.

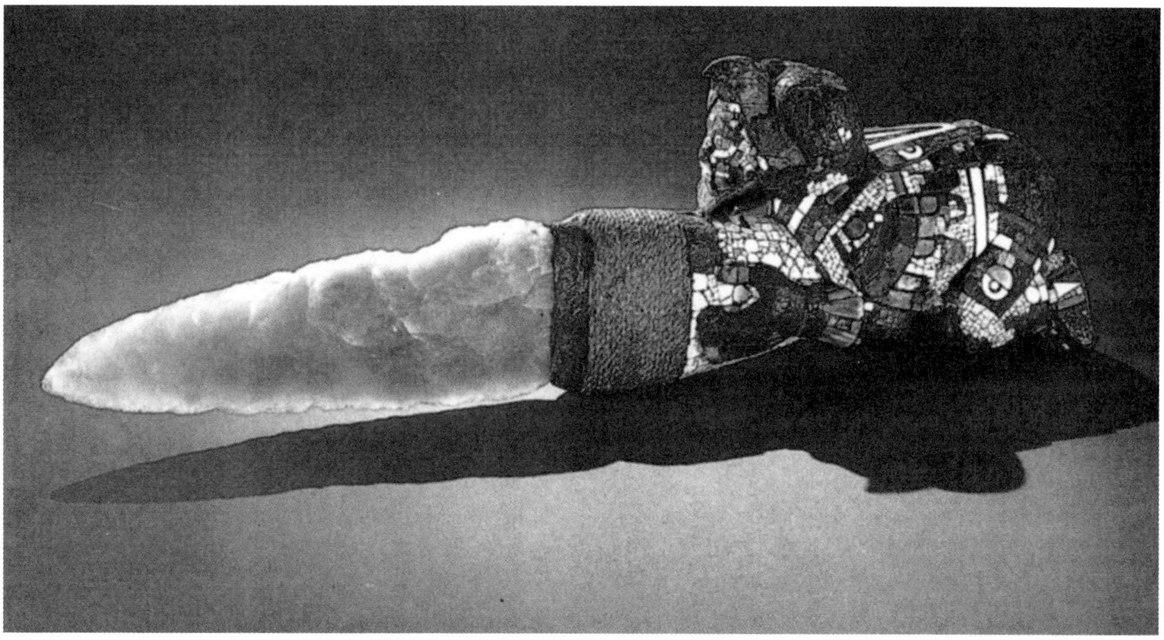

outras duas cidades-Estado, Texcoco e Tlapocán, formando a Tríplice Aliança, conseguiram rapidamente o domínio supremo sobre todo o vale. Estava fundada a base para a conquista asteca do México.

### A expansão imperial asteca

Em meados do século XIV, os reis astecas comandavam uma potência equivalente a um império, que começou por Itzcoatl, em seguida Motecuhzoma Ilhuicamina (1440-1468) e estendeu-se até o reinado do sexto governante, Axayacatl (1469-1481). Durante o governo deste último, Tenochtitlán subjugou seu vizinho imediato ao norte, Tlatelolco. E assim, a capital passou a ser uma cidade dúplice: Tenochtitlán-Tlatelolco. Uma das instituições astecas que a concepção moderna ainda não conseguiu decifrar é a denominada "Guerra Florida", que teve, de um lado, Tenochtitlán, e de outro, os Estados rivais de Tlaxcallán e Huexotzinco. Não foi um pacto de paz e, sim, de contínuas hostilidades, predestinado a originar uma quantidade inesgotável de guerreiros cativos para o sacrifício ritual. "Flores", na estatuária poética dos astecas, era uma metáfora para designar o sangue humano, enquanto um jardim de flores representava o campo de batalha. Existem provas de que Tlaxcallán era um Estado profundamente debilitado e exasperado por causa desse ciclo perpétuo de violência. Por este motivo, seus governantes e seu exército abraçaram com vontade a causa espanhola quando Cortés entrou no México. Os exércitos astecas eram muito numerosos e organizados sob o comando de chefes guerreiros ou de oficiais que haviam chegado ao posto capturando prisioneiros. Os guerreiros astecas iam para a guerra revestidos de ricos adornos, especialmente aqueles que pertenciam a ordens guerreiras, como os cavaleiros do Jaguar ou da Águia. As batalhas eram travadas com armas formidáveis, sobretudo o terrível macahuitl (espada-maza plana), afiada com lâminas de obsidiana incrustadas em ranhuras - da qual também os espanhóis tinham horror -, e o atlatl (lança-dardos). Os mercenários das tribos otomíes atuavam como arqueiros na defesa do Estado asteca. Quando conquistados, os Estados inimigos eram organizados como províncias da Tríplice Aliança que originavam tributos e estavam sob o controle direto de exércitos astecas reforçados. Uma enorme burocracia, que incluía irascíveis arrecadadores de impostos, cuidava para que o sistema funcionasse perfeitamente. Não surpreende, diante disso, o fato de muitas das províncias conquistadas terem saudado os espanhóis como seus salvadores.

*Esquerda.* **O vale do México governado pelos aztecas**
Desde os tempos anteriores à conquista, o vale do México carecia de drenagem exterior e possuía um lago extenso e superficial, conhecido como Lago da Lua. A maior parte das cidades e povoados astecas se assentava próximo às suas margens, e milhares de barcos sulcavam diariamente sua superfície, ocupados com o comércio. Na parte ocidental, onde se localizava a ilha-capital de Tenochtitlán-Tlatelolco, e no sul (lagos de Xochimilco e Chalco), o lago era doce, pois era alimentado por numerosas fontes. Aqui, foram idealizados os campos elevados, conhecidos como chinampas, que em algumas ocasiões inundavam e arruinavam com as águas salobras procedentes do lago de Texcoco durante a estação das chuvas. Com o objetivo de proteger a zona de chinampas, que era um autêntico "celeiro" do estado asteca, em meados do século XV o rei-poeta de Texcoco, Netzahualcoyotl, construiu um grande dique para separar os dois lagos. Teoricamente, o estado asteca era uma aliança entre os governantes de Tenochtitlán, Texcoco e Tlacopán (a moderna Tacuba). Mas quem de fato dominava era o reino de Tenochtitlán. Texcoco gozou de grande prestígio pela antiguidade de suas tradições e pelo caráter erudito e cultural de seus soberanos. Em uma colina de Texcotzinco foram construídos os jardins de lazer e alguns vasos sanitários esculpidos na rocha por ordem do monarca de Texcoco, que no seu tempo eram uma maravilha. Já Tlacopán teve pouco poder e suas funções não foram bem definidas.

### Cidade, Estado e Sociedade

O coração imperial e espiritual do império asteca foi a ilha-capitalde Tenochtitlán-Tlatelolco, concretamente o recinto cerimonial e o grande templo. Entrecruzada por canais que se estendiam paralelos às ruas, os conquistadores a descreveram como "uma segunda Veneza", e, como na poderosa república do Adriático, o

fácil acesso ao transporte por água transformou em realidade o comércio em grande escala. Diz-se que no início do século XVI circulavam no Grande Lago cerca de 200 mil canoas.

É praticamente impossível calcular a população da cidade em 1519, quando da chegada de Cortés; mas não deveria ser inferior a 100 mil pessoas, enquanto que em todo o império, especula-se que tenha ultrapassado 10 milhões de pessoas. Embora nos primeiros tempos a organização social e política dos astecas fosse genuinamente tribal, até 1500 já tinha atingido o nível de uma sociedade classista.

Na base da pirâmide estavam os escravos, que eram bem tratados, e os servos que trabalhavam nas terras privadas da nobreza. O grosso da população era constituído pelos plebeus ou macehualtín, que viviam e trabalhavam nas terras comunitárias, sobre as quais tinham o direito de usufruto. Estes homens livres e suas famílias pertenciam a grupos de famílias aparentadas, conhecidos como calpulli ou "casas grandes". Cada uma delas tinha suas próprias terras, os dirigentes do clã e seu templo. Em Tenochtitlán-Tlatelolco, esses grupos eram cerca de vinte. Acima deles, estava a nobreza hereditária ou os pipiltín, que formava a alta burocracia do sistema imperial asteca, e de cujas fileiras era instituído um conselho para assessorar o imperador e eleger o seu sucessor entre os membros da linhagem governante.

A administração superior do império ficava anexa à casa real. Era mais complexa do que imaginavam os espanhóis que negociaram, principalmente, com o homem que tinha o título de "tlatoani" (orador), pensando tratar-se do imperador. Mas em 1519, o imperador era o desafortunado Motecuhzoma Xocoyotzin (o

*Acima.* **O Império asteca**
Este mapa se baseia em dados que foram reunidos por R. H. Barlow em seus últimos anos e expostos na Matrícula de tributos, um livro asteca que guarda a lista de províncias conquistadas e suas cidades, junto com o tributo pago aos membros da Tríplice Aliança, especificamente a Tenochtitlán, a capital asteca que ficava com a "parte do leão". O tributo anual pago à Tríplice Aliança era muito alto e encarecido pelos governantes locais, com o apoio do Estado asteca e, especialmente, dos alcavaleiros, que eram muito temidos. A província de Cuauhtitlán, por exemplo, que ficava ao norte de Tenochtitlán, tinha que proporcionar 1.200 mantas de algodão, 62 equipes de guerreiros com escudos emplumados, 4.000 esteiras de palha de cana, 4.000 selas de

"Moctezuma", dos conquistadores). Uma análise detalhada dos documentos demonstra que o "tlatoani" era responsável, principalmente, pelas relações exteriores da cidade e do império, fossem elas pacíficas ou de outra natureza.Porém, havia outro governante paralelo, que os espanhóis não conheciam, membro da linhagem real e que carregava o título de cihuacoatl ("Serpente Feminina"). Era ele quem tinha jurisdição sobre os assuntos internos da capital asteca. Assim, quando Cortés eliminou tlatoani, a resistência da cidade aos invasores, longe de diminuir, aumentou.

**A economia asteca**

Uma instituição econômica que há muito tempo vem confundindo os pesquisadores é a "pochteca". Tratava-se de uma espécie de agremiação hereditária de mercadores de longa distância, que comercializavam produtos de luxo em mercados forasteiros e, com freqüência, viajavam à noite ou disfarçados para evitar emboscadas. Além das alcavalas cobradas pelo ingresso de bens comestíveis, que chegavam à capital duas vezes por ano, e dos produtos manufaturados que era possível "conseguir" com esses mercadores por deixá-los negociar em pontos comerciais alheios, como Xicallanco, em Putún, dentro do território maia, o Estado asteca também dependia da produção de alimentos do vale do México. O sistema de campos cultivados (chinampas), que incluíam as áreas sobreviventes de Xochimilco, as cidades adjacentes na zona meridional do Grande Lago e a maior parte da ilha de Tenochtitlán-Tlatelolco, à margem das áreas cerimoniais, era de capital importância para a economia asteca. Exceto os cultivos de arroz por inundação da Ásia Oriental, provavelmente não existiu outro sistema de agricultura mais produtivo que o das

palha de cana e uma grande quantidade de milho, feijão, "chian" (sementes de salva) e amaranto. Tlaxcallán (atual Tlaxcala) foi um estado independente dentro do império, e não fez nenhuma tentativa de conquistá-lo. Mas, entre o mesmo e o Estado asteca prevaleceu uma situação especial de hostilidades permanentes, conhecida como a "Guerra Florida". Xoconochco (que os espanhóis chamaram de Soconusco) foi a província asteca mais distante. Conquistada no final do século XV por Ahuitzotl, compreendia a rica planície costeira e a região ao pé da montanha, do sudeste de Chiapas e a vizinha Guatemala.

*Direita.* Detalhe do Códice Cospi. Embora de origem controvertida, é um representante dos livros que os sacerdotes astecas guardavam.

# As divindades astecas

No que se refere à religião asteca, é preciso distinguir dois sistemas: um religioso, mais antigo, que os astecas haviam herdado dos toltecas ou dos Estados toltecas oriundos do México Pós-Clássico; o outro, estreitamente relacionado à ideologia expansionista do Estado asteca. Este último tinha como base um mito solar, centrado no nascimento milagroso do deus tribal do Sol, chamado Huitzilopochtli. Sua mãe, a deusa terrestre Coatlicue, que anteriormente havia dado à luz 400 estrelas do céu noturno e a irmã destas, a deusa lunar Coyolxauhqui, foi fecundada por uma bola de plumas quando varria sua casa, o templo de Coatepec (Montanha Serpente). O filho por nascer era Huitzilopochtli. Enfurecidas e com ciúmes, as luminares noturnas arrancaram a cabeça de Coyolxauhqui; mas, Huitzilopochtli conseguiu nascer em algum lugar, plenamente desenvolvido e armado até os dentes. Então, degolou as meias-irmãs. O mito, evidentemente, faz alusão à destruição diária da lua e das estrelas por obra dos raios solares. A cada amanhecer, a divindade solar renascia e, ao meio-dia, se erguia sobre as costas de uma serpente de fogo. Depois, o terrível Cihuateteo arrebatava até o inferno, por debaixo do horizonte ocidental, as almas das mulheres que haviam morrido de parto. A menos que o alimentassem, constantemente, com corações e sangue de cativos valentes, Huitzilopochtli, o Sol na forma de pessoa, deixava de sair outra vez, pela manhã, para abençoar a humanidade com seus raios que distribuíam vida. Daí, os constantes sacrifícios humanos na capital asteca. A tradição antiga faz alusão ao primeiro momento da criação fazendo intervir uma divindade anciã e andrógina, que vive no mais alto dos 13 céus estratificados.

Coatlicue ("Saia" Serpente) (acima) era a mãe do deus tribal asteca do Sol, Huitzilopochtli. Coatlicue foi fecundada, de forma mágica, por uma bola de plumas enquanto varria sua casa. Seus outros filhos eram as 400 estrelas do céu meridional e sua filha Coyolxauhqui, a Lua. As luminares noturnas cortaram a cabeça de Coyolxauhqui num ataque de ciúmes; mesmo assim, Huitzilopochtli nasceu fortemente armado e derrotou suas rivais. Trata-se, evidentemente, de um mito astronômico sobre a destruição das estrelas pelos raios solares. Tonatiuh (esquerda) era uma velha divindade solar cujas funções foram usurpadas, em grande parte, durante o período asteca, por Huitzilopochtli. Ela leva nas costas Ollín (Terremoto), símbolo do dia e do final da era presente ou do Sol, quando o universo será destruído pelo abalo cósmico.

Xipe Toteca (*no alto*) era o deus da primavera e da chegada das chuvas. O desabrochar da vegetação renovada e a germinação das colheitas eram simbolizados por sacerdotes revestidos com a pele de vítimas sacrificadas. A divindade suprema era Tezcatlipoca (Espelho Fumegante) (*esquerda*). Esta é a caveira de um cativo que o havia representado durante um ano. O antagônico cósmico de Tezcatlipoca era Quetzalcoatl (Serpente Emplumada) (*abaixo*).

chinampas do vale. Em razão da variedade natural do terreno e do clima do território central do México, a produção sazonal de bens de consumo também era bastante variada, e ao longo de todo o reino asteca se estabeleceram mercados que garantiam a distribuição uniforme de produtos entre a população. O maior deles era o de Tlatelolco.

**A religião asteca**

Os astecas foram os receptores e intérpretes de uma tradição de pensamento que remontava aos olmecas, e que foi reinterpretada por todas as civilizações subseqüentes, inclusive a clássica maia. Naturalmente, sempre houve diferenças e particularidades regionais, a exemplo das divindades tutelares de cada nação e cidade pré-hispânica. Mas as linhas mestras eram as mesmas para todas as religiões nativas da Mesoamérica. A adoração dos seres sobrenaturais estava sob o controle de um sacerdote não celibatário, que havia se preparado para a função estudando em um calmecac (seminário). Sua obrigação era observar os rituais cotidianos dos 260 dias do seu calendário, anotados em livros de couro, e supervisionar as oferendas e sacrifícios nos calpulli e templos estatais, entre eles, o Grande Templo. Este, considerado o mais importante, foi reconstruído diversas vezes desde a chegada dos astecas à ilha; era uma construção dupla gigantesca, dedicada ao culto do antigo deus mesoamericano da chuva, Tlaloc, e a Huitzilopochtli, o Sol irradiador de vida.

Os próprios astecas tinham previsto o fim da sua civilização. A cada 104 anos, quando a contagem de 260 e de 365 dias coincidiam entre si e com o ciclo do planeta Vênus (584 dias), temiam que o quinto sol (nossa própria criação) acabasse, e tomavam todo tipo de precaução para impedi-lo, mediante sacrifícios ao deus fogo. Foi conservada uma grande quantidade de poesia náhuatl, de tom amargo e fortemente contido, como refletem estas linhas pessimistas atribuídas ao rei-poeta de Texcoco, o grande Netzahualcoyotl (Coiote em Jejum):

Até o jade se quebra,
Até o ouro se destrói,
Até as plumas de quetzal viram farrapos...
Ninguém vive para sempre nesta terra:
Só duramos um instante!

O profundo desespero de Motecuhzoma Xocoyotzin, o tlatoani do império Asteca, quando os espanhóis chegaram, está atestado em um grande número de fontes. Angustiado pelas predições da ruína de seu povo; aterrorizado por todo tipo de augúrio e fatos estranhos que se deram durante seu reinado; e aprisionado no cerco da lenda de que Quetzalcoatl, o grande soberano tolteca, regressaria no final para reclamar seu reino, o pobre Motecuhzoma estava radicalmente desmoralizado quando os espanhóis desembarcaram em 1519. Hernán Cortés não era um insensato, tampouco sua amiga e intérprete Malintzin ou dona Marina. Tratado como a "Serpente Emplumada" que havia retornado, colocou-se com audácia à frente de suas tropas, reforçadas pelos tributários descontentes do Império asteca, e adentrou até o coração da própria capital, acabando por vencer a última e uma das maiores civilizações do Novo Mundo. Em abril de 1521, em uma cidade em ruínas e empestada com os cadáveres de seus bravos defensores, chegavam ao fim 3.000 anos de civilização mesoamericana.

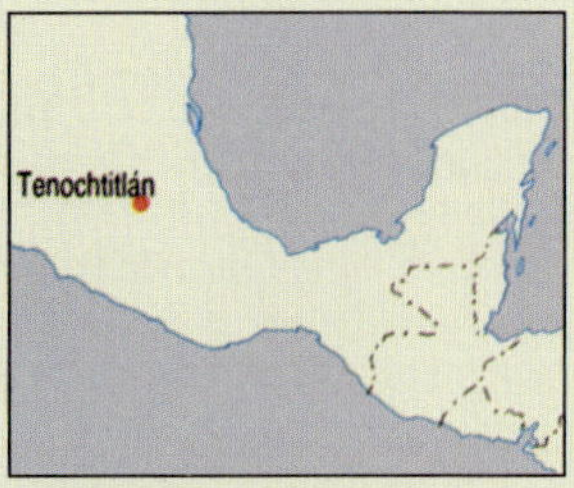


*Direita.* Canais abertos no solo pantanoso de Tenochtitlán. A agricultura *chinampa* era um sistema de recuperação de terreno e de irrigação que consistia na formação de canteiros e ampliação destes com a lama tirada do fundo dos canais. Nas lindes eram plantadas videiras ou árvores para que o solo se mantivesse rico.

*Centro, direita. Tzompantli* em pedra. Fileiras de caveiras decoram uma plataforma recentemente escavada no pátio norte do Templo Maior. Os arqueólogos acreditam que se trate de um santuário e não um ossuário (tzompantli), uma vez que não foram encontrados ossos.

*Abaixo.* A divindade lunar Coyolxauhqui, desmembrada. O monólito (3,25 m de diâmetro, com um peso estimado de 5-8 toneladas) continua no lugar onde foi descoberto: na base do Templo Maior, na face meridional. Data do reinado de Ahuitzotl (1486-1502).

# Tenochtitlán

Na atualidade, a antiga capital asteca está desaparecida, virtualmente, debaixo da moderna cidade do México. Cortés e seus sucessores demoliram os templos, substituindo-os por igrejas. A arquitetura doméstica teve o mesmo destino porque o objetivo dos espanhóis era colonizar e conquistar ao mesmo tempo. O grande templo gêmeo e piramidal do centro da cidade, o Templo Maior, dedicado aos deuses da chuva (Tlaloc) e da guerra (Huitzilopochtli), foi desmantelado com vistas a obter material de construção para a catedral metropolitana. O esplêndido edifício real de Tenochtitlán foi usurpado para residência do vice-rei espanhol. A fim de que pudessem gozar dos frutos da conquista, foi preciso manter de prontidão uma força militar. Depois que a estrutura do poder indígena já estava aniquilada por conseqüência da morte ou dispersão dos chefes astecas de maior prestígio, o controle espanhol soube fortalecer-se utilizando um território geográfico que a administração governamental e religiosa dos astecas já tinha organizado. A maior parte do que se sabe sobre a antiga Tenochtitlán procede de relatos escritos pouco depois da conquista. É evidente a impossibilidade de se realizar um trabalho arqueológico que desvelasse a antiga cidade, em toda a sua extensão, em uma área urbana tão povoada. Os relatos históricos que descrevem o Templo Maior como o centro físico e cósmico do mundo asteca têm sido confirmados pelas recentes escavações da pirâmide escalonada (com cinco estratos de construção) e dos santuários que a rodeavam.

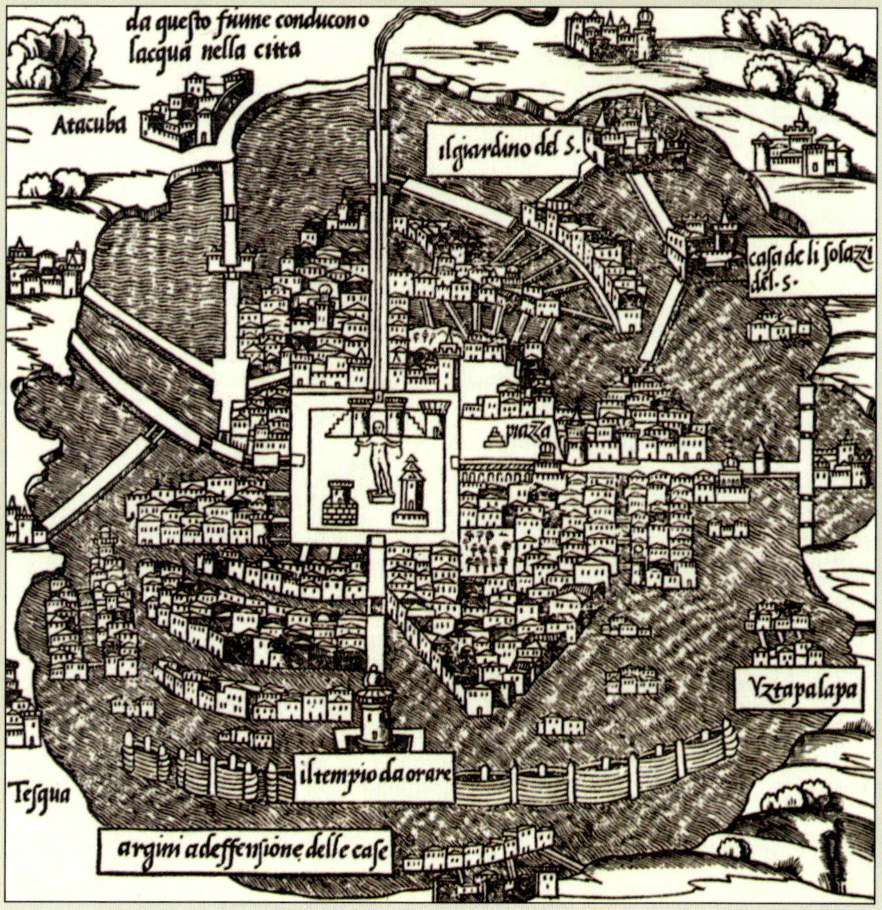


*Direita.* No plano de Benedetto Bordone, de 1528, manifesta-se a primeira idéia que os europeus de Tenochtitlán tiveram. As casas desenhadas têm forma similar às da Europa e não às do estilo asteca. O recinto cerimonial não se restringia ao Templo Maior, mas compreendia palácios, escolas e santuários; cada divindade asteca tinha uma comemoração arquitetônica e/ou escultural. A organização social e política dos astecas, altamente estratificada e sob um rígido controle, parece se refletir no traçado geométrico da cidade. Os planejadores de Tenochtitlán impuseram um sistema de grelhas formado por calçadas e canais, na topografia da ilha.

QUINTA
PARTE

# AMÉRICA DO SUL

**Vegetação da América do Sul**
Muitas das adaptações culturais e ecológicas foram motivadas pelo grande leque de produtos vegetais, silvestres e domésticos da América do Sul. As culturas de maior êxito se estabeleceram ao longo da costa ocidental, onde confluíam os extremos climáticos. Essas civilizações se desenvolveram ali, onde a vegetação é naturalmente menos rica que as das terras baixas do leste. Na costa ocidental, as colheitas são feitas em um deserto que carece de vegetação, utilizando a água das cordilheiras.

Ao longo de milênios, as plantas têm proporcionado alimentos, materiais de construção, vestidos, utensílios, fármacos, corantes, enfeites e produtos comerciais para as populações do Novo Mundo. Os jesuítas e outros visitantes europeus fizeram listas das plantas indígenas. Os arqueólogos encontraram restos de plantas antigas em escavações e cavernas, por exemplo. Inúmeros estudos recentes, realizados por paleobotânicos e etnobotânicos, se somaram às informações e especulações sobre as origens, usos e difusão das plantas em tempos antigos.

# GEOGRAFIA E RECURSOS

*Abaixo.* A paisagem inóspita do altiplano boliviano se estende entre as cordilheiras central e ocidental dos Andes, a uma altitude de aproximadamente 4.000 metros. Este planalto por cima da linha dos bosques é uma região na qual há muito tempo foram criados os rebanhos de lhamas e alpacas (e atualmente de ovelhas), o que fez com que esta região "inumana" fosse habitada. As colheitas básicas são importantes ali, e o milho e o algodão podem crescer em terras protegidas, ainda que sujeitas à ameaça de fortes chuvas. Este planalto tem uma drenagem interior com marismos e lagos salitrosos e com o lago Titicaca, que é de água doce.

A América do Sul é um continente de enormes contrastes. A Cordilheira dos Andes, que é uma das mais altas do mundo, alcança altitudes superiores a 7.000 metros. A oeste da cordilheira, localiza-se o deserto litorâneo mais seco do planeta, que, por sua vez, está ao lado de uma região pesqueira, normalmente a mais rica de todas: a corrente de Humboldt. A leste, localiza-se a maior floresta do planeta e uma das mais exuberantes, com o maior sistema fluvial do mundo.

O clima sul-americano varia do calor sufocante dos trópicos às altitudes cobertas de neves permanentes e escassas em oxigênio. As precipitações chegam a valores extremos: algumas regiões desconhecem a chuva, enquanto o litoral do Pacífico da Colômbia recebe anualmente 10.000 mm de precipitações. Em poucos quilômetros, o clima sofre variações enormes.

As mudanças de estação, em grande parte das Américas Central e do Sul, não estão marcadas pela temperatura, mas sim pelas diferenças nas precipitações.

Nas grandes altitudes, a temperatura muda mais em 24 horas do que na passagem de uma estação a outra.

As Antilhas e a América Central têm, de maneira geral, um relevo bem marcado e, em alguns lugares, vulcânico. O noroeste da Costa Rica abriga uma cadeia de vulcões, com planícies em ambos os lados. A cordilheira que formará os Andes começa no leste da Costa Rica, onde as planícies costeiras são estreitas (como as da adjacente costa atlântica do Panamá). Ali, os rios são escassos ao longo do litoral de praias arenosas e escarpas. As precipitações são tão altas em alguns pontos do litoral do Panamá e nas montanhas, que a agricultura se torna quase impossível.

O litoral norte da Colômbia possui terras baixas úmidas, extensas planícies fluviais com riachos, pântanos e lagos e com estações chuvosas e secas. A península de Guajira – o ponto mais setentrional da América do Sul, compartilhada por Colômbia e Venezuela – recebe apenas 200 mm de precipitações anuais; sua estação seca a transforma em quase um deserto estéril. No Equador, prevalece um clima litorâneo semi-árido; contudo, no passado eram abundantes os pântanos de mangues ao longo do litoral. E provavelmente prolongavam-se pelo

sul até o deserto de Sechura, uma região carente de rios no norte do Peru. Abaixo de Sechura, o deserto costeiro é interrompido por rios. Ao longo de toda a costa peruana e do norte do Chile há uma estreita faixa desértica entre as montanhas estéreis e o mar. Há também vales montanhosos secos.

No norte, a costa peruana é regada por rios, distantes de forma bastante regular, que descem da cordilheira e correm perpendicularmente ao litoral. O maior é o Santa. Os rios do norte descarregam um volume de água maior que os do sul. A planície litorânea setentrional tem, por isso, mais terras férteis que a meridional. No entanto, a bacia do Amazonas constitui um mundo à parte. A floresta tropical das terras baixas da América do Sul, que ocupa a maior parte da bacia amazônica e uma extensão que vai do norte à desembocadura do Orinoco, cobre uma superfície de mais de 2.600.000 km$^2$. Mais de 1.000 afluentes alimentam o Amazonas; 17 deles superam 1.500 km de comprimento, e dois deles são o terceiro e o quarto maiores do mundo em volume de água. Em alguns pontos, o Amazonas chega a 15 km de largura. Muitos dos rios tributários se precipitam vertiginosamente dos Andes, mas através da bacia amazônica o fluxo é lento, formando meandros, curvas sinuosas e lagos. Ao sul do sistema amazônico formam-se selvas, estepes e pradarias à medida que as montanhas vão se deslocando para o oeste e o continente se estreita, acabando nas planícies estéreis e varridas pelo vento que formam a Terra do Fogo.

### Recursos

Esta parte do planeta possui uma ampla gama de espécies vegetais, tanto silvestres quanto domésticas. (Dizem que na floresta amazônica um homem em pé dificilmente poderá ver duas árvores da mesma espécie). O milho, com suas diferentes variedades, é a colheita básica nas terras baixas do oeste da América do Sul, e a mandioca constitui o produto fundamental do leste.

A mandioca provavelmente foi cultivada pela primeira vez entre as populações da floresta tropical do leste da Venezuela e a agricultura das terras baixas do Amazonas – a região do Orinoco continua se baseando principalmente no sistema de desmatamento e queimadas para a mandioca. Estreitas faixas de terra planas ao longo do sistema fluvial são fertilizadas pelo lodo fluvial que chega das montanhas em inundações anuais. São campos que podem ser explorados continuamente, pois seus fertilizantes se renovam, enquanto os agricultores que praticam as roças à margem dessas planícies precisam trocar de terreno a cada poucos anos, já que se tornam improdutivos. Longe dos rios, a floresta é tão alta e tão densa que o solo fica relativamente limpo.

Nas terras altas, o produto principal é a batata, especialmente em altitudes nas quais o solo só permite o cultivo de tubérculos. O milho pode crescer em altitudes relativamente elevadas, ainda que freqüentemente sob o risco de granizo e geadas. Outros produtos importantes são o feijão, a abóbora, o pimentão e o amendoim. O algodão é cultivado em terras baixas desde a Antigüidade, e alguns tipos de cucurbitáceas foram importantes para a manufatura de utensílios.

Os povos da costa do Peru e do Equador desenvolveram desde 2000 a.C. uma agricultura de regadio. Como os vales fluviais não somente oferecem água mas também servem como canais de comunicação com as montanhas e as florestas distantes, os povoados do litoral têm à disposição produtos da serra e das cordilheiras, graças ao comércio. Além disso, as pessoas do litoral têm o mar como fonte de alimentação.

*Esquerda.* **Clima da América do Sul.** Os mapas mostram os limites extremos do clima sul-americano, com sua imensa variedade de precipitações, temperaturas e correntes oceânicas. O deserto da costa ocidental deve-se a uma combinação de circunstâncias. Os ventos úmidos da bacia amazônica estão bloqueados pelas altas montanhas do leste. A oeste, a corrente do Peru ou Humboldt passa por uma fossa profunda (de sua parte mais funda ao pico mais alto dos Andes há cerca de 1,5 km). As águas frias do Atlântico condensam a umidade em frente ao litoral. Como a vida marinha é mais abundante em águas frias, esta corrente é uma das mais ricas

do mundo. Uma corrente quente do Norte – conhecida como El Niño, porque geralmente vem do sul no Natal, no tempo do Menino Jesus – flui às vezes durante períodos prolongados, afetando não só a pesca como também provocando a mudança de clima em uma extensa área.

*Acima.* As populações pré-colombianas alteraram sua paisagem por necessidades práticas e também por aspectos simbólicos, como ocorre nos terraços circulares de Moray, uma adaptação inca dos declives naturais que se observam nas terras altas do sul do Peru.

Nas terras altas, são poucos os vales com espaço para agricultura. A maior região plana nos Andes é o "altiplano", nas fronteiras do Peru e da Bolívia, a uns 4.000 metros de altitude. Entre os poucos vales vastos estão o de Huaylas, a meseta de Bogotá e os vales que rodeiam Cuzco. Na serra, a maior parte da agricultura se desenvolve sobre terraços. Foram feitas várias adaptações às necessidades de cultivo; nos períodos de inundações podiam ser utilizados os campos alombados, onde faziam-se canais para criar áreas de cultivo. As plantas cultivadas eram mais abundantes e variadas do que as espécies animais. Os únicos animais domésticos eram as lhamas, as alpacas, os porquinhos-da-índia, os patos e os cães. Nas terras altas, as lhamas tinham utilidades múltiplas: foram os únicos animais de carga do Novo Mundo e eram importantes também devido a sua lã, sua carne e até mesmo a suas qualidades medicinais.

Os cães eram criados para alimentação e caça. Nos rios do leste da América do Sul havia uma grande variedade de peixes (tartarugas, jacarés e peixes-boi). Alguns desses animais tiveram outros usos, como os dentes dos peixes-boi e os cascos das tartarugas. No período inicial, tanto no litoral do Peru quanto no Equador, acentuou-se a dependência do mar. Em meio ao sítio costeiro, foram conservados moluscos e gastrópodes, assim como restos de peixes, pássaros e mamíferos marinhos.

As formas de vida se desenvolveram adaptando-se aos diversos ambientes e, gradualmente, à complexa interação destes diferentes ambientes.

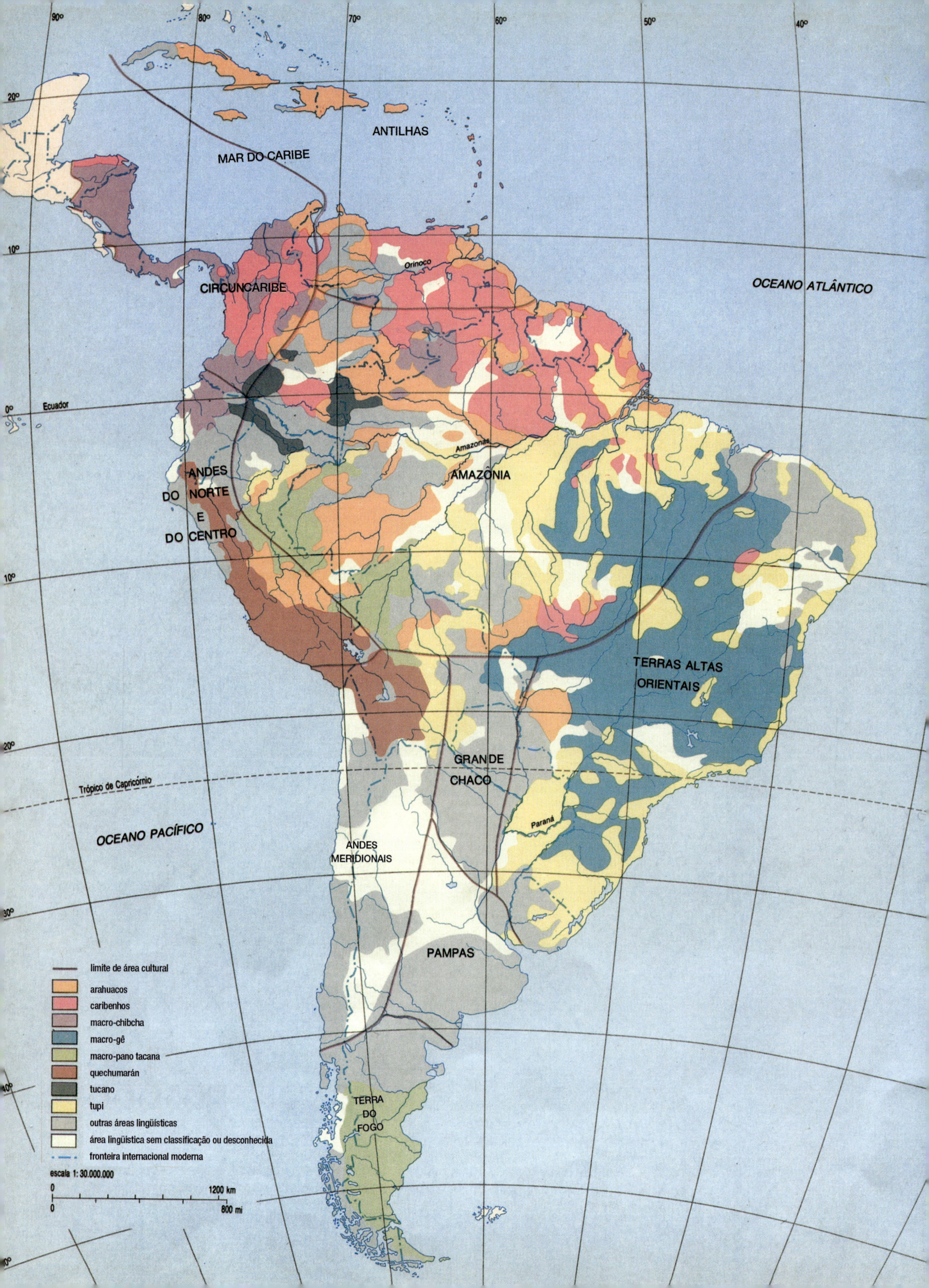
ANTILHAS
MAR DO CARIBE
CIRCUNCARIBE
Orinoco
OCEANO ATLÂNTICO
Ecuador
Amazonas
AMAZÔNIA
ANDES
DO NORTE
E
DO CENTRO
TERRAS ALTAS
ORIENTAIS
GRANDE
CHACO
Trópico de Capricórnio
OCEANO PACÍFICO
Paraná
ANDES
MERIDIONAIS
PAMPAS
TERRA
DO
FOGO
limite de área cultural
arahuacos
caribenhos
macro-chibcha
macro-gê
macro-pano tacana
quechumarán
tucano
tupi
outras áreas lingüísticas
área lingüística sem classificação ou desconhecida
fronteira internacional moderna
escala 1: 30.000.000
0
1200 km
0
800 mi
90º
80º
70º
60º
50º
40º
20º
10º
0º
10º
20º
30º

# CULTURA E CRENÇAS

*Esquerda.* **Línguas indígenas da América do Sul.**
As línguas indígenas da América do Sul não têm características homogêneas que as diferenciem das línguas do Norte ou do Centro da América. Sua distribuição apresenta um esquema complexo, que ainda não é totalmente compreendido. Também há controvérsias sobre sua classificação, e cada especialista de línguas sul-americanas apresenta alguma categoria "sem classificação". Nosso mapa informa os grupos maiores. As línguas se deslocaram, naturalmente, com o tempo e de acordo com os movimentos e relações políticas dos povos. Em geral, as populações do Novo Mundo se agrupam por suas línguas. Na parte baixa da América Central e ao norte da América do Sul, as línguas são o macro-chibcha e o arahuaco. Por quechumarán entende-se tanto o quéchua, a línguas dos incas, como o aimará de seus vizinhos, ambas ainda faladas em extensas áreas. Durante milênios estiveram em contato próximo, mas às vezes o aimará, a língua falada nos arredores do lago Titicaca, classifica-se separadamente. Acredita-se que é a mais antiga.
Nos tempos pré-colombianos não existiu uma língua propriamente escrita, nem alfabetos ou hieróglifos, mas sim pictografias, e alguns estudiosos trabalharam sobre certos desenhos incas em termos lingüísticos; o contador ou anotador que foi o *quipu* é em certo sentido um documento escrito. No entanto, sabe-se algo do passado, porque muitas dessas línguas ainda são faladas. A língua mochica era falada em uma pequena zona do litoral setentrional do Peru até o começo do século XX. Na bacia amazônica ainda prevalecem as línguas indígenas. Ainda que muitas tenham desaparecido ou estejam em processo de extinção, estão sendo estudadas amplamente por pesquisadores estrangeiros, o que não só preserva uma língua até certo ponto mas também renova a estima da língua por parte do grupo indígena que a falava.

É impossível traçar um diagrama simples das culturas sul-americanas, porque seus desenvolvimentos funcionam de maneira orgânica. Um mapa não pode mostrar com precisão as relações entre as distintas culturas de toda a área com outras exteriores a ela, nem indicar as diferenças entre os períodos ou no tempo em que se prolongaram as diferentes influências.

O esquema geral aproximado que parece funcionar melhor é o seguinte: as Antilhas formam uma região relacionada com a Venezuela oriental. O sul da América Central (Nicarágua oriental, Costa Rica e Panamá), o oeste da Venezuela e o norte da Colômbia constituem uma região circuncaribenha. A região dos Andes setentrionais compreende o sul da Colômbia e o Equador.

O sul da América Central, Colômbia e Equador se denomina, às vezes, área intermediária (isto é, entre a Mesoamérica e os Andes centrais). A maior parte do Peru, em combinação com a parte adjacente da Bolívia, forma os Andes centrais. A Amazônia é uma região à parte. A região dos Andes meridionais é constituída pelo norte do Chile e noroeste da Argentina. A Patagônia é considerada uma entidade diferenciada.

Nenhuma dessas regiões está isolada de seus vizinhos. Todas estiveram sujeitas a diferentes influências em diferentes tempos, e dentro de cada região houve áreas submetidas, ainda, a várias influências. As culturas se relacionaram estreitamente entre si. As referências a modernas vinculações políticas obedecem somente a conveniências e comodidade. Conhecemos certas culturas arqueológicas, em grande parte, por seus estilos artísticos: a iconografia dos deuses representados, as formas, os materiais e os instrumentos com que se decorava a cerâmica, juntamente com os tipos de arquitetura, constituem outras tantas indicações persistentes do status religioso, político e social daqueles povos.

### Os Andes centrais

O desenvolvimento cultural mais alto do continente sul-americano se deu nos Andes centrais. Esta complexa região arqueológica se divide em subáreas culturais das terras altas do norte, costa setentrional, terras altas centrais, costa central, terras altas meridionais e costa sul. Na região dos Andes centrais deviam ocorrer relações mútuas desde o começo da civilização entre a costa (abundante na pesca), os vales costeiros (com rios que tornavam possível a agricultura), a cordilheira (que proporcionava os recursos de que a costa carecia) e a floresta tropical, do outro lado da barreira montanhosa. Os Andes centrais costumam ser divididos pelos arqueólogos, em geral, em períodos cronológicos, que alternam entre "horizontes" – tempos em que se dá um estilo artístico sobre uma área muito extensa – e períodos intermediários, quando os estilos artísticos regionais assinalam a ausência de movimentos de maior amplitude. O período inicial (2000-1400 a.C.) é isto: um tempo em que a civilização começava, quando os povos nômades já haviam se estabelecido e construído povoados com centros cerimoniais, e quando a agricultura e a produção têxtil davam seus primeiros passos. O horizonte primeiro (1400-400 a.C.) mostra um evidente desenvolvimento arquitetônico, que culmina na difusão do chamado estilo Chavín, em função do modelo de assentamento de Chavín de Huantar, nas ladeiras orientais dos Andes (ainda que este estilo pareça já ter se manifestado antes em outros assentamentos). O estilo artístico de Chavín continuou influenciando o desenvolvimento muito tempo depois de já ter desaparecido o poder político que o tornou possível.

O primeiro período intermediário seguinte (400 a.C.-500 d.C.) foi uma época de estilos regionais, ainda que alguns dos citados estilos tenham sido expressão clara de certos caudilhismos políticos em ampla expansão, como o dos mochicas, por exemplo.

O horizonte médio (500-900 d.C.) se define pela expansão dos tiahuanaco-huaris, das terras altas meridionais à remota costa norte e à Cajamarca, nas terras altas setentrionais. A difusão do estilo e da arquitetura impostos nas regiões capturadas revela uma administração imperial, que se acredita ser antecedente da expansão inca, por sua boa organização e planos ambiciosos e triunfais (ao menos por algum tempo) de conquista.

Antes da decadência do poder huari, houve outro período de estilos regionais, conhecido como período intermediário tardio (900-1476 d.C.). No entanto, um reino como o chumúes não foi um principado meramente local, mas sim um Estado de dimensões consideráveis, com uma estrutura agressiva e firme, que se impôs em toda a costa do norte. Quando os incas chegaram à costa setentrional, se depararam com uma potência que possuía quase os mesmos recursos.

A cada época o pêndulo oscilou, tornando mais extenso o horizonte e mais vasto o território. Entre 1476 e 1534 d.C., os incas proporcionaram o último exemplo do imperialismo indígena do Novo Mundo, com um Estado que se estendia de Cuzco às fronteiras do Equador e da Colômbia, ao norte, e, pelo sul, até o Chile central e o noroeste da Argentina.

Uma característica dos Andes centrais é a tendência a formar impérios. Ali, realmente, a agressão e a conquista inspiraram vários estilos artísticos. Fora os Andes centrais, os pequenos principados foram a forma usual de governo. O caudilho – ou governante – se encarregava habitualmente da guerra, da produção e distribuição dos alimentos e dos ritos religiosos; estava acima da hierarquia que tomava as decisões sobre estes assuntos importantes. Provavelmente acreditava-se que os governantes possuíam poderes sobrenaturais. Em muitos casos, o governante, talvez mítico no começo de sua linhagem, era divinizado ou colocado ao menos na categoria de semideus. A iconografia se explica em sua maior parte pelo término da agricultura, poder régio e manipulação político da região.

A tendência recorrente em formar impérios não deve ter sido motivada exclusivamente pela agressão, ambição ou luta pela grandeza, mas também pela própria geografia do oeste da América do Sul, por sua diversidade e seu potencial, que estimulava a necessidade ou o desejo de adquirir coisas dentro de seu périplo, e pela enorme variedade de recursos dentro de distâncias curtas, ainda que difíceis de percorrer.

**Arquitetura e água**

Uma das forças mais importantes para a interação e conquista foi a água. A exigência do regadio no deserto costeiro e a necessidade de controlar os rios que baixavam da serra levaram a uma maior organização social e política que distingue estas culturas. E, à medida que as sociedades se expandiam, eram necessárias mais terras para cultivo. (O controle da água não estava limitado aos desertos costeiros; aparece em muitas circunstâncias e praticamente em cada civilização elevada. Algumas vezes é um controle funcional, mas outras vezes é também simbólico, religioso ou ritualista).

Provas de cultivo foram encontradas já no terceiro milênio, no assentamento de La Galgada, nos canais do rio Santa. Os canais de alvenaria – usados com fins ritualísticos, segundo parece – mais antigos que se conhece nas terras altas foram descobertos perto de Cajamarca, no altiplano setentrional, no segundo milênio a.C. As obras hidráulicas não se limitaram aos centros maiores nem aos Andes centrais. Campos e canais de regadio foram encontrados na Bolívia, no Peru, no Equador, na Colômbia e na Venezuela; também na Costa Rica aparecem canalizações ritualísticas da água. Esta sempre foi essencial e provavelmente seu uso prático às vezes estava ligado à sua significação religiosa.

Uma complexa arquitetura de pedra começa no terceiro milênio a.C. nos Andes centrais. A arquitetura e a escultura de pedra são características das terras altas, enquanto o emprego de adobes secos ao sol, os tijolos e o barro são típicos da costa. A forma dos adobes muda com o tempo e isso pode ser útil para se descobrir sua idade. Talvez a falta de pedra para unas finalizações iconográficas impressionantes tenha feito com que povos costeiros se tornassem notáveis metalúrgicos rapidamente, e que conseguissem uma cerâmica e têxteis de qualidade excepcional.

**Religião e ritual**

As fontes para o conhecimento da religião são a arquitetura sagrada, as pinturas em obras de arte, as sepulturas com suas formas e conteúdos e as crônicas espanholas, assim como as práticas religiosas similares, ainda que com variações quase infinitas. Os deuses eram as forças da natureza, que controlava a água, o céu, a terra, as montanhas e o mar. Na maior parte das regiões houve um deus criador, associado às origens e aos antepassados, e, freqüentemente, também ao Sol, ao céu e às montanhas que tocam o céu e que são fontes dos rios e das entradas à terra e ao mundo inferior. As civilizações andinas viam o Sol nascer entre as montanhas, que são a fonte de água e regadio agrícola. O leste e o oeste eram direções muito importantes e marcavam o começo e o fim do ciclo solar.

Nos Andes centrais, o conceito de deus mais constantemente encontrado é encarnado em Viracocha. Em Chavín de Huantar, as representações da divindade provavelmente são protótipos de Viracocha, deus que pode ter, inclusive, origens mais antigas. Também a figura na Porta do Sol de Tiahuanaco e a que aparece na cerâmica de estilo huari é, sem dúvida alguma, precursora de Viracocha. O deus principal dos mochicas deve ter pertencido à classe de divindades associadas ao solo e às origens da tribo, ou às origens do céu e do mar. Na Colômbia o deus principal dos muiscas, chamado Bochica, apresenta aspectos similares.

Os ritos possuíam geralmente uma organização de acordo com as exigências do calendário, e celebravam, dentro de um calendário litúrgico, certos momentos dos corpos celestes, da agricultura e da pesca. Os movimentos do Sol, especialmente os solstícios e os equinócios, a aparição das Plêiades no horizonte, as fases da Lua e o ciclo sinódico de Vênus provavelmente eram ocasiões para certas cerimônias. Também são celebrados os tempos da plantação e da colheita, bem como o começo da boa estação de pesca. Uma prática ritual extensa na costa ocidental e nas terras altas foi a mastigação de folhas de coca. Na cultura quimbaya, da Colômbia anterior à conquista, os objetos de ouro mais delicados são recipientes para a cal que se mastigava junto com a folha. A julgar pelas centenas de cerâmicas mochicas, é evidente que o ritual da mastigação de coca não era só um ato importante e complexo, com vários estágios, mas também estava associado à guerra e ao sacrifício. Há provas sobre o uso ritual do cacto de São Pedro como alucinógeno nas culturas chavín e mochica. Seu uso pode ter sido muito extenso, já que é originário do Equador. Alguns povos periféricos usavam a piptadênia, a banisterina e a datura como alucinógenos rituais, e em cerimônias das terras altas se fumava tabaco. A julgar pelas pinturas pré-colombianas, o sacrifício ritual por decapitação era o primeiro na lista de práticas sacrificiais. Figuras de homens nus, com as mãos amarradas nas costas, e que sem dúvida esperam o sacrifício, são um tema freqüente na arte. Às vezes, reproduz-se o sacrifício propriamente dito. Praticamente em cada cultura aparece a figura de um sacrificador, em pé, com uma faca em uma mão e uma cabeça humana na outra. Essas cabeças são interpretadas normalmente como "cabeças-troféu", e os especialistas em iconografia costumam falar de "cultos de cabeças-troféu", embora provavelmente a cabeça fosse encarada mais como alimento dos deuses agrários do que como um culto em si mesma. Pelas grandes culturas pré-colombianas, sabemos da crença de que as forças da natureza, vitais para o crescimento dos cultivos, tinham que ser alimentadas com sangue humano ou com cabeças humanas.

Outros sacrifícios eram praticados, muitas vezes por cremação. Um objeto característico da arquitetura cerimonial do terceiro milênio é um forno para a oferenda dos sacrifícios. Restos dos sacrifícios foram encontrados nas escavações arqueológicas, e entre outros restos de plantas. Os cronistas do século XVI escreveram que ainda eram oferecidas lhamas, porquinhos-da-índia, folhas de coca, vestimentas, alimentos, conchas, cristais de quartzo e outros objetos.

Não só se celebravam ritos e se faziam oferendas em tempos especiais, mas também em lugares especiais; alguns deles eram sagrados para os nômades primitivos, como as pedras, as montanhas e as fontes. Esses lugares continuaram sendo sagrados e ainda estão entre as coisas consideradas *guacas*. Uma *guaca* é uma coisa santa, que pode ser um objeto natural, os restos de um antepassado, ou uma pequena pedra ou peça de quartzo. No tempo dos incas faziam-se oferendas de alimentos e bebidas às *guacas*, e também de tecidos ou vestimentas. No começo de seu sedentarismo, alguns povos ergueram um templo nesse lugar ou voltado para ele. O templo, a casa sagrada, foi provavelmente uma das primeiras estruturas, se não a primeira, construídas por aqueles povos.

*Acima.* A figura central da porta do Sol de Tiahuanaco é uma divindade, que provavelmente recebeu vários nomes e formas nos Andes, ainda que em geral tenha sido um deus do céu.

*Abaixo.* Nos muros do templo da colina Sechín, Peru, algumas cabeças de olhos fechados, cabeleira esvoaçante e com sangue que sai do pescoço constituem uma imagem característica de Chavín.

*Direita.* Detalhe de uma tela da necrópole de Paracas, na costa meridional do Peru, que floresceu aproximadamente do século VI a.C. até a era cristã. Sua figura é o Ser oculado, que se destaca em muitos dos objetos achados em Paracas (ver pág. 181).

O costume de dedicar muito tempo às oferendas funerárias reflete as crenças andinas na importância dos ritos sobre a morte e no valor do vestuário. Os primeiros cronistas espanhóis falam de fardos de múmias que as pessoas retiravam, arrumavam e colocavam novamente. Veneravam-se os antepassados, e as vestimentas eram a oferenda mais valiosa que se podia fazer.

Quando a aldeia crescia e a comunidade ficava mais poderosa, e à medida que os caudilhismos se tornavam mais vigorosos, a representação visual mais importante de seu poder era o centro cerimonial, o suntuoso lugar sagrado do povo. Não era apenas a casa dos deuses, um espaço para o sacerdote e os ritos; era também o símbolo do poder dos deuses locais que os forasteiros podiam ver. Cada aldeia era, claro, o centro do mundo.

Ao que parece, todos os povos pré-colombianos eram predispostos a considerar as pedras especialmente sagradas; mas isso é mais evidente ainda nos Andes, região na qual muitos centros cerimoniais incorporaram uma ou várias pedras ao plano do assentamento.

Isso é certo no que se refere a alguns dos centros cerimoniais mais antigos – os assentamentos mochicas de Pañamarca e Moche –, e fica ainda mais evidente nos lugares sagrados dos incas. Também os lugares de enterros eram *guacas*, já que os antepassados eram uma realidade sagrada, e a morte e o mundo inferior, temas de preocupação especial, devido talvez, em grande medida, à associação do mundo inferior com a terra de cultivo. Nas tumbas foram encontrados muitos artefatos luxuosos; o enterro sem oferendas funerárias é uma exceção. As oferendas funerárias nos proporcionam certas pistas sobre a religião e o status dos mortos, porque costumam ser objetos luxuosos e de grande qualidade: uma cerâmica especial e não a de todos os dias, objetos menos usuais que os comuns e cotidianos. Os chefes eram enterrados com muitos objetos simbólicos. As mulheres aparecem freqüentemente acompanhadas de utensílios de costura. Também são indicativas as formas tradicionais de enterro: os cadáveres flexionados são típicos das terras altas, enquanto a posição estendida caracteriza as inumações no litoral. Na arte andina são freqüentes as pinturas de figuras esqueléticas. Podem mostrar o reino dos mortos ou ser retratos de sacerdotes e xamãs que imitam a morte ou que visitam o mundo inferior. Figuras com rostos esqueléticos têm freqüentemente órgãos sexuais, e figuras de "mortos" podem abraçar mulheres. As numerosas cenas de atividade sexual incluem muitas vezes figuras esqueléticas. De novo, aparece aí a associação de morte e fertilidade; o mundo inferior e a terra são a fonte da vida.

### Artefatos comuns

As peças de roupa foram bastante similares nas regiões dos Andes centrais. Tecia-se um retângulo de pano de vários tamanhos, que era empregado de formas diferentes. A vestimenta mais encontrada é a túnica ou camisa, em que se cosiam dois retângulos com aberturas para a cabeça e os braços. O poncho ou *tabardo* era muito similar, com os lados abertos. Tangas e túnicas curtas eram freqüentes, e nem tanto uma espécie de calção. A divindade principal dos mochicas parece usar um calção de boxeador. Usavam-se mantos, como os encontrados nos enterros de Paracas, e capas, que eram colocadas de uma maneira especial em determinadas ocasiões – como o rito da coca, por exemplo –, segundo aparece na cerâmica pintada dos mochicas.

Um elemento indicativo muito importante dentro das vestimentas é o toucado: turbante de pano cuidadosamente enrolado ou suntuosas coroas de ouro ou peças semicirculares para a testa com uma cabeça de animal. Os toucados marcam o status – humano ou divino – e as ocasiões rituais. As pessoas importantes usavam enfeites nas orelhas, geralmente de metal precioso, que penduravam em um orifício feito no lóbulo. A forma mais freqüente é uma peça circular para a parte dianteira. As formas variam, contudo, de acordo com a identidade do portador e com a ocasião. Os enfeites de ouro e prata para o nariz eram fixados no septo; em alguns casos seria mais exato falar de máscaras para a boca, porque são mais um meio para tapá-la do que um enfeite de nariz.

Objetos que produziam som eram encontrados em quase todas as partes. Muitos vasos de cerâmica possuíam guizos ou grãos de argila na base ou nos pés. Em muitas culturas são freqüentes os apitos com uma os duas câmaras: o líquido empurrava o ar através de um furo do vaso, produzindo um assobio. Muitos objetos de ouro ou de cobre produziam som com bolinhas dentro. Eram abundantes, ainda, os instrumentos musicais, entre eles tambores, flautas, gaitas, trompetes, ocarinas e liras de casco de tartaruga.

As culturas pré-colombianas compartilharam traços comuns, ainda que possuam elementos que as distingam. Muitos dos objetos de tais culturas que aparecem nos museus podem ser facilmente identificados como pertencentes a uma determinada época e lugar, ainda que somente de forma aproximada.

# ÁREAS CULTURAIS

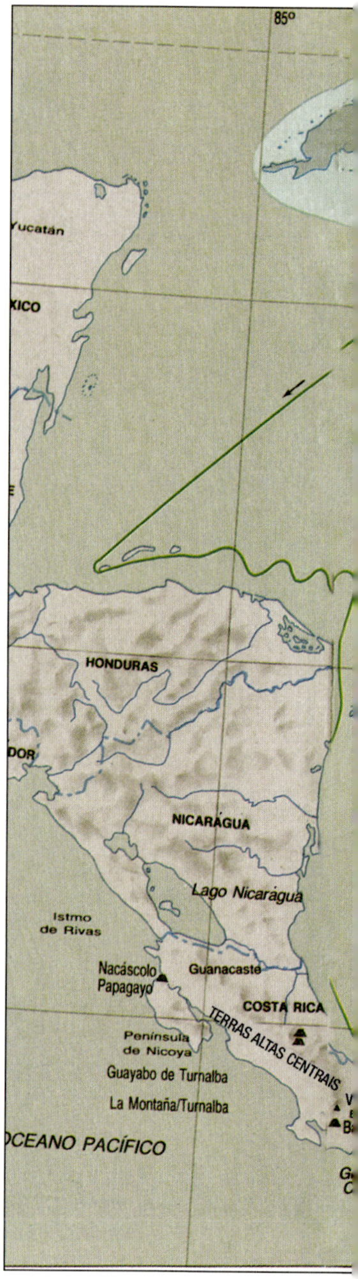


## AS ANTILHAS: ARAHUACOS, CARIBES E SEUS PRECEDENTES

O território indígena em que atracou Cristóvão Colombo quando buscava uma rota marítima até a Ásia pertencia aos arahuacos. Em outubro de 1492, Colombo realizou seu primeiro desembarque no Novo Mundo. Tratava-se de uma ilha das Bahamas, que se chamou San Salvador e cujo nome arahuaco significava iguana. Colombo foi recebido de modo pacífico por índios desnudos, que levavam luxuosos acessórios de plumas. Um século depois da chegada dos espanhóis, as ilhas arahuacas estavam isoladas pelas epidemias importadas, devido à falta de imunidade dos habitantes, e vítimas também da agressão espanhola, contra a qual também tiveram pouca possibilidade de defesa.

Os arahuacos chegaram às ilhas caribenhas em grandes e lentas migrações marítimas, que da Venezuela a Trinidad marchavam em direção ao norte. Seus restos já foram encontrados nas Antilhas Menores, assim como nas ilhas maiores e mais ao norte, chamadas Grandes Antilhas, entre as quais se encontram Porto Rico, a Hispaniola ou Española (Haiti e República Dominicana), Jamaica e Cuba, assim como as Bahamas. No momento do desembarque espanhol, os arahuacos dominavam as Grandes Antilhas.

Os arahuacos exploraram os recursos do mar e da costa, como demonstram os achados de apetrechos de pesca e arpões. Mas seu artefato mais importante foi a canoa, cujo valor para aquelas populações não deve ser subestimado. Os arahuacos dependiam de suas canoas para as migrações, o comércio, a pesca, a caça e o cultivo ao longo de rios e costas. Fizeram canoas compostas, ou com abrigo coberto, de enorme capacidade. Os arahuacos foram também agricultores, que cultivavam milho, feijão, batatas, abóbora e mandioca amarga. Cultivavam, ainda, amendoim, pimentão, pinhas e outras árvores frutíferas. Entre os produtos agrários não comestíveis estão abóboras para recipientes, algodão e plantas que proporcionavam tintura para pintar o corpo. A obtenção de alimentos se completava com o cultivo de vários tipos de plantas em hortas. Em uma região seca de La Española havia uma agricultura de regadio. Para os cultivos eram utilizados bastões de madeira, com os quais escavava-se o solo, e um facão, também de madeira, que servia para capinar, plantar e como arma.

As pessoas viviam em casas com teto de palha e forma de cabana e dormiam em redes. Faziam vestimentas de algodão e amuletos de pedra, osso e concha, e fabricavam uma cerâmica fina com decoração muito variada – barcos, pequenas esculturas e máscaras –, assim como uma olaria funcional, especialmente para cozinhar o pão de mandioca.

*Esquerda.* Gravura européia que ilustra um episódio da quarta viagem de Colombo. O almirante reuniu os chefes de La Española para repreendê-los por suas falhas aos olhos cristãos, e especialmente pela negligência em proporcionar alimentos e apoio aos espanhóis. Então previu um eclipse lunar como uma advertência que o Deus dos cristãos lhes aplicava para que corrigissem sua conduta. Quando o eclipse ocorreu, os índios se apressaram a levar provisões aos barcos espanhóis e prometeram servir lealmente no futuro aos espanhóis e a seu Deus. É provável que os sacerdotes das culturas superiores do Novo Mundo explorassem suas populações com as mesmas técnicas.

*Acima.* **Culturas do sul da América central e das Antilhas**
O mapa apresenta os movimentos de população. O êxodo do nordeste da América do Sul para as Antilhas realizou-se por etapas e em canoas, servindo as ilhas de Barlavento e Sotavento como escalas até as ilhas maiores das grandes Antilhas. Os primeiros emigrantes, os sibonéis, avançaram ou foram empurrados até o

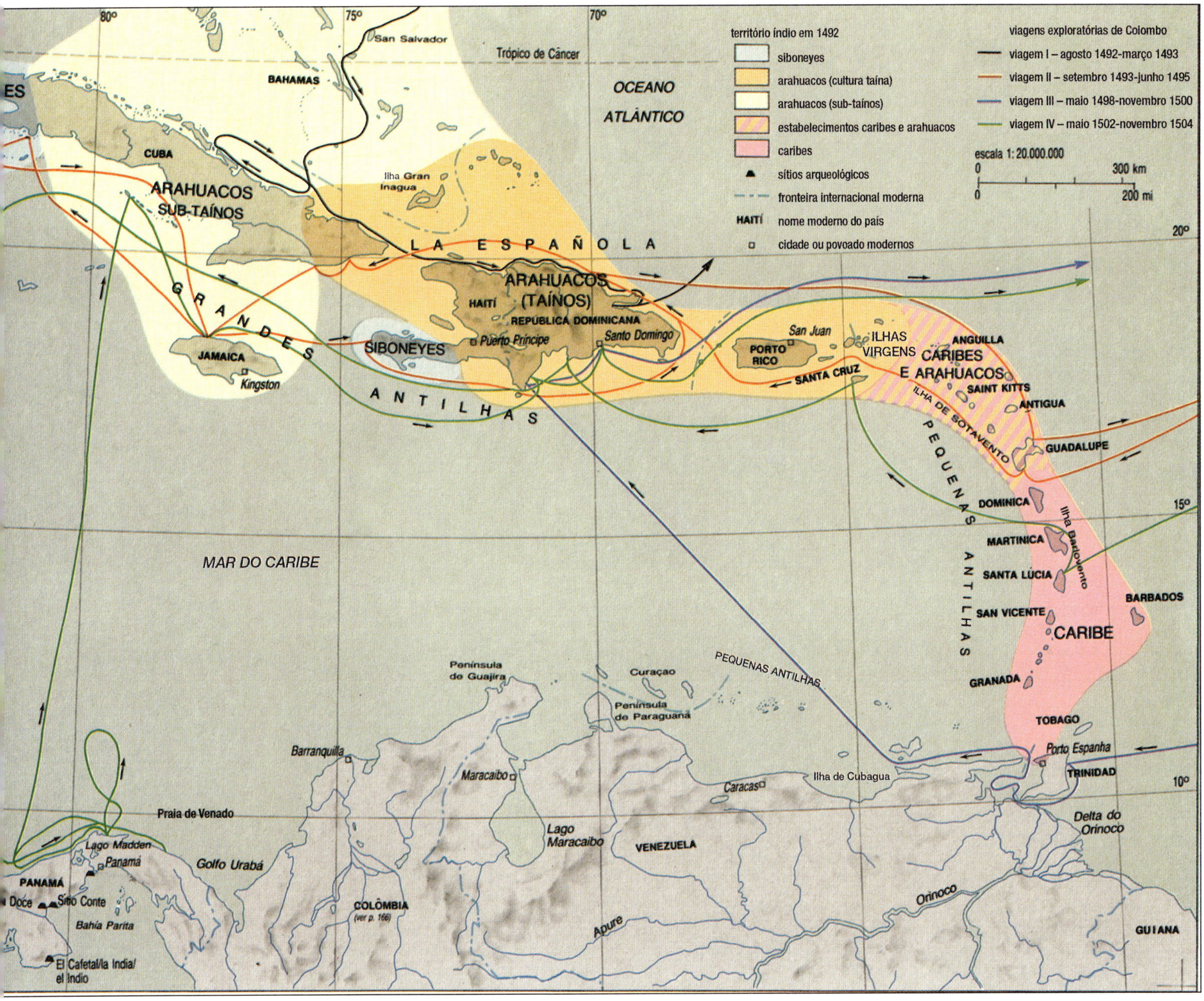


extremo ocidental de Cuba e à parte mais distante de La Española. Os arahuacos ou taínos conseguiram atingir uma cultura mais desenvolvida no centro da região, em grande parte da La Española, deixando Porto Rico de um lado de La Española e, de outro, a região próxima de Cuba. Os caribes, recém-chegados, estavam ainda em processo de avanço para o norte do continente quando Colombo chegou a São Salvador, ao norte da região dos taínos. Ainda que o oeste de Cuba esteja bem perto da península de Yucatán, que era a região dos maias, parece que os contatos foram escassos. La Española foi o centro de operações de Colombo no Caribe. O almirante esteve também em Cuba, mas não atracou em Yucatán.

Havia instrumentos musicais: trompetes de concha de Strombus, trompetes e tambores de madeira, apitos e flautas de osso, maracás, guizos e ocarinas de argila. Muitos dos artefatos em material perecível – madeira, fibras e cana – não foram conservados.

A cultura arahuaca mais elevada das Antilhas foi a que se conhece hoje como taína, encontrada em La Española, Porto Rico e Cuba. As áreas taínas mais avançadas foram as terras altas de Santo Domingo, que acabou se convertendo na maior colônia espanhola.

Mas Colombo e seus companheiros estavam pouco interessados na cultura indígena, pois buscavam ouro. Encontraram caudilhos ou caciques que levavam nas orelhas brincos de ouro e cintos adornados com o metal, e que sentavam em cadeiras talhadas de madeira e cobertas de barras de ouro, enquanto suas filhas levavam no nariz enfeites do metal precioso. Mas os arahuacos valorizavam o ouro menos que o piropo e o *guañín*, uma liga de ouro e cobre que importavam do continente.

Os objetos de *guañín* tinham especial valor, provavelmente porque eram importados da terra de seus antepassados, porque em terra firme trabalhavam metalúrgicos mais hábeis e porque conseguiam uma liga de colorido mais vivo. O cobre desta liga produzia um cheiro especial, que podia acentuar seu valor para os índios. Acima de tudo, os arahuacos estimavam os objetos bem trabalhados em osso e concha.

### Aldeias e ritual

As divindades arahuacas eram chamadas *zemí*. A palavra parece ter significado similar ao de *huaca* (sagrado) nos Andes, já que eram muitas as coisas que podiam ser qualificadas como *zemíes*: os deuses, seus ídolos ou símbolos, os restos dos defuntos e os poderes do céu, o Sol e a Lua, o vento e a terra. Os deuses eram de um povo agrícola. As representações das divindades adotaram formas variadas, com esculturas freqüentemente feitas com grande habilidade e estilo refinado. Colombo observou que os *zemíes* eram decorados com a pintura de tatuagens. Durante o período tardio foi difundido por Porto Rico, República Dominicana e Haiti o culto de um ídolo de três chifres, de pedra ou casco de tartaruga. A forma pode derivar do formato vulcânico; segundo parece, representava o deus que servia a mandioca. (Como era comum a crença de que as plantas procediam de divindades da terra, e pensava-se que tais divindades viviam em montanhas e vulcões, era lógico que montanhas fossem pintadas com faces.) Segundo os primeiros cronistas espanhóis, os ídolos eram utilizados em um ritual em que se aspirava um alucinógeno do tipo da piptadênia misturada ao tabaco. E conversava-se com o *zemí* para predizer o tempo e a colheita. O *zemí* não era só a imagem de um deus, mas sim um intermediário entre os homens e os deuses, um verdadeiro oráculo.

O sistema social arahuaco era estratificado. Os caudilhos, que controlavam os assuntos econômicos, governavam regiões maiores do que a aldeia imediata em que residiam. Em La Española houve cinco destes caudilhismos com toda uma hierarquia a suas ordens. Os caciques tinham séqüitos luxuosamente equipados, cujos membros usavam mantos e toucados de plumas vermelhas ou brancas, de acordo com suas funções. Colombo descreve um cacique que era levado em uma liteira.

Ainda que sua herança cultural proceda do nordeste da América do Sul, parece que os arahuacos estiveram também sob influência da América central e da Mesoamérica, compartilhando com as culturas do continente costumes como o enterro com deuses funerários, o uso ritual do tabaco e outras práticas.

Os grandes povoados arahuacos giravam em torno de uma praça pública, que às vezes consistia em uma clareira no bosque, ou um círculo ou um retângulo com taludes de terra ou pedra salientes e pavimentados ou cobertos com pedras. Em algumas praças, dois taludes paralelos formavam um recinto fechado. A casa do cacique dava para a praça e normalmente havia petróglifos próximos (também foram encontrados tais petróglifos perto de mananciais e em covas).

As danças e os ritos funerários provavelmente eram celebrados nas praças ou em recintos fechados. Mas o ritual mais significativo parecer ter sido o jogo de bola, que pode ter chegado da Mesoamérica. (O Yucatán dista apenas 195 quilômetros de Cuba, mas há poucas provas evidentes de contato entre ambas as regiões). O jogo de bola era conhecido no norte da América do Sul – o jogo venezuelano é similar ao da ilha – ainda que ali não tenha se desenvolvido tanto quanto da Mesoamérica. Os primeiros cronistas espanhóis descrevem o lugar no centro de cada povoado como diferente do destinado ao jogo. Os povoados maiores possuíam *bateys* periféricos (como eram chamadas as praças ou recintos fechados). Esse tipo de local se desenvolveu nas Antilhas pouco depois de 1500 d.C. O espaço mais notável de Porto Rico data aproximadamente de 1200 d.C. Os arahuacos empregavam bolas de borracha e o jogo incluía sacrifícios humanos. Parece que funcionava segundo as predições agrícolas e que esteve associado à água e, provavelmente, à chuva.

**Origens e inimigos**

Os colonizadores antilhanos haviam chegado do nordeste da Venezuela através de Trinidad, "a porta da imigração". A arqueologia dessas regiões está estreitamente relacionada. Na ilha de Cubagua, em frente à costa venezuelana, existem restos de 5000-1000 a.C. pertencentes a um povo que pode ter feito parte da primitiva ocupação das Antilhas. Entre 1000 e 500 a.C. mais ou menos, grupos de populações que falavam arahuaco chegaram pelo rio Orinoco até o delta; eram povos com uma agricultura rudimentar, cujo cultivo principal era a mandioca. É possível que tenha sido a Venezuela a primeira região em que se cultivou a mandioca. Aquela população, antecessora dos arahuacos da ilha, começa a aparecer em Porto Rico em inícios da era cristã, e se estende pelas Antilhas nos séculos seguintes.

Os arahuacos insulares acabaram expulsando um grupo anterior de índios chamados sibonéis, cujas origens remontam a 2500 a.C. Nos tempos da conquista espanhola, ainda havia alguns sibonéis no sudoeste do Haiti e em algumas regiões de Cuba. Esse povo, que ainda não tinha a cerâmica e provinha da Venezuela, deixou depósitos de conchas e outros resquícios (utensílios, brincos e sepulturas). Esse povo primitivo teve canoas ou, ao menos, jangadas e balsas de madeira, e provavelmente chegou às Antilhas pescando nas barreiras de coral, caçando e colhendo entre os manguezais, abundantes em alimentos.

No período tardio, os arahuacos da ilha estiveram ameaçados pelos caribes das Antilhas Pequenas (de "caribe" deriva também a palavra "canibal"). Como os primeiros invasores, também os índios caribes provinham originalmente do nordeste da América do Sul. Os primeiros espanhóis encontraram pistas das atividades canibais daquelas pessoas e admiraram a bravura dos caribes. Para eles, o estado de guerra era um princípio básico da organização social; sempre estavam em guerra ou preparando-se para ela e para incursões de castigo. O cacique da guerra era um membro proeminente e poderoso da comunidade. Os caribes usavam arcos e flechas ou preferencialmente uma lança para arremesso, mais aperfeiçoada.

A cultura caribenha alcançou um desenvolvimento menor que a arahuaca, e sua sociedade apresentava uma estrutura social menos complexa. As imagens religiosas eram feitas de madeira e pano, mais do que de pedra e concha. Os primeiros espanhóis simplificaram a situação de arahuacos e caribes. Para eles, a distinção era fácil: os índios submissos eram arahuacos, enquanto os ferozes eram caribes. Os estudiosos modernos falam em modelos mais complexos de migrações, matrimônios mistos e empréstimos lingüísticos, entre outras razões pelas quais os homens capturados em incursões caribenhas eram devorados, enquanto as mulheres eram tomadas como esposas. Apesar das ameaças caribes, os arahuacos já dominavam há muito tempo as Grandes Antilhas quando os conquistadores espanhóis chegaram ao Novo Mundo. E sua cultura impressionou os primeiros exploradores. Ainda há arahuacos nas Guianas, embora já tenham desaparecido há tempos das ilhas caribenhas. Assim como existem caribes em reservas das ilhas de Sotavento.

## OS PRINCIPADOS DA ÁREA INTERMEDIÁRIA: SUL DA AMÉRICA CENTRAL, COLÔMBIA E VENEZUELA

A quarta viagem de Colombo o levou aos litorais de Panamá e Costa Rica. No último país, encontrou os índios talamancas, que usavam enfeites como "águias" de ouro, e os índios guaimíes do Panamá, também com discos de ouro. Os espanhóis viram povoados grandes em torno de uma praça central, rodeada de casas e tumbas de antepassados reais. Viram os homens voadores amarrados a um poste, e descobriram o *patolli* (um jogo que os índios jogavam em um tabuleiro com grãos de milho), costumes que também encontrariam depois no México. Na época da conquista, os grupos circuncaribenhos tinham comunidades de 1.000 ou mais habitantes e uma hierarquia de caciques, sendo que o mais elevado deles tinha autoridade sobre uma região maior que a própria aldeia. A estratificação dessa sociedade é demonstrada em parte pelas diferenças observadas nos objetos das tumbas. Os caciques tinham enterros suntuosos, e outras tumbas tinham elementos mais simples. Os grupos circuncaribenhos desenvolveram certos modelos de guerra e uma religião hierárquica com representações dos ídolos de

As terras centrais da Costa Rica produziram os "painéis voadores" de pedra (mesas para a moedura) com figuras de pássaros, crocodilos, jaguares e personagens antropomórficos com corpos redondos e em posturas acrobáticas, debaixo da lousa superior que estes habitantes do entorno selvagem ou do mito sustentam para que se possa moer o milho sobre ela. As esculturas, de até 0,5 m de altura, encontram-se entre as mais complexas da América Central pré-colombiana. Muitas terminam em cabeças-troféu e algumas apresentam um desenho de bordado, que era símbolo de realeza na Mesoamérica. Nas terras altas centrais, às vezes o cadáver era colocado sobre três mesas geminadas. Outras esculturas da Costa Rica, em pedra, incluem cabeças de martelo ricamente talhadas e belos pingentes trabalhados em jade ou em pedra similar.

pedra, madeira ou concha, colocados em templos com estruturas especiais e atendidos por um sacerdote profissional. Um único filo lingüístico, conhecido como macrochibcha, prevaleceu na região de Nicarágua e Panamá até os litorais da Colômbia e da Venezuela. A geografia da região proporcionava muitos pequenos nichos ambientais e acessos a eles. Ao longo do litoral e dos vales fluviais corriam as vias até as terras altas. Aí também abundavam os intercâmbios de ouro, e eram muito variadas as mercadorias comerciadas. A região de El Salvador até o noroeste da América do Sul sofreu, em geral, algumas adaptações ecológicas similares, com uma agricultura baseada em milho, mandioca e batatas. A cerâmica e a metalurgia se desenvolveram muito. Os modelos comerciais observados pelos primeiros espanhóis tinham provavelmente uma longa história. Muitos dos restos pré-cerâmicos mais antigos, assim como a primeira louça, foram encontrados ao longo do litoral e da faixa que o unia com o litoral equatoriano. Houve, não obstante, importantes assentamentos pré-cerâmicos terra adentro no altiplano. Os assentamentos primitivos tiveram modos de vida similares. Depois de uma dependência inicial da caça e da colheita na floresta tropical, uma agricultura e uma pesca marítima e fluvial muito primitivas foram proporcionando uma base para os intercâmbios e o comércio. Calcula-se que a primeira população cruzou em suas migrações a parte inferior da América Central antes de 20000 a.C. Alguns objetos paleoíndios encontrados em Turrialba, na bacia atlântica da Costa Rica e no lago Loco de Panamá são de antes do ano 5000 a.C. Tem havido achados relativamente freqüentes de objetos esculpidos nos depósitos de conchas do morro Mangote, no Panamá (de 4800 a.C.) e em várias cavernas e refúgios rupestres, associados freqüentemente a ossos de animais. Em Puerto Hormiga, em um dos muitos depósitos de conchas na costa caribenha da Colômbia, foi descoberta uma grande quantidade de louça, que data aproximadamente de 3000 a.C. Durante algum tempo acreditava-se que era a descoberta mais antiga, mas diz respeito, segundo parece, a uma mistura de tradições e recentemente encontrou-se na região uma olaria mais antiga. E ainda que a cerâmica costume andar junto com a agricultura, não há indícios claros de cultivos para alimentação entre essas descobertas. Até 2500 a.C., aproximadamente, muitos dos povos circuncaribenhos coletavam alimentos; em cavernas e abrigos rupestres têm sido descobertos utensílios para a preparação dos alimentos e instrumentos para a fabricação desses utensílios. A agricultura dos cultivos fundamentais foi desenvolvida provavelmente na Venezuela durante o quarto milênio, e parece ter viajado ao longo da linha do litoral do Atlântico. A olaria se difundiu do baixo Orinoco até o litoral norte da Venezuela; dali passou, no segundo milênio, para as Antilhas e ao longo do litoral continental em direção ao oeste, e foi uma das várias etapas da viagem cultural pela região. Em Chiriquí, Panamá, existem provas do começo do cultivo da mandioca no fim do segundo milênio, e no vale de Turrialba, em La Montaña, foram encontrados objetos de barro que datam de aproximadamente 1500 a.C. Esses objetos são associados à preparação da mandioca. O sítio de La Montana apresenta cinco períodos, datados com carbono 14, entre 1500 e 300 a.C. Os objetos estão associados a uma olaria monocroma de formas muito variadas. O cultivo de milho parece ter começado depois do da mandioca. A parte baixa da América Central representa geograficamente uma ponte entre os vastos continentes do norte e do sul. E foi influenciada por ambos de várias formas e em diferentes tempos, ainda que não tenha deixado de haver um desenvolvimento individual de acordo com as variações de tempo e lugar. Até recentemente era

escassa a informação disponível sobre o sul da América Central antes de 1000 a.C.; novas escavações e pesquisas têm descoberto materiais pré-cerâmicos no Panamá, na baía de Parita, onde foram descobertos cerca de 200 sítios. Começando no período aproximado de 1000 a.C.-500 d.C, existe uma grande reserva de artefatos.

### Costa Rica

A Costa Rica abarca três regiões arqueológicas principais. A oeste, encontra-se Grande Nicoya, que compreende o istmo nicaragüense de Rivas, entre o Lago Nicarágua e o Oceano Pacífico, assim como a província de Guanacaste e a Península de Nicoya, na Costa Rica. A parte central do país é formada pela bacia atlântica e pelas terras altas do Centro. A sudeste, a arqueologia do Delta de Diquís está relacionada com a da província limítrofe panamenha de Chiriquí. Essas regiões têm aspectos distintos, dentro de um campo considerável de coincidências ou de variações sobre um mesmo tema.

O aumento no número de sítios datados de períodos próximos ao começo da era cristã indica uma população em desenvolvimento, caracterizada por grande estratificação social. São raros os grandes centros cerimoniais com esculturas monumentais, embora encontrem-se colunas monolíticas procedentes das ilhas dos Lagos Nicarágua e Manágua, assim como de outros assentamentos próximos. Esculturas similares têm aparecido em Guanacaste. Na Costa Rica, os artefatos de pedra encontrados com maior abundância são os trípodes designados *metates*, que consistem em uma louça com trama para o milho. Na região de Nicoya-Guanacaste, há os *metates* em forma retangular curvada, freqüentemente com entalhes na parte inferior. Os exemplares mais recentes são ornados, em uma das extremidades, com cabeças de jaguar ou de outro felino, como para conferir-lhes forma zoomórfica. Alguns desses, que mostram sinais de uso e podem vir acompanhados de mãos-de-pilão (pedras manuais) para moer o milho, têm aparecido nos túmulos

*Acima.* O lago Guatavia, no alto da cordilheira e não longe de Bogotá, era o lugar de residência de um deus da montanha, do céu e da água. O lago circular, de 37 m de profundidade e 4 km de perímetro deve ter se formado pelo impacto de um meteorito, acontecimento que poderia ter-lhe conferido um significado especial, caso os antepassados dos muiscas tivessem visto o meteorito incandescente cair do céu para proporcionar um depósito de água. O ouro oferecido ao lago imitaria o acontecimento natural com o propósito de assegurar a continuidade do líquido precioso.

de alta linhagem. É provável que os *metates* mais notáveis fossem usados em várias funções: como suportes ritualísticos para oferenda de milho; como trono para governantes responsáveis pela produção e distribuição dos alimentos, e como equipamento funerário, simbolizando duas transformações: a do milho em farinha e a do morto. As talhas na parte inferior dos *metates* evocam o mundo inferior e a fertilidade da terra, ao mesmo tempo que conferem à escultura significado de modelo cosmológico.

Ao longo dos 500 anos que precederam a chegada dos espanhóis, houve muitas mudanças. Produziam-se menos *metates*, e as cabeças de martelo, habituais em dada época, chegaram a desaparecer. Na cerâmica, vasos ovóides policromados, ornados com cabeças de felinos e patas dianteiras em alto-relevo, eram comuns. Nas terras altas, construíram-se assentamentos com montículos circulares sobre piso de pedra, bem como praças e calçadas empedradas. O extenso e complexo assentamento de Guayabo de Turrialba conta com aquedutos revestidos de pedra. Camadas de pedra eram usadas também para fazer pontes, pisos e tampas de tumbas, freqüentemente do mesmo material e em forma de cisterna. Foram encontrados também grandes féretros, talhados com desenhos nas bordas.

### O Gran Chiriquí

O Delta de Diquís, que produziu artefatos diferentes dos de outras regiões, faz parte da região conhecida pelos arqueólogos como Gran Chiriquí. Uma metalurgia refinada e diferente procede dessa região, que se destaca pelos trabalhos e esculturas de pedra. Ali também têm sido encontradas grandes e enigmáticas "bolas" de pedra. Provavelmente, o centro mais importante da região foi Barriles, ao pé do vulcão Barú, no Panamá, próximo à fronteira com a Costa Rica. Assim chamado pelas esculturas em forma de barril, o sítio conserva grande quantidade de esculturas monumentais de pedra vulcânica. Nos centros cerimoniais, há plataformas baixas revestidas de pedra, túmulos sob plataformas e muros de pedras.

### Panamá e o Darién

Como a Costa Rica, o Panamá divide-se em três regiões arqueológicas, que se mesclam com as regiões adjacentes às modernas unidades políticas. Enquanto a região ocidental relaciona-se com o Delta de Diquís, a oriental conecta-se com a região da Colômbia vizinha ao Golfo de Urabá. A região central produziu estilos artísticos brilhantes e muito originais. Em túmulos como os de Sítio Conte e Praia Venado foram conservados numerosos objetos de vários tipos, cujas formas refinadas são folheadas a ouro, assim como uma elegante cerâmica policromada. Ambas as formas artísticas apresentam motivos similares, como seres híbridos, às vezes de duas cabeças ou duplicados.

Os trabalhos metalúrgicos mais antigos de que se têm notícia no Panamá são dos primeiros séculos da era cristã, difundindo-se por volta de 400 d.C. Algumas das suas primeiras peças foram provavelmente importadas da Colômbia, o que explica a forte influência colombiana entre as primeiras produções regionais. Embora os esti-

*Direita.* O Dorado aparece aqui como uma figura grande sentada sobre um tamborete ou trono em uma canoa, carregado de jóias e acompanhado de uns assistentes menores. Ao assumir o cargo real, o governante muisca vestido de ouro fazia oferendas ao lago Guatavita. Já no século XVI foram feitas tentativas de secar o lago em busca do ouro. Porém, ainda que se tenham recuperado alguns objetos, Guatavita nunca pôde secar. Esta peça, de elegância incomum, é uma peça de oferenda de mais de 18 cm de comprimento. A maior parte destas peças é lisa, com detalhes bordados. E, diferente de muitas figuras em ouro, estas oferendas não têm argolas de suspensão.

los panamenhos distingam-se pelo alto grau de habilidade e personalidade, o Panamá pertence à tradição de ourivesaria colombiana.

### Norte da Colômbia

A Serra Nevada de Santa Marta, no extremo noroeste da Colômbia, é uma cadeia montanhosa independente dos Andes. Foi nela que um povo conhecido como taironas produziu uma das civilizações mais impressionantes do Novo Mundo. Mais de 200 sítios taironas, com construções de pedra e aspectos urbanos, distribuem-se desde as terras baixas da costa até altitudes superiores a 2.000 metros. O sítio de Buritaca 200, estudado recentemente – não tinha sido descoberto até 1975 –, foi construído no século XIV. Hoje rodeado por selva, eleva-se a quase 1.000 metros sobre o Rio Buritaca. Tendo sido há tempos um dos maiores centros da região, conserva plataformas curvas e cercadas de pedras usadas na construção de casas, escadas de pedra, muros de contenção, canais e sistemas de drenagem, uma praça cerimonial e calçadas.

Na região, há cerca de 260 ruínas de casas, assim como 500 quilômetros de calçadas empedradas, uma vez que foi cruzamento de rotas comerciais entre Colômbia, América Central, Venezuela e Equador. Foi também importante centro de mineração de ouro. Os ourives de Tairona realizaram trabalhos tão notáveis que suscitam a admiração de seus colegas modernos. Os taironas começaram a consolidar seu poderio ao longo dos primeiros séculos da era cristã, alcançando pleno desenvolvimento pouco depois de 1000 d.C., quando instituíram poderosa estrutura política e social, hierarquizada segundo os assentamentos, liderados por Buritaca. Esses índios resistiram quase cem anos às invasões espanholas. Os índios kogis, que hoje habitam essa região, são descendentes dos antigos taironas.

Nas terras baixas ocidentais localizou-se a cultura denominada Sinú, nos vales baixos dos rios Sinú e Magdalena. Os sinúes basearam sua economia em uma feliz combinação de agricultura de produtos básicos, da colheita e dos abundantes recursos que ofereciam os rios, o mar e as terras baixas tropicais. Os resquícios mais impressionantes dessa cultura são os adornos de ouro fundido e marchetado.

### Colômbia central

Os índios muiscas (ou chibchas), das terras altas de Bogotá, trabalharam a metalurgia de forma diferente da observada entre os aborígines colombianos, demonstrando pouco interesse pela destreza e habilidade na fundição e acabamento dos metais, assim como praticaram os taironas, os sinúes e outros. Preferiram dedicar-se a pequenos objetos, às vezes rudes, de tumbaga, conferindo-lhes múltiplas formas, não muito bem acabadas.

A lenda do Eldorado, de que logo souberam os espanhóis, sedentos por ouro, remetia a território muisca. A cerimônia que inspirou a lenda era celebrada no Lago Guatavita, ao norte de Bogotá, por ocasião da ascensão de um novo líder muisca, que, depois de retirado de uma cavidade (tais cavidades eram lugares sagrados), marchava até o lago. Ali estava preparada uma balsa feita de cana, cercada de tochas e incenso, onde o candidato a líder era despido para ser todo coberto por barro, polvilhado de ouro. Então "o sobredourado" subia na balsa, na qual havia montes de oferendas de ouro e esmeralda. Estava então acompanhado de caciques que só levavam jóias de ouro, além de grandes quantidades de oferendas preciosas. Ao som de instrumentos musicais, a balsa zarpava até o centro do lago, onde se ofereciam o ouro e as esmeraldas a uma divindade que devia ser o deus da água, da montanha e da terra. Assim se iniciava o reinado de um novo governante.

Os ourives quimbayas, que habitavam as cercanias da Cordilheira Central, muito se esforçaram para forjar grandes objetos complexos e bem acabados. Entre os belos objetos produzidos pelos quimbayas estavam os recipientes de ouro ou tumbaga para o rito da coca, máscaras, pontas de lança, pingentes de lagarto ou crocodilo e elmos marchetados e lavrados. Da mesma região procede uma cerâmica pitoresca.

Os ourives calimas desenharam pingentes e broches em que há figuras mascaradas. Os broches são freqüentes nesse tipo de ourivesaria. Outros objetos calimas, em ouro, são talhados e lavrados: pinças, pingentes, peitorais, diademas e ornamentos para o nariz, com adornos iridescentes. Os trabalhos em ouro de estilo tolima pro-

*Acima.* **Colômbia.**
A combinação de paisagens escarpadas com áreas relativamente cômodas para a produção de alimentos explica o fato de que as antigas povoações colombianas não tiveram que se esforçar muito para criar impérios. Os grupos permaneciam em áreas pequenas e criavam estilos artísticos diferentes; mas poucas arquiteturas e esculturas monumentais, que eram peças mestras do reino, tiveram ampla influência. Por outro lado, os vales fluviais de direção norte-sul e as terras baixas da costa facilitavam as viagens e o comércio, transportando por tais vias os produtos e as idéias. As técnicas e os estilos de ourivesaria viajaram da Colômbia ao Panamá, estabelecendo também relações com o Equador pelo sul.

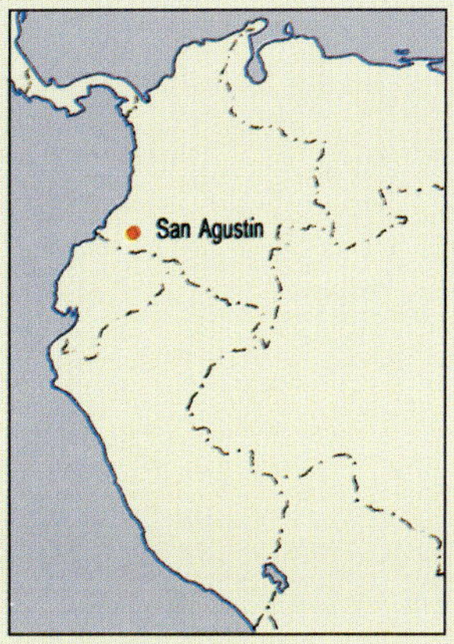


# Agustín

Em San Agustín, as plataformas elevadas, os canais de deságüe, os montículos de tumbas e tumbas de poço com urnas de pedra, cobrem uma extensão de quase 500 km?. Nenhum sítio da área intermediária dispõe de tal riqueza de esculturas, entre as quais há mais de 300 estátuas, que lembram as das terras altas dos Andes centrais. Dignas de nota são as figuras antropomórficas com presas caninas, que em arte andina remetem ao sagrado ou ao sobrenatural.

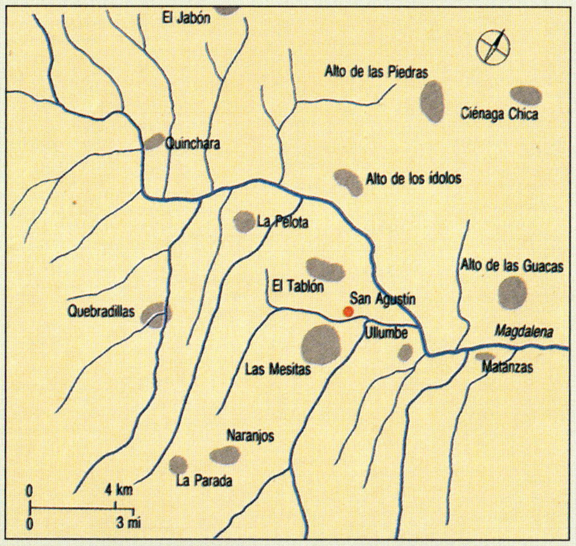


*Direita.* Principais jazidas ao redor de San Agustín. Colinas e vales exuberantes rodeiam a cidade de San Agustín, a cerca de 1800 m acima do nível do mar. Perto nasce o Magdalena, um rio importante que corre para o norte e desemboca no Atlântico. Uma das maiores jazidas da região, Las Mesitas, tem fazendas retangulares de megálitos verticais com acabamentos em pedra, cobertos de terra até uns 4 metros de altura com aproximadamente 2,5 m de diâmetro. Em cada uma destas que parecem câmaras sepulcrais, foram encontradas uma ou várias de tais esculturas. Em Alto de los Ídolos, um pequeno monte circular feito pelo homem, foram achadas tumbas de pedra, semelhantes a sarcófagos, e esculturas.

*Acima.* Esta escultura de pedra procede de um sítio no complexo de San Agustín. As esculturas reproduzem freqüentemente figuras que sustentam cabeças-troféu, armas ou figuras tão pequenas que chamam atenção para o caráter sobrenatural das figuras monumentais. Algumas das esculturas encontram-se em seus locais originais, mas muitas foram transportadas para o parque arqueológico (*esquerda*), onde grandes espigas as fixam no solo em que se encontram expostas. Algumas das esculturas parecem representar mulheres.

cedem do vale médio do Magdalena. Típicas da fundição tolima são as peitorais de ouro em que há desenhos distintivos que consistem em figuras abstratas cujos braços e pernas são angulosos e estendidos, bem como as caudas aforquilhadas

**Colômbia meridional**

As terras altas do sudoeste colombiano foram habitadas por povos que cultivavam o milho e viviam em casas perecíveis construídas sobre terraços nas encostas dos vales. San Agustín, em torno da nascente do Rio Magdalena, em meio a vales e colinas exuberantes, é o sítio ou grupo de sítios mais interessante da Colômbia.

A região de San Agustín foi habitada no último milênio antes da era cristã; contudo, os grandes projetos de taludes não foram levados a cabo até depois de iniciada essa era, quando, segundo parece, chegou um novo grupo de povoadores.

O estilo de ourivesaria do alto vale de Cauca, chamado de Popoyán, produziu relativamente poucos exemplares de pingentes, na típica forma de pássaros com asas abertas. Como no noroeste, também ao sul os estilos artísticos vão além das modernas fronteiras políticas. Na região colombiana de Nariño, assim como no norte do Equador, têm-se encontrado brincos em forma de pingentes e discos com desenhos abstratos em ouro e rostos em relevo. Como seus vizinhos do sul, os guerreiros nariños e tumacos usavam platina, prata, ouro e cobre. A ourivesaria de Tumaco é a mais antiga da Colômbia, remontando a aproximadamente 325 a.C.

## A AMAZÔNIA

O Rio Amazonas faz parte de um complexo sistema fluvial com numerosos afluentes. O leste da Colômbia, Equador, Peru e Bolívia inserem-se nesse sistema, a que também pertencem o Brasil e o leste da Venezuela. Ao longo de boa parte do rio, há uma estreita planície encharcada, cujo solo mantém-se fértil graças às cheias anuais. Em muitas regiões desprovidas de rios mais caudalosos, cultivam-se rosas, que em poucos anos tornam a terra improdutiva. A selva é muito densa e apresenta grande variedade de flora e fauna, coberta por árvores que podem alcançar 45 metros de altura. Na selva, há árvores que proporcionam palha, cordas e fibras para vestidos e mantos. As primitivas sociedades caçadoras provavelmente se mantiveram em torno dos rios, porque, nas regiões de mata mais densa, as condições para a caça estavam longe das ideais. Em torno de 5000 a.C., já havia alguns povoadores ao longo do rio. A foz amazônica é dividida em três regiões culturais: alto, médio e baixo Amazonas. Pode-se mesmo afirmar que o alto Amazonas estende-se até abaixo da sua confluência com o Rio Madeira, o maior afluente meridional do Amazonas (ficando somente atrás do Rio Negro).

Na foz amazônica, falaram-se muitas línguas, claro sinal da convivência entre numerosos povos. Entre tais línguas, está o arahuaco, pertencente ao mesmo tronco lingüístico que o taíno, das Antilhas. Acredita-se que o povo de língua arahuaca tenha se desenvolvido no curso inferior do rio e depois se dispersado semicircularmente até o alto Amazonas e o Orinoco (é possível alcançar o Orinoco de canoa, partindo do Amazonas), para, uma vez estabelecido no curso baixo deste rio, estender-se ao longo da costa, passando depois a Trinidad e as Antilhas. As línguas arahuacas alcançam maior extensão do que a de qualquer outro tronco ou família lingüística. Na foz, há também índios que falam a língua caribenha.

# A metalurgia sul-americana

As primeiras amostras de metalurgia no Novo Mundo datam de antes de 1500 a.C. e consistem em pequenos fragmentos de fina camada de ouro, tais como os encontrados nas mãos de um homem sepultado em uma tumba nas terras altas do sul do Peru. Junto estava o que provavelmente era um instrumento usado em artesanato. Da ourivesaria elegante que se conserva, a mais antiga é em estilo Chavín, datada de 800 a.C. Nos séculos que se seguiram, o trabalho com metais foi se expandindo rumo ao sul, até o noroeste da Argentina, e ao norte até a Colômbia, já em finais do primeiro milênio a.C., alcançando a América Central nos primeiros séculos da era cristã. As técnicas e os gostos metalúrgicos variam de um lugar para outro, mas a habilidade é similar em todas as partes. Muitos dos trabalhos mais refinados foram feitos na costa norte do Peru, durante os primeiros séculos da era cristã, e por guerreiros mochichas, que foram alguns dos artesãos mais hábeis e com maior experiência. Apesar das depredações dos conquistadores espanhóis, que saquearam as tumbas pré-colombianas em busca de objetos de ouro e os fundiram, para depois serem enviados à Espanha, os objetos que restaram são os mais ricos e espetaculares da metalurgia pré-colombiana. Mas nem tudo que reluz é ouro: os artefatos brilhantes eram fabricados, geralmente, com ligas, mesmo que todos levassem ouro puro na superfície. Alguns foram trabalhados em prata; o cobre foi amplamente usado em objetos mais discretos, além do que também se usaram ligas de prata-cobre. Foram encontrados depósitos de ouro nos rios das terras altas, ricos em aluviões, e os depósitos de quartzo foram destruídos em busca do precioso metal. Para a fundição, foram usados fornos portáteis e cadinhos. Nas primeiras técnicas, o metal era golpeado, até ser convertido em lâmina, com um instrumento de metal ou ferro meteórico, sobre uma bigorna cilíndrica, para depois ser mais cuidadosamente trabalhado. Mais tarde, a fundição foi desenvolvida até tornar-se o principal método da América Central e do norte da Colômbia, embora o metal em lâminas continuasse sendo usado pelos ourives dos Andes centrais, do Equador e da Colômbia meridional.

Além de utilizar o metal para a fabricação de instrumentos e armas, os índios começaram a usá-lo para objetos que simbolizavam o poder sobrenatural e o status do soberano, através de sua identificação com esse poder. Os seres e motivos mitológicos são representados freqüentemente como intermediários entre o homem e as forças da natureza. O ouro foi um artigo importante para o comércio, e os objetos de metal, vinculados, pelos seus estilos, a determinados lugares, têm sido encontrados muito longe de seus pontos de origem, apesar de seu baixo valor comercial – o que os valorizava era o modo como o trabalho imprimia-lhes vida. Geralmente, seus simbolismos eram associados ao Sol e depois à vida e à produção agrícola. Era importante que o metal imitasse a luz celeste. As primeiras fontes relatam que os incas interpretavam o ouro como o suor do Sol e a prata como as lágrimas da Lua.

Com os incas, a metalurgia alcançou um grau bastante requintado, especialmente no trabalho do bronze. Combinações de metais foram utilizadas antes do tempo dos incas; porém a incrustação só se desenvolveu pouco antes da conquista espanhola. Uma cabeça de martelo, em bronze e com uma altura de 12,5 cm (*acima*), apresenta a forma de um pássaro, com lâminas incrustadas de cobre e prata para representar as plumas. Tais cabeças de martelo adotam diferentes formas de animais. Aqui a ave pertence à ordem dos pelicaniformes, provavelmente um cormorão ou anhinga. Em geral, as aves marinhas foram importantes na iconografia dos Andes, como foram os condores e as águias de rapina.

A ourivesaria andina pode ser muito complicada. Talheres ou amuletos com cabos bem trabalhados procedem da cultura sicán, na costa norte do Peru (*acima*). Este cabo mostra um deus celeste ou lunar com um rosto trabalhado e um turbante semicircular com colibris pendurados. Foram acrescentadas contas e filigranas e a figura parece talhada e pintada. Em muitas formas da arte pré-colombiana foram incorporadas folhas.

Algumas das peças mais finas da ourivesaria antiga procedem da cultura tairona, do nordeste da Colômbia. O medalhão antropomórfico (*direita*), de 13 cm de altura, tem um turbante complexo com dois pássaros de busto redondo, animais de perfil e temas vegetais enroscados. A complicada máscara representa um morcego com um nariz de folha. Acrescentaram ainda brincos e pregos depois da fundição à cera perdida.

No vale de Lamabayeque, na costa setentrional do Peru, foram encontradas máscaras grandes e relativamente planas em cemitérios, uma dentro de uma tumba e várias outras em fardos. Este exemplar pintado (*acima*) tem 50 cm de largura, com traços faciais realçados e com pingentes fixados com arames. Os arames dos olhos sustentaram pedras preciosas por muito tempo. Toda a máscara é feita de uma só lâmina de ouro e provavelmente representa a divindade principal de Sincán, cujo rosto aparece na cerâmica assim como em diversos objetos de ouro, como na faca da página 168 e nas taças altas de ouro batido, que também foram descobertos em muitas das escavações. O rosto largo e os olhos em forma de lágrima são característicos do estilo de Sincán.

Os medalhões estilizados de ouro fundido são típicos das culturas tolima, do sul da Colômbia (*esquerda*). Os braços e pernas em ângulo de um corpo humano esmagado formam um desenho simétrico, geométrico e plano. Foi acrescentada uma calda em forma de âncora e uma cabeça quadrada com traços alçados. Como muitos enfeites pré-colombianos, também este tem uma presilha para pendurá-lo.

Os povos das selvas tropicais sul-americanas usaram canoas com alojamento. Todos os cursos fluviais da foz amazônica são abundantes em pesca, assim como os rios que descem os Andes. Os primeiros exploradores noticiaram densas populações que viviam em casas feitas de grandes tábuas de cedro ao longo das franjas fluviais. Calcula-se que em torno do século XVI a população da foz amazônica tenha chegado a aproximadamente cinco milhões de habitantes. Tal população fabricava redes de dormir, esteiras com grandes folhas de palmeiras, peças de roupa de algodão pintado, mantos de plumas e instrumentos musicais – flautas, matracas e tambores. Caçava e combatia com lanças e escudos. Entre suas práticas, estavam a de deformar crânios e promover sepultamentos com oferendas. Sua cerâmica suscitou admiração entre os espanhóis.

*Abaixo.* Nas exuberantes florestas do leste do Equador, as correntes se precipitam das montanhas formando nuvens de vapor. Esta região equatoriana tem uma vegetação densa que recebe mais de 3.000 mm de chuva por ano. Aqui o rio Quijos se precipita em uma

cascata espetacular de 145 m no caminho até o rio Coca, que por sua vez desemboca no Napo, importante afluente do rio Amazonas. Nessa região foram encontrados restos pré-colombianos do período de integração e há ainda povos indígenas em seus arredores.

Tais povos cultivavam mandioca e outros produtos, ao mesmo tempo que exploravam recursos fluviais, caçavam tartarugas em corais para alimentação e fabricação de machados e enxadas com suas carapaças. Também comiam carne de peixes-boi. A pesca era feita ao longo das margens ou em canoas. Hoje, em diversos lugares caça-se com arcos e flechas e com dardos de zarabatana untados com curare.

Cada aldeia tinha um cacique, submetido a outro que controlava toda uma "província". Ao menos em um caso, o nome ou o título de chefe era a palavra que designava "deus", e os primeiros exploradores testemunharam que era muito reverenciado em um grande trajeto ao largo do grande rio. É certo que boa parte da importância dos caciques devia-se à responsabilidade de planificar cuidadosamente os períodos de plantio e colheita, segundo as cheias do rio.

Também foram importantes as divindades do tempo e da agricultura, uma vez que o rio podia inundar além ou aquém do necessário para a fertilização das terras. Portanto, era preciso consultar e venerar os deuses. Na selva, o culto andino das cabeças como troféus resultou em práticas como a redução de crânios e de canibalismo.

No Orinoco médio, conservaram-se cerâmicas que procedem de 3600 a.C. Recentemente, descobriu-se na desembocadura do Amazonas uma cerâmica que seguramente data de 3100 a.C., da qual se encontram exemplares parecidos em toda a foz amazônica.

Os sítios arqueológicos encontrados ao longo do baixo curso do Amazonas incluem os da Ilha de Marajó, na desembocadura do rio, que pertencem ao período tardio. Foram encontradas ali mais de cem concentrações de construções, subestruturas e tumbas.

### O alto Amazonas

Contudo, interessa-nos mais o alto Amazonas, pelos laços culturais que manteve com altas culturas de outros lugares. Ali desenvolveu-se uma cultura característica das selvas tropicais, dependente da exploração dos recursos hidráulicos e da agricultura das colheitas básicas, em especial o cultivo da mandioca. Os arqueólogos têm encontrado objetos de cerâmica – tramas, trípodes e tinas para a fermentação da cerveja – relacionados com a preparação da mandioca. (Não se conservaram restos das plantas.) O início do cultivo da mandioca situa-se entre 7000 e 5000 a.C. Outros produtos básicos (como raízes, tubérculos e rizomas) foram o inhame, parecido com a batata-doce ou a batata, araruta, yacon e xantossoma. Provavelmente, cultivou-se por ali, pela primeira vez, o amendoim. Outros alimentos foram a pinha e a castanha-do-pará, vários tipos de pimenta, além da pimenta malagueta, feijões e os produtos das palmeiras e de árvores frutíferas. Nessa região, situa-se também a origem do tabaco. Cultivou-se o biri para usos de tinturaria. Foram importantes o algodão e a abóbora.

Certos sítios como Tutishcainyo apresentam cerâmica datada de 2000 a.C., que parece refletir os esforços iniciais de olaria. Os primeiros fabricantes de olaria tutishcainyos usaram os cacos das cerâmicas mais antigas. Entre os restos materiais, escassos, do alto Amazonas estão a cerâmica e as machadinhas de pedra, com que se abriam as clareiras na selva para agricultura. No entanto, é possível que muitos dos artefatos fossem de madeira. A cultura alto-amazônica não alcançou os elevados níveis de outras culturas do oeste; mesmo assim, muitos de seus motivos são os mesmos de tais culturas, e alguns podem ter se originado na selva.

## EQUADOR: ENCRUZILHADA DAS AMÉRICAS

O Equador é um país que fascina os arqueólogos por vários motivos. Apresenta vitórias notavelmente precoces em muitos setores culturais. A cultura de Las Vegas, na península de Santa Elena, remonta a 10000-6600 a.C., e o sítio de El Ingá, nas terras altas e perto de Quito, data de 9000-8000 a.C. O Equador produziu algumas das cerâmicas mais antigas do Novo Mundo, assim como material têxtil e metalurgia. O emprego de moldes de cerâmica é mais antigo ali que em qualquer outro lugar. Constitui, além disso, um encontro em sentido literal para as correntes oceânicas do norte e do sul e para os vales montanhosos do norte e do leste. Há também um caminho ao longo da costa pacífica, que foi, ainda, um encontro de povos. Suas zonas arqueológicas do norte se fundem com as meridionais da Colômbia. Tanto na cultura carchi do Equador quanto na cultura nariño da Colômbia há traços semelhantes, como as vasilhas com pedestal e as figuras sentadas em tamboretes enquanto mascam coca. A cultura tomaco da Colômbia meridional é a mesma daquela próxima a La Tolita. Também há conexões com os vizinhos do sul. A metalurgia de La Tolita é muito parecida com a encontrada no longínquo norte do Peru. Segundo os mitos peruanos, o deus criador, Viracocha, desapareceu no mar de Manta, em frente à costa central do Equador. E são abundantes as conexões com outros lugares. A cultura de Chorrera (1200-300 a.C.), por exemplo, exerceu uma ampla influência. A possibilidade de relações entre Equador e Mesoamérica desperta um interesse ainda maior. Em ambas as regiões surgiram numerosos objetos e traços semelhantes: os tipos de vestimentas, as tumbas de poço, os campos suspensos, os machados de cobre e as vasilhas em forma de sapato. Acredita-se que as jangadas e balsas eram utilizadas, no passado, para viagens ao longo da costa do Pacífico. Se aquelas viagens tinham como base o comércio, devia haver uma rota em ambas as direções na Mesoamérica, mais que em outros pontos percorridos. O foco maior do comércio pode ter sido o *Spondylus*, um molusco bivalve da costa do Equador cuja demanda era muito grande. Parece que foi comercializado terra adentro na chamada época de Valdivia (3000-1500 a.C.). O *Spondylus* aparece nas esculturas e na cerâmica da cultura de Chavín, uma precoce manifestação no Peru e que teve singular importância nos tempos posteriores. Dizia-se que o governante legendário do tardio povo sicán, no vale de Lambayeque, apreciava um *Spondylus*, e densas capas de moluscos apareceram em enterros do povo sicán.

Na arte chimú, o *Spondylus* aparece representado entre os seres sobrenaturais. As primeiras fontes espanholas dizem que esse molusco, cru ou assado, era o alimentos dos deuses. Com a forte demanda, que durou muito tempo, é possível que os pesqueiros equatorianos tenham se esgotado. A espécie se estende até a Baixa Califórnia, no México, e os mergulhadores pescadores equatorianos do molusco (que é encontrado somente a profundidades de 18 a 50 metros) puderam ir até o norte, depois de esgotada a costa de seu país.

### As primeiras culturas

Arqueologicamente falando, a região costeira do Equador é a mais bem conhecida. Hoje se apresenta como um terreno semi-árido, coberto de mato; mas, ao que parece, isso é resultado somente dos últimos séculos, uma

No período de desenvolvimento regional, a cultura de La Tolita, na costa do Equador, produziu objetos de uma riqueza fascinante. Uma máscara de ouro (*extremo esquerdo*) tem os olhos incrustados e os enfeites do nariz e das orelhas estão feitos separadamente. Objetos de ouro de um estilo similar foram encontrados no extremo setentrional do Peru. A imagem de uma divindade estranha em argila tem uma boca com dentes de felino (*esquerda*). A metade do rosto está obscurecida por uma serpente enroscada. Os rostos, metade de um tipo e metade de outro, aparecem com freqüência na arte pré-colombiana. A figura leva no pescoço a cabeça de uma serpente.

*Acima.* Modelos de casa, em uma forma comum do desenvolvimento regional, que podem representar casas sagradas ou diagramas cosmológicos.

*Abaixo.* Uma figura escultural importante de Mateño é o assento sustentado por um jaguar ou por uma figura humana de cócoras, que pode ter um rosto esquelético. Em alguns modelos há uma "franja do céu" em forma de U. O assento pode relacionar-se com a forma de trono, encontrado ao sul da América Central e em outros lugares.

*Direita.* A população da cultura da Bahía, na costa do Equador, perto da moderna cidade de Manta, durante o período de desenvolvimento regional, fabricou figuras em argila, algumas de grande tamanho. São imagens de homens e mulheres, umas feitas com molde e outras à mão. Os rostos e os turbantes em forma de elmos são muito característicos. Esta figura usa enfeites nas orelhas e um no nariz fixado no septo; eram os atributos das pessoas importantes nos Andes. É freqüente na cultura andina uma figura grande que segura uma pequena. Embora normalmente sejam interpretadas como "mãe com filho", eram especialmente aptas para as oferendas de sacrifício, já que as crianças eram consideradas vítimas de valor singular. Às vezes, na costa setentrional do Peru, uma figura de argila sustenta uma escultura ou um vaso com rosto humano.

vez que as primeiras crônicas espanholas falam de uma região coberta de verde. E ainda há pequenas bolsas de selva, algumas exuberantes; mas, na maior parte, os únicos restos do passado florestal são as ceibas que se alçam dramaticamente sobre o matagal.

Na península de Santa Elena, ao norte do golfo de Guayaquil, encontram-se as sítios pré cerâmicos de Las Vegas, com capas de conchas e postes para casas com telhados de palha. Há também certos indícios do cultivo de milho e de abóboras vinhateiras antes de 6600 a.C.

Como em outros lugares, pode-se observar certos deslocamentos da caça de mamíferos terrestres, um maior interesse por recursos marítimos e o começo do cultivo de algumas plantas. Ao norte da península de Santa Elena, os sítios de Valdivia e de outros pontos da costa, pertencentes ao período posterior à formação, evidenciaram restos de material têxtil, esculturas abstratas de pedra, xícaras e jarras de bocas largas. A olaria é simples, decorada com uma modesta variedade de técnicas. As primeiras comunidades tendiam a se manter próximas à costa, perto de baías e enseadas e praias curvas, com o solo que se elevava suavemente terra adentro e que podia ser utilizado para a agricultura. Em Rio Alto, um sítio relacionado a Valdivia, na península de Santa Elena, foram encontrados fitólitos de milho de 2450 a.C. A escassez de depósitos de conchas em Valdivia sugere também a possibilidade de que o milho ou algum outro produto agrícola tenha sido fonte de alimentação mais importante do que a pesca marítima. Trabalhos recentes em sítios terra adentro confirmam esta afirmação.

Valdivia abriu o debate sobre a possibilidade de que algum barco japonês houvesse levado até ali cerâmicas e outros objetos. Mas essa hipótese se complica devido à existência de uma cerâmica contemporânea ou anterior em outros lugares, como Loma Alta, no vale fluvial de Valdivia, Puerto Hormiga e Monzú, na Colômbia, e bacia do Amazonas. É mais provável que as primitivas sociedades pré-cerâmicas da região de Valdivia tenham sido a base sobre a qual se desenvolveram as sociedades já com cerâmica.

Hoje, algumas aldeias pesqueiras modernas cobrem os sítios da península de Santa Elena e a cultura de Valdivia. No passado, a pesca, a colheita e a caça podem ter coexistido com a agricultura. Em tempos antigos, algumas superfícies salitrosas da costa estavam rodeadas de mangue, o que possibilitava a coleta de animais marinhos. E embora os mangues tenham desaparecido, ainda se encontram algumas salinas na costa. No passado, o sal era empregado para conservar a pesca e os alimentos de estação. Em alguns pontos da região, crescem árvores da espécie *Ochroma*, assim como outras (tipo ceiba) que podiam ser empregadas para construir jangadas.

Ao final do período de formação, a fase de Chorrera alcançou dimensões muito mais vastas que as fases anteriores. O sítio do tipo de Chorrera localiza-se terra adentro, nas águas acima de Guayaquil. A população chorrera utilizou terras de cultivo distantes do mar para a plantação de milho e mandioca. Mas objetos de estilo chorrera aparecem, também, ao longo das partes da costa habitadas por pessoas de culturas mais antigas e em territórios muitos mais ao norte, até Esmeraldas. Cerâmicas mais complexas mostram certas inovações na forma, que incluíam um bocal feito à mão, em forma de ponte.

### Os últimos períodos

O período de desenvolvimento regional (500 a.C.-500 d.C.) produziu uma grande variedade de estilos locais ao longo da costa, nas serras e na região amazônica. Muito notáveis são as culturas costeiras – de norte a sul – de La Tolita, Jama-Coaque, Bahía, Guangala, Guayaquil e Jambelí.

Nas culturas mais setentrionais aparece a metalurgia, utilizando o ouro, a platina e o cobre. Nessa época, aparecem muitas novas formas de cerâmica, como vasos polípodes, vasilhas com pedestal e guizos e restos de crânios.

A fase Bahía, entre a ilha de La Plata, ao norte, e a Baía de Caráquez, aparentemente alcançou um alto desenvolvimento social e político. Foram encontrados montículos com plataformas retangulares, algumas das quais revestidas de pedras não trabalhadas e rampas ou escadarias. A ilha de La Plata parece ter sido um lugar de peregrinações; há restos de estruturas, mas não provas de moradias. Jama-Coaque e La Tolita, ao norte, também conseguiram altos níveis de desenvolvimento.

O período de integração (500-1535 d.C.) viu o florescimento das fases Manteño e Milagro-Quevedo no Equador oriental, cobrindo áreas mais vastas do que as que haviam alcançado nos estilos anteriores.

A cultura de Manteño ou Manteño-Huancavilca, que dominou a região central da costa ao rio Guayas, terra adentro, foi uma sociedade de agricultores marinheiros, que cultivavam milho, mandioca doce, feijão, batata, pimentão e outros frutos, criavam porquinhos-da-índia e patos e viajavam em grandes jangadas com velas de algodão. Empregaram a pedra para a construção e também para a escultura típica. Os artesãos manteños fabricaram objetos delicados de ouro, prata e cobre.

A fase Milagro-Quevedo é encontrada na fronteira peruana, a leste do golfo de Guayaquil e do rio Guayas. Forma uma diagonal até o nordeste e alcança quase a fronteira da Colômbia. Esta fase, que conseguiu a maior expansão territorial no Equador pré-incaico, é uma cultura memorável por sua fina metalurgia e por suas tumbas de chaminé, com urnas de enterro empilhadas.

Nas terras altas, os estilos tardios se fundiram com restos abundantes da invasão inca, que começou em 1463. Numerosos artefatos encontrados no Equador, o baluarte mais setentrional do Império incaico, apresentam formas e imagens peruanas. Os incas nunca conseguiram integrar a costa equatoriana ao seu império, por isso ali não há objetos de estilo incaico.

O Equador carece de uma arquitetura espetacular anterior à dos incas; mas há indícios de movimentos de terras e de estruturas ou revestimentos de pedra, freqüentemente sobre colinas ou topos das montanhas, perto de assentamento de aldeias. Algumas dessas atividades sugerem uma interação do entorno por razões cosmológicas. Desde a época do contato com os espanhóis, algumas estruturas indicam que anteriormente se desenvolveram ali idéias do mesmo tipo. O primeiro cronista espanhol, Cieza de Leon, observava que o povo da costa manabí praticava sacrifícios e ritos religiosos. São várias as fontes com indícios de que se adoravam o céu, os vulcões e as montanhas. Como seus vizinhos peruanos, também os primeiros equatorianos tiveram um sentimento de *guaca* ou sacramental em alguns aspectos da natureza, e, de acordo com ele, alteraram seu entorno ambiental.

São numerosos os assentamentos equatorianos que se mantiveram habitados durante períodos muito longos. E ainda que algum assentamento particular não tivesse uso contínuo, a costa em geral tem sido ocupada pelo mesmo há 12 milênios.

## OS ANDES CENTRAIS: O COMEÇO DA CIVILIZAÇÃO

Os primeiros habitantes dos Andes foram caçadores, ainda que, pouco a pouco, a pesca e a agricultura tenham superado a caça em importância. Em Chilca e Ancón, na costa peruana, foram encontradas colônias de pesca de verão, que datam de meados do quarto milênio a meados do terceiro milênio a.C. No entanto, em 2500 a.C. já havia na costa povoados com construções permanentes, como nas terras altas, com a conseqüente forma de vida mais complexa, na qual os pescadores negociavam com os agricultores para procurar alimentos.

Nessa época, abundam os sítios pré-cerâmicos com uma arquitetura monumental nas terras altas do norte e do centro, e ao longo da costa central e parte baixa do Norte, do vale de Moche até Mala, no sul. E embora a costa meridional possua sítios primitivos, faltam os restos arquitetônicos.

Os sítios desse período incluem Huaricoto, em cima do Callejón de Huaylas; La Galgada, não longe do rio

*Esquerda.* **Primeiros assentamentos na América do Sul** Os primeiros homens entraram na América pelo estreito de Bering , dirigindo-se para o sul e o leste do continente americano em busca de alimentos. Os habitantes da América do Sul chegaram inicialmente da América do Norte através do estreito istmo do Panamá. É possível que ocorresse ali algum tráfego pelo mar, como aconteceu mais tarde nas Antilhas, ao longo das costas do continente sul-americano viajando-se terra adentro. Para essas migrações a bacia do Amazonas foi uma grande rede de comunicações por água.

A cerâmica mais antiga encontrada até agora procede de vários pontos da parte setentrional da América do Sul. À medida que os arqueólogos trabalham com maior amplitude e profundidade e à medida que melhoram as técnicas arqueológicas, as datas da presença do homem no Novo Mundo vão ficando progressivamente mais antigas. As populações se locomoveram e acabaram se assentando onde havia alimentos. Rios e lagos foram fontes de alimentação e meios de transporte.

Os Andes altíssimos parecem um ambiente inóspito para populações com culturas

relativamente simples. Nos vales por baixo dos cumes cobertos de neve, as noites são frias, mas durante milênios o homem habitou esse ambiente. Restos de 10000 a.C. foram encontrados em várias cavernas. Sítios antigos de caçadores e coletores vão aparecendo cada vez mais nas altas mesetas, onde a caça era abundante próximo aos lagos: pesca, aves aquáticas, cervos e camelídios. Segundo parece, as vicunhas foram um alimento importante na dieta dos povos primitivos, abundando também o guanaco nessa região. A área em torno do lago Titicaca (*acima*), a cerca de 4.000 m de altitude, tem restos culturais muito antigos.

Tabladera; e Los Morteros. As estruturas primitivas tendiam a dimensões pequenas; mas já no começo do segundo milênio houve algumas enormes. Áspero chegou a ser um assentamento imenso até 2000 a.C., com sete montículos conhecidos e outras seis estruturas; a construção mais antiga data de 2600 a.C., e as estruturas superiores de 2300-1900 a.C. São muitos os sítios conhecidos desse período de assentamento e expansão; por exemplo, entre os vales de Chicama e Nazca há 30 anteriores a 2000 a.C.

Em 2000, a atividade construtora se estendeu pela costa central com suas complexas características de pedra, que comportavam ao menos uma plataforma e um local rebaixado (ou buraco), geralmente redondo. Os sítios primitivos das terras altas também possuem lugares circulares rebaixados, característica que se manteve até o segundo milênio; o local de Las Haldas é um exemplo do que era construído na zona costeira.

Durante o segundo milênio foram construídos na costa complexos de pedra em forma de U, com montículos dispostos dos três lados de uma praça ou pátio, como ocorre em El Paraíso (Chiquitanta), na desembocadura do rio Chillón. Estabelecido até 1600 a.C., este sítio é o mais vasto complexo monumental pré-cerâmico que se conhece da América do Sul, com pelo menos seis montículos construídos com pedras talhadas, fixadas com almofariz de barro e rebocadas com argila. Os dois montículos maiores medem mais de 300 metros de comprimento. São paralelos entre si e formam um pátio com estrutura de um templo em um dos extremos. As construções possuem vários estágios anteriores. O lado aberto dos complexos arquitetônicos em forma de U era voltado para o nordeste, para

cumes de montanha
vegetação da "puna" andina (plantas escassas e duras)
vegetação rasteira do vale andino
floresta tropical andina
floresta tropical úmida
floresta de sarças e vegetação rasteira semi-desértica
terras inundadas próximas das correntes
deserto
assentamento do homem primitivo anterior a 3000 a.C. aprox.
assentamento agrário primitivo de aprox. 3000 a.C.
assentamento do primeiro horizonte entre 1400-400 a.C.
assentamento de Paracas entre 650-150 a.C.
assentamento de Chorrera ou relacionado entre 1200-300 a.C.
esferas de influência cultural
Chavín
Paracas
Chorrera
possível rota transandina
fronteira internacional moderna
cidade moderna
escala 1: 875.000
0
150 km
0
100 mi
82º
80º
78º
76º
74º
72º
0º
2º
4º
6º
8º
10º
12º
14º
Equador
Cabo Galera
Esmeraldas
Quito
El Inga
Coca
Chacras
Agua Blanco
Sequita
Daule
Machalilla
Salango
Loma Alta
Chorrera
Valdivia
Palmar
Babahoyo
Península de Santa Elena
Guayaquil
Guayas
Alausi
Las Vegas
Real Alto
Playas
Cerro Narrio
El Encanto
Bacia
Descanso
Golfo de Guaiaquil
Ilha de Puna
Tumbes
Loja
EQUADOR
PERU
Marañon
Sullana
Piura
Deserto Sechura
PERU
BRASIL
Chongoyaque
Lambayeque
Pacopampa
Jequetepec
Cajamarca
Huacaloma
Tembladera
Kuntur Wasi
Cupisnique
Chicama
Caballo Muerto (Huaca de los Reyes)
Huaca Prieta
Trujillo
Moche
Virú
Huaca Negra
Los Morteros
La Galgada
Santa
Callejón de Huaylas
Marañon
Tutishcainyo
OCEANO PACÍFICO
Palika
Huaricoto
Nepeña
Cerro Blanco
Punkuri
Cerro Sechin
Sechin Alto
Casma
Moxeque
Chavín de Huantar
Caverna de las Lechuzas
Ucayali
Las Haldas
Culebras
Huarmey
Kotosh
Huánuco
Shillacoto
Lauricocha
Fortaleza
Pativilca
Supe
Aspero
Panalagua
Huaura
Huacho
Rio Seco
Chillón
Ancón
El Paraiso (Chuquitanta)
Rimac
La Florida
Garagay
Lima
Mina Perdida
Lurín
Curayacu
Chilca
Asia
Apurimac
Huanta
Wichqana
Ayacucho
Caverna Pikimachay
Chupas
Urubamba
Chanapata
Cuzco
Chincha
Pisco
Ica
Paracas
Cerrillos
Marcavalle
Ocucaje
Nazca

Huaca Prieta, na costa setentrional, conservou milhares de manufaturas de algodão e outras fibras do terceiro milênio a.C. A figura (*acima*) mostra um desses desenhos têxteis. Huaca dos Reis é o nome que se deu ao complexo em forma de U (*direita*), que é o maior dos oito *huacas* que formam o sítio de Caballo Muerto, a 17 km do mar no alto vale do Moche. A estrutura, que data aproximadamente de 1300 a.C., está decorada com 39 esculturas de argila em baixo-relevo sobre matrizes de pedra. Sua iconografia é muito similar à de Chavín de Huantar, mas foram anteriores ao desenvolvimento do lugar.

*Esquerda.* **Culturas primitivas nos Andes centrais**
Quando o homem tornou-se sedentário, deixou de usar simplesmente os recursos das costas, os vales fluviais e os lagos, e passou também a cultivar campos e trocar produtos; as relações foram múltiplas entre os variados ambientes dos Andes centrais. O homem começou a manufaturar cerâmica e outros artefatos, que podiam ter sido um peso para seus antepassados emigrantes. As civilizações em desenvolvimento tiveram um impulso que lhes permitiu incrementar a população com a manutenção adequada de alimentos, com mais "bens de consumo" e com uma religião – ou uma relação com os deuses agrários – que mantinha, junto com o árduo trabalho, tais provisões. O homem primitivo sempre reconheceu alguns lugares sagrados, mas primeiramente o conceito de lugares sagrados exigiu uma arquitetura e foram construídos grandes centros cerimoniais.

as montanhas e as fontes dos rios. A plataforma maior, na base do U, era voltada para essa abertura. Embora os locais rebaixados e os conjuntos em U costumem estar separados, alguns sítios apresentam as duas modalidades, como, por exemplo, Sechín Alto.

Nesses assentamentos, a arquitetura maior é a ritual. Assim sugere a orientação voltada para o cume das montanhas e seus espaços interiores sagrados e restritos. Além disso, esses montículos eram erguidos sobre as tumbas dos antepassados. Foram encontrados esconderijos com oferendas em sítios como Áspero. Poucos sítios apresentam esculturas arquitetônicas; as exceções em terras baixas são Cerro Sechín, a *guaca* de Reyes en Caballo Muerto e Garagay. Nas terras altas, o único exemplo é Kotosh em sua fase mais antiga: na parte externa de seu templo encontra-se o relevo de uns braços cruzados (talvez um símbolo cósmico).

Um traço destacado de muitos assentamentos das terras altas do período pré-cerâmico é um crematório ritual. O fogo é, sem dúvida, um dos principais elementos culturais. Em Huaricoto, no Callejón de Huaylas, que começou em 2800 a.C., foram encontrados 16 crematórios rituais dos dois milênios de ocupação como centro ritual. Outras jazidas relativamente vizinhas entre si e próximas a Huaricoto possuem também seus crematórios: Kotosh, contíguo a Shillacoto, La Galgada e Huacaloma, perto de Cajamarca. O culto do local religioso parece ter se difundido pelas cordilheiras. Nos crematórios foram conservados restos carbonizados de conchas marinhas, quartzos, carne e alimentos vegetais, especialmente pimentas. A queima de pimentas que irritavam os olhos pode ter sido parte de um ritual que invocava a chuva com uma magia.

**Influências recíprocas**

A quantidade de assentamentos, as dimensões de alguns e a estratificação apontada demonstram o desenvolvimento de uma organização social, caudilhismos, um trabalho de grupo ou corporativo, um cerimonial religioso, uma economia em expansão e as influências recíprocas entre os vários grupos; em uma palavra, todo o movimento profundo até a civilização. A construção de alguns assentamentos – como Caballo Muerto, por exemplo, ou La Florida – devia exigir um trabalho considerável de coordenação, e suas localizações indicam um grau crescente de inter-relações dos grupos.

Caballo Muerto está no vale do Moche, que em épocas posteriores foi o centro do principado do Estado mochica, e que mais tarde tornou-se o centro do reino de Chimor. Muitos dos primeiros assentamentos de dimensões consideráveis estão agrupados em torno da Lima moderna, com acessos a costas e ao vale alto do Rimac. Os vales do Casma, Fortaleza e Santa proporcionam acesso ao Callejón de Huaylas e dali aos Andes; em todos esses vales houve assentamentos precoces.

Tais centros religiosos foram também mercados ou terminais de comércio entre camponeses e pescadores, que em sua maioria deviam depender de tal comércio.

Las Haldas se encontra na costa, no deserto ao sul do vale do rio Casma. Sua existência pode se dever ao intercâmbio de produtos de pesca com alimentos do interior, assim como ao cultivo de algodão no vale.

As provas das escavações demonstram que em finais do terceiro milênio a.C. houve ali um intercâmbio de produtos que chegavam de grandes distâncias da costa e da serra. É provável que a farinha de anchovas tenha sido um dos artigos mais importantes, e foram encon-

tradas conchas marinhas nos sítios das terras altas, enquanto na costa houve tubérculos do altiplano e plumas da bacia amazônica.

**A agricultura primitiva**

Nos primeiros acampamentos de pesca de Chilca e Ancón foram encontrados redes e tecidos fabricados com fio de algodão. O algodão, usado para confeccionar cordas, redes e tecidos, foi cultivado pelo menos desde quase 3500 a.C., e parece ter sido um dos produtos mais importantes nos vales costeiros e até em La Galgada, já na meseta. O tear foi usado em torno de 2000 a.C. As abóboras, utilizadas para guardar alimentos e bebidas e para pescar, foram cultivadas desde o quarto milênio.

A cana teve distintas finalidades na construção, e até como chá. *La Tillandsia*, uma planta da família do abacaxi, foi utilizada como combustível.

Os primeiros agricultores usaram os cultivos de inundações ou as fontes próximas a esses cultivos; mas com o crescimento da população e o desenvolvimento da vida sedentária fez-se necessário o controle das águas fluviais que se perdiam no deserto. Com isso, começaram a projetar sistemas de regadio. Podiam inundar ou regar as praças centrais das estruturas em formas de U em alguns assentamentos, e é possível que tenham crescido alguns cultivos nesse espaço. Os grandes complexos cerimoniais estavam contíguos aos campos de cultivo.

Foram poucos os animais domesticados, mas em Culebras foram encontrados restos de porquinhos-da-índia anteriores a 1800 a.C., e na mesma época começou nas terras altas a domesticação de lhamas e alpacas.

Restos de peixes foram descobertos em grandes quantidades nos depósitos costeiros de resíduos, assim como restos de mamíferos marinhos, aves marinhas e caracóis de terra.

**A cerâmica**

A cerâmica mais antiga que se conhece do Novo Mundo não foi encontrada nos Andes centrais, mas no centro da bacia amazônica, na desembocadura do Amazonas, em Puerto Hormiga e Monsú, na bacia atlântica da Colômbia e em Valdivia, em datas que variam entre 3600 e 3000 a.C. A olaria aparece na costa peruana depois de 2000 a.C., em diferentes lugares e tempos, segundo o desenvolvimento em que se encontravam as populações, e dependendo das necessidades de cada assentamento. Aparece na mesma época que o milho. De fato, o milho e a olaria são os dois principais indicadores da civilização no Novo Mundo. As culturas se identificam com os termos "cerâmicas" ou "pré-cerâmicas", e a manufatura de vasilhas marca a fase da civilização. O milho foi o produto principal das civilizações do Novo Mundo.

Durante dois milênios coube aos Andes centrais desenvolver os elementos constitutivos da civilização: a agricultura, o controle da água, a arquitetura monumental, a cerâmica e os tecidos. Todas essas realidades surgiram em mútua conexão, como parte do mesmo impulso de progresso, e concomitantemente ao incremento da população e da organização social.

## CHAVÍN DE HUANTAR E O ESTILO CHAVÍN

O sítio arqueológico típico de Chavín fica próximo da moderna cidade de Chavín de Huantar, num pequeno vale dos contrafortes orientais dos Andes. A cidade moderna cobre parte, pelo menos, da área do antigo assentamento. E ainda que pareça remota, Chavín de Huantar é acessível pelas estradas que sobem da costa, pelas que descem dos pontos altos da cordilheira e pelas que chegam da Amazônia.

Durante muitos anos, os arqueólogos acreditaram que o denominado estilo Chavín tinha se difundido a partir de Chavín de Huantar, nas terras altas, de onde teria descido para o litoral, marcando com isso um começo espetacular da civilização nos Andes.

Chavín foi seguramente um grande centro religioso, o culminante entre primitivos, não pelas dimensões (outros eram muito maiores), mas sim pela complexidade de sua arquitetura, pelas obras de alvenaria e pela quantidade de esculturas. Destas últimas, foram recuperadas em seu perímetro sacro mais de 200, finamente esculpidas em pedra, mas sem dúvida deviam ser muitas mais. Com as novas datas proporcionadas pelo carbono 14 e pela pesquisa de estruturas primitivas de outros pontos, Chavín de Huantar perdeu a prioridade cronológica que em outros tempos lhe fora atribuída. As datas de Chavín de Huantar situam-se agora entre 850 e 200 a.C., com um período de florescimento e de influência externa em torno de 400-200 a.C. O sítio arqueológico de Kotosh, não longe dali e também nas terras altas, tem um estrato anterior ao do estilo de Chavín (de 1200 a 870 a.C.). La Galgada e Shillacoto produziram jóias e objetos de estilo Chavín num âmbito pré-chavínico.

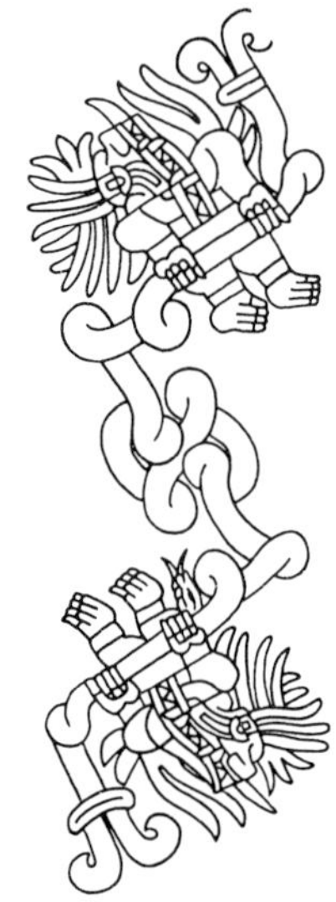

*Acima.* Vaso de esteatita com duas figuras talhadas, que se assemelham bastante às do portal em preto e branco de Chavín de Huantar. O desenho contínuo percorre o fundo do vaso. Ânforas mochicas posteriores mostram figuras com cordas e descrevem ritos de incas que seguram cordas. Aqui os que fabricam cordas são certamente seres sobrenaturais. O vaso, de 10 cm de altura, procede da costa setentrional.

*Acima à esquerda.* Escultura oca de cerca de 20 cm de altura que representa um flautista com enfeites de discos nas orelhas e com um turbante de jaguar; o resto da pele de jaguar forma um gorro na parte posterior. O estilo ceramista com linhas incisas que marcam as regiões de cor é típico do vale de Jequetepec, na costa setentrional, mas é também parecido às formas decorativas de Paracas na costa sul. Há também desenhos em alguns objetos de pedra, aproximadamente da mesma época.

# Chavín de Huantar

A estrutura do templo de Chavín de Huantar, com galerias interiores com tetos feitos de blocos de pedra, e provida de escadas, rampas, nichos e respiradouros, dá para uma praça espaçosa, quadrada e afundada. Um montículo em cada um dos lados compridos do templo confere ao conjunto a forma de uma letra U. Num lado do templo, uma escada conduz a um pátio circular afundado e revestido com blocos de pedra nos quais há relevos de jaguares e figuras antropomórficas. A parte mais antiga da estrutura do templo tem a configuração de um U pequeno. No centro e na parte interior da base desse U há um espaço cruciforme que corresponde à confluência de duas galerias. Esse espaço sagrado é quase totalmente ocupado por uma escultura de pedra de 4,5 m de altura, conhecida como a Grande Imagem da Lança (por lembrar a forma de uma lança). A figura é característica da iconografia do estilo de Chavín.

Em seu estágio final, a fachada do templo de Chavín foi enfeitada com o portal em preto e branco, assim chamado por seus degraus negros (pedra calcária) no lado norte e brancos (pórfiro riolítico) na face sul. Duas colunas recortadas com seres polimórficos alados (combinando elementos humanos, felinos e de aves e serpentes) sustinham um dintel esculpido. As paredes externas da parte principal do templo, construída com pedras de cantaria finamente lavradas em fileiras de tamanhos alternados, apresentavam uma série de cabeças em forma de espiga no muro; cada uma delas era diferente, ainda que com certos traços gerais parecidos. Essas cabeças-clava, virtualmente os únicos exemplos de escultura no âmbito de Chavín, possivelmente referem-se ao culto das cabeças-troféu, ainda que se trate de cabeças de seres sobrenaturais.

Trabalhos arqueológicos recentes trouxeram à luz um sistema de canais que circulava através do templo, e que provavelmente foi construído para permitir o uso ritual da água do rio Huachesca, alimentado por geleiras.

A água podia fluir através da ampla plataforma e por baixo do pátio circular afundado, de modo que as galerias, ressoando com o eco das águas impetuosas, podiam fazer que o templo bramisse.

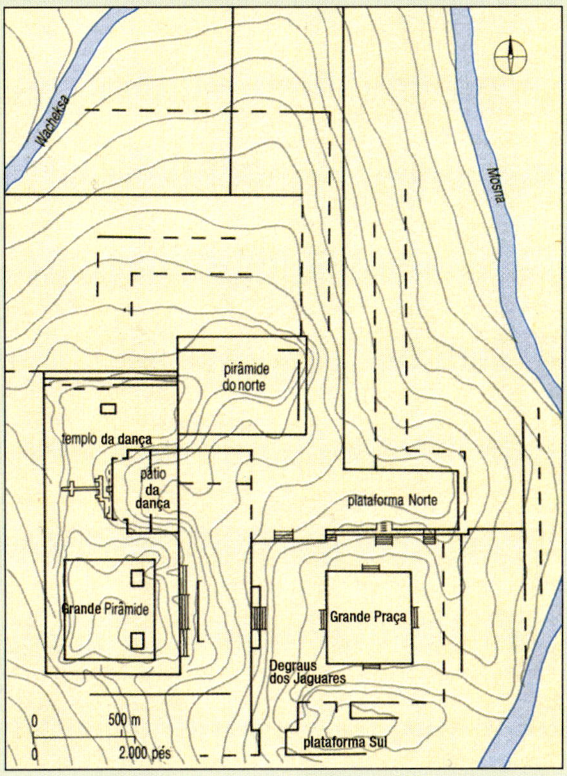

**Chavín de Huantar**
A fachada do templo de Chavín de Huantar (*acima centro*) está agora parcialmente coberta com revestimentos de pedra finamente cinzelada. Num cômodo do interior do templo, ergue-se a Grande Imagem (*acima esquerda*), uma imponente pedra lavrada que representa um deus de Chavín com uma boca armada de dentes caninos, olhos redondos e pupila protuberante, asas do nariz proeminentes, pele e pálpebras de serpente. Esta divindade aparece em outra escultura de Chavín, e características como as cabeças de dentes caninos entrelaçadas por cima da figura e na vestimenta aparecem em objetos desse mesmo estilo em outros lugares. No sítio arqueológico costeiro do cerro Sechín, pertencente ao primeiro estrato, são vistas cabeças-troféu e corpos desmembrados ao lado de figuras de guerreiros nas paredes do templo.

*Acima.* Plano de Chavín de Huantar.

*Esquerda.* Uma das cabeças-clava no exterior do templo de Lanzón, em Chavín de Huantar.

Entre os sítios arqueológicos do litoral, o de Huaca de los Reyes tem algumas esculturas arquitetônicas de aproximadamente 1200 a.C., com uma iconografia muito similar à de Chavín. As esculturas arquitetônicas de Cerro Sechín são datadas de cerca de 1300 a.C. Ancón produziu objetos chavinóides desde 1100, e Garagay tem pinturas murais semelhantes às de Chavín por volta de 1000 a.C. Outros assentamentos, anteriores ao de Chavín, apresentam estruturas em formas de U e os pátios afundados da arquitetura chavínica. Chavín de Huantar é a culminação gloriosa de um desenvolvimento cultural, não sua origem.

**Artefatos**

As criaturas cosmológicas de caráter híbrido, que é possível ver na escultura de Chavín, reproduzem os atributos imponentes de seres poderosos que ocorrem na natureza.

Às vezes, os motivos se repetem em módulos como que para realçar seu poder num encantamento. As figuras do panteão de Chavín, ou seus atributos individuais, são reproduzidas em esculturas, em pequenos objetos de pedra e osso, em cerâmicas e tecidos pintados, algumas vezes em forma de jogos de palavras que podem ser lidos numa direção ou noutra. Todas as expressões da arte de Chavín mostram essencialmente os mesmos tipos de desenho e com formas muito similares.

**Os problemas de Chavín**

Muitos dos motivos chavinóides sobre objetos móveis parecem ser no fundo réplicas dos de Chavín de Huantar. Os tecidos pintados, achados na costa sul e que foram conservados em boas condições pela secura do ambiente, reproduzem motivos quase idênticos aos das esculturas de Chavín. Durante muito tempo se propôs a hipótese de que o estilo de Chavín teria chegado à costa meridional por meio dos tecidos, que poderiam ter sido transportados com grande facilidade. O fato de suas fibras não serem trançadas na forma característica da costa sul, sugere que poderiam provir de outro lugar. No passado acreditava-se que tais tecidos podiam ter chegado de Chavín; hoje se considera que talvez tenham sido criados na costa norte ou central.

Com a informação de que agora dispomos sobre sítios arqueológicos mais antigos, é evidente que o estilo de Chavín foi anterior ao assentamento típico. Parte do material chavinóide foi copiada no breve período de influência do próprio assentamento; mas de acordo com as datas proporcionadas pelo radiocarbono, boa parte desse material é anterior ao assentamento. Onde surgiu, portanto, a tradição de Chavín? Onde alcançou sua manifestação mais antiga? Como chegou até ali?

Numerosos assentamentos, alguns dos quais construídos pelo menos 1.000 anos antes, foram, ao que parece, fortemente influenciados em determinado estágio pelo próprio Chavín ou — o que seria mais provável — pelo "estilo Chavín", que já existia antes da construção do grande templo. Pacopampa, nas terras altas setentrionais e a mais de 400 quilômetros de Chavín de Huantar, foi um assentamento precoce e um centro cerimonial de importância evidente em tempos pré-chavínicos. Ao final de sua primeira ocupação há um estrato desse estilo. Kotosh e Shillacoto, mais próximos a Chavín de Huantar, mostram, por exemplo, um padrão pré-chavínico importante, e mais tarde um estrato de clara influência de Chavín. Em alguns dos assentamentos mais antigos a influência "Chavín" foi absorvida de uma forma sincrética. Não substituiu a religião antiga, mas se fundiu com ela. Isso deve ter ocorrido, ao que parece, no assentamento de Huaricoto.

*Acima.* Como se a intenção fosse a de criar vegetação no deserto, foi riscada esta árvore em forma de candelabro numa época ignorada e sobre uma colina perto da entrada do porto moderno de Paracas. Está à vista do mar e das ilhas rochosas, habitadas por leões marinhos e por milhares de aves marinhas, abundante fonte de fertilizante (guano).

*Esquerda.* Detalhe de uma vestimenta bordada, que foi encontrada num fardo de múmia da Necrópole de Paracas. Mostra o "Ser oculado" usando uma faixa na cabeça do mesmo tipo das achadas nas sepulturas e feitas em lâminas de ouro. Esta figura sobrenatural aparece com freqüência em posição horizontal, com a cabeça abaixada ou retraída. Aqui, na ponta de sua longa língua dentada, se vê uma figura humana que traz também uma faixa na cabeça.

O vale de Chavín de Huantar parece ter estado isolado da influência da costa; mas foi um laço de comunicações entre o norte e o sul através dos caminhos da cordilheira, e um nexo entre o leste e o oeste pelo pavimento que levava à costa e à bacia amazônica. Isso pode ter ocorrido devido a sua condição de nó de comunicações nas rotas de um comércio dinâmico, e também devido a sua condição de lugar sagrado. O tipo de distribuição dos sítios arqueológicos relacionados com Chavín sugere que a mensagem visual da iconografia de Chavín pôde muito bem ter chegado dos primitivos assentamentos costeiros; alguns dos mais importantes talvez tenham desaparecido por causa de maremotos ou inundações fluviais. É uma possibilidade que foi discutida recentemente.

As feições sagradas da iconografia de Chavín derivam em grande parte de criaturas da selva tropical; uma iconografia que teve seu precoce aparecimento nos assentamentos das terras altas, não distante da bacia amazônica. O próprio Chavín de Huantar encontra-se na parte inferior de encostas, e indubitavelmente ali ocorreu o comércio durante um longo período através das passagens das montanhas. A região amazônica desenvolveu-se muito cedo e pode ter sido um manancial de religião e de motivos artísticos. No entanto, um fato enfraquece o argumento a favor de uma fonte amazônica direta ou de pico de montanha: o de que a quase totalidade da iconografia sul-americana anterior aos espanhóis se inspira abundantemente em criaturas da selva de terras baixas.

**O legado**

A influência, qualquer que seja o seu lugar de origem e a extensão que alcançou, continuou fazendo-se sentir muito tempo depois do declínio do poderio que a tinha motivado. São muitos os motivos chavinóides que se destacam durante os séculos seguintes nas culturas da costa setentrional, e especialmente na arte mochica, na qual a divindade principal se assemelha de maneira muito particular a um deus de Chavín. O chamado "Ser oculado" da costa meridional apresenta uma notável semelhança com o deus "sorridente" de Chavín. A arte posterior das terras altas, e em especial a de Tiahuanaco e Huari, experimentou a influência da herança chavínica; em alguns objetos chavinóides, certas figuras de perfil reproduzem o rosto frontal de um deus que segura um bastão, como ocorre na Porta do Sol de Tiahuanaco.

## A CULTURA DE PARACAS

Na costa meridional do Peru destaca-se a península de Paracas por ser um dos pesqueiros mais ricos do Pacífico; trata-se de um banco de areia desértico e varrido pelos ventos, situado entre duas baías (em quéchua paracas significa furacão). A paisagem desolada de agora foi há tempos uma península populosa. Devido aos valiosos achados que vieram à luz, a península deu nome à cultura primitiva de toda a região.

No pálido deserto destaca-se o ponto de referência surpreendente do cerro Colorado, uma colina cor de rosa de pórfiro granítico. Na década de 1920, o arqueólogo peruano J. C. Tello estudou em suas encostas arenosas três cemitérios, conhecidos como Cabeza Larga, Cavernas e Necrópolis. O cemitério de Cavernas, em Paracas, conservava os objetos mais antigos, apesar de que com o tempo os sítios arqueológicos se misturaram. Cavernas data do final do horizonte primeiro (600-400 a.C.). Os assentamentos de Necrópolis e Cabeza Larga começaram no século VI a.C. e prolongaram-se até o primeiro período intermediário. Nos vizinhos vales costeiros de Ica, Pisco, Chincha e Nazca foram encontradas outras sepulturas com oferendas funerárias de estilos similares.

O estilo de Cavernas denomina-se assim pelas tumbas de poço em forma de garrafa ou "cavernas", escavadas no cume de Cerro Colorado. Cada um de tais sepulturas continha 30-40 corpos, enterrados com diferentes quantidades de oferendas funerárias, que em geral não são grandes quantidades. Algumas das sepulturas da Necrópolis parecem ter sido escavadas para acolher os refugos de Cavernas.

Quase todos os crânios das sepulturas de Cavernas, foram deformados, e quase a metade deles apresenta alguma trepanação. A operação craniana da trepanação foi encontrada em numerosas culturas andinas. Foi realizada com diferentes técnicas: fazendo cortes para formar os ângulos de um retângulo ou quadrado e retirando depois a peça delimitada, perfurando o contorno de um corte circular ou escavando o osso com um cinzel.

Alguns embrulhos amarrados à parte exterior das múmias de Cavernas são tecidos com máscaras de algodão e trazem uma cabeça ou uma figura frontal pintada com cores pardo escuro, púrpura, vermelho ou cinza, com um estilo que lembra a influência dos têxteis chavinóides, procedentes da costa meridional.

A Necrópolis de Paracas foi, evidentemente, o lugar de enterro mais luxuoso para a classe dominante do assentamento em sua época, e continha numerosos fardos funerários. Alguns desses fardos continham por sua vez mais de 100 peças de algodão, bordadas em lã com refinado gosto e colorido. Tello encontrou 429 de tais embrulhos, colocados em estruturas muradas ou em fundações de casas; muitos outros foram encontrados pelos saqueadores de tumbas. O embrulho cônico varia de tamanho; alguns podem medir 1,5 m de base e altura, e podem conter três ou quatro vezes mais peças que os fardos pequenos. Cada fardo difere nos detalhes, mas o procedimento geral de preparação é o mesmo.

Debateu-se a existência ou não um verdadeiro processo de mumificação, e Tello sugeriu a possibilidade de que fossem retirados os miolos e as vísceras. Esta hipótese foi descartada, mas os cadáveres podem ter sido dissecados ou defumados. O corpo era disposto e amarrado numa apertada posição fetal. Algumas vezes podia ir coberto com um longo pano ou com jóias, mas comumente o corpo estava despido. Com freqüência se colocava uma fina lâmina de ouro na parte posterior da boca e uma cabaça com alimentos entre o peito e as pernas. Outras oferendas, adornos de ouro para a testa, a nariz ou as orelhas, eram depositadas também perto do cadáver. Uma tosca tela de algodão envolvia tudo isto, e o fardo era colocado numa esteira ou numa cesta. Os espaços da cesta eram preenchidos com panos ou outros objetos, e o conjunto era coberto por um amplo manto bordado que constitui a nota característica da cultura de Paracas.

O motivo principal da Necrópolis é uma criatura conhecida como o "Ser oculado", uma figura frontal de olhos grandes e com apêndices ondulantes que terminam em cabeças troféu; com freqüência a cabeça tem forma de coração e às vezes do vértice brota uma pequena cabeça à maneira de Atena. Esta figura, que entrou com o estilo de Cavernas de Paracas, é a única figura que aparece ali entre as máscaras pintadas.

**A cerâmica**

As oferendas funerárias incluem cerâmica. Os fardos da Necrópolis, de bordados suntuosos, eram acompanhados de vasos monocromáticos de formas ovóides, bico duplo e ponte com remates curvilíneos ou zoomórficos.

Em outras sepulturas foram encontradas, no entanto, vasilhames policromados e outros pintados em negativo.

O grupo melhor conhecido é um grupo numeroso que foi encontrado terra adentro, em Ucucaje, e no qual aparecem os exemplares mais antigos dentre os que serviram para os motivos iconográficos de Chavín. Ali há vários exemplos de bicos em forma de estribo, pertencentes à fase mais antiga. É uma forma característica do norte, e esses vasos podem ter sido importados. A forma de vaso predominante tem uma ponte, que nas fases mais antigas conecta um bico e uma cabeça de pássaro, enquanto em épocas posteriores conecta dois bicos emparelhados. Muitos dos exemplares mais antigos são jarras-apito. Nas fases tardias, os rostos chavinóides são substituídos pelo Ser oculado, que aparece nos têxteis de Paracas e de Cavernas.

As fases mais antigas de Paracas revelam uma forte influência de Chavín e provavelmente datam do surgimento inicial do estilo Chavín na região. Um estilo característico desenvolve o que foi introduzido de fora com mudanças que satisfazem as exigências religiosas e culturais locais, mesmo que com um forte sabor chavínico.

Ao final do período, o estilo de Paracas evoluiu de forma fácil e característica a partir do estilo Chavín; e evoluiu de um modo natural em direção para o estilo Nazca.

## A CULTURA NAZCA

O estilo artístico que prevaleceu na costa meridional durante o primeiro período intermediário (entre 370 a.C. e 450 d.C.) é o chamado Nazca, que deriva do estilo Paracas.

A transição de um a outro foi feita sem traumas. Os têxteis corriqueiros dos nazcas mostravam figuras que não se diferenciavam das vestes dos paracas. O têxtil preferido foi a tapeçaria com desenhos inspirados em motivos dos mantos bordados mais antigos, ainda que os mantos bordados continuassem a ser tecidos em estilo um pouco diferente. Foram encontrados também brocados e trabalhos com plumas.

A primitiva cerâmica nazca — protonazca —, apresenta áreas coloridas e detalhes recortados. Nos desenhos posteriores o recorte foi substituído por contornos planos pintados. Muitos dos motivos nazcas são muito similares aos que aparecem na arte de Paracas. Achamos, por exemplo, um descendente do Ser oculado, denominado às vezes o Ser mítico antropomórfico. O vaso de bico duplo e ponte do período de Paracas transforma-se na forma de vaso dominante em Nazca.

A transição entre Paracas e Nazca é marcada por uma mudança da pintura de resina aplicada às peças após o cozimento, e por uma mudança dos têxteis para a cerâmica como o meio mais importante de expressar um tema relevante. Os oleiros de Nazca produziram algumas das cerâmicas policromadas mais brilhantes do Novo Mundo utilizando até seis ou sete cores.

O culto das cabeças troféu fixou-se em particular na cultura nazca. Em seus cemitérios foram encontradas cabeças violentamente trepanadas. Os vasos de efígie podem ter tomado a forma de uma cabeça troféu, e alguns dos vasos são decorados por inteiro com repetições pintadas de tais cabeças. Condores ou falcões antropomórficos têm cabeças troféu pintadas sobre as asas e às vezes em seus bicos. O Ser mítico antropomórfico é representado com um corpo humano, portando um longo pano e dissimulado sob uma série de atributos sobrenaturais.

Em algumas pinturas se aproxima uma cabeça-troféu à boca, como se disposta a devorá-la.

*Acima.* A baia de Paracas é uma das que adentram mais longe na costa peruana. Sua combinação de oceano e deserto é encontrada ao longo de toda a costa do Peru e até o Chile. Esta paisagem arenosa, perto das sepulturas do cerro Colorado, preservou numerosos vestígios de épocas passadas. Paracas, que continua sendo uma zona pesqueira importante, já era assim na época pré-colombiana.

### Os restos de cidades

O florescimento nazca ocorreu especialmente na região ocupada pelo povo que criou o estilo de Paracas; assim, por exemplo, foram feitos importantes achados de cerâmica nazca em Ocucaje. Houve, no entanto, um leve deslocamento na direção sul, com uma maior concentração de assentamentos na região do rio Nazca e de seus cinco afluentes maiores e ao sul do vale de Acarí, possivelmente como conseqüência de uma conquista militar.

O modelo de expansão e contração parece ser indicado nestes vales pelo abandono de alguns assentamentos e a abertura de outros.

Poucas são as estruturas arquitetônicas que perduram da cultura nazca. Há provas de canais de irrigação, mas poucas construções de pedra. Os edifícios importantes eram feitos de modo geral de tijolos de barro, e as casas residenciais eram de juncos amarrados. O centro cerimonial de Cahuachi, no vale do Nazca, pode ter sido a capital de um precoce principado em expansão, que mais tarde foi perdendo importância. Cahuachi teve uma pirâmide em degraus, uma elevação natural com os lados revestidos de tijolos de barro e de 20 metros de altura, uma das poucas estruturas monumentais da região nessa época. Em volta da pirâmide foram dispostas praças, moradias feitas de barro e tumbas. O assentamento foi abandonado antes de terminar o primeiro período intermediário, como aconteceu com outros grandes assentamentos da primeira época. No último período desenvolveram-se outros grandes assentamentos.

*Acima direita.* Vaso cilíndrico do final do período Nazca representando alguns caçadores com arpões e papagaios. Sua vivacidade e a faixa de cabeças de serpente podem refletir certa influência da cultura mochica da mesma época sobre o litoral norte.

*Direita.* Jarro nazca com figura no qual se associa um ser antropomórfico e mítico com as cabeças-troféu, e mostra a complexidade dos temas míticos que podiam ser combinados com a delicada policromia dos oleiros de Nazca.

Os oleiros fizeram vasos em forma de cabeças-troféu, com olhos fechados e lábios estreitos, iguais às encontradas nos depósitos de cabeças-troféu de Nazca. Os triângulos das bochechas podem representar, por outro lado, um rosto, o que é uma característica usual pré-colombiana.

# Linhas no deserto

Talvez o sítio arqueológico mais fascinante das Américas seja o que se estende por mais de 500 km$^2$ perto da moderna cidade de Nazca, na costa meridional do Peru. Há mais de mil anos que foram desenhadas no chão figuras, linhas e formas geométricas, removendo o cascalho da superfície escura para descobrir o estrato inferior de um luminoso colorido, e empilhando cuidadosamente a areia grossa ou as pedras ao longo dos cortes.

E apareceram figuras antropomórficas, animais, pássaros e flores ao lado de outras traçadas com linhas retas, ou trapezoidais ou abstratas. Mas todas tão claras e precisas como se tivessem sido feitas com uma régua.

Tais marcas deram motivo às especulações mais fantasiosas e a considerações sérias dos eruditos. Na verdade, as linhas só podem ser vistas do alto, e alguns especialistas sugeriram a idéia de alinhamentos com significado astronômico, mesmo que ainda não tenha sido possível testar para todo o complexo. As linhas podem também ter sido caminhos rituais sagrados.

Algumas se projetam retas a longas distâncias e outras convergem num ponto determinado.

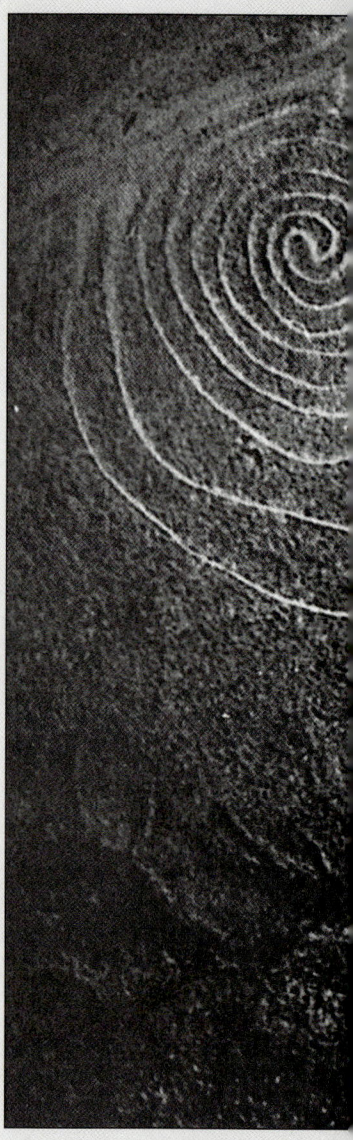

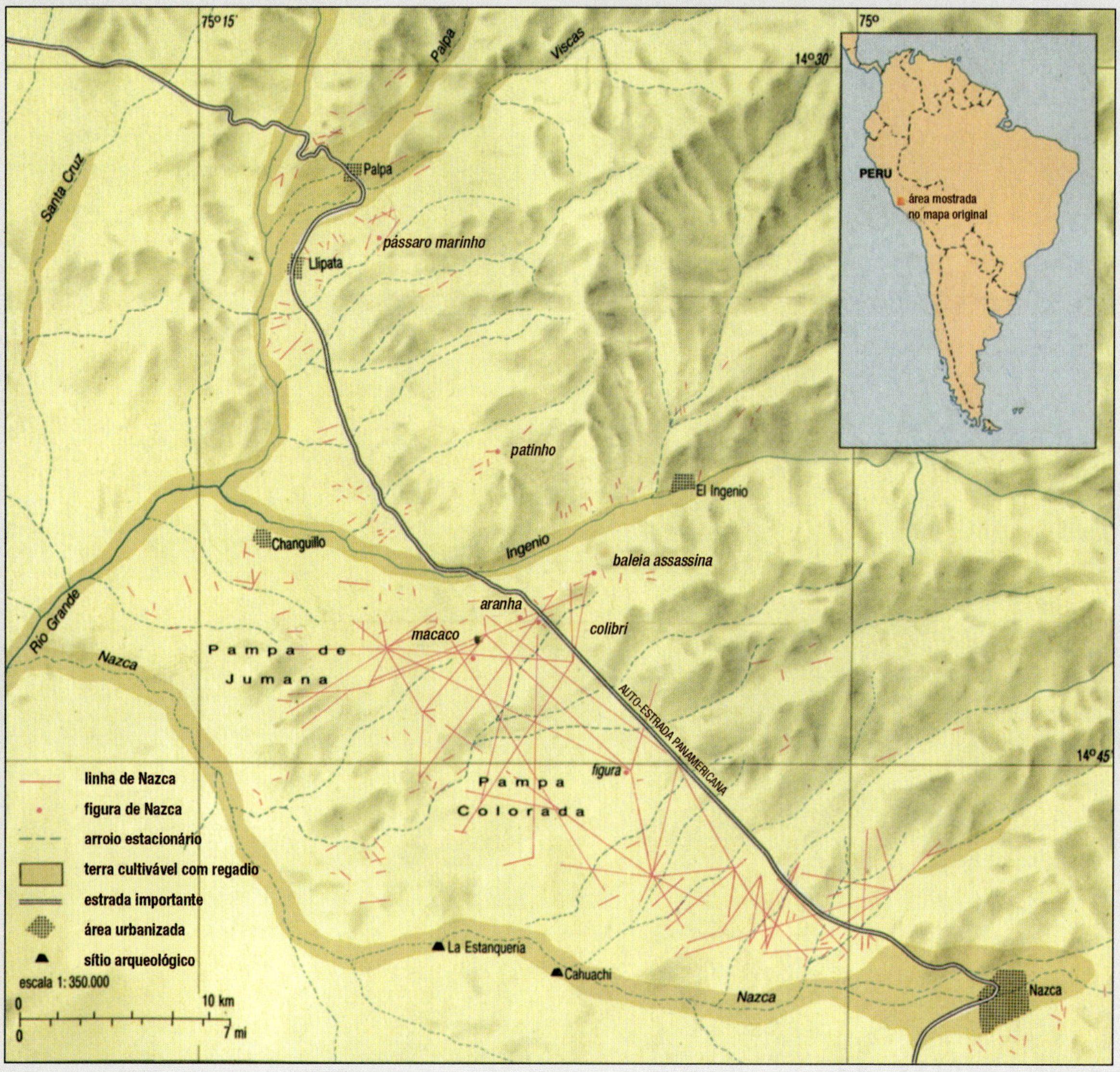


As marcas no chão da região noroeste de Nazca, no sul do Peru, prolongam-se sobre planos desiguais do deserto árido, perto das terras irrigadas, ainda que não dentro delas, como é possível ver no mapa (*esquerda*). Algumas vezes as linhas convergem num centro (*acima esquerda*), que podia ter umas conotações sagradas especiais, e é possível que lá fossem feitas oferendas sagradas. As espetaculares marcas de Nazca, um tributo aos deuses pré-colombianos feito com uma habilidade tão grande quanto uma pirâmide gigantesca, são os exemplos melhor conhecidos desta forma artística; mas marcas similares, ou geoglifos, foram encontradas em outros pontos próximos à costa peruana e também no Chile (*ver pág. seguinte*).

As marcas provavelmente foram de início um tipo de oferenda aos antepassados ou aos deuses do céu ou da montanha (com identificações que se sobrepunham). Os deuses do céu/montanha controlavam a preciosa dádiva da água no deserto costeiro e estavam fortemente associados à fertilidade.

*Esquerda.* Uma das figuras mais intrigantes dos planos nazcas é um macaco com os dedos estendidos e uma gigantesca cauda enrolada. Os macacos são animais da selva amazônica e não do litoral desértico, apesar de ser um tema importante na iconografia da costa.

*Abaixo.* Esta vista próxima de parte de um "desenho" nazca revela a escala monumental das obras do deserto. As linhas eram traçadas removendo-se o cascalho da superfície escura para expor a superfície colorida da rocha oculta.

*Esquerda.* Na planície que se estende sobre o vale do Ingenio, aparece traçado um colibri de linhas longas e retas. Este pássaro tinha significado mítico por sua combatividade, sua beleza e suas associações solares. Aparece com freqüência na cerâmica de Nazca. Foram encontradas outras formas de aves entre os desenhos nazcas.

*Acima.* Este gigante antropomórfico, de cerca de 90 m de comprimento, encontra-se no cerro Unitas, ao norte do Chile, onde a uns 800 km de distância existem marcas similares às de Nazca. No cerro Unitas as marcas estão também associadas aos campos irrigados. Uma versão menor e menos cuidada desta pode ser vista em Nazca. Tais figuras podem ter sido imagens dos deuses da fertilidade ou eram imagens descomunais postas como oferendas ao céu.

áreas e assentamentos de culturas andinas no começo do período intermediário entre 400 a.C.-500 d.C.
Mochica
Recuay
Lima
Nazca
culturas equatorianas
Gallinazo
outros centros importantes
povoado ou cidade modernos
fronteira internacional moderna
escala 1: 16.000.000
400 km
300 mi
área correspondente ao quadro
desenvolvimento do estilo mochica
fase I-II
fase III
fase IV
fase V
sítio mochica
povoado ou cidade modernos
fronteira internacional moderna
escala 1: 5.000.000
150 km
100 mi
OCEANO PACÍFICO
Deserto de Sechure
Cerro Vicús
Loma Negra
Pampa Grande
Pacatnamu
Huaca del Brujo
Galindo
Trujillo
Moche
Tomaval
Pañamarca
Callejón de Huaylas
Huarmey
La Tolita
JAMA COAQUE
BAÍA
GUANGALA
JAMBELÍ
Golfo de Guayaquil
Guayaquil
Cajamarca
Licapa
Pashash
Chavín
Recuay
Nievería
Lima
Pachacamac
Huari
Ayacucho
Dos Palmos
Ocucaje
Pampa Ingenio
Nazca
Cahuachi
Tambo viejo
Hacha
Pucará
Lago Titicaca
Tiahuanaco
Altiplano
Arica
Puna
Antofagasta
Deserto de Atacama
Grande Chaco
Florestas Ocidentais
Tebenquiche
Candelária
Hualfín
Tucumán
Condorhuasi
La Ciénaga
Belén
Tafí
Catamarca
Trópico de Capr

## MOCHICA

### Vizinhos e precursores

Na costa norte do Peru, o fenômeno Chavín foi seguido pelas culturas de Salinar e Gallinazo. A primeira produziu uma cerâmica relativamente simples, com asas em bico e ombreiras. Gallinazo fez parte de uma modalidade muito estendida de cerâmica pintada em negativo, que foi encontrada em Hacha, ao sul, onde se acredita que apareceu primeiro para estender-se depois em direção ao norte pela região de Piura (Vicús).

A cerâmica pintada em negativo ou resistente é também característica da cultura Recuay, na passagem de Huaylas, por cima dos vales costeiros dos mochicas. Recebe o nome de uma cidade da passagem, não longe de Chavín de Huantar, evidenciando esse estilo Recuay algumas influências da arte chavínica, mas mostrando por sua vez umas notas muito individuais. Terminada a dominação de Chavín, o templo que existia em Chavín de Huantar foi ocupado pelo povo de Recuay, cujo estilo se iniciou um pouco antes que o dos mochicas, apesar de serem praticamente contemporâneos. Numerosos motivos da arte mochica parecem ter sido copiados do estilo Recuay, e certamente houve contatos, visto que a água fluvial para a irrigação dos vales mochicas tinha sua nascente no território de Recuay. Os motivos copiados de Recuay aparecem reproduzidos em cenas mochicas relativas ao rito da coca e outras atividades relacionadas com o produto. Em certo momento de sua história, pelo menos uma parte da coca mochica devia chegar de Recuay ou através de suas terras.

Considerando a proximidade geográfica e os contatos evidentes, não deixam de ser interessantes as diferenças entre Recuay e Mochica. Recuay produziu imagens de melros-d'água, vasos e barcos com "cobertura" de figuras, que são formas mochicas. Mas em geral a forma dos vasos é diferente: traços típicos de Recuay são as urnas de gargalos invertidos, vasos anelados, chávenas globulares com largas bordas em forma de sino, e um bico que sobressai da tampa de um vaso para servir de funil. Mesmo que estes motivos tenham sido usados, sua interpretação foi diferente. Alguns dos motivos compartilhados que não estavam relacionados com a coca foram as formas das casas, vasos que sustentavam figuras, um homem com um felino, uma figura bicada por condores e o denominado animal-lua.

### A região e os assentamentos

O assentamento de Moche, perto da moderna cidade de Trujillo, foi o centro cerimonial e administrativo da população mochica (ou moche) pelo menos durante uma parte importante de seu período de grandeza, que se estendeu aproximadamente do começo da era cristã até o ano 600. A Huaca ou Pirâmide do Sol, estrutura enorme de tijolos de barro de 40 metros de altura e pelo menos 350 metros de comprimento — a maior estrutura sólida de barro do Novo Mundo provavelmente — foi construída ao longo de várias centenas de anos e alcançou dimensões muito maiores que as atuais. O que hoje está erguido talvez corresponda a apenas um terço de seu tamanho original. Está voltado para uns campos de irrigação à beira do rio, destacando-se sobre um deserto despido e estéril do outro lado. Através de um amplo espaço aberto, o monumento olha para Huaca de la Luna, situada sobre uma colina proeminente, Cerro Blanco. A montanha da Pirâmide do Sol, construída pelo homem, está em frente à pirâmide natural que é a montanha. Uma longa formação de "rocha viva" serve de moldura para a face interna do assentamento, rematando as duas estruturas maiores. Os restos entre as duas enormes pirâmides estão agora cobertos de areia.

Neste vale e em outros paralelos à costa, os mochicas cultivaram algodão, milho, batatas, amendoim e pimenta-malagueta mediante a irrigação do deserto costeiro. A pesca foi, é claro, uma das principais fontes de subsistência, proporcionando alimentos para o consumo direto da população costeira e artigos para o comércio com as aldeias do interior.

Os estilos da cerâmica mochica foram catalogados em cinco fases. Moche I e II foram encontrados por cima do estrato de Gallinazo nos vales do Moche, Chicama e Virú, desde a era cristã ou um pouco antes.

A fase mais antiga achada no vale do Santa é Moche III; o que poderia indicar que a expansão em direção ao sul se fez por aquela época. O esplêndido sítio arqueológico de Pañamarca, no vale do Nepeña, com suas pinturas murais e os traços de Moche IV, marca o ponto mais meridional da arquitetura mochica conhecida, apesar de haver provas de cerâmica que demonstram a presença mochica mais para o sul, como é Huarmey. Sepulturas mochicas vieram à luz em Pacatnamú, o que indicaria uma expansão normal pelo norte.

Mas no vale do Piura, mais setentrional ainda, foi encontrada uma cerâmica mochica muito antiga, assim como alguns dos objetos de metal mais delicados do estilo mochica. Uma vasta sepultura subterrânea, conhecida como Loma Negra, conservou centenas de objetos de refinado lavor de ouro, prata e cobre. Também foram encontradas nesta região, e ao que parece da mesma época (não se sabe se apareceram juntos), cerâmicas de decoração resistente relacionadas com as achadas no vale do Virú. Tais relíquias abrem a possibilidade de o povo mochica ter chegado ao vale do Moche vindo do norte, e que ali tivesse havido uma precoce colônia setentrional dos moches, ou que as pessoas dos vales do Pinta e do Moche tivessem sua origem num terceiro lugar desconhecido, talvez entre ambos. Sejam quais forem as explicações, o certo é que os mochicas estiveram presentes nos vales setentrionais no começo da era cristã e que ocorreu um abandono do assentamento do Moche e um deslocamento definitivo do poder em direção à região de Lambayeque por volta de 600 d.C.

### Arte e religião

Os artesãos mochicas figuraram certamente entre os melhores do Novo Mundo. Entre eles contavam-se hábeis ourives que douravam delicadamente a prata e o cobre, refinados tecelões — como comprovam alguns dos tecidos conservados — e notáveis oleiros. A decoração da cerâmica inclui modelados em alto-relevo, criações em baixo-relevo por estampagem e cenas pintadas sobre superfícies lisas. Alguns dos vasos são feitos com molde, e muitos foram modelados à mão. As formas variam; mas à maior parte das cerâmicas "de fantasia" foi adicionado um bico em estribo. Os vasos não apenas mostram uma grande variedade em forma e decoração, como, também, revelam os mitos e rituais mochicas mais que os artefatos de qualquer outra civilização andina.

O sistema básico da iconografia parece ser o de agrupações do tema tratado, às vezes sobrepondo os motivos (como no símbolo moderno dos jogos olímpicos). Por exemplo, um grupo tem a ver com a mastigação ritual das folhas de coca (tema que se encontra na arte do Equador e da Colômbia). Às vezes aparecem pintadas a bolsa para as folhas de coca e a cabaça e o bastão usado para a cal que era acrescentada às folhas. Outras vezes não apare-

*Esquerda.* **Culturas andinas no primeiro período intermediário** Entre os numerosos estilos artísticos que se desenvolveram no primeiro período intermediário, o da costa central e do vale do Rímac foi chamado de diversos modos, e, entre outros, estilo Lima, Lima arcaico e Nieveria. Não é tão bem conhecido como outros estilos do litoral, por estar em grande parte coberto pela atual capital do Peru, Lima, ou por vestígios de culturas pré-colombianas posteriores. Esta cultura foi influenciada pelos estilos nazca e mochica, apesar de os resultados serem menos delicados e refinados. Em Pachacamac foi conservada uma pirâmide de tijolos de barro de Lima, com murais que foram retocados mais tarde. Pachacamac foi um povoamento importante, que chegou a ter um grande poder político ao final do estrato intermediário e que contou com um oráculo famoso na época dos incas.

Durante o primeiro período intermediário das terras altas, o estilo Huarpa entrou na região de Ayacucho, que mais tarde seria a sede do poder huari; pela mesma época desenvolvia-se também o estilo de Tiahuanaco. O quadro mostra a ampla influência mochica; mas sua extensão nas zonas periféricas não está determinada.

Apesar de terem sido encontrados objetos de estilo moche em lugares tão remotos quanto o vale de Huarmey no sul, não parece provável que exercessem ali uma influência política relevante. Numerosos objetos de estilo mochica vieram à luz no vale do Piura, ao norte, mas não restaram resquícios arquitetônicos. E apesar de os mochicas terem sido com certeza um povo aguerrido — o que se depreende não apenas de sua extensão geográfica, como também dos abundantes temas bélicos de sua iconografia —, é provável que o que consideramos como influência mochica se devesse apenas a sua arte.

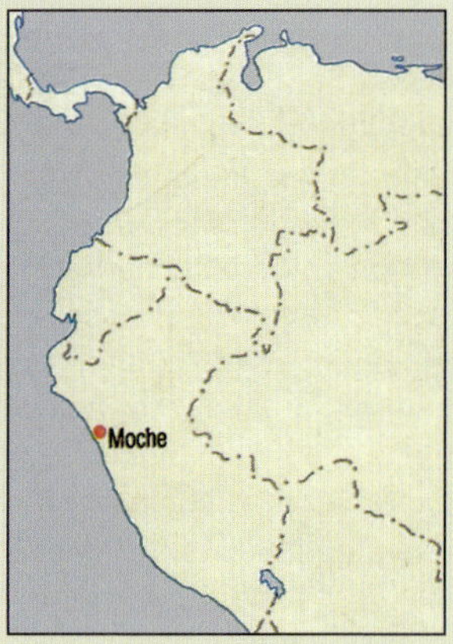


*Abaixo.* A cena do vaso mostra a mastigação de folha de coca num ritual noturno. A figura da esquerda, de pé sob uma faixa de céu serpentiforme, tem uma boca angulosa de caráter sobrenatural. As figuras humanas, com indumentária distinta, têm cabaças e bastões para a cal que era mascada com as folhas, que eram transportadas em bolsas.

# Moche

O sítio arqueológico de Moche está ao abrigo de uma colina nua de pedra arenítica. Do cume de sua gigantesca pirâmide principal, a vista se perde através do deserto no mar e no vale cultivado; vê-se também o vale pelo qual desce o rio e por onde ele é fechado pelas montanhas. A maior parte dos sítios arqueológicos andinos encontra-se perto de uma colina, que era um lugar sagrado e ao mesmo tempo um ponto estratégico do qual se podiam contemplar os arredores. Os primeiros trabalhos arqueológicos em Moche foram realizados em 1899 por Max Uhle, que descobriu as pinturas na Pirâmide da Lua (desaparecidas depois) e sepulturas na área entre as duas pirâmides. Recentemente, foram empreendidos novos projetos de estudo.

Moche foi abandonado por volta do final do primeiro período intermediário. Galindo, na parte superior do vale, passou a ser o centro local mais importante. Existe ainda uma comunidade próxima a Moche, cujos costumes foram estudados no início do século XX como remanescentes dos modelos de comportamento de antepassados pré-colombianos.

*Abaixo.* O retrato de um deus mochica compõe o corpo deste vaso com bico em estribo. A boca angulosa e dentada, os olhos com grandes sobrancelhas, a forma das orelhas e as serpentes da cabeça provêm dos retratos da divindade de Chavín. Estes vasos foram encontrados em tumbas e provavelmente foram feitos para os enterros.

*Acima.* Esta máscara de cobre dourado e pintado tem os olhos de concha incrustados e tem orifícios nos lóbulos das orelhas para brincos. Foi encontrada numa sepultura na Pirâmide da Lua. Poderia ser o retrato do finado.

*Direita.* A Pirâmide da Lua destacando-se sobre os campos irrigados do vale do Moche.

*Acima.* Vaso com bico em forma de estribo, que mostra um homem coruja com uma cabeça-troféu em sua mão esquerda. Poderia tratar-se de um homem vestido de coruja ou de um deus coruja.

cem. Mas quando esses objetos faltam, ainda é possível reconhecer por sua vestimenta característica as figuras que participam do ritual da coca. Algumas cenas de batalha mostram personagens com a roupa do ritual da mastigação. A guerra e a captura de prisioneiros para sua decapitação nos distintos rituais são temas importantes na arte.

O deus principal dos mochicas procedia de Chavín, origem comum de muitos outros deuses andinos. Tinha dentes de felino e usava um cinturão com alargamentos de cabeças de serpente. Algumas pinturas apresentam o deus com as orelhas em figura de oito, como na arte chavínica, ou com umas pálpebras estranhas como em certas peças de cerâmica do horizonte primeiro.

### O fim de Moche

Ao final da fase IV, parece que houve um abandono efetivo do assentamento de Moche, transferindo-se o centro real do poder a Pampa Grande, no vale de Lambayeque, um assentamento anterior do horizonte primeiro.

Há algumas provas de que Moche e o sistema de canais a seu redor foram cobertos por uma camada significativa de areia, destroçando a agricultura e obrigando a população a abandonar o assentamento. A expansão huari, que começou por essa época, pode muito bem ter motivado algumas mudanças. Mudanças que certamente são observadas no estilo e nos temas da arte de Moche V.

*Abaixo.* **A expansão de tiahuanacos e huaris**
Não sabemos muito da expansão de Tiahuanaco e Huari nem de suas relações mútuas, mesmo que grande parte dos trabalhos atuais esteja concentrada na solução desse quebra-cabeça. Huari parece ter criado um Estado ou um império, apesar de ter tido vida curta. Uma obra muito recente indica que a máxima expansão huari aconteceu antes de 650 d.C. e que chegou mais ou menos de um só ímpeto. Mais difícil é determinar as fronteiras de Tiahuanaco. Talvez não tenha chegado a formar um Estado; mas em sua parte central controlava alguns assentamentos comerciais ou religiosos e tinha uma vasta influência. Objetos de Tiahuanaco ou influenciados por seu estilo vieram à luz no norte do Chile, sem que se tenha encontrado ali qualquer arquitetura de Tiahuanaco. A área riscada no mapa esteve em sua maior parte sob domínio huari, mas a influência artística de Tiahuanaco se fez sentir em muitos lugares, alguns tão distantes quanto Conchapata. A crescente pesquisa dos sítios arqueológicos e de suas áreas de sustentação poderá esclarecer as intrincadas relações dos dois assentamentos e de seus reinos.

A forma de asa em estribo modifica-se ligeiramente; mas isso não é motivo de surpresa, dada a evolução das formas nas primeiras fases. A cor é mais limitada e a pintura é, em geral, menos hábil. Uma mudança estilística maior é uma espécie de agorafobia, na qual as cenas pintadas parecem tão confundidas pelo material de preenchimento, que é difícil perceber os elementos principais.

São introduzidos novos temas, ao mesmo tempo em que são abandonados os antigos. Durante a fase final de Moche, e talvez da mesma época dos vasos de Moche V, misturaram-se os motivos e o estilo pictórico huaris com os motivos e formas mochicas. Também nos vasos genuínos de Moche V certos detalhes iconográficos — o desenho de um olho, a forma de um adorno do cocar — sugerem já o começo dos estilos de Lambayeque e de Chimu.

## TIAHUANACO E HUARI

Tiahuanaco é um assentamento grande, com magníficas construções e esculturas de pedra. Está situado a uns 20 quilômetros do lago Titicaca e a uns 4.000 metros de altitude sobre o nível do mar, no grande altiplano que se estende da Bolívia até o sul do Peru. O assentamento boliviano era conhecido pelos incas; algumas versões de seus mitos sobre as origens concentram-se numa ilha do lago Titicaca, e no lago foram encontrados vestígios incaicos.

Titicaca é o lago navegável mais alto do mundo, e Tiahuanaco o assentamento urbano a maior altitude, pelo menos no que diz respeito ao Novo Mundo antigo. O planalto, que fica acima da linha de bosques, é margeado por montanhas, e constitui uma paisagem desolada e até inumana; mas é a maior extensão de terra plana e cultivável dos Andes, e tem estado ocupada há milênios. Vários foram os recursos com os quais foi possível sustentar uma população relativamente grande.

Em nossos dias foram descobertos nas proximidades do lago Titicaca campos sobrepostos ou drenados, que sem dúvida foram utilizados para alimentar os habitantes de Tiahuanaco mediante a conservação, distribuição e drenagem da água. A elevada planície não apenas é boa para o cultivo de tubérculos que podem proteger-se das geadas, mas também proporciona pastos aos rebanhos de lhamas e alpacas.

Tiahuanaco esteve ocupado desde o 1500 a.C. até o 1200 d.C. Seu período de esplendor é o compreendido entre os anos 500 e 1000 d.C. As grandes construções e também algumas das esculturas foram erguidas provavelmente antes de 500 d.C., ainda que pelas mesmas datas as estruturas tenham sido reconstruídas com a adição de surpreendentes esculturas e outros detalhes arquitetônicos. A Porta do Sol data desse tempo, que se conhece como o período clássico de Tiahuanaco.

### Tiahuanaco e Huari

Junto com o assentamento de Huari, perto da cidade de Ayacucho e ao sul das terras altas do Peru, Tiahuanaco compartilhou uma iconografia com certos tipos de figuras como as que aparecem na Porta do Sol. Os motivos parecem ter aparecido nos dois povoados por volta de 500 d.C. Em Conchopata, perto de Huari, foi descoberto um depósito de grandes urnas que apresentam esses motivos e que datam da mesma época.

Esse estilo de cerâmica era encontrado ao lado dos tipos de cerâmica local precedentes. O vale de Ayacucho tem uma história longuíssima de ocupação, portanto foram encontrados restos que remontam a mais de 7000 a.C. Na época da nova iconografia, o assentamento estava ocupado pela cultura Huarpa.

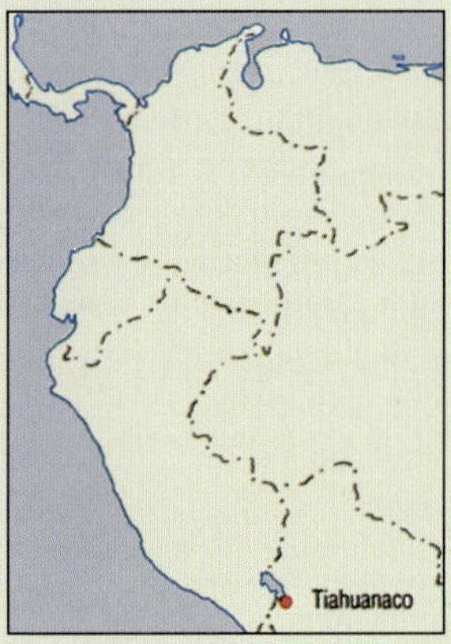


# Tiahuanaco

As características mais importantes de Tiahuanaco agrupam-se em volta de Akapana, uma enorme plataforma revestida de pedra, que mede 200 metros de lado com uma altura de 15 metros. Algumas das pedras de cantaria de andesita ou pedra arenítica pesam mais de 100 toneladas; foram arrancadas de pedreiras distantes e transportadas em balsas e por terra. Contíguo ao lado norte de Akapana há um templo semi-subterrâneo, reminiscência das primitivas praças afundadas dos Andes, com muros nos quais estão fincadas cabeças salientes de tufa vulcânica, um traço que lembra a influência de Chavín.

Perto se ergue Kalasasaya, o complexo arquitetônico mais vasto e importante e o templo principal; é um recinto retangular com paredes de pilares de pedra arenítica, que alternam com pequenos blocos retangulares de pedras de alvenaria. Logo ao lado encontra-se o Putuni, outra grande construção que se acredita que tenha sido o palácio.

Em algumas destas estruturas há sistemas de deságüe feitos de pedra. A certa distância ergue-se o Pumapunku, outra plataforma gigantesca com lados revestidos de pedra, que mede 5 metros de altura, com muros de 150 metros de comprimento. Também Katatayita, o centro administrativo, ergue-se longe de Akapana.

Portas megalíticas conduzem às grandes estruturas de Kalasasaya, Pumapunku e Akapana. A Porta do Sol, em Kalasasaya, é a escultura mais conhecida de Tiahuanaco. Trata-se de um modelo cosmológico com um painel central acima da abertura, sobre o qual está entalhada uma grande figura frontal; nos dois lados há três fileiras de estatuetas aladas, de perfil, que giram ao redor, e abaixo aparece uma fileira de cabeças frontais.

Em vários pontos do sítio arqueológico foram encontradas esculturas monolíticas, que adotam a forma de colunas com rostos humanos, erguendo objetos rituais.

Tais estátuas, que alcançam alturas de 1,5 a 7,6 metros, são revestidas com ornamentos obtidos mediante finas incisões; seus rostos e membros são esculpidos em baixo-relevo. Alguns desses monólitos ainda se erguem in situ dentro do Kalasasaya. Também foram encontradas no sítio arqueológico estelas e placas murais.

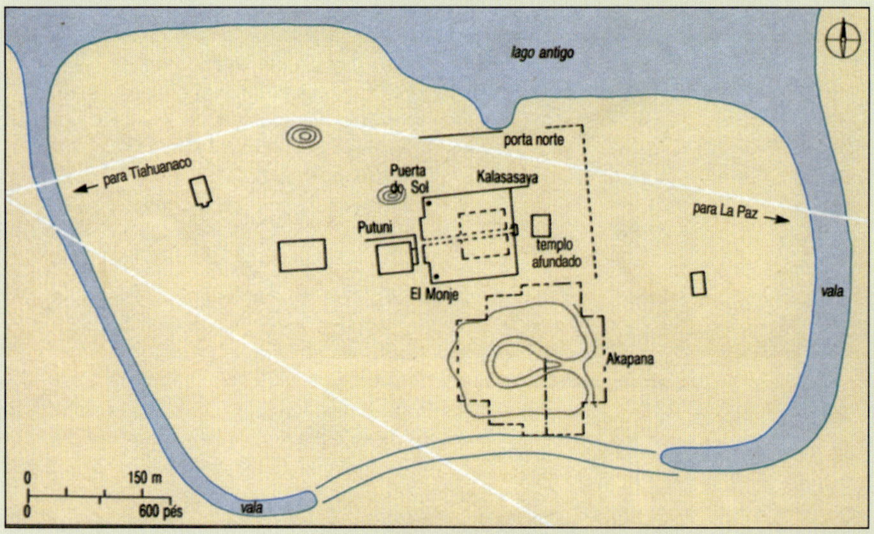

Uma das esculturas mais delicadas de Tiahuanaco (*esquerda*) está erguida dentro do Kalasasaya. A figura ergue-se 3,5 m sobre o chão. A coluna monolítica com complicados recortes em baixo-relevo reflete o característico estilo compacto e simétrico da escultura tiahuanaca, e é mostra da complexa iconografia de sua arte. O rosto, similar a uma máscara, é típico do assentamento com seus olhos quadrados de olhar fixo e os painéis de suas bochechas. O monumento, que data da segunda metade do século VII d.C., é conhecido como monólito Ponce, pelo nome do arqueólogo boliviano que trabalhou, sobretudo, em Tiahuanaco. A pouca distância, no lago Titicaca, pescadores e viajantes índios ainda usam as balsas de junco (totora) como as que os habitantes de Tiahuanaco fabricavam na época pré-colombiana (*direita*).

Tiahuanaco (*acima*) está situada na planície entre La Paz e a margem sul do lago Titicaca. A descrição mais antiga da cidade foi feita por Cieza de León, um soldado espanhol que ficou impressionado ao visitá-la em 1549. O magnífico Kalasasaya foi restaurado. Parte de um muro de seu gigantesco pátio afundado aparece aqui (*direita*) com uma das grandes portas de Tiahuanaco por trás. A Porta do Sol erguia-se ali perto. Esculturas monolíticas avulsas foram encontradas no centro do pátio e também nos muros, junto às cabeças-clava. Esta estrutura de 135 por 130 m pode ter sido o centro cerimonial da cidade.

Ainda continua em debate o tema dos mecanismos através dos quais apareceram os novos motivos nos dois assentamentos. Ambas as cidades puderam desenvolver-se, de modo geral, de uma maneira independente, com alguns contatos e influências mútuas e com uma fonte comum de motivos religiosos. Uma escola de eruditos acredita que os motivos chegaram tanto a Tiahuanaco quanto a Huari a partir de um terceiro ponto, que poderia ter conservado motivos da arte mais antiga de Pucará (200 a.C.-220 d.C.), com influências chavínicas, local que se encontra entre Tiahuanaco e Ayacucho.

Em Tiahuanaco, o deus frontal e as figuras aladas de perfil aparecem sobre um importante monumento em pedra; mas, apesar de presentes por toda parte, são raros na cerâmica. Por outro lado, os motivos aparecem com uma forma elaborada em Huari e em sua cerâmica provincial. Seria possível que os objetos móveis tivessem sido copiados do monumento. Há, no entanto, variantes nos motivos, que poderiam ser explicados por derivação do terceiro assentamento. A diferença no meio pode refletir uma diferença na ênfase, que se observa também em outros aspectos das duas culturas. A escultura de Huari foi mais simples e rude que a de Tiahuanaco, e talvez sua religião também estivesse menos desenvolvida.

Tiahuanaco parece ter tido um gosto mais cerimonial, prevalecendo em Huari um sentimento mais laico; mas ambas as cidades iniciaram sua expansão depois de 500 d.C., estabelecendo confederações.

Outra interpretação possível das relações Huari-Tiahuanaco é a de que tivessem sido capitais duais, controlando Huari as terras do norte e Tiahuanaco as do contorno e as do sul. A poderosa influência coetânea desta região no norte do Chile e no noroeste da Argentina parece ter chegado de Tiahuanaco. Por sua vez, Huari teve colônias no vale do Nazca, a uns 300 km em direção à costa, mesmo que a região de Nazca seja associada tanto a Huari quanto a Tiahuanaco.

Alguns estudiosos pensam que Tiahuanaco foi o poder real que se ocultava por trás de toda a expansão, e que Huari foi o centro do controle político e militar de Tiahuanaco no Norte. Qualquer que fosse o modelo, ambas as cidades estavam em plena expansão pouco depois do ano 500 d.C.

**Os motivos característicos**

A divindade em pé e frontal, que aparece com freqüência numa plataforma com degraus segurando um bastão ou algum outro objeto simbólico numa das mãos, foi encontrada em Pucará, em Tiahuanaco, em Huari e na arte provincial.

A figura tem um rosto em feitio de máscara, com formas radiantes e às vezes terminadas em serpentes; veste túnica, cinturão e anágua. Provavelmente representa um protótipo da deidade posterior que se chamou Viracocha, um deus do céu e criador pan-andino. Algumas figuras de perfil, com freqüência aladas e rampantes, ajoelhadas, voando ou flutuando, acompanham a figura central ou aparecem com independência dela. Os dois tipos de figura compartilham certos atributos como a cabeleira de serpentes e vestimenta parecida. São figuras associadas ou intercambiáveis com um sacrificador que traz um machado e uma cabeça troféu. As cabeças troféu são um dos motivos dominantes.

**A arquitetura e a expansão do Império huari**

O horizonte médio se define pela expansão de Huari. Este veio à vida pouco depois de 500 d.C., quando o novo estilo artístico apareceu no vale de Ayacucho.

*Esquerda.* Em várias culturas pré-colombianas apareceram espelhos. Este exemplar de Huari-Tiahuanaco, de 24 cm de altura, tem uma superfície refletiva de peças de pirita e um avesso de mosaico, no qual aparece um rosto central com painéis nas bochechas que terminam em pequenas cabeças como as da escultura de Tiahuanaco e dois pequenos rostos sem corpo de cada lado.

**Culturas andinas a final do período intermediário**

Na última fase do período intermediário, os chimus expandiram nas duas direções ao longo da costa a partir de sua capital Chan Chan e, por direito próprio, foram os criadores de um império antes das incursiones dos incas mais combativos. Em sua maioria, os sítios arqueológicos do mapa datam desse período. Chiquitoy, no vale de Chicama, é um sítio arqueológico do período tardio, apesar de sua arquitetura lembrar a dos chimus. Manchán, agora objeto de estudo dos arqueólogos, foi a capital administrativa meridional do reino de Chimor. Ao sul da fortaleza de Paramonga há provas da presença ou do controle chimu. Entre as populações conquistadas pelos chimus esteve o povo da chamada cultura Chancay, cujas tumbas conservaram numerosos panos de notável qualidade, alguns dos quais foram importados de Chan Chan.

Ao final do período intermediário, a atividade no litoral sul esteve concentrada nos vales de Ica e Chincha. Neste último, La Centinela é um complexo piramidal de tijolos, que pertence a esse período. O povoado e uma grande pirâmide próxima são decorados com frisos geométricos. Os vasos de estilo Ica eram, ao que parece, mercadorias valiosas, que foram encontradas na serra e em Ancón na direção norte. Um artefato característico dos incas foi uma grande tábua de madeira que se utilizava para marcar as sepulturas.

Por essa época, nas terras altas, entre a costa meridional e Cuzco, existiram pequenos núcleos de povoação, geralmente conhecidos como chancas, mais tarde dominados pelos incas.

O período seguinte, em torno de 600 d.C., foi um tempo de conquistas que se estenderam até Chancay na costa e até a passagem de Huaylas nas terras altas.

Grandes complexos arquitetônicos, levantados em um estilo desconhecido nos Andes, apareceram em localizações estratégicas. Enormes muros encerravam casas, ruas, praças e construções com centenas de moradias. Eram edifícios para a administração civil e para guarnições militares; ali existiam depósitos, moradias para o pessoal de manutenção e bairros para artesãos e operários. Perto foram erguidos os templos religiosos. A arquitetura era regular, retangular, simétrica, sugerindo não apenas mentes ordenadas, como também planificadoras, com construções de um só andar, e sem os complementos e amontoamentos de tantas estruturas pré-colombianas. A arquitetura era planejada para impor pela sua presença e para centralizar as forças de ocupação. A construção de um império estava em marcha.

As provas da influência de Tiahuanaco, no sul, baseiam-se em grande parte nos achados de utensílios para a administração dos alucinógenos, que eram tomados aspirando pelo nariz. Este costume estendeu-se pelos Andes e foi parte essencial do ritual religioso. A posição geográfica de Tiahuanaco entre a selva, que produzia alucinógenos como piptadênia, e a costa, que os utilizava, favoreceu o comércio centrado nos ritos e reforçou a influência religiosa de Tiahuanaco, que se percebe nos objetos pequenos mais que na arquitetura.

A influência sobre a quebrada de Humahuaca, no norte da Argentina, e sobre San Pedro de Atacama, no Chile, pode ter sido direta, enquanto a exercida no vale de Hualfín, na Argentina, pode ter chegado através de outros assentamentos intermediários.

Após o período de expansão huari, houve, ao que parece, uma crise que levou a uma diminuição nas construções e modelos de conquista, bem como o abandono de alguns assentamentos no vale de Ayacucho. Por essa época ganhou importância o centro costeiro de Pachacamac, que talvez tivesse sido uma potência rival de Huari. Mais tarde, o assentamento de Pachacamac desenvolveu uma esfera de influência própria eclipsando a de Nazca. Nos tempos dos incas, seu templo e oráculo tiveram grande importância e prestígio. O gênio conquistador de Huari tinha estendido o poder do império, pelo menos por um breve período, até a distante costa setentrional do Peru e até Cajamarca, nas terras altas.

Antes de 800 d.C., o assentamento de Huari foi abandonado; ao que parece, o período de conquista terminou de forma abrupta, mas seu estilo artístico continuou influente. Enquanto isto, Tiahuanaco continuou prosperando algum tempo e agregando a seu império novas colônias ao sul.

Expansão do império sob governantes chimús
Taycanamo ?900 d.C.
Ñançenpinco ?séc XII
Até 1370
Mancheçamán até 1475
Assentamento Lambayeque/Sicán
Assentamento chimú ou ocupado por chimús
Terras de regadio
Canal Chicama-Moche
Outros centros culturais importantes
Povoado e cidade modernos
Fronteira internacional moderna
escala 1: 5.000.000
150 km
100 mi
OCEANO PACÍFICO
Deserto de Sechura
Tumbes
Piura
Batán Grande
Chotuna
El Purgatorio
Lambayeque
Saña
Jequetepec
Cajamarca
Pacatnamú
Farfán
Chicama
Huaca Colorada
Moche
Chan Chan
Virú
Santa
Nepeña
Casma
Manchán
Huarmey
Fortaleza
Pativilca
Supe
Paramonga
Huaura
Chancay
Chillón
Ancón
Rimac
Lima
Pachacamac
ANDES
EQUADOR
PERU
áreas de assentamento de culturas andinas e equatorianas no final do período intermediário entre 900-1475 d.C.
Lambayeque/Sicán
Chimú ou ocupado por chimús
Império chimú em seu apogeu até 1475
Fronteira do império inca em seu apogeu até 1525
Outros centros culturais importantes
Povoado ou cidade modernos
Fronteira internacional moderna
escala 1: 16.000.000
400 km
300 mi
COLOMBIA
EQUADOR
Quito
Manta
MANTEÑO
MILAGRO
Quevedo
Guayas
Guayaquil
Milagro
Golfo de Guayaquil
Marañon
Callejón de Huaylas
Ucayali
BRASIL
PERU
área correspondente ao quadro
Cañete
Huari
La Centinela
Ica
Cuzco
BOLIVIA
Hatuncolla
Lago Titicaca
Chucuito
Altiplano
Alto Ramírez
Arica
Puna
Quebrada de Huamachuco
CHILE
Huamachuco
San Pedro de Atacama
Antofagasta
Deserto de Atacama
Vallisserrana
Santa María
Tucumán
Belén
ARGENTINA
Coquimbo
OCEANO PACÍFICO
Trópico de Capricórnio

## OS CHIMUS

A história de Chimu ou Chimor pode ter começado com o estilo clássico de Lambayeque ou Sicán, que se desenvolveu na primeira metade do século VIII d.C., com uma cerâmica negra característica e, já no século seguinte, com uma arquitetura religiosa. A fase mais esplendorosa e melhor conhecida deste estilo se deve a Batán Grande, entre os rios La Leche e Pacora, no extremo norte do vale de Lambayeque. Batán Grande, um complexo arquitetônico que inclui uns 50 sítios arqueológicos, teve uma história que remontava a aproximadamente 1500 a.C.

Ainda são visíveis os restos de um templo em forma de U dessa época, seu período final. Os mochicas irromperam nesta região, criando um centro em Pampa Grande, no vale de Lambayeque; mas seu poder terminou por volta de 700 d.C. Seguiu-se um período de influência de Huari e Pachacamac pelo sul e de Cajamarca pelas montanhas do este. Alguns dos traços introduzidos com a penetração meridional persistiram nos períodos seguintes, como a forma de chávena alta ou *kero* e o vaso de bico duplo e ponte, que inicialmente tinha sido uma forma da costa meridional.

Do período de apogeu de Sicán (850-1050 d.C.) restaram em Batán Grande pelo menos 17 construções maiores de tijolos de barro, assim como grandes tumbas de poço e outras peculiaridades arquitetônicas. Ao que parece, o enorme complexo não foi um centro urbano e sim um lugar para ritos e sepulturas, com pinturas murais e algumas das tumbas mais suntuosas de quantas se conhecem no Novo Mundo. Em algumas dessas tumbas foram encontrados mais de 200 objetos de ouro ou prata. Há provas de uma atividade metalúrgica no complexo monumental. O vizinho assentamento de El Purgatorio provavelmente chegou a ser um centro do governo de Lambayeque até que os chimus conquistaram seu vale por volta de 1350 d.C.

As fontes etno-históricas dizem mais sobre a costa setentrional que sobre a maior parte das regiões pré-incaicas dos Andes. Por exemplo, uma lenda do começo da conquista se refere a Ñaymlap, que teria chegado numa balsa ao vale de Lambayeque, no qual se estabeleceu uma linhagem real, de procedência desconhecida. Talvez fosse um personagem mítico, mas se acreditava que seus descendentes governaram Lambayeque até a conquista chimu. Ali se deu então, provavelmente, uma nova linhagem com status real ainda que não com um poder político, situação que se estendeu através da ocupação inca da costa setentrional.

**O reino de Chimor**

Houve também um governante chimu lendário, Tacaynamo, que chegou numa balsa e fundou a cidade de Chan Chan. Seus herdeiros, em dois avanços principais, estenderam as conquistas pelo norte e pelo sul e fundaram o reino de Chimor (nome antigo do vale do Moche).

Os chimus acabaram controlando um território que se estendia de Tumbes, na remota costa setentrional, até o vale do Chillón, ao norte de Lima. O reino de Chimor expandiu-se graças às conquistas e a uma administração inteligente. Foi uma operação bem organizada sob a direção de um governante semidivino, o primeiro que foi claramente deificado segundo um modelo comum na América pré-colombiana. E como a maior parte dos governantes pré-colombianos, o senhor chimu era responsável pela agricultura e pelo bem-estar de seu povo através de suas conexões sobrenaturais.

A lenda nos diz algo da religião chimu. Sabemos da deusa lunar Si, a divindade principal, que era considerada a protetora da prosperidade pública porque, velando de noite, podia ver e descobrir os ladrões na escuridão. A Lua viajava na direção oeste, sobre o mar, divinizado também como o deus Ni, e também importante na vida dos pescadores que viviam na costa. As fontes primitivas nos informam de que os antepassados da população costeira foram quatro estrelas, duas das quais criaram aos reis e nobres, enquanto as outras duas deram origem ao povo simples. Este sistema mítico de castas parece ter sido perfeitamente real na sociedade estratificada de Chan Chan.

Chan Chan fica no lado oposto do lugar que ocupava o assentamento antigo no vale do Moche e na margem contrária do rio, no lado do mar, perto do grande vale do Chicama. Nesta parte da costa foram estabelecidos sistemas de irrigação milênios antes da ocupação chimu; mas os chimus ampliaram tais sistemas e construíram um canal de cerca de 65 quilômetros de comprimento, para levar água do vale alto do Chicama até os campos chimus no vale do Moche, apesar de ter sido objeto de notáveis debates se o canal foi terminado e se chegou a ser usado.

Não se sabe com precisão quando chegou em sua balsa o primeiro governante chimu nem que novas idéias trouxe consigo. O estilo artístico chimu combina fundamentalmente elementos mochicas e do horizonte médio (Huari). Os grandes recintos amuralhados e uma figura divina frontal são reminiscências de traços huaris; a arquitetura é também similar à de Huari e certamente diferente da de Moche. Por outro lado, os artesãos chimus conservaram algumas das formas de vasilhames e motivos da cultura mochica, apesar de o repertorio dos temas e formas chimus ser muito mais limitado. Prevaleceram os motivos marinhos, enquanto as cenas do complexo cerimonial foram raras.

Em algum momento, entre 1462 e 1470, sobreveio o conflito chimu com os incas, que foi resolvido com a anexação do reino de Chimor ao Império incaico que se expandia rapidamente. Os chimus eram por sua vez imperialistas e com um desenvolvimento similar ao dos incas — até mesmo é provável que com raízes mais profundas e com um grau de progresso maior —, mas cederam diante da força dos montanheses meridionais. Não deixa de ser uma ironia que os artefatos de estilo chimu se difundiram ainda mais após a conquista inca que antes dela.

Isto pode ser devido à rede comercial ou tributária e talvez correspondesse também ao grande respeito que os incas sentiram pelo artesanato chimu. Ferreiros chimus trabalharam em Cuzco para os incas. Por outro lado, os tecidos chimus da época são inferiores aos de épocas precedentes.

**A costa meridional**

Por essa época, na costa sul, houve algumas culturas importantes e relacionadas entre si nos vales do Ica e do Chincha; com este último esteve também relacionado o vale de Cañete. Notas características destas culturas foram as pirâmides de paredes de argila, com frisos similares aos de Chan Chan, uma cerâmica preciosa e tecidos cobertos por inteiro por pequenos desenhos geométricos.

Aqueles vales, que tiveram escassa importância nos tempos do primeiro período intermediário e que depois caíram sob a dominação huari, foram subjugados facilmente, ao que parece, pelos conquistadores incas.

**Chan Chan**
Os muros de tijolos de barro de Chan Chan apresentam vários temas decorativos. Alguns parecem ter sido utilitários e outros de caráter meramente ornamental ou simbólico. Costuma ser repetido um único desenho; mas às vezes as composições são mais complexas. Estes desenhos, que se assemelham a esquilos (*abaixo*), são incomuns; neste sítio arqueológico costeiro são encontrados com mais freqüência seres marinhos — pássaros, peixes e homens em canoas. Também é possível ver alguns modelos funcionais de ornamentação (*ao pé da página*), neste caso desenhos de diamantes abertos e de tabuleiros de damas. Infelizmente, a maior parte dos muros interiores das cidadelas foi destruída.

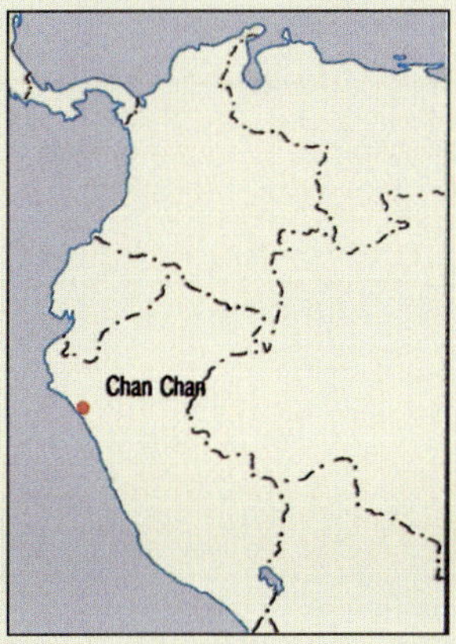


# Chan Chan

*Abaixo.* As *cidadelas* foram sendo construídas terra adentro a partir da costa. No plano interior básico surgem algumas variantes. Os recintos foram abandonados por volta de 1470 d.C. e são designados com o nome dos arqueólogos que trabalharam neles ou dos viajantes que visitaram o assentamento no século XIX.

A grande cidade de Chan Chan cobria uma superfície de uns 6 km$^2$, abrigando dez gigantescos recintos com muros de tijolos de barro, assim como pequenas estruturas especiais e simples bairros de residência e oficinas. Os recintos são todos retangulares, com uma orientação aproximada Norte-Sul e com uma distribuição interior que é quase a mesma. O recinto mais espaçoso ou cidadela delimitava não menos de 221.000 m$^2$ de solo. Os muros do recinto exterior podem ter alcançado os nove metros de altura, e um dos muros do recinto tinha 650 metros de comprimento. Os grossos muros de tijolos erguiam-se usualmente sobre fundações de cascalhos.

Tais cidadelas, que eram os palácios reais dos governantes chimus, tinham uma única entrada no alto muro Norte, que se abria para um corredor, que conduzia a um vasto pátio de entrada. No muro meridional deste pátio, uma rampa conduzia a uma elevada tribuna de estrutura alongada. As escavações realizadas nestas rampas trouxeram à luz sepulturas, que provavelmente foram feitas no tempo da utilização da estrutura.

As construções do complexo em forma de maça incluíam pátios menores, depósitos e auditórios, que eram pequenas estruturas em forma de U e que muito bem poderiam estar relacionados com as construções costeiras de tempos passados, também em forma de U.

Os auditórios, que tinham uma superfície de 5-6 m$^2$, foram descritos como possíveis centros para a distribuição e controle dos alimentos. O fato de as sepulturas terem aparecido dentro delas ou em suas proximidades sugere, no entanto, uma função ritual, assim como sua forma poderia representar um modelo de casa ou um nicho cósmico.

Toda esta seção setentrional do conjunto era quase quadrada. Encostada a ela, e mediante outra porta no muro Norte, chegava-se a outro recinto quadrado de dimensões similares, com mais depósitos, alguns auditórios e quartos para moradias.

O traço mais importante deste setor era uma plataforma de enterro para a família real, que comumente era a última estrutura a ser construída em cada complexo. Nove dos dez conjuntos têm na extremidade sudeste essa pirâmide truncada, dentro da qual havia múltiplas celas, às quais se entrava por cima após a aproximação através de um pátio especial. Uma cela central e mais ampla devia abrigar o cadáver do governante.

A lista de reis chimus menciona dez soberanos, e dez são as estruturas palatinas muradas em Chan Chan. Os arqueólogos acreditam que cada uma das cidadelas foi a residência particular de um rei e o centro administrativo do grande reino Chimu. Ao falecer o soberano, sua residência convertia-se num mausoléu lacrado.

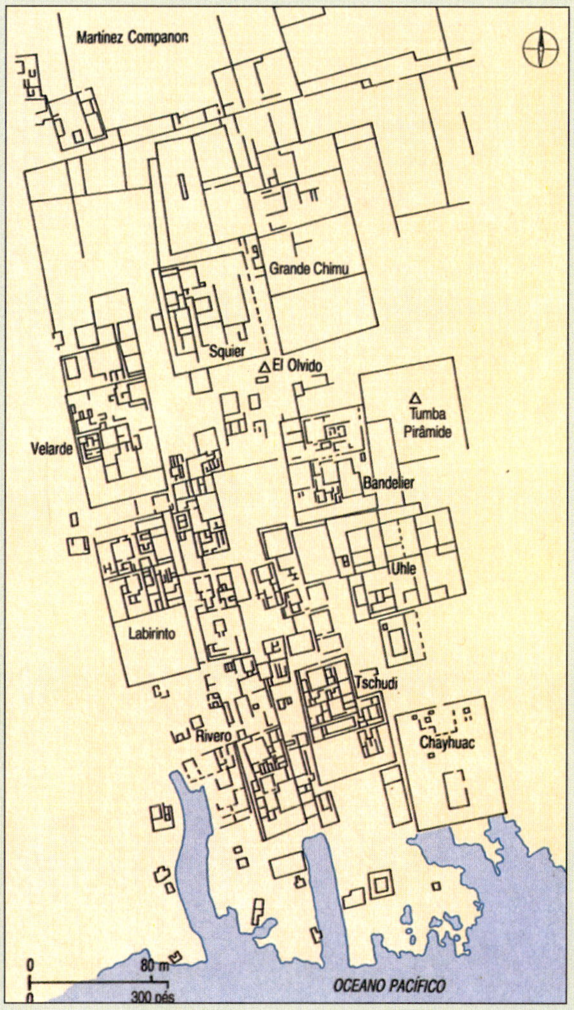

*Esquerda.* O vasto Império inca exigiu uma organização rígida, que foi possível manter graças em parte ao uso de grandes albergues e depósitos à beira das estradas, como o de Tambo Colorado no litoral sul, que vemos aqui.

*Esquerda.* **O Império inca** Tahuantinsuyu, o mundo das Quatro Partes — Chinchasuyu (norte), Cuntisuyu (oeste), Antisuyu (leste) e Collasuyu (sul) — foi na verdade uma faixa estreita que se estendia pela costa ocidental de América do Sul. Formalmente correspondia à difundida crença pré-colombiana na estrutura cósmica dos quatro pontos cardeais. Tahuantisuyu abrangia uma grande variedade de climas e topografias, que proporcionavam bens para distribuição e regiões que eram trabalhadas com finalidades diferentes — pecuária, extração de pedras, agricultura, pesca, mineração etc. Debate-se a existência ou não de cidades reais; mas é certo que ao longo dos caminhos incaicos houve pontos nos quais eram armazenadas ou redistribuídas as mercadorias e nos quais certos funcionários controlavam ou supervisionavam as operações do império. A seqüência cronológica da expansão que aqui aparece coincide com a história "oficial" dos incas, que poderia muito bem ser lendária, visto que os anais incaicos se misturam com mitos. Os primeiros reis e suas façanhas são provavelmente apócrifos. Os soberanos pré-colombianos gostavam, ao que parece, de referendar seu poder régio relacionando-se com algum antepassado sobre-humano de eras míticas. Certamente que Manco Capac, o fundador inca que se transformou em pedra e era o filho do Sol, é uma figura dos reinos nebulosos da lenda. A história começa realmente com Pachacutec, o grande homem dos incas. Seu pai, o inca Viracocha, foi um personagem histórico; mas foram Pachacutec e seu filho Tupac Yupanqui (o inca Topa), com uma pequena contribuição posterior de Huayna Capac, que criaram o império que aqui descrevemos.

*Página anterior esquerda.* Os ferreiros incas forjaram estatuetas nuas de homens e mulheres em ouro ou prata. Um exemplar, achado no Chile, aparece vestido, e as roupas em miniatura que foram encontradas em outros lugares sugerem que talvez fossem vestidas. A presente figura mostra lóbulos auriculares esticados pelo peso dos pingentes. Apesar de o homem representado não usar estes pingentes, o fato de lhe terem posto essas enormes orelhas indica que se tratava de uma pessoa importante que tinha despido suas vestes e brincos para alguma cerimônia sagrada.

*Acima.* A vida e história dos incas foram deliciosamente ilustradas por Guamán Poma de Ayala. Aqui Huayna Capac porta armas e veste uma capa régia típica.

## OS INCAS

A construção imperial andina alcança seu máximo esplendor no século anterior à chegada dos espanhóis ao Novo Mundo, quando o Império incaico se estendia de Cuzco, nas terras altas meridionais, até o Chile e o noroeste da Argentina, e pelo norte até o Equador.

Um aspecto do fenômeno inca é sua brevidade, dado que foi freqüentemente observado. De fato, o Estado inca durou quase 90 anos, e o Império pouco mais de 50 antes que os espanhóis acabassem com ele. Era, no entanto, da própria natureza dos impérios ou dos grandes Estados andinos sua curta existência após uma expansão considerável. Quando os espanhóis chegaram, já haviam começado as lutas pelo acesso ao poder.

O povo inca tinha surgido como um pequeno principado na área de Cuzco, que se consolidou pouco a pouco. Por volta de 1440, e após uma expansão vitoriosa entre os povos vizinhos, iniciaram conquistas mais relevantes sob as ordens de seu governante, o inca Pachacutec, o "grande homem" da história incaica. (A palavra inca referia-se ao governante, que era considerado o filho do Sol ou a encarnação terrestre do mesmo. Depois foi aplicada ao povo conquistador que falava quéchua.) Pachacutec reorganizou também a estrutura econômica e política do principado até convertê-lo num reino centralizado e estratificado, e reconstruiu o povoado de Cuzco, que era de madeira e telhados de palha, transformando-a na cidade que impressionou os espanhóis e que tornou famosa no mundo a arquitetura incaica.

Os incas distinguiram-se por várias coisas; mas talvez sobretudo por suas construções urbanas e por seus primorosos trabalhos em pedra. É lendário seu trabalho de alvenaria com pedras enormes e bossagens, cortadas de forma irregular e unidas sem argamassa alguma, de uma maneira tão perfeita que entre elas não passava a lâmina de uma faca. E não foi apenas Cuzco, construíram assim várias outras cidades ao longo de seu império.

Algumas foram edificadas a partir das fundações, e em outras foram recuperadas as estruturas existentes. Grandes blocos de pedra eram laboriosamente arrancados das pedreiras, desbastados e entalhados com instrumentos de pedra, e depois arrastados sobre roletes de madeira ou sobre trenós puxados com cordas, o que exigia uma abundante mão-de-obra. Diante do muro em construção erguiam rampas de terra e pedras pelas quais içavam os grandes blocos. O entalhe e acomodação final dos blocos eram realizados depois de colocadas as pedras; mas os levantamentos, cortes e aplainamentos tinham que ser repetidamente executados para obter a montagem perfeita. Um dos primeiros cronistas, Pedro de Ondegardo, afirmava que eram necessários vinte homens durante um ano para entalhar cada um dos grandes blocos. Os incas conheciam o prumo, as réguas de cálculo de duas peças, alavancas e elevadores de bronze e de madeira, assim como cinzéis de bronze. Foram precoces na fundição deste metal, mas os instrumentos feitos com bronze foram pouco utilizados no entalhe das pedras. Elas eram trabalhadas com martelos de pedra e polidas com pedra ou areia molhada.

Boa parte dos trabalhos consistia na construção de terraços de cultivo e de obras de canalização e irrigação. Cuzco é cercada de amplos vales; mas nos Andes a terra é de modo geral pouco plana e cultivável, por isso os cultivos crescem nos terraços das encostas, às vezes de considerável inclinação. Os terraços eram construídos com a contenção de rampas de pedra e com camadas de cascalho debaixo da terra para garantir a drenagem. Através dos terraços eram construídos também sistemas de escoamento com pedras alinhadas.

### Estrutura social e cósmica

Como muitas outras cidades antigas, Cuzco foi o "umbigo" do mundo, e isso é o que significa seu nome.

O Império incaico foi chamado Tahuantinsuyu ou "mundo das quatro regiões". Os quatro pontos cardinais foram importantes para os povos pré-colombianos, e os incas não constituíram uma exceção. Eles, no entanto, consideravam o leste e o oeste como as direções dominantes, porque marcavam o curso do Sol.

Os incas tendiam a dividir o próprio conceito de mundo e suas populações em quartos ou metades.

Em teoria — e também em grande medida na prática — a sociedade incaica era estruturada de um modo rígido. No vértice da estrutura estava o governante inca semidivino. Assim como o império, também a cidade de Cuzco era dividida em quatro partes, com divisões sociais estritas e obrigatórias. Os quartos de Tahuantinsuyu estavam divididos em províncias de diversa extensão, com uma capital em cada uma, subdividindo-se as demarcações provinciais em metades. Os funcionários que governavam cada uma das quatro partes viviam em Cuzco. E em cada província havia um governador. Tais funcionários eram nobres, e, provavelmente, aparentados ao soberano inca.

Dentro de cada província, a população estava idealmente dividida em dez partes, sujeita a uma hierarquia sob as ordens do governador. Este tinha a responsabilidade de umas 10.000 pessoas, e os funcionários subordinados controlavam menos de uma décima parte. Para poder estabelecer este sistema, foi preciso fazer transferências de população, por motivos diferentes. Se um grupo parecia inquieto sob o jugo inca, podia ser deportado para outro lugar no qual as possibilidades de rebelião fossem menores. Se o trabalho demandava, transferia-se a população segundo as necessidades; o motivo de tais movimentos de população podia ser a abertura de um novo território, a intensificação da agricultura ou o uso de outras fontes de provisão. Com freqüência esses grupos de prestação pessoal, chamados *mitmac*, eram levados a Cuzco, onde as pessoas de um lugar, organizadas segundo seu tradicional *ayllu* ou linhagem, e usando a indumentária de sua pátria de origem, era acomodada numa parte da cidade ou seus arredores com outras pessoas do mesmo grupo. Conservavam sua própria língua, apesar de o quéchua ser a oficial, a língua franca. Topônimos quéchuas são encontrados ainda hoje até no Equador.

Os impostos adotaram muitas vezes a forma de prestação pessoal. Em geral, um terço dos alimentos ou bens produzidos revertia para o inca ou para Estado, um terço para os deuses (que provavelmente também acabava nas mãos do Estado) e outro terço ficava para uso dos produtores.

A agricultura teve, naturalmente, importância primordial. Os ritos dos incas giravam em grande parte em torno do calendário agrícola. O próprio soberano iniciava a estação da semeadura. Quando a população aumentou e a esfera do poder foi ampliada, a produção e o controle da distribuição de alimentos tornaram-se cada vez mais importantes. A identificação do soberano com o Sol pode ter sido uma forma de destacar politicamente o controle do soberano sobre a agricultura.

Foram conservados os arquivos por meio do quipo, consistente numa corda parecida ao ábaco, na qual podiam ser feitos os cálculos mediante nós que eram uni-

# Pedra sagrada

Todos os povos pré-colombianos parecem ter tido suas pedras sagradas; mas os incas foram mais longe nessa prática que outros povos. O sentido da pedra que aparece na arquitetura se reflete também nos mitos.

São numerosas as variantes dos mitos incas sobre as origens, que aparecem nas crônicas do século XVI.

Uma dessas versões conta que o deus criador fez os homens de uma pedra. Em outra da lenda refere-se que, tendo fracassado a primeira tentativa de homem, o criador transformou em pedras o produto de seu experimento. Relata uma história que o povo inca originário era formado por quatro irmãos e quatro irmãs que saíram de uma porta de pedra — ou seja, de uma caverna — numa ilha do lago Titicaca, não distante de Tiahuanaco.

(Em outros mitos o Sol tinha nascido de uma rocha sagrada desta ilha.) Um dos quatro irmãos voltou para a caverna e nunca mais foi visto; outros dois foram transformados em pedras, e o quarto foi Manco Capac, o primeiro soberano inca que, tendo fundado Cuzco, se diz que demarcou o país arremessando com uma funda quatro pedras nas quatro direções do mundo. Acreditava-se que o próprio Manco Capac tinha acabado transformado em pedra, e como tal era levado para a batalha pelos guerreiros incas posteriores. Todas as pedras sagradas em volta de Cuzco abrem-se em leque sobre a cidade; algumas são rochas planas e desgastadas, outras são rochas naturais esculpidas com motivos em degrau, formas serpentinas e outros desenhos.

Dramaticamente situado no cume de uma colina íngreme sobre o rio Urubamba e cercado de montanhas ainda mais altas, Machu Picchu é um povoamento estratégico no extremo do Império inca; mas é também um lugar sagrado, que possui numerosas pedras vivas esculpidas, que eram as *huacas* para os incas. A mais proeminente e em forma de trono é a Intihuatana ("O que retém o Sol") que estava situada num lugar alto ao qual se chegava por degraus escavados na rocha (na ponta direita). Uma série de canais e fontes, cuidadosamente entalhados, distribuía a água pelo povoado (*direita*).

Nas construções de magnífica alvenaria do Grupo do Rei em Machu Picchu (*acima esquerda*), e também em Tambomachay a leste de Cuzco, surgiram portas ou nichos trapezoidais, característicos da arquitetura inca. Os quatro nichos de Tambomachay (*esquerda*) podem ser uma referência aos quatro irmãos que saíram de cavernas segundo o mito inca das origens, no qual pedra, cavernas e antepassados estavam estreitamente relacionados. Os terraços e muros deste povoamento, um dos santuários ao longo das linhas que irradiavam de Cuzco, demarcam e canalizam uma fonte sagrada. Desde os primeiros tempos foram construídas estruturas religiosas em torno de nascentes. Segundo a crônica de um dos primeiros espanhóis, o soberano inca hospedava-se em Tambomachay quando ia para a caçada, que era uma atividade relacionada aos antepassados. O muro que sustenta os nichos apresenta um trabalho de pedra lavrada mais depurado que o dos muros de baixo. Estes contrastes eram freqüentes.

*Esquerda.* Os incas marcaram a natureza com a habilidade do homem. Rochas naturais proeminentes foram trabalhadas com freqüência com uma precisa mão-de-obra de entalhe. Muitas apresentam um desenho tripartido, e é habitual o tema da escada. Esta rocha, chamada o Trono do Inca, é a marca característica de uma longa saliência de pedra calcária, que contém outras obras de escultura — nichos, escadarias e passadiços —, bem como uma formação natural absolutamente rara de rocha ígnea. O Trono, voltado para o leste, olha para Sacsahuamán, uma construção imensa acima de Cuzco, que recebe os primeiros raios do sol nascente antes que iluminem o vale abaixo. A rocha pode ter sido um trono ou um altar ou uma pedra sagrada. A lenda conta que o soberano inca se sentava sobre esta pedra em certas ocasiões. Também foram feitas interpretações astronômicas a propósito da pedra.

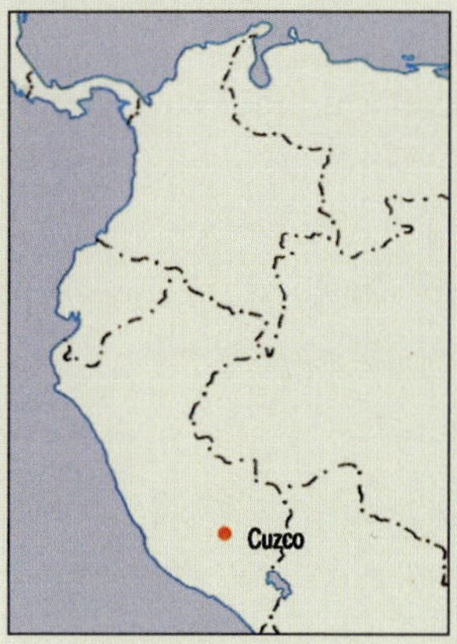


# Cuzco

*Abaixo.* A igreja de Santo Domingo foi erguida sobre parte do arrasado Templo do Sol, o Coricancha ou "recinto dourado", a estrutura incaica mais importante e o centro cerimonial da cidade. Suas paredes eram cobertas de lâminas de ouro e de prata. Alguns de seus espaços internos foram recém restaurados.

A cidade de Cuzco ergue-se num vale a uns 3.500 metros de altitude sobre o nível do mar, no ponto no qual confluem os rios Chunchullmayo, Tullumayo e Huatanay.

A leste da cidade, brotam as fontes do Urubamba, que desemboca no Amazonas. O vale de Cuzco é pequeno e resguardado; mas os vales fluviais lhe dão acesso ao antigo Império inca.

Segundo a lenda, a cidade foi fundada por Manco Capac no lugar no qual depois se ergueria o incaico Templo do Sol, e no qual agora se ergue a igreja de Santo Domingo. Segundo um dos primeiros cronistas espanhóis, Pedro Sarmento de Gamboa, a família dos governantes incas morou naquele lugar em casas simples até que a cidade começou a crescer, e então foram construídas residências especiais para os soberanos.

Pachacutec deu seu esplendor à cidade. Conta uma lenda que esse soberano inca visitou a cidade mais antiga de Tiahuanaco, e ficou tão impressionado, que reconstruiu em pedra a cidade de Cuzco. Mas a grandiosa arquitetura de pedra era já uma tradição das terras altas, e a arquitetura de Cuzco tem pouco a ver com a de Tiahuanaco. Mais ainda: há exemplos de construções magníficas estritamente relacionadas com a cultura autóctone. Pikillacta, para dar um exemplo, é um assentamento huari amplo e belo no caminho de Collasuyo, não distante de Cuzco. Pachacutec construiu desde as fundações um esplendoroso Templo do Sol, cujos restos podem ser vistos ainda hoje.

Edificou em pedra alguns templos, palácios para seus oficiais e um convento para as mulheres escolhidas, as quais teceram os panos mais finos e desempenharam certas funções em diversos rituais. Pachacutec começou também a construção de Sacsahuamán, o magnífico templo-fortaleza na parte alta da cidade.

Pedro Sancho, que foi secretário de Francisco e de Pedro de Pizarro (este último sobrinho do conquistador), deixou-nos informações sobre a cidade antes da espoliação pelos espanhóis e antes que as batalhas por sua posse a destruíssem em grande parte. No entanto, não era fácil destruir ou remover os muros monumentais levantados pelos incas com enormes pedras, e muitos persistem em Cuzco como fundações da cidade moderna.

*Abaixo.* As ilustrações do belga Théodore de Bry eram mais européias que americanas. Nunca tendo visto Cuzco, desenhou-a como uma cidade européia, como um tabuleiro perfeito. O plano reflete as quatro partes do império e do cosmos incaicos, tendo os incas disposto três muros com fossos em volta de alguns lugares; o desenho mostra também os rios da cidade. No entanto, Cuzco não estava amuralhada nem sua forma era tão regular.

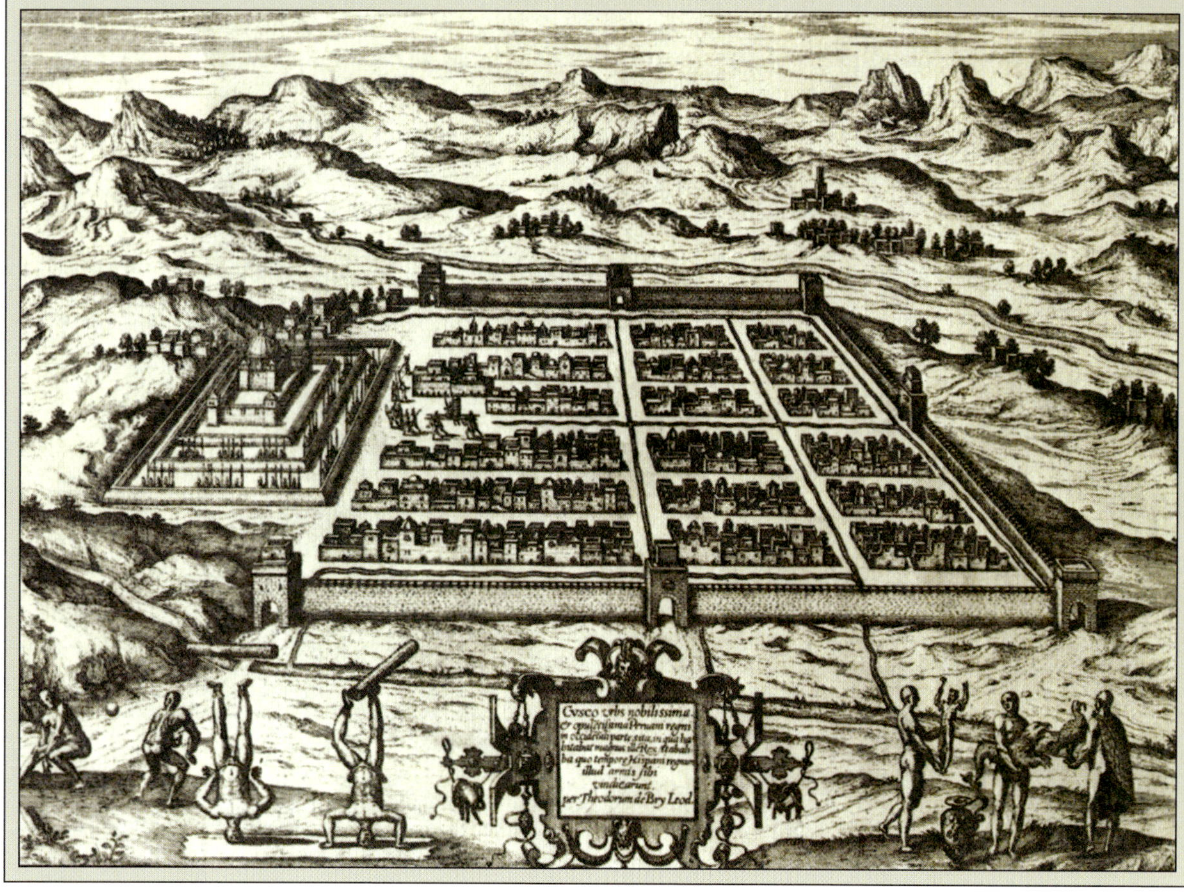

*Abaixo.* A cidade colonial de Cuzco foi construída sobre ruínas incaicas, sobrevivendo boa parte do plano e dos muros dos antigos incas. Cuzco é provavelmente a cidade mais antiga e de ocupação mais continuada do Novo Mundo.

*Ao pé da página.* Sacsahuamán fica acima do centro alto do plano, na direção oeste. Este gigantesco sítio arqueológico, situado numa colina íngreme acima da cidade, foi iniciado por Pachacutec em meados do século XV e estava quase completo no momento da conquista espanhola. Era guardado por três muralhas imensas em ziguezague, que ainda hoje atingem 16 m de altura e que no passado foram ainda mais altas. Afirmou-se que 10.000 pessoas — na maior parte pertencentes à população de Cuzco — poderiam ter-se refugiado dentro de seus muros. Sacsahuamán foi cenário de batalhas durante a conquista espanhola. Foi também um lugar consagrado ao Sol, no qual, ao que parece, foram celebrados sacrifícios.

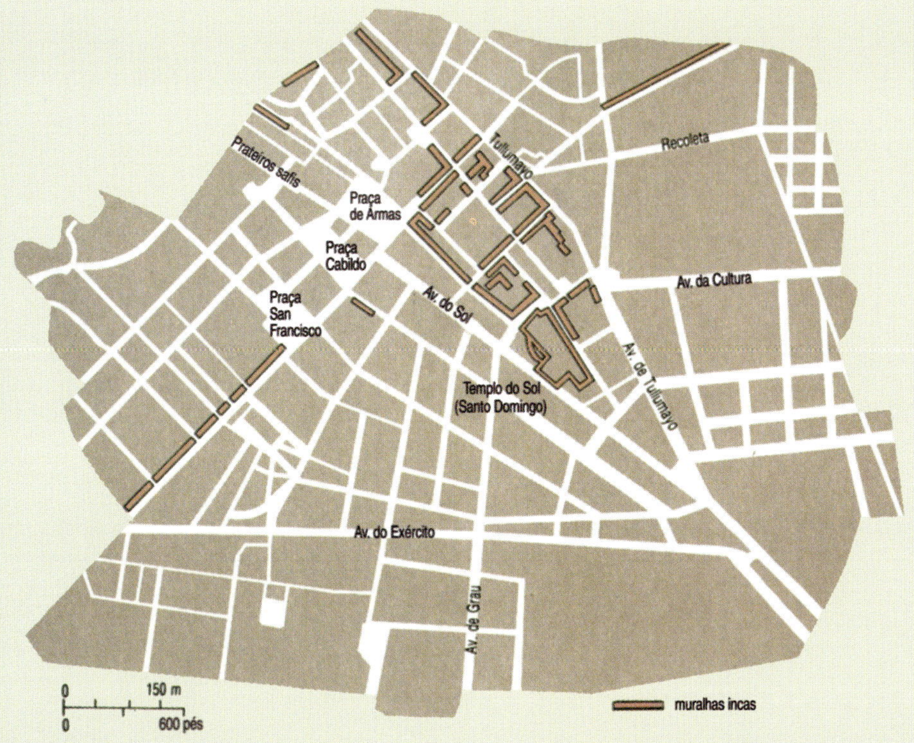

dades de valor em posições decimais. No século XX foram usados quipos para cálculos do dia-a-dia; no passado podem ter tido usos mais esotéricos, talvez com propósitos astronômicos ou religiosos.

**O sistema de estradas**

A espinha dorsal do Império incaico foi um sistema de estradas cuja longitude não foi ainda medida, mas que provavelmente totalizou uns 40.000 km. O calçamento principal cruzava os Andes de Cuzco a Quito, com numerosos centros incaicos ao longo dele. A extensão setentrional conduzia até o que hoje é o sul de Colômbia. Outra estrada ia pelas terras altas de Cuzco, pelo sul, até o noroeste da Argentina e do Chile, para além de Santiago. Houve também uma estrada costeira, que enlaçava com estradas de montanha, e outros pavimentos uniam todas as cidades.

Quando era possível, os construtores de estradas evitavam as dificuldades do terreno, como as altitudes excessivas, os pântanos e o deserto; mas tiveram também recursos consideráveis para enfrentá-las, quando era necessário.

Por não ter tráfego de rodagem — não eram usados animais de tração —, a construção adaptava-se à geografia e ao uso para o qual se abria o caminho. A largura variava de um a dezesseis metros, ainda que em alguns pontos o pavimento pudesse ser ainda mais largo. Às vezes não se construía formalmente uma estrada, mas se procedia à abertura de um caminho. E em muitos lugares foram usados caminhos pré-incaicos. Foram abertas estradas no horizonte médio, porque os caminhos "incaicos" ligavam muitos assentamentos huaris e tiahuanacos, e há também provas de caminhos anteriores pertencentes ao horizonte primeiro. Os caminhos incas de montanha estreitavam-se às vezes ao longo de uma parede de despenhadeiro. As estradas litorâneas eram mais largas e retas, com muros baixos de pedra, tijolos de barro ou taipa ou com fileiras de postes de madeira em ambos os lados para conter as areias do deserto. Os pavimentos que atravessavam regiões agrícolas eram delimitados por muros altos. Quando o caminho cruzava terras úmidas eram construídos calçamentos propriamente ditos, com canais de drenagem e com pavimentos de pedra.

As pontes suspensas dos incas precipícios profundos eram famosas. Havia também pontes com superestruturas de madeira ou pedra que se apoiavam sobre pilastras de pedras. Há poucos exemplos de uso de pontes de pedra natural, e na região do lago Titicaca foram construídas pontes sobre balsas de juncos. Em alguns pontos o viajante era transportado através do rio numa cesta presa a cabos, e em alguns cursos fluviais houve desembarcadouros que consistiam em barcas de madeira, cabaças ou juncos.

Ao longo dos caminhos havia tambos, estruturas de variadas dimensões que serviam como alojamentos e depósitos, e que provavelmente eram também sedes de administrações locais e centros de várias outras atividades. Provavelmente houve pelo menos mil tambos, variados em sua capacidade e formas arquitetônicas.

Não eram caminhos para uso de turistas correntes. Tratava-se de um serviço importante para controlar o império, e só se podia viajar por eles com um passe imperial.

*Página dupla seguinte.* Esta vista de Machu Picchu mostra sua complexa estrutura, a variedade de seus trabalhos em pedra e sua dramática localização. O "lugar que retém o Sol" aparece no centro da parte esquerda dentro de um recinto de alvenaria; acima se sucedem os terraços de cultivo.

# Os tecidos andinos

A vestimenta teve uma importância primordial para os antigos peruanos: era um sinal de riqueza, estava presente nas trocas que faziam os governantes, era empregada nas cerimônias religiosas, e sua entrega, queima ou sacrifício constituía uma oferenda sagrada. Seu uso marcava as mudanças nos ciclos vitais e era depositada nas sepulturas em grandes quantidades.

Convertida numa realidade simbólica por uma série de rituais, a vestimenta teve a ver com os motivos religiosos mais importantes. As vestiduras, geralmente tecidas, marcavam o status social e caracterizavam os ritos: determinadas vestes eram usadas por determinadas pessoas para realizar determinados atos.

Os tecelões pré-colombianos do Peru utilizaram uma grande variedade de técnicas e contavam-se entre os mais hábeis do mundo. O mecanismo têxtil mais comum foi o tear com retrocesso; consistia num tear estreito, que tinha uma das extremidades enrolada na cintura do tecelão e a outra amarrada a uma árvore ou a um poste da casa. Os tecidos começaram provavelmente com fibras de cactos, que eram usados para fazer laços e redes. Em tecidos do norte do Chile, do Peru e do Equador, pertencentes ao III milênio a.C., foi encontrado algodão. E, de fato, o algodão foi um dos primeiros produtos domésticos nos vales da costa ocidental da América do Sul. Nos Andes centrais, uma das fases primitivas é chamada do algodão pré-cerâmico, porque, apesar de a população não ter começado ainda a manufaturar a cerâmica, já cultivava e usava o algodão. Os têxteis do começo do horizonte primeiro são de modo geral tecidos de algodão planos. Por volta do final desse período, foram introduzidas as fibras de camelídeos — lhama, alpaca, guanaco ou vicunha —, utilizadas para os bordados coloridos das vestes de Paracas (a lã absorve o corante melhor que o algodão) e para algumas das primeiras tapeçarias da costa meridional.

As vestes não são confeccionadas. As túnicas eram tecidas em duas faixas retangulares da largura do tear, e reunidas nos lados de cima para baixo, deixando aberturas para a cabeça e os braços. Essa forma do vestido foi mantida com numerosas variantes.

Fontes antigas falam da hierarquia dos tecelões incas: as mulheres enclaustradas que teciam os panos mais finos para as imagens do culto, para o governante inca e para os sacrifícios rituais; as esposas de funcionários, que a cada ano enviavam roupas para o soberano inca, e os tecelões especializados cujo imposto de trabalho era um refinado tecido. A criação de camelídeos, dos quais se obtinha a lã, era também controlada pelo governo.

No período tardio, a lã de vicunha era usada apenas para as vestiduras do próprio soberano. Quando Atahualpa se encontrou com Pizarro em Cajamarca, se conta que censurou o espanhol pelo que havia feito dizendo-lhe: "Eu sei o que fizestes ao longo deste caminho. Tomastes as vestes dos templos, e eu não descansarei até que os devolvais a mim".

Hoje, nos Andes, as índias anciãs ainda têm um fuso na mão todo o dia. A necessidade de fazer panos é tão profunda e está tão difundida entre o povo que é possível ver jovens vestidas com roupas modernas cruzarem a praça de uma cidade enquanto vão fazendo ponto.

*Esquerda.* Uma criatura bordada sobre uma tela da Necrópole de Paracas tem cabeça de gato e cauda de pássaro. Pequenas figuras pendem das pontas de seus apêndices superiores. Dentro de seu estômago tem um quadrúpede que por sua vez tem em seu estômago outra criatura. Os bordados de Paracas estão preenchidos com uma iconografia complexa.

*Ao pé da página,* esquerda. Ao final do período intermediário no litoral foram habituais os grandes panos pintados, e um tema freqüente é a figura de pé sob a faixa de um céu serpentiforme. Este tecido tem 1,25 m de altura.

Gorros com quatro pontas de *pelillo* — "veludo peruano" — são característicos da veste ritual de Huari-Tiahuanaco (*abaixo esquerda*). Este exemplar não é freqüente pela altura de seu corpo. Utilizavam-se plumas de ave, fixadas ao tecido de algodão, para certas peças de roupa especiais, como esta para o pescoço ou estola com desenhos chimus (*abaixo*).

Manta nazca (*esquerda*) de 225 por 95 cm, bordada com figuras monocromáticas, contrastando com as mantas anteriores de Paracas de bordados multicoloridos. O desenho repetido parece representar uma *huaca*, uma colina sagrada com plantas que crescem e uma testa coroada que parece aludir a seu espírito. A entrada de uma caverna pode representar uma fonte. Adiante, duas figuras querem agarrar um personagem central, segurando uma pelo cabelo — um signo de conquista nos Andes — e a outra pelo pulso, talvez para amarrá-lo. Pode tratar-se de um prisioneiro para ser sacrificado. Um animal sobrenatural aparece emparelhado, uma figura para cima e a outra para baixo. São mantas que provavelmente começaram a ser tecidas para os enterros. Os panos de algodão podem ter sido tecidos em teares com retrocesso, como o que aparece no desenho (*acima*), com a extremidade amarrada a uma árvore, segundo o desenho de um vaso moche.

Por aqueles pavimentos era transportada a liteira real, por eles eram feitos os deslocamentos de população de um ponto a outro do império, e também por elas marchavam os exércitos encarregados de controlar as populações do enorme Estado. Caravanas de lhamas — cada animal podia transportar até 45 kg — transportavam os produtos de um local a outro do império.

## OS ANDES MERIDIONAIS E A TERRA DO FOGO

A área arqueológica conhecida como Noroeste argentino, e que foi a área cultural mais desenvolvida ao sul dos Andes centrais, era formada por três regiões: o platô ou meseta elevada, a *valliserrana* ou vales montanhosos e as selvas do oeste, com uma concentração cultural nos vales de montanha. O noroeste da Argentina foi um ponto de encontro para a população já estabelecida ali com as pessoas e influências vindas do norte a partir do Chile, dos Andes centrais e do Chaco a leste — estas últimas eram uma população nômade com uma economia rudimentar — e com os povos caçadores e coletores dos Pampas patagônicos, que eram as regiões do sudeste.

O período primeiro ou formativo (500 a.C.-650 d.C.) foi um tempo de desenvolvimento. Nos primeiros 300 anos de esse período houve uma agricultura incipiente. Depois de 200 a.C. foram iniciados os trabalhos de olaria e metalurgia com a primeira cultura Condorhuasi nos vales centrais e com a chamada cultura de Candelaria no nordeste. Nos vales baixos foi encontrada a cultura Condorhuasi, que foi provavelmente uma mistura de povos de origem andina e de outros de nível cultural inferior vindos do Chaco ou da selva tropical. Os artesãos dos povoados condorhuasis fizeram uma cerâmica policromada e modelada de alta qualidade, esculturas de pedra e singelos pingentes de ouro e prata.

No começo da era cristã houve ali uma floração de culturas que foram chamadas de Condorhuasi e La Candelaria, assim como as da Ciénaga, Tafí e outras apinhadas nas províncias de Cajamarca e Tucumã, entre as planícies cobertas de matas do Chaco, a borda oriental dos Andes e o platô. No platô, a oeste, desenvolvia-se a cultura tebenquiche, própria dos pastores de lhamas e dos plantadores de batatas do planalto, com povoados pequenos e uma técnica avançada nos tecidos e na cerâmica.

A crescente estratificação social poderia ajudar a esclarecer a presença de adornos de ouro nesta cultura.

O período médio (650-850 d.C.) inclui a cultura Aguada, que foi influenciada por Tiahuanaco, mas que teve um estilo cerâmico característico de figuras recortadas sobre vasos bojudos, alguns dos quais constituem a cerâmica mais refinada da região. Foi uma cultura que produziu também refinados objetos de metal: as formas *kero* de Tiahuanaco foram feitas com lâminas de ouro ou de prata. Aproximadamente pela mesma época, foram introduzidas novas variedades de plantas.

Um período de desenvolvimento tardio ou regional, que durou de 850 a 1480 d.C., criou as culturas de Santa María e Belén, notáveis pelas grandes urnas funerárias policromadas. O período final foi o tempo da dominação e da influência incaicas (1480-1535).

Os povos do noroeste argentino formaram principados com confederações dirigidas por um ou vários caudilhos. Em cada aldeia usava-se como templo uma casa especial; mas os resultados arquitetônicos foram mínimos.

Estabeleceu-se entre eles uma agricultura de irrigação intensiva, a domesticação de animais e houve excedentes de alimentos. Os artesãos pintaram gravuras rupestres e

Uma máscara de pedra com desenhos geométricos, e 11 cm de altura, pertencente à cultura de Tafí no noroeste da Argentina.

Machado cerimonial de bronze, pertencente à fase última do período de desenvolvimento regional, também no noroeste da Argentina.

realizaram cerâmicas de excelente qualidade, modelada ou pintada em duas ou três cores; trabalharam o ouro, a prata, o cobre e o bronze, e teceram panos e cestos.

**Chile**

O deserto de Atacama, na costa norte do Chile, é um dos lugares mais secos do mundo. A região ao sul de Arica, no extremo norte da costa, é de uma particular riqueza arqueológica. Seus cemitérios conservaram centenas de sepulturas em perfeito estado, alguns com corpos mumificados segundo técnicas muito complexas. A costa chilena torna-se semi-árida no trópico de Capricórnio, perto da moderna Antofagasta, e úmida à medida que se aproxima da ilha de Chiloé. Na região semi-árida da costa central, perto de Coquimbo, já no período tardio, floresceu a cultura diaguita. Os índios araucanos, que habitavam a faixa costeira úmida do Chile nos últimos períodos, desafiaram primeiro a invasão inca e mais tarde a de espanhóis e chilenos. Os camponeses, que abriam clareiras com machados de pedra e praticavam os roçados, cultivaram milho, abóbora, batata, feijão, pimenta e quinoa. Usaram canoas com compartimento e balsas de juncos, e em terra serviram-se das lhamas como animais de carga. Os mapuches, um grupo dos araucanos, foram caçadores semi-sedimentários de guanacos, cervos, raposas e pássaros, e coletores de plantas. Um dos primeiros cronistas espanhóis deixou uma descrição vívida destes índios que se alinhavam à beira do rio, se lançavam à água e, com lanças de três pontas, conseguiam uma pesca abundante.

O período primeiro de caçadores e coletores havia começado por volta de 10000 a.C. com a caça de uma fauna agora extinta; já por volta de 7000 a.C. caçavam espécies modernas, colhiam e pescavam. Perto do final desse período aparece a cultura do "anzol de moluscos/peixes", e dela foram encontrados vestígios nos arredores de Cobija. Por volta de 3000 a.C. começa o período inicial ou de Chinchorro, que se prolonga até o 500 a.C. Essa cultura deixou vestígios na costa até o sul de Taltal. Foi uma cultura pré-cerâmica que desconheceu a agricultura, mas que manufaturou cestos e utensílios de caça e pesca, assim como alguns têxteis (algodão e mais tarde lã) com cores naturais ou com cor vermelha, e primorosos cocares de plumas e fibras.

O período intermediário evidencia contatos com Tiahuanaco e o sul da Bolívia, prolongando-se dessa época até a era final da influência e controle incaicos. Na primeira parte desse período, a fase de Alto Ramírez, já se tinham desenvolvido assentamentos de povoados com uma arquitetura mínima. Cultivaram milho, feijão, abóbora e *capsicum* (pimenta); utilizaram uma cerâmica simples e fizeram progressos na arte de tecer.

**Patagônia, Terra do Fogo e Chile meridional**

O homem tinha encontrado o caminho até o extremo mais meridional do continente sul-americano, já por volta de 9000 a.C. pelo menos. O arqueólogo Junius Bird encontrou restos de um homem primitivo aproximadamente dessa data na margem continental do estreito de Magalhães, nas cavernas Fell e Palliaike. Foram acampamentos de caçadores que usavam projéteis de pedra na caça de cavalos e preguiças agora extintos, bem como dos guanacos que ainda se conservam.

Restos ainda mais antigos (cerca de 9400 a.C.) apareceram mais ao norte, na costa do Chile, na lagoa de Tagua Tagua, um acampamento junto a um lago no qual os caçadores esperavam os animais que vinham matar a sede. Na mesma latitude, terra adentro, a caverna de Inthuasi conservava restos anteriores a 6000 a.C.

Falando com propriedade, a Terra do Fogo é a vasta ilha ao norte do arquipélago que se acha no extremo sudeste da América do Sul, entre o estreito de Magalhães e o Canal de Beagle. Mas aqui usamos o nome num sentido mais amplo para designar todo o arquipélago e a cultura fueguina que se prolonga através do arquipélago do oeste do Chile até a cidade de Chiloé. As geleiras descem da cordilheira em direção ao oeste; as encostas andinas são densamente cobertas de selvas; ao leste estendem-se as pradarias ondulantes. Charles Darwin descreveu a Terra do Fogo como uma região com um clima horrível e com nativos em condições miseráveis. O clima de Terra de Fogo não é tão extremado como o de algumas regiões habitadas do hemisfério norte. Há bosques, caça abundante e a possibilidade de uma agricultura limitada, que poderia sustentar uma população considerável. Mas, apesar de seu adiantado início, a cultura índia manteve-se ali num nível muito baixo. Mesmo no século XX ainda não havia cerâmica nem tecidos, o arpão, o machado e a broca eram ignorados, assim como os recipientes para cozinhar os alimentos.

Na região houve quatro grupos de índios, dois voltados para a terra (índios a pé) e outros dois para o mar (índios das canoas). Todos os grupos foram caçadores e coletores. Destacava-se a escassez de vestes entre eles: gorros, tangas reduzidas, botas de água, cocares de plumas e fibras e algumas jóias. Para as cerimônias pintavam o corpo imitando "roupas".

Os mais próximos do mar, os migratórios yaganes e alacalufes, dispunham de canoas, paletas, argolas e cordas de amarração, mas não possuíam anzóis. Pescavam com arpões ou com a mão; comumente comiam aves marinas, patos e peixes, ainda que seu alimento principal fossem as focas.

Os nômades onas e os pequenos grupos de haúshes colhiam plantas e caçavam (com ajuda de um cão fueguino agora extinto) guanacos e zorros, que usavam como alimento e pelo couro, para capas e bolsas. Construíram abrigos contra os ventos com cascas ou couros sustentados por paus. Caçavam mamíferos marinhos da margem e capturavam peixes nos charcos que deixava a maré baixa. Há um mito ona que se assemelha muito aos dos povos do norte: houve um deus criador ou um primeiro homem que se converteu em deus no começo do mundo e que criou certos elementos dele. O modelo mítico encontra-se em grande parte do Novo Mundo. O mito ona das origens fala também do primeiro povo que desceu do céu por uma corda, mito que se encontra também entre os povos do norte. No noroeste, os chonas caçavam e coletavam alimentos marinhos ao longo da costa chilena. Também vestiam pouca roupa, apesar de usarem longas capas de couro de guanaco e botas de água.

A Patagônia estende-se ao norte da Terra do Fogo e ao leste dos Andes. Existem ali mesetas secas que adentram até os Pampas, as pradarias do norte. Essas pradarias foram a pátria originária dos puelches e tehuelches, pequenos bandos nômades de 51-150 pessoas, que caçavam guanacos, raposas e pequenos gamos. Estes índios se serviam de instrumentos de pedra para trabalhar as peles e como armas. Decoravam seus mantos de couro, faziam máscaras e cestas e esculpiam objetos de osso. Como os vizinhos do sul, pintavam o corpo. Alguns dos grupos posteriores manufaturaram pequenos vasos de cerâmica de mínima qualidade.

Desde o começo do século XX, as populações indígenas quase desapareceram. Como muitos outros, os fueguinos foram eliminados pelos europeus e suas epidemias.

# SEXTA PARTE

# A HERANÇA VIVA

# Choque de culturas

Pode-se usar o argumento de que o contato entre culturas indígenas e culturas européias continua, e que as diferenças continuam sendo profundas. Mas é bom lembrar que os contatos estabelecidos no século XVI foram distintos porque se tratavam de culturas dispersas e complexas, sem nenhuma experiência anterior sobre a qual assentar a compreensão recíproca. As culturas da América e da Europa (havia várias nos dois continentes) se fundamentavam em princípios muito diferentes e, com freqüência, conflitantes. Comumente, os contatos iniciais eram difíceis, envoltos em gestos ácidos de incompreensão e ofensas não intencionais, claramente percebidos por todos. Os europeus, em geral, viam no intercâmbio de bens um comércio, enquanto aos olhos da maior parte dos índios tratava-se de reciprocidade. No entanto, rapidamente, ambos se conformaram com os costumes um do outro. Os mercadores europeus começaram a fabricar os produtos que os índios mais ambicionavam como panelas de latão, avelórios, armas de fogo e machados. Por sua vez, os índios intensificaram a caça de animais para tirar a pele com o objetivo de proporcionar aos europeus o que estes desejavam. Era inevitável que os europeus não tentassem adquirir e ocupar terras indígenas. O processo foi rápido no Caribe. Pouco depois, os impérios do México e do Peru também passaram para as mãos dos espanhóis. Mas precisou transcorrer um século ou mais para que outras regiões da América fossem dominadas pelos europeus. A exploração e as diversas tentativas de colonização fizeram pipocar epidemias até então esporádicas, que ganharam enormes proporções e acabaram devorando as populações indígenas. Os europeus levaram consigo doenças que há alguns séculos estavam incubadas no hemisfério oriental e das quais, com freqüência, derivavam mutações das espécies animais domésticas, naquele tempo muito mais numerosas. Estas moléstias, às quais as populações européias já tinham se adaptado de forma gradual, para os índios foram um golpe brutal, em algumas ocasiões de maneira generalizada. Pragas como varíola e outras infecções epidêmicas chegaram a reduzir a população indígena em até 90%, em um ou dois séculos. Logo, o choque de culturas não se deu somente em termos sociais e políticos, mas a guerra biológica e não intencional também teve um papel importante.

Os gravadores europeus do século XVI copiaram grande parte das fontes gráficas que chegavam de todas as regiões da América. Esta ilustração de uma matança de índios em sua própria aldeia (*esquerda*), seguramente poderia ser a reprodução de inúmeros relatos sobre o mesmo tema nos dois semi-continentes americanos.

Algumas culturas sul-americanas se conservaram praticamente intactas até pouco tempo (*acima esquerda*). Mas a combinação da cortesia dos mercadores e das bênçãos dos missioneiros acabou soterrando a cultura tradicional, enquanto as enfermidades se encarregaram de reduzir o número de aborígines, até poucas décadas atrás.

Uma gravação que ilustra o tratamento que era dado aos nativos na Virginia do século XVI (*alto*), foi copiada das fontes sul-americanas. Os curandeiros empregam a fumigação e as técnicas xamânicas para combater uma doença desconhecida, não muito diferente das práticas européias da mesma época.

*Abaixo.* Este poste de aspecto ridículo é o testemunho eloqüente de que as sanções, freqüentemente, não são capazes de ultrapassar os limites culturais. Neste caso, um comerciante branco (*no alto*) é ridicularizado por ter cometido fraude. Trata-se, sem dúvida, de um mecanismo eficiente de controle social no seio da cultura da costa noroeste, mas que carece de efeito sobre o comerciante, que já partiu.

Em meados do século XIX, o governo dos Estados Unidos negociava regularmente com as nações indígenas do Oeste. A maior parte das guerras com os índios era coisa do passado, e as condições do tratado foram bem estabelecidas. Em algumas ocasiões, delegações indígenas visitaram Washington D. C. Aqui (*acima*), uma visita ao presidente Andrew Johnson na Casa Branca, em 1867.

A Constituição americana proíbe os estados e qualquer outra instituição pública ou privada de estabelecer acordos com as nações indígenas, e exige que estas nações sejam tratadas como soberanas e com todos os direitos dentro dos Estados Unidos. Essas medidas invalidaram muitos acordos que haviam sido feitos, e casos formulados por algumas nações indígenas modernas, que prevêem a ocupação de suas terras, continuavam sendo objeto de litígio até o final do século XX.

Os esquimós estão entre as últimas culturas que experimentaram uma mudança onipresente nas suas tradições. Muitas delas continuam; mas as embarcações a motor e os veículos que deslizam sobre a neve têm suplantado os trenós puxados por cães e os caiaques que os primeiros exploradores fotografaram (*esquerda*).

# A vida dos esquimós

Os esquimós e os aleutianos chegaram mais tarde, há quatro ou cinco mil anos, quando deixaram a Sibéria rumo ao Alaska, na região do Ártico. Eram e são diferentes dos índios americanos em muitos aspectos (biológicos, lingüísticos e culturais), e aportaram uma técnica lítica avançada, com a qual elaboraram os instrumentos que lhes permitiram penetrar no Ártico hostil e sem vegetação. A tecnologia esquimó tem sido descrita como uma engenhoca. Em alguns casos, porém, como ocorre com o arpão articulado, o caiaque ou o trenó puxado por cães, seus instrumentos foram bastante aperfeiçoados, a tal ponto que não puderam melhorá-los devido às limitações das matérias-primas tradicionais. Algumas destas ferramentas como o "mata-lobos" ou o flutuador de pele de foca são simples, mas engenhosas. O "mata-lobos" é uma lâmina de osso de baleia, afiada nas duas pontas, enrolada e congelada em um pedaço de gordura do próprio animal. Quando o lobo-marinho, faminto, engole uma delas, a gordura se derrete e faz com que a lâmina afiada o mate. O flutuador de pele de foca, atado ao arpão, é usado pelos esquimós que pescam com caiaque. As focas e morsas, quando atingidas, arremetem contra o flutuador, e não contra os caiaques, até morrerem de exaustão. Os instrumentos engenhosos, as lamparinas a óleo e os mamíferos marinhos permitiram que os esquimós penetrassem e sobrevivessem no meio ambiente mais hostil que o homem já conheceu. A adaptação deixou pouco espaço para o erro, e a longa noite ártica proporcionava tempo para a distração e o "hobby". O estilo de vida dos esquimós tem resistido às pressões do século XX, mas os equipamentos modernos têm substituído, em boa parte, os instrumentos tradicionais.

*Direita.* Os esquimós do Pólo usam as trelas de cães para arrastar as morsas capturadas e levá-las para o esquartejamento. As guias são dispostas de uma maneira que permite o fácil deslocamento dos cães, como vemos aqui. Mas, quando já cansados e sem força, as guias são reorganizadas de uma forma mais complicada, aos pares. Os cães mais fortes são indispensáveis, sobretudo no inverno, e é mais do que certo que nenhuma cultura pré-histórica teria se adaptado ao Ártico sem a ajuda dessa raça forte.

*Abaixo.* Os pássaros eram caçados e capturados vivos ou mortos, para aproveitamento da carne e das plumas. Várias eram as técnicas utilizadas: lanças ou arpões, redes e até bolas lançadas contra eles.

*Abaixo.* A furadeira de arco permite realizar, de forma rápida e precisa, pequenos orifícios num material duro. Antes de conhecer o ferro, os esquimós-artesãos utilizavam a pedra, o cobre e os meteoritos como brocas. Nesta fotografia do começo do século XX, um esquimó faz buracos com esse método em uma peça de marfim de morsa.

*Abaixo direita.* A casa de neve é um dos tipos de iglu; mas a engenhosa construção de neve e gelo é uma das coisas que mais instiga a imaginação de quem não é esquimó. As tendas de peles, relva e rocha serviam para outras estações, mas não eram suficientes no inverno ártico.

*Esquerda.* Um homem aguarda, imóvel, na borda da camada de gelo. Com um pequeno bastão em uma das mãos, faz oscilar a isca para atrair a corvina. Na outra mão, segura um arpão como o que aparece de reserva em primeiro plano. Um espeto central serve para cravar o peixe, enquanto que os dois braços laterais se abrem para fazê-lo entrar na armadilha; a posição dos espetos para trás impede que o peixe escape.

*Acima.* Um esquimó da Groenlândia, nos dias atuais, pesca uma torda-anã com uma rede ajustada a uma haste longa. Os esquimós da Groenlândia são descendentes dos thules, que se espalharam pela parte leste do Ártico americano. A expansão, há 1.000 anos, também levou os escandinavos na direção leste até a Groenlândia, mas só os esquimós permaneceram ali, após o longo percurso.

# O ritual do drama hopi

Como os índios da cultura hopi, com uma população de aproximadamente 6.500 pessoas, conseguiram sobreviver em uma nação moderna de 231 milhões de habitantes?

A resposta não está no fato de constituírem uma organização política compacta, uma vez que cada um dos povoados hopis é autônomo, possui seu próprio dirigente e seu sistema de clãs matrilineares que possuem as terras. O que mantém a coesão desta cultura e da sociedade que a sustenta é um ciclo cerimonial de dramas culturais, nos quais cada hopi tem sua participação. Os dramas possuem uma sólida base religiosa e filosófica. No cerimonial hopi, os *kachinas*, espíritos bondosos dos defuntos e dos antepassados, personificados pelos dançarinos através de máscaras, têm um papel fundamental. Existem, aproximadamente, 335 kachinas diferentes, cada um com uma personalidade e máscara distintivas, vivendo em sua própria aldeia sobrenatural e com seus próprios chefes. Eles chegam a cada povoado hopi no mês de dezembro, e passam o inverno, a primavera e parte do verão abençoando a população e garantindo-lhes a chuva para as colheitas. Em julho, regressam à aldeia kachina das montanhas. O coração secreto de toda a realidade hopi é o *kiva*, uma câmara retangular, com uma escadaria no teto que se comunica com o mundo superior. O *kiva* é a Mãe Terra, e um buraco no chão (el *sipapu*) é o "lugar de emergência" pelo qual chegaram os hopis de mundos anteriores. A maior parte dos rituais dramáticos começa na aldeia *kiva*, e só alguns terminam nela. O efeito das preces oferecidas diante dos altares kivas é garantido pelo uso de bastões de oração, a farinha de milho sagrada e o tabaco. Assim como em outros índios Pueblo, os palhaços fazem parte da representação. Pintados com faixas horizontais brancas e pretas, exibem um humor picante, com mímicas e comentários burlescos sobre o entorno social, em algumas ocasiões, indiferentes à presença de espectadores brancos na platéia. Constituem uma importante válvula de escape para uma sociedade altamente conformista.

Todas as cerimônias e danças públicas são anunciadas por um mensageiro-chefe. Nas danças machinas, os participantes que cantam são conduzidos até a praça pelo "Grande Pai", acompanhados de tambores e caminhando, todos, no sentido anti-horário. No centro, fica o mestre da dança. Nos bailes sociais, os cantores e os tamborileiros ficam separados.

Comparado ao que ocorreu na Mesoamérica depois da conquista espanhola, o ritual dramático dos índios Pueblo é quase puramente indígena, com pouca ou nenhuma influência espanhola, e nenhum sincretismo. Temos, neste caso, não só um descendente direto da religião e cerimônias do período Clássico dos índios Pueblo do sudeste americano, como também uma amostra, em pequena escala, de como devem ter sido os grandes rituais do calendário da Tenochtitlán asteca antes de 1521.

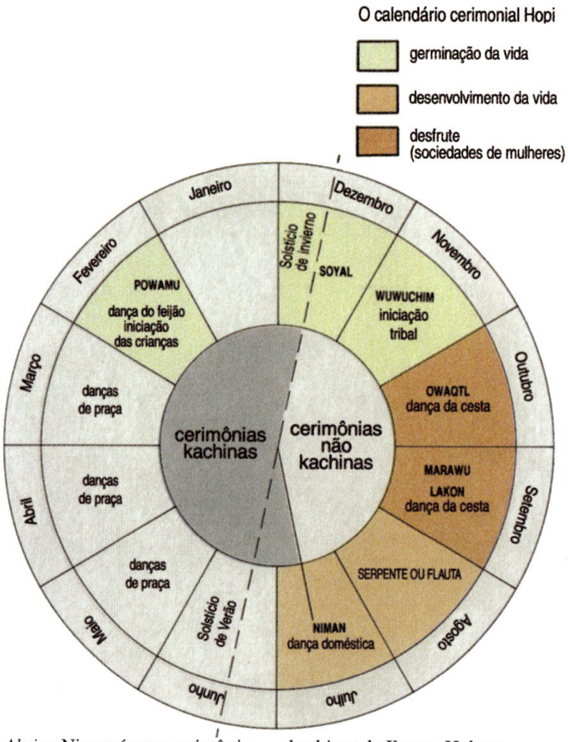


*Esquerda*. O ano dos rituais do drama hopi é delimitado pelo Sol e pelas estrelas. Começa com o Wuwuchim, uma cerimônia realizada no dia 16, que celebra a criação do universo e, durante a qual, várias sociedades religiosas cumprem o ritual do fogo novo em suas kivas; aos jovens, é outorgada a iniciação final. No solstício de inverno, durante o Soyal, aparece, repentinamente, no povoado, o primeiro kachina disfarçado com um elmo de turquesa e titubeando como um menininho. Tanto ele quanto a cerimônia simbolizam o nascimento de uma nova vida. O powamu (purificação) é o ritual que marca a última das três fases da cerimônia da criação germinal. Sementes de feijão germinavam nos kivas antes do tempo e brotavam milagrosamente em meio da morte invernal; era também o tempo em que os jovens e as jovens hopis eram iniciados pelos kachinas nos rituais das sociedades tribais.

Em julho, quando o milho e outras colheitas amadurecem, é celebrada uma grande dança que marca o regresso dos kachinas ao seu lar. Em meados de agosto, e em anos alternados, são celebradas as cerimônias espetaculares da serpente ou da flauta para garantir a chuva benéfica para as colheitas.

Finalmente, em setembro e outubro, é o tempo para as danças específicas das sociedades de mulheres, que desempenham um papel importante no cuidado e na recepção das colheitas. Desde 1911, é proibido tirar fotografias dos rituais sagrados dos hopis; mas no começo do século XX, alguns visitantes não hopis conseguiram testemunhos fotográficos, a maioria da dança da serpente. Entre 1904 e 1906, um jovem chamado José Mora, que também era um grande aquarelista, tirou uma série de fotos do ritual do drama hopi, algumas das quais vemos aqui.

*Abaixo*. Niman é uma cerimônia celebrada no dia 16 de julho, na qual os kachinas dançam pela última vez no ano, antes de regressar à casa dos espíritos. Não voltarão às aldeias até dezembro. Vemos, aqui, na Praça de Walpi, uma fileira de kachinas de Kuwan Heheya com seus rostos verdes e suas máscaras que reproduzem as nuvens de água dançando ao som de uma música chirriada. Um grupo de palhaços, usando vestidos com franjas horizontais, os observa.

*Direita*. Anualmente, de forma alternada, as sociedades da flauta e da serpente celebravam importantes rituais para conduzir as nuvens ao povoado e garantir, assim, a água para os tanques e cisternas. A cerimônia da flauta começa, aqui, na fonte principal da aldeia, com duas jovens e um jovem, flautistas, seguidos pelo sacerdote da flauta.

*Abaixo.* Conduzida pelo kaletaka (guerreiro), a sociedade da flauta se encaminha, em procissão, pelo sopé do planalto. Quando o grupo de cantores entra na praça da aldeia, caminha sobre nuvens simbólicas de água, pintadas com a branca e sagrada farinha do milho.

*Acima.* Durante o ritual de Powamu, ou depois, um grupo de monstros aparece na aldeia e visita cada uma das casas pedindo alimentos e aterrorizando aqueles que têm se comportado mal, ameaçando-os de comê-los. Aqui, são vistos chamando da escotilha de um kiva, para que o chefe lhes dê alimentos frescos ou também serão devorados.

*Abaixo.* No outono, as três sociedades de mulheres celebram a culminação das colheitas com danças e com a distribuição pública de alimentos e produtos caseiros. Esta dança da cesta é executada pela sociedade Latón, na Praça de Walpi, junto à primeira mesa. À direita, pode-se ver a Rocha da Serpente, uma formação natural.

*Abaixo.* Fotografia tirada em 1893 da cerimônia do Powamu (plantação dos feijões), dos kachinas hopis. Os kachinas eram os protagonistas na dança dos feijões, celebrada em fevereiro, em geral à noite. Ainda que os kachinas fossem tanto homens quanto mulheres, os papéis destas eram os homens que costumavam representar.

*Direita.* Boneca hopi feita em madeira, de, aproximadamente 20 centímetros de altura; é de meados do século XIX. Seus olhos representam as nuvens da chuva, e as pálpebras são a água.

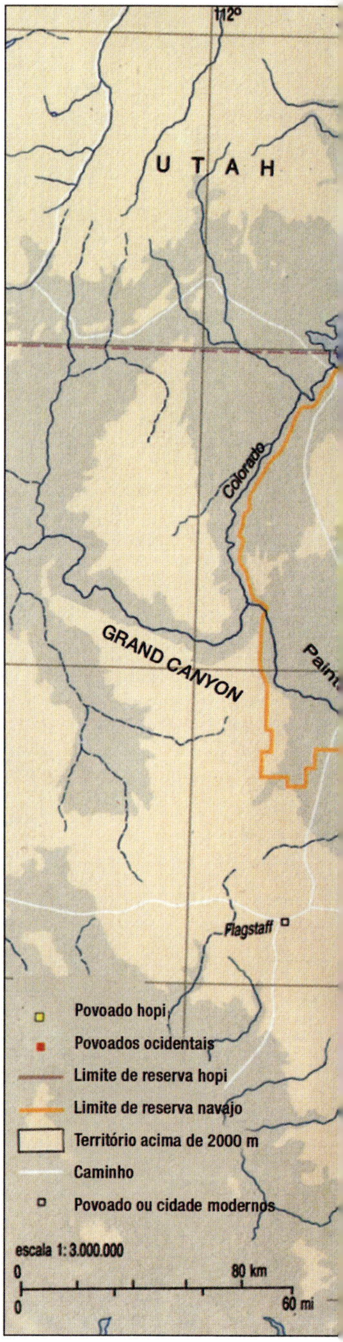

**A lenda sobre as origens dos hopis**

Todas as sociedades Pueblo têm seus mitos sobre suas próprias origens. São as atas não escritas sobre a conduta cultural e social. Como outras populações do Novo Mundo, a exemplo dos astecas, os hopis (abreviatura de Hopituh Shinumu, "O povo pacífico") também acreditam que primeiro existiram os mundos inferiores ou criações imperfeitas, e que seus antepassados passaram sucessivamente através delas, e no caso específico dos hopis, através de um *sipapu* (vagina) do mundo. Cada mundo inferior é associado a um preceito, uma cor, um mineral e um pássaro específicos. É bem provável que esta seja uma concepção de origem asiática. O primeiro mundo ou "espaço infinito" foi um universo puro e feliz, no qual viveu o primeiro Pueblo. Com o tempo, quando as desavenças e a guerra totalmente alheias aos hopi se apoderaram deste mundo, ele acabou sendo destruído pelo fogo. No segundo mundo ou "meia-noite escura", um novo conflito fez com que o fim chegasse através do frio e do gelo, salvando-se apenas o Pueblo eleito, em um formigueiro. A população sobrevivente subiu para o terceiro mundo através de uma escadaria, mas a mesma catástrofe voltou a repetir-se e, desta vez, as grandes inundações foram as forças destruidoras de tudo. Os antepassados hopis foram salvos pela "Mulher Aranha", que os escondeu em balsas e os conduziu até terra firme. No quarto mundo ou "mundo completo", que é o nosso, o vigilante, e ao mesmo tempo quem outorga e arrebata a vida, é Masau'u, o deus fogo. A saída através do *sipapu* foi cenário da migração dos clãs hopis até as aldeias da chapada na qual se encontram hoje.

*Abaixo.* **Reservas dos índios Pueblo, hopis e navajos**
Atualmente, existem oito povoados hopis que ocupam três planaltos; aqui só aparecem quatro deles. Zuni é o maior dos índios Pueblo, com uma população de 5.460 habitantes, em 1970. A população Pueblo total supera os 35.000 indivíduos. Em contrapartida, os navajos eram, em 1970, mais de 125.000, com um incremento demográfico rápido.

Taos é o povoado que fica mais a nordeste dos Pueblo orientais, quase no extremo meridional das Grandes Planícies. De fato, a população Taos, em certos aspectos, adotou a cultura das terras planas como a vestimenta, a música e a dança. Nas terras dos Pueblo existe, inclusive, um pequeno rebanho de bisões.

*Direita.* Os hopis dão bonecas kachinas para as suas crianças, não para que brinquem com elas, mas para que possam reconhecê-las em suas funções reais. Esta é uma boneca que reproduz o kachina Hemis, o protagonista principal na dança kachina, de Niman.

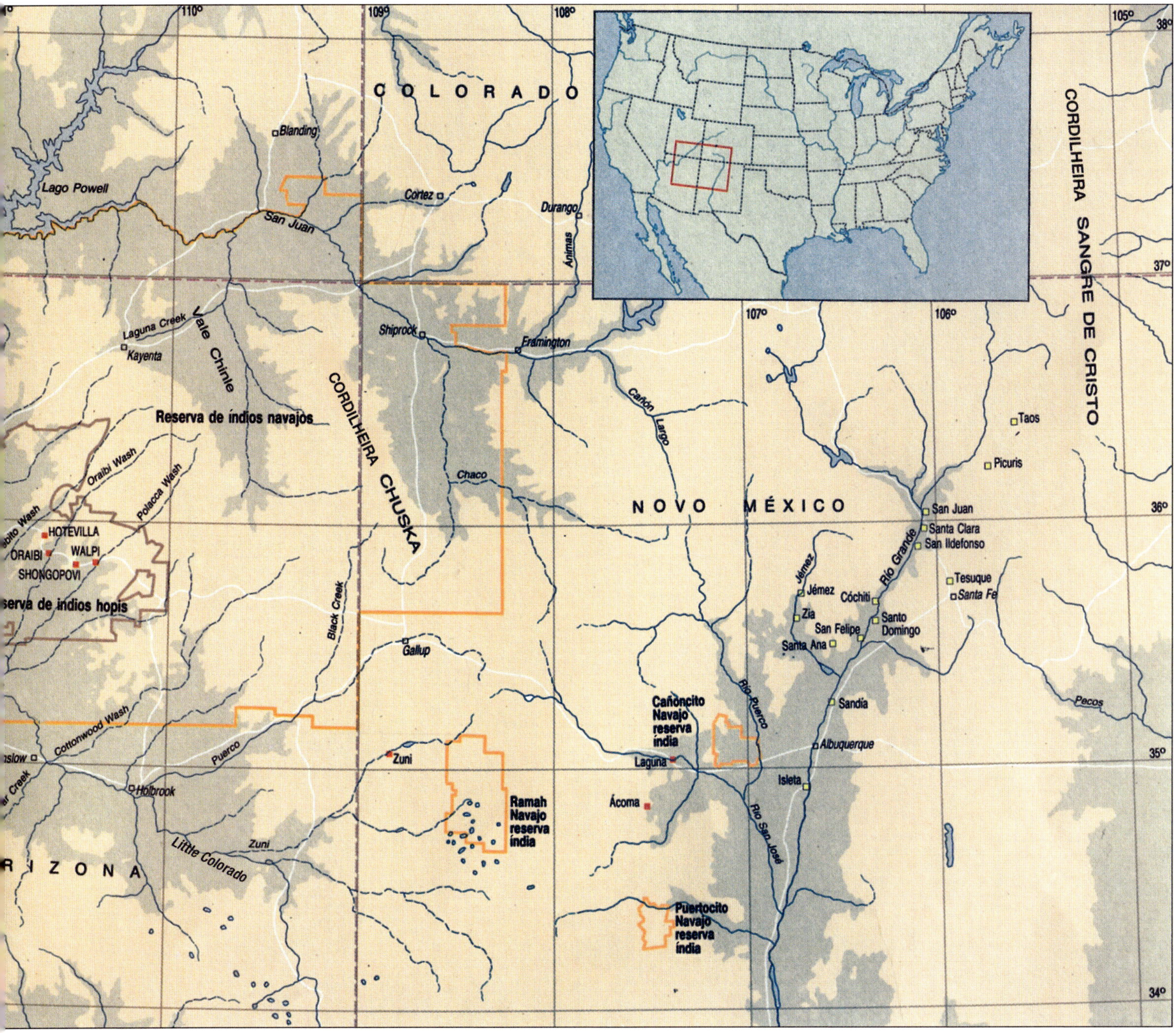

# A vida na planície

As tribos nômades e coloristas que percorrem a cavalo as Grandes Planícies são uma realidade cultural relativamente próxima no tempo. Os índios americanos não se utilizavam de cavalos para os seus afazeres, até que os animais escaparam ou foram roubados das guardas avançadas espanholas no século XVI. Não obstante, no século XVIII, muitas tribos adotaram o animal, passando a dedicar-se, por inteiro ou em parte, à caça de bisões e levando uma vida nômade nas vastas pradarias do Oeste. À medida que as culturas indígenas foram se desenvolvendo nas pradarias e planícies, a atitude euro-americana a favor dos índios aborígines foi crescendo. No começo do século XIX, imagens positivas e românticas tinham substituído as posturas negativas anteriores. Quando o Oeste abriu suas portas para a exploração e a imigração, para lá convergiram novas idéias e montou-se o cenário ideal para instituir o mito do índio das pradarias como o arquétipo romântico de toda a cultura aborígine americana. Os pintores do século XIX, Karl Bodmer e George Catlin, assim como os fotógrafos que chegaram depois, viajaram com os primeiros exploradores e registraram sua visão romântica dos temas indígenas. Com freqüência, as pinturas, os desenhos e as fotografias resultantes destes trabalhos constituem nossa única fonte visual destas culturas.

*Acima.* Gravação com uma aldeia das planícies, conforme desenho do pintor suíço Karl Bodmer (1809-1893), que acompanhou o príncipe alemão Maximilian, de Wied-Neuwied, em uma expedição pelo rio Missouri, em 1833.

*Extrema esquerda.* George Catlin (1796-1872) pintou Mah-to-tohpah (Quatro Ursos), segundo chefe dos mandanes, em 1832. As figuras pintadas e os cabelos humanos que enfeitam sua túnica indicam que matou muitos inimigos. A mão pintada indica que matou um inimigo em uma luta corpo-a-corpo.

*Esquerda.* Os mandanes das planícies executavam as danças do búfalo para empurrá-los, através da magia, na direção dos caçadores. Os jovens dançavam dia e noite, até os exploradores anunciarem que os bisões estavam a pouca distância.

*Direita.* Uma dança minnetaree (hidatsa) representando o ritual de arrancar o couro cabeludo, pintada por Bodmer. Os hidatsas conservaram muitas das convenções culturais dos nômades das planícies.

# Rituais das máscaras da costa Noroeste

*Abaixo.* Este chocalho de xamã mostra boa parte dos adornos curvilíneos, que em geral são encontrados na arte da costa noroeste. Estes chocalhos (ou matracas), comumente, eram feitos com duas peças semi-esféricas e dois meios cabos atados para formar uma peça única.

*Direita.* Esta máscara dos kwakiutl setentrionais não é freqüente pela simplicidade de suas linhas e a ausência de adornos pintados. Pode representar um corpo celeste.

A vegetação abundante da costa noroeste permitiu o desenvolvimento de grandes povoados, sem que vingasse uma mera horticultura. A selva chuvosa, de clima temperado, proporcionava a madeira de cedro que era talhada e cortada com cunhas e martelos, em tábuas largas. Desta maneira, e apesar da falta de plantas e de animais domesticados, os índios da costa do Noroeste criaram grandes povoados com sólidas casas de madeira.

É bem possível que, antes mesmo do contato com os europeus, eles tivessem conseguido instrumentos e peças de ferro entre restos que chegavam até a costa, flutuando através do Pacífico. E depois do contato com os europeus, a manufatura destes instrumentos teve uma grande aceitação, dando origem a uma explosão de criatividade. Muitas das obras produzidas ainda conservam toda a sua vivacidade.

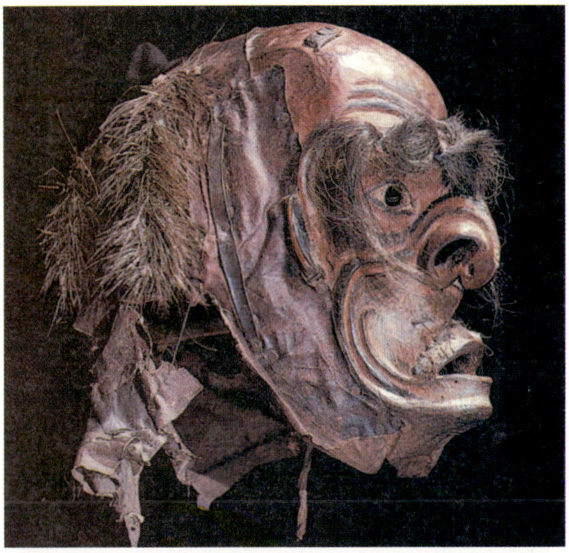

*Acima esquerda.* Quase todos os índios da costa noroeste temiam os espíritos dos mortos; temor que se estendia, inclusive, aos espíritos das pessoas que haviam amado em vida. Esse temor se expressava nos rituais das sociedades de dançarinos kwakiutl. Esta máscara representa Bowkus, o chefe dos mortos.

*Esquerda.* O mundo indígena da costa noroeste era repleto de seres sobrenaturais. Com freqüência, os rituais públicos reproduziam esses seres dentro do tema mais amplo da experiência sobrenatural, transformando, assim, as crenças em teatro. Esta máscara nootka, de um pássaro com o bico móvel, dava corpo a um ser sobrenatural no ritual público.

*Abaixo.* Este retrato funerário sem pintura, procedente de uma aldeia próxima a Kitimat, na Columbia Britânica, tem o aspecto de madeira envelhecida. A peça kwakiutl concentra, deliberadamente, a personalidade do defunto no tratamento dos olhos e da boca.

*No pé da página.* Uma máscara pintada de Bella Coola ilustra os motivos curvilíneos que abundam na arte da costa noroeste. Apesar de existir uma tendência de preencher todo o espaço aproveitável, o desenho parece flutuar livremente.

# Sobrevivência: a vida diária

Em muitas regiões da América Latina, ainda hoje, os modelos fundamentais da antiguidade se refletem no dia-a-dia. Alguns dos produtos mais importantes continuam sendo os mesmos, sem que os procedimentos para obtê-los tenham mudado muito. Mas a introdução dos animais domésticos trouxe novos hábitos. Nos Andes, por exemplo, as lhamas têm sido substituídas por ovelhas e, em geral, a dieta humana passou a ter mais carne. Em quase todas as partes existem mercados que vendem verduras, frutas, ervas, cerâmica e outros produtos dos mercados de outrora. Às vezes, mulheres são vistas levando seus produtos para o mercado em cestos ou trouxas sobre a cabeça. Já nas terras altas da Mesoamérica e dos Andes, é o tecido que continua sendo importante, pois em muitas regiões ainda são confeccionados modelos e vestidos específicos, que permitem identificar a que cultura pertence quem os teceu e quem os veste. Na arquitetura simples pouco mudou. A palha, para os tetos, a cana e os adobes continuam sendo utilizados. Algumas pontes incas são aproveitadas e caminha-se por calçadas, provavelmente, pré-incaicas. É bem verdade que tudo isso ocorre em regiões subdesenvolvidas, e que as coisas são feitas, com freqüência, segundo os velhos métodos porque é a melhor maneira de fazê-las. Os procedimentos antigos continuam sendo válidos. Os critérios práticos de atuar em conformidade com o entorno ou com os materiais que estão à mão criaram, há muito tempo, métodos que ainda se mostram efetivos.

Um desenho precoce de Guaman Poma mostra o soberano inca iniciando a plantação da primavera (*acima*). Tanto ele como os homens que aparecem atrás usam um "arado de pé", unido ao bastão mesoamericano de escarvar. Campesinos contemporâneos (*direita*) aparecem realizando o mesmo gesto com um instrumento curvo, em uma região agrária do Peru. Instrumentos similares continuam sendo utilizados em muitos lugares das Américas porque são mais adequados que o arado que conhecemos para trabalhar as condições de um solo superficial.

O transporte de fardos atados e carregados nas costas com uma correia ou tira é um velho método ainda utilizado. Este desenho do século XVII (*esquerda*) mostra como os sacos de armazém eram transportados durante os tempos incaicos (as galinhas em primeiro plano, introduzidas pelos espanhóis, representam um anacronismo). Nas terras altas e distantes de Chiapas, México, uma mulher maia atual transporta da mesma maneira a lenha para o fogo (*no alto*).

*Extremo esquerdo.* Um típico mercado indígena, que acontece semanalmente em Chinchero, uma cidade perto de Cuzco, com amplas ruínas incaicas e que, em outros tempos, foi um importante lugar de reunião. As mulheres usam distintivos chapéus, com o desenho das quatro partes do mundo.

*Esquerda.* Hoje, a pintura do rosto e do corpo, em outras épocas muito difundida, é um costume raro. Como os primeiros índios vistos por Colombo, muitos grupos do Amazonas vivem despidos e pintam o corpo com cores brilhantes. Na maior parte dos casos, a pintura do corpo só é feita em ocasiões especiais. Para as festas de Yonamamõ, as mulheres pintam o corpo com desenhos vermelhos. As mesas para a moagem (*metates*) podem adotar diversas formas (*abaixo*). A tarefa doméstica fundamental de moer o milho para fazer fritada ou mingau é habitualmente executada pelas mulheres. Os metates, em geral, são menores do que aparentam aqui e utilizados por uma pessoa. As pedras de moagem também tinham formas variadas. As lajes ásperas que aparecem aqui esfarelam os grãos que são esfregados. Já as drogas alucinógenas para uso ritual, em algumas ocasiões são moídas pelos xamãs, sobre um *metate*.

Nos Andes de antigamente, e ainda hoje (*extremo esquerdo*), o tear com correia traseira era o instrumento mais utilizado para tecer (*esquerda*). Aqui, a mulher trabalha ao modo tradicional de Chinchero, em frente a pedras de corte incaico incomum. Estes teares ainda são utilizados, atualmente, em muitos lugares da América. Podem ser facilmente transportados e fixados em qualquer objeto vertical.

# Sobrevivência: rituais

Um aspecto surpreendente na sobrevivência cultural da América Latina é sua fusão com o catolicismo. Muitos elementos que fazem parte deste sincretismo foram utilizados pelos primeiros missioneiros que ali chegaram para facilitar a catequização dos índios. Por exemplo, a cruz, que era um importante símbolo maia; o Sol, que na antiguidade era um deus importante em toda a América Latina, foi identificado com Jesus Cristo em muitas mentes aborígines; a Virgem Maria, com freqüência, era relacionada à Lua (pelos maias) e à deusa Terra (nos Andes); e o deus do trovão, que teve uma importância ímpar para os incas, agora é confundido com Santiago, o padroeiro dos espanhóis, pois estes usavam armas de fogo. Os dias comemorativos dos santos são celebrados nas igrejas, com bailes de máscaras. Por outro lado, alguns rituais foram mantidos longe das igrejas. Precoces informes espanhóis contam que os índios faziam oferendas e sacrifícios em lugares sagrados e em determinadas datas. Esses lugares – montanhas, fontes e cavernas - foram conservados e as oferendas e sacrifícios ainda são realizados, muitas vezes em conexão com determinadas cerimônias cristãs. As montanhas são especialmente sagradas. As jovens e gigantescas montanhas do Novo Mundo sofrem terremotos e erupções vulcânicas. A terra treme e as pedras se movem sozinhas. A encosta desliza em uma cascata de água e rochas, ou o céu explode com o fogo de um vulcão. Tais catástrofes conduzem ao animismo e também à natureza, mantendo a teia cósmica fundamental. O Sol se ergue na cordilheira sagrada, na qual certos rituais ainda são celebrados, e morre no oeste, o lugar dos mortos.

Com freqüência, os incas apresentavam sacrifícios como oferendas aos *huacas* (lugares sagrados); as oferendas consistiam, principalmente, de licor de milho fermentado, alimentos, roupas e coca. As lhamas (*acima*) estavam entre as oferendas mais importantes, e ainda são sacrificadas em certos rituais em honra aos deuses da montanha. Em "O Calvário", uma colina acima de La Paz (*direita*) as pessoas se reúnem para queimar incenso e rezar; a fumaça perfumada e as oferendas de todo tipo se elevam até os cumes coroados de neve, que rodeiam o vale.

Os índios tarahumaras, do norte do México, representam uma semana santa da dança dos fariseus (*extremo esquerdo*). Pintam os corpos e usam coroas de plumas de pavão ou de galinha; dançam com uma figura de pano de Judas, ao som dos tambores e apitos de cana. Na igreja, são feitas oferendas de alimentos para os santos. Nas danças festivas de toda a Mesoamérica, os dançarinos se fantasiam de animais que, antigamente, eram muito importantes para eles, como cervos, macacos e, principalmente, os jaguares, os grandes predadores da selva chuvosa das terras baixas. Em Guerrero, dois homens vestidos de jaguar se enfrentam num combate simulado (*esquerda*).

Novembro, que os incas chamavam de Ayamarca, era o mês dos defuntos, quando as múmias eram retiradas dos seus lugares de repouso e levadas, em procissão, em liteiras ou charolas. Para os vivos, a liteira era um símbolo de status elevado, e seu uso em honra aos mortos sinalizava o caráter sacro dos antepassados. No mundo cristão, o dia 2 de novembro é o Dia dos Mortos, que no México é celebrado com uma solenidade especial.

Como os dignitários de quase todos os povos do mundo, os funcionários do Novo Mundo também usavam cetros no passado, e seguem usando ainda hoje. Um oficial da parte alta de Cuzco também estava relacionado com o inca (*sobre estas linhas*), já que usava a coroa e parte da vestimenta régia. Nas terras altas da Chiapas atual, os oficiais maias dos tzotziles usam chapéus adornados com fitas e trajes cerimoniais quando percorrem a cidade com seus cetros (*acima*). A cidade de Paucartambo, próximo a Cuzco, celebra a festa da Virgem no dia 15 de julho (*esquerda*). A imagem é retirada da igreja e levada em procissão sob um guarda-sol incaico feito de plumas de araraúna. Dançarinos mascarados acompanham a procissão. Um baile criado em Paucartambo é realizado por dançarinos vestidos à velha usança espanhola; nas danças antigas dos Andes, cordas eram utilizadas. A Virgem está relacionada à deusa incaica da terra, chamada Mamapacha. Em Paucartambo, ainda é possível ver restos de *chulpas* (sepulturas incas).

# LISTA DE ILUSTRAÇÕES

**AGRADECIMENTOS**

Equinox deseja agradecer a Sue Scolt do Instituto de Arqueologia da Universidade de Londres e a John Fisher da Universidade de Liverpool por sua assessoria. Elizabeth Benson deseja agradecer também a Patricia Anawalt, a Elizabeth Boone, a Richard Cooke, a Hernán Crespo Toral, a Alban Eger, a OIga Fisch, a Olaf Holm, a Julie Jones, a Nancy Mason, a Gordon McEwen, a Presley Norton, a Michael Snarskis e a George Stuart pela ajuda recebida em sua pesquisa e indagação.

**LISTA DE ILUSTRAÇÕES**

Planos de sítios arqueológicos por Zoe Goodwin, Oxford.
Abreviaturas a = acima, ae = acima esquerda, ad = acima direita, c = centro, ab = abaixo, etc.
Contracapas: *New Description of America, or the New World* de Abraham.
Ortelius: *Theatrum Orbis Terrarum.*
págs. 2-6 caçadores e coletores: fotos de vasos maias por Justin Kerr, Nova Iorque.
8-9 Desenhos de John Fuller, Cambridge, Inglaterra.
11 Índio da costa leste pintado de caçador, aquarela de John White: British Museum, Londres, foto Equinox Picture Archive, Oxford.
13e Índio do rio Upano: Smithsonian Institution, Washington, foto n.º SA 220.
13c Feiticeiro crow: Smithsonian Institution, Washington, foto Charles Bell n.º 3413-A.
13d Esquimó nostak, 1877-81: Smithsonian Institution, Washington, foto E. W. Nelson n.º SI 3854.
14 Vista aérea de Cañón Chaco: George Gerster, John Hillelson Agency, Londres.
18 Colombo na ilha Hispaniola: Fotomas Index, Londres.
20 Tortura de índios: Fotomas Index, Londres.
21 Mulher índia da Flórida, por John White: British Museum, Londres, foto Equinox Picture Archive, Oxford.
22-23 Cenas da vida incaica, de F. Guamán Poma de Ayala, *Nueva Corónica y Buen Gobierno:* Marion e Tony Morrison, Woodbridge.
25a Templo de Tulum por Frederick Catherwood: Equinox Picture Archive, Oxford.
25ab Thomas Jefferson: Mansell Collection, Londres.
27 Punta Folsom: Werner Forman Archive, Londres.
29 Estreito de Bering: Fred Bruemmer, Montreal.
31ae Escavação Folsom: Museum of Natural History, Denver.
31ab Ponta Folsom: John Fuller, Cambridge.
33 Ponta Clóvis: John Fuller, Cambridge.
35 Homem emplumado, de uma concha entalhada do culto meridional, arranjo de Simon Driver, Oxford.
36 Cânion de Chelly: Walter Rawlings, Robert Harding Associates, Londres.
37 Rio Yellowstone: Zefa, Londres.
38-9 Monte McKinley, Alaska: Robert Harding Associates, Londres.
40 Caverna Danger, Utah: Werner Forman Archive, Londres.
41 e Prumo de hematita: John Fuller, Cambridge.
41c Poverty Point: Dick Barnard, Milvenon.
41ad Poverty Point, estatueta: Thomas Gilcrease Institute Tulsa, foto Dirk Bakker, Detroit Institute of Arts.
42 Paisagem ártica: Susan Griggs Agency, Londres.
49 Colina Great Serpent: Smithsonian Institution, Washington, foto n.º 237, 1934.
52e Mão de mica: Ohio Historical Society, Columbus, foto Dirk Bakker, Detroit Institute of Arts.
53a Falcão em cobre: National Parks Service, Mount City National Monument, Chillicothe, foto Dirk Bakker, Detroit Institute of Arts.
55abd Cachimbo de esteatita com figura de pantera: Brooklyn Museum, foto Dirk Bakker, Detroit Institute of Arts.
55abd Cachimbo com castor sobre plataforma: Thomas Gilcrease Institute, Tulsa, foto Dirk Bakker, Detroit Institute of Arts.
55abd Figura de felino de Key Marco: National Museum of Natural History, Smithsonian Institution, Washington, foto Dirk Bakker, Detroit Institute of Arts.
55ce Reconstrução de Moundville: Dick Barnard, Milverton.
55ab O tema da mão com olho: detalhe, por John Fuller, da paleta de Moundville (ver p. 59).
56e Estatueta cahokia: Museum of Science and Natural History, St. Louis, foto Dirk Bakker, Detroit Institute of Arts.
56-7 Reconstrução de Cahokia: Dick Barnard, Milvenon.
58a Disco de concha com perfil de homem: Museum of the American Indian, Heye Foundation, Nova Iorque, foto Werner Forman Archive, Londres.
58e Efígie em concha: Museum of American Indian, Heye Foundation, Nova Iorque, foto Werner Forman Archive, Londres.
58abd Perfil de homem em cobre: Ohio Historical Society, Columbus, foto Dirk Bakker, Detroit Institute of Arts.
59a Paleta em pedra entalhada: Mound State Monument, University of Alabama Museum of Natural History, Moundville, foto Dirk Bakker, Detroit Institute of Arts.
59c Vaso com figura de Paducah: Museum of the American Indian, Heye Foundation, foto Dirk Bakker, Detroit Institute of Arts.
59ab Concha recortada: Oklahoma State Museum, foto Walter Rawlings, Robert Harding Associates, Londres.
60a Reconstrução de Emerald Mound: Dick Barnard, Milverton.
60ab Cachimbo com prisioneiro ajoelhado: Brooklyn Museum, foto Dirk Bakker, Detroit Institute of Arts.
61 ab Reconstrução de Caughnawaga: Dick Barnard, Milvenon.
62e Perseguição dos búfalos em Ulm Piskun, Montana: Werner Forman Archive, Londres.
62-3 Caçada de búfalo: litografia de George Catlin, Fotomas Index, Londres.
65 Roda encantada e casa da dança do sol: Simon Driver, Oxford.
66 Cânion Bryce, Utah: Susan Griggs Agency, Londres.
68 Estatueta Fremont: John Fuller, Cambridge.
70-71 Castelo de Montezuma: Walter Rawlings, Robert Harding Associates, Londres.
72-73 Todas as fotos de pratos de Mimbres, por Justin Kerr, Nova Iorque, são cortesia da American Federation of Arts and Hudson Hills Inc., das coleções seguintes:
72ae Janss Foundation, Thousand Oaks, California.
72ab Maxwell Museum of Anthropology, University of New Mexico, Albuquerque.
72-73 Coleção particular.
73ad Maxwell Museum of Anthropology, University of New Mexico, Albuquerque.
72abd Arizona State Museum, University of Arizona, Tucson.
72c Cliff Palace, Mesa Verde: Robert Harding Associates, Londres.
72-73 Cânion de Chelly: Werner Forman Archive, Londres.
76-77 Mesa Verde sob neve: David Muench, Santa Bárbara.
78ab Vaso de cerâmica de Cañón Chaco: Werner Forman Archive, Londres.
78-79 Reconstrução de Pueblo Bonito: Dick Barnard, Milverton.
79a Pueblo Bonito: Walter Rawlings, Robert Harding Associates, Londres.
80 Cesta de Pomo: Lee Boltin, Croton-on-Hudson, Nova Iorque.
82 Poste totêmico da costa noroeste: Werner Forman Archive, Londres.
83 Enxó olmeca: Werner Forman Archive, Londres.
85 Paisagem de Xochicalco: Michael Coe, New Haven.
87 Templo de Tikal: Roy C. Craven Jr., Gainesville, Flórida.
90a Evolução do milho: Robert S. Peabody Foundation for Archaeology, Andover, Mass.
90c Vista da caverna de Coxcatlán: Michael Coe, New Haven.
90ab Reconstituição do milho silvestre: John Fuller, Cambridge.
92-93 Paisagem de monte baixo nas terras altas: Susan Griggs Agency, Londres.
94 Busto olmeca em jade: Dumbarton Oaks, Washington.
95ad Cabeça colossal, San Lorenzo: Michael Coe, New Haven.
96e Cabeças lineares de divindades: John Brennan, Oxford.
96d Figura em pedra verde de Las Limas: Michael Coe, New Haven.
97a Dragão olmeca em jade: David Joraleman, New Haven.
97c1 Monumento 52 de San Lorenzo: Michael Coe, New Haven.
97cda Águia harpia, divindade em jade: Michael Coe, New Haven.
97cdab Vaso de cerâmica de Tlapacoya: Michael Coe, New Haven.
97abe Deus tubarão em jade: William R. O'Boyle, New Haven.
97abd Figura de xamã ajoelhado: Michael Coe, New Haven.
98ab Altar de La Venta: Roy C. Craven Jr., Gainesville, Flórida.
98-99 Estatuetas de La Venta: Michael Coe, New Haven.
101 Mural de Juxtlahuaca: Michael Coe, New Haven.
102 Dançante, Monte Albán: Drs. A. A. M. Van der Heyden, Amsterdã.
103a Estatuetas de Jalisco: Justin Kerr, Nova Iorque.
106 Pirâmide do Sol: Lee Boltin, Croton-on-Hudson, Nova Iorque.
107ad Máscara em pedra: Dumbarton Oaks, Washington.
107 Mural com águia: Michael Coe, New Haven.
107abd Vaso em trípode: Dumbarton Oaks, Washington.
108ce El Tajín, relevo: Simon Driver, Oxford.
108ab Jugo, palma e machado: John Fuller, Cambridge.
108-109 Jogo de pelota em vaso maia: Dallas Museum of Fine Art, foto Justin Kerr, Nova Iorque.
109ab Pátio de pelota em Xochicalco: Michael Coe, New Haven.
110a Vista de El Tajín: Warwick Bray, Londres.
110c Monumento a uma divindade: Michael Coe, New Haven.
110-111 Pirâmide dos Nichos: Werner Forman Archive, Londres.
111abd Relevo em pedra: Roy C. Craven Jr., Gainesville, Flórida.
112abe Estatuetas de Remojadas: Justin Kerr, Nova Iorque.
112c Estela de Monte Albán: John Funer, Cambridge.
112-113 Vista do Monte Albán: Justin Kerr, Nova Iorque.
113abd Urna funerária: Museo Antropológico Nacional, Cidade do México.
114 Estela de Miraflores: Michael Coe, New Haven.
116abe Incensório de cerâmica com efígie: Michael Coe, New Haven.
116-117 Vista aérea de Tikal: Nicholas Hellmuth, New Haven.
117abd Pingente de jade: John Fuller, Cambridge.
118-120 Glifos maias desenhados por Simon Driver de um original emprestado por Michael Coe.
118abe Homens macacos: de um vaso maia, foto Justin Kerr, Nova Iorque.
119ad Arquitrave de Yaxchilán: Michael Holford, Loughton.
121abd Arquitrave 24, Yaxchilán: British Museum, Londres, foto Lee Boltin, Croton-on-Hudson, Nova Iorque.
121abd Estrutura 33: Marion e Tony Morrison, Woodbridge.
122ci Cabeça em argamassa: John Fuller, Cambridge.
112abe Zero e o deus macaco: Michael Coe, New Haven.
122-123 Vista de Palenque: Marion e Tony Morrison, Woodbridge.
122ad Máscara em jade: Museo Nacional de Antropología, C. do México, foto Werner Forman Archive, Londres.
122abd Palácio de Palenque: Marion e Tony Morrison, Woodbridge.
125c Pátio de pelota de Copán: Michael Coe, New Haven.
125abe Ídolo caído: litografia de Frederick Catherwood, collection Michael Coe, New Haven.
125abd Deus do milho: Dumbarton Oaks, Washington.
127ae Palácio das Máscaras, Kabah: Justin Kerr, Nova Iorque.
127abd Casa maia, Sayil: Warwick Bray, Londres.
128abe Porta do Palácio do Governador: litografia de Frederick Catherwood, Equinox Picture Archive.
128-129a O Convento de Monjas: Justin Kerr, Nova Iorque.
128cd Caveira e tíbias em relevo: Michael Coe, New Haven.
129ce Serpente emplumada em relevo: Justin Kerr, Nova Iorque.
129d Pirâmide do Mago: Werner Forman Archive, Londres.
130ae Estatueta tecendo: Justin Kerr, New Haven.
130abe Par de estatuetas: Werner Forman Archive, Londres.
130-131 Deus gordo: Lee Boltin, Croton-on-Hudson, Nova Iorque.
131 Estatuetas jainas: Lee Boltin, Cronton-on-Hudson, Nova Iorque.
132 Relevos de Cotzumalhuapa: Museu de Etnologia, Berlim Ocidental, fotos Werner Forman Archive, Londres.
133 Xipe tolteca: Lee Boltin, Cronton-on-Hudson, Nova Iorque.
134e Figura de atlante: Marion e Tony Morrison, Woodbridge.
135c Rosto de um atlante: Marion e Tony Morrison, Woodbridge.
135abe Pirâmide B: Michael Coe, New Haven.
135ad Muro de serpentes: Michael Coe, New Haven.
136a Templo dos Jaguares e El Castillo: Michael Holford, Loughton.

# BIBLIOGRAFIA


**Primeira parte: o Novo Mundo**

G. Ashe, T. Heyerdahl, H. Ingstad, J. V. Luce, B. J. Meggars e B. L. Wallace, *The Quest for America.* New York, 1971.
J. D. Jennings (ed.), *Ancient Native Americans.* San Francisco, 1978.
B. Landstrom, *Columbus.* New York, 1967.
M. Magnusson e H. Palson (trans.), *The Vinland Sagas: The Norse Discovery of America.* Baltimore 1965.
R. L. Wauchope, *Lost Tribes and Sunken Continents.* Chicago, 1974.
G. R. Willey, *An Introduction to American Archeology.* vol. 1. *North and Middle America,* vol. 2 *South America.* Englewood Cliffs. N. J., 1966.
G. R. Willey e J. A. Sabloff, *A History of American Archeology.* San Francisco, 1974.

**Segunda parte: os primeiros americanos**

A. L. Bryan, *Valeo-American Prehistory.* Pocatello, Idaho, 1965.
A. L. Bryan (ed.), *Early Man in America from a Circum-Pacific Perspective.* Edmonton, Alberta, 1978.
D. Dincauze, "An archeological evaluation of the case for pre-Clovis occupations", *Advances in New World Archeology,* vol. 2, pp. 276–323, 1984.
J. E. Ericson *et al* (eds.), *Peopling of the New World.* Los Altos, Calif., 1982.
W. S. Laughlin e A. B. Harper (eds.), *The First Americans: Origins, Affinities and Adaptations.* New York, 1979.
K. Macgowan e J. A. Hester, Jr., *Early Man in the New World.* Garden City, N. Y., 1962.
R. S. MacNeish, "Early man in the New World", *American Scientist,* vol. 63, n.º 3, pp. 316–27. New Haven, 1976.
P. S. Martin e H. E. Wright, Hr., *Pleistocene Extinctions: The Search for a Cause.* New Haven, 1967.
I. Rouse."Peopling of the Americas", *Quaternary Research,* vol. 6, pp. 597–612, 1976.
Scientific American, *Early Man in America.* San Francisco, 1973.

**Terceira parte: América do Norte**

L. M. Alex, *Exploring Iowa's Past: A Guide to Prehistoric Archeology.* Iowa City, 1980.
J. B. Billard (ed.), *The World of the American Indian.* Washington, D.C., 1974.
D. S. Brose, J. A. Brown e D. W. Penney, *Ancient Art of the American Woodland Indians.* New York, 1985.
L. Campbell e M. Mithun (eds.), *The Languages of Native America: Historical and Comparative Assessment.* Austin, Tex., 1979.
J. L. and K. K. Chartkoff, *The Archeology of California.* Stanford, Calif., 1984.
L. S. Cordell, *Prehistory of the Southwest.* New York, 1984. "Southwest Archaeology", *Annual review of Anthropology,* vol. 13, pp. 301–332, 1984.
D. Damas (ed.), *Arctic,* Handbook of North American Indians, vol. 5. Washington, D. C., 1984.
P. Druker, *Cultures of the North Pacific Coast.* San Francisco, Calif., 1965.
P. S. Essenpreis, "Fort Ancient Settlement: Differential Response at a Mississippian-Late Woodland Interface", in B. D. Smith (ed.), *Mississippian Settlement Pattern.* Orlando, Fla., 1978.
W. W. Fitzhugh e S. A. Kaplan, *Inua: Spirit World of the Bering Sea Eskimo.* Washington, D.C., 1982.
F. and M. E. Folsom, *America's Ancient Treasures.* Albuquerque, NM 1983.
H. S. Gladwin, *A History of the Ancient Southwest.* Portland, Me., 1957.
J. B. Griffin, "Eastern North American Archaeology: A Summary", *Science,* vol. 156, pp. 175–191, 1967.
W. G. Haag, "The Bering Strait Land Bridge", *Scientific American, 1962.*
C. W. Hibbard *et al.,* "Quaternary Mammals of North America", in H. E. Wright, Jr. e D. G. (eds.), *The Quaternary of the United States.* Princeton, N. J., 1965.
B. Hayden, "Research and Development in the Stone Age: Technological Transitions among Hunter-Gatherers", *Current Anthropology,* vol. 22, pp. 519–548, 1981.
R. F. Heizer (ed.), *California,* Handbook of North American Indians, vol. 8. Washington, D.C., 1978.
J. Helm (ed.), *Subarctic,* Handbook of North American Indians, vol. 6. Washington, D.C., 1981.
C. Hudson, *The Southeastern Indians.* Knoxville, Tenn., 1976.
A. S. Ingstad, *The Discovery of a Norse Settlement in America.* New York, 1977.
J. D. Jennings, *Prehistory of North America.* New York, 1974.
J. D. Jennings (ed.), *Ancient Native Americans.* San Francisco, Calif., 1978.
R. Kirk e R. D. Daugherty, *Exploring Washington Archeology.* Seattle, Wa., 1978.
A. L. Kroeber, *Cultural and Natural Areas of Native North America.* Berkeley, Calif., 1963.
D. J. Lehmer, *Introduction to Middle Missouri Archeology.* Washington, D.C., 1971.
R. H. e F. C. Lister, *Chaco Canyon.* Albuquerque, NM, 1981.
R. J. Mason, *Great Lakes Archeology.* Orlando, Fla, 1981
J. T. Milanich and ·C. H. Fairbanks, *Florida Archeology.* Orlando, Fla., 1980.
– e S. Proctor (eds.), *Tacachale: Essays on the Indians of Florida and Southeastern Georgia during the Historic Period.* Gainesville, Fla., 1978.
W. N. Morgan, *Prehistoric Architecture in the Eastern United States.* Cambridge, Mass., 1980.
D. F. and P. A. Morse, *Archaeology of the Central Mississippi Valley,* New York, 1982.
A. Ortiz (ed.), *Southwest,* Handbook of North American Indians, vol. 9. Washington, D.C., 1979.
–*Southwest,* Handbook of North American Indians, vol. 10, Washington, D.C., 1983.
J. Pfeiffer, "America's First City", *Horizon,* vol. 16, pp. 58–63, 1974.
D.B. Quinn (ed.), *North American Discovery Circa 1000–1612.* Columbia, S.C., 1971.
W. A. Ritchie, *The Archeology of New York State,* Harrison, N.Y., 1980.
V. E. Shelford, *The Ecology of North America.* Urbana, Ill., 1963.
B. D. Smith (ed.), *Mississippian Settlement Patterns* Orlando, Fla, 1978.
D. R. Snow, *The Archaeology of New England.* Orlando, Fla, 1980.
–*The Archeology of North America,* New York, 1976. (Published in London as *North American Indians: Their Archeology and Prehistory.)*
R. F. Spencer and J. D. Jennings (eds.), *The Native Americans,* New York, 1977.
E. G. Squier and E. H. Davis, *Ancient Monuments of the Mississippi Valley, Comprising the Results of Extensive Original Surveys and Explorations.* Washington, D.C. 1874; reprinted New York, 1965.
J. B. Stoltman "Temporal Models in Prehistory: An Example from Eastern North America", *Current Anthropology,* vol. 19, pp. 703–746, 1978.
J. B. Stoltman and D. A. Baerreis, "The Evolution of Human Ecosystems in the Eastern United States" in H. E. Wright, Jr. (ed.), *Late-Quaternary Environments of the United States,* vol. 2, *The Holocene.* Minneapolis, Minn., 1983.
G. E. Stuart, .Mounds: Riddles from the Indian Past, *National Geographic,* vol. 142, pp. 783–801, 1972.
B. G. Trigger (ed.), *Northeast,* Handbook of North American Indians, vol. 15. Washington, D.C., 1978.
W. R. Wood, *The Origins of the Hidatsa Indians: A Review of Ethnohistorical and Traditional Data.* Lincoln, Neb., 1980.
J. V. Wright, *Ontario Prehistory: An Eleven–Thousand–Year Archeological Outline.* Ottawa, 1972.
–*Quebec Prehistory.* Ottawa, 1979.

**Quarta parte: Mesoamérica**

A. F. Aveni, *Skywatchers of Ancient Mexico.* Austin, 1980.
E. P. Benson, The Maya World, New York, 1967.
–(ed.), *The Olmec and Their Neighbors.* Washington, D.C., 1981.
I. Bernal, *The Olmec World.* Berkeley and Los Angeles, Calif., 1967.
R. E. Blanton, *Monte Albán: Settlement Patterns at the Ancient Zapatec Capital.* New York, 1978.
D. S. Byers and R. S. MacNeish (eds.), *The Prehistory of the Tehuacan Valley.* Austin, Tex., 1967–77.
M. D. Coe, *Lords of the Underworld: Masterpieces of Classic Maya Ceramics.* Princeton, N.J.. 1978.
–*Mexico.* London 1984.
–*The Maya.* London 1984.
M. D. Coe and R. A Diehl, *In the Land of the Olmec.* Austin, Tex., 1980.
N. Davies, *The Ancient Kingdoms of Mexico.* London 1982.
–*The Aztecs.* London, 1973.
R. A. Diehl, *Tula, The Toltec Capital of Ancient Mexico.* London, 1983.
K. V. Flannery (ed.), *The Early Mesoamerican Village.* New York, 1976.
P. D. Harrison e B. L. Turner II (eds.), *Pre-Hispanic Maya Agriculture* Albuquerque, NM, 1978.
P. D. Joralemon, *A Study of Olmec Iconography.* Washington, D.C., 1972.
J. S. Justeson and L. Campbell (eds.), *Phoneticism in Mayan Hieroglyphic Writing.* Albany, N.Y., 1984.
M. E. Kampen, *The Sculptures of El Tajin, Veracruz, Mexico.* Gainesville, Fla., 1972.
D. H. Kelley, *Deciphering the Maya Script.* Austin, Tex., and London, 1976.
J. Kelley, *The Complete Visitor's Guide to Mesoamerican Ruins.* Norman, Okla., 1982.
R. Milton. *Urbanization at Teotihuacan, Mexico.* Austin, Tex., 1973.
H. B. Nicholson and E. Quiñones, *Art of Aztec Mexico.* Washington, D.C., 1983.
J. Gaddock (ed.), *Ancient Oaxaca.* Stanford, Calif., 1966.
E. Pasztory, *Aztec Art.* New York, 1983.
W. T. Sanders, J. R. Parsons and R. S. Santley, *The Basin of Mexico: Ecological Processes in the Evolution of Civilization.* New York, 1979.
L. Schele, *Notebook for Maya Hieroglyphic. Writing Workshop at Texas.* Austin, Tex., 1986.
– e M. E. Miller, *The Blood of Kings: A New Interpretation of Maya Art.* Austin, Tex., 1986.
M. E. Smith, *Picture Writing from Southern Mexico: Mixtec Place Signs and Maps.* Norman, Okla., 1973.
J. Soustelle, *The Olmec.* New York and London, 1984.
R. Spores, *The Mixtec Kings and Their People.* Norman, Okla., 1967.
J. Eric S. Thompson, *Maya Hieroglyphic Writing: An Introduction.* Norman, Okla., 1971.
–*Maya History and Religion.* Norman, Okla., 1970.
M. P. Weaver, *The Aztecs, Maya, and Their Predecessors.* New York, 1981.

**Quinta parte: América do Sul**

R. E. Alegria, *Ball Courts and Ceremonial Plazas in the West Indies,* Yale University Publications in Anthropology. New Haven, Conn., 1983.
G. Bankes, *Moche Pottery from Peru.* London, 1980.
–*Peru Before Pizarro.* Oxford, 1977.
E. P. Benson, *The Mochica.* New York, 1972.
–(ed.), *Dumbarton Oaks Conference on Chavin.* Washington, D.C., 1971.
–(ed.), *Pre–Columbian Metallurgy of South America.* Washington, D.C., 1979.
–W. J. Conklin, J. B. Bird and S. J. Chavez, *Museums of the Andes.* New York and Tokyo, 1981.
W. Bray, *The Gold of El Dorado,* London, 1978.
D. Browman, *Advances in Andean Archeology.* The Hague and Paris, 1978.
B. C. Brundage, *Empire of the Inca.* Norman, Okla., 1963.
R. K. *The Prehistoric Occupation of Chavin de Huantar,* University of California Publications in Anthropology n.º 14. Berkeley, Calif., 1984.
G. H. S. Bushnell, *Peru.* London and New York, 1957.
C. B. Donnan, *Moche Art of Peru.* Los Angeles, Calif., 1978.
–(ed.), *Early Ceremonial Architecture in the Andes.* Washington, D.C., 1985.
A. R. González, *Arte Precolombino de la Argentina,* Argentina, 1977.
J. Henning e E. Ranney, *Monuments of the Inca.* Boston, Mass., 1982.
J. Hyslop, *The Inka Road System.* Orlando, Fla. and London, 1984.
J. Jones, *The Art of Pre-Columbian Gold.* London, 1984.
L. Katz (ed.), *Art of the Andes.* Washington, D.C., 1983.
P. Kosok, *Life, Land and Water in Ancient Peru.* New York, 1965.
F. W. Lange (ed.), *Recent Developments in Isthmian Archeology.* Oxford, 1984.
– e D. Stone (eds.), *The Archeology of Lower Central America.* Albuquerque, NM, 1984.
E. P. Lanning, *Peru Before the Incas.* Englewood Cliffs, N. J., 1967.
A. Lapiner, *Pre-Columbian Art of South America,* New York, 1976.

D. W. Lathrap, *The Upper Amazon,* London, 1970.
–, A. Gebhart-Sayer e A. M. Mester, "The Roots of the Shipibo Art Style", *Journal of Latin American Lore,* vol. 11. Los Angeles, Calif., 1985.
S. K. Lothrop. *The Indians of Tierra del Fuego,* Contributions from the Museum of the American Indian, Heye Foundation, vol. 10. New York, 1928.
L. G. Lumbreras, "Excavaciones en el templo antiguo de Chavin", *Ñawpa Pacha,* vol. 15. Berkeley, Calif., 1977.
*–The Peoples and Culture of Ancient Peru,* Washington, 1974.
G. F. McEwan, *The Middle Horizon in the Valley of Cuzco, Peru.* Ann. Arbor, Mich., 1984.
B. J. Meggers, *Amazonia.* Chicago, 1971.
D. Menzel, *The Archeology of Ancient Peru and the Work of Max Uhle.* Berkeley, Calif., 1977.
T. Morrison, *Pathways to the Gods.* New York, 1978.
M. Moseley and K. C. Day, *Chan Chan.* Albuquerque, NM,
J. V. Murra, "Cloth and Its Functions in the Inca State", *American Anthropologist.* vol. 64. Menasha. Wisc., 1962.
P. I. Porras. G., *Arqueología del Ecuador.* Quito. 1984.
D. A. Proulx, "The Nasca Style", in L. Katz (ed.). *Art of the Andes: Ceramics from the Arthur M. Sackler Collections.* Washington, D.C., 1983.
R. Ravines (ed.). *Chan Chan.* Lima. 1980.
G. Reichel-Dolmatoff. *Colombia.* London and New York. 1965.
J. Reinhard. *The Nazca Lines: A New Perspective on their Origin and Meaning.* Lima. 1985.
J. W. Rick. *Prehistoric Hunters of the High Andes.* New York. 1980.
M. A. Rivera. *Prehistoric Chronology of Northern Chile.* Ann Arbor. Mich.. 1977.
I. Rouse e J. M. Cruxent. *Venezuelan Archaeology.* New Haven and London. 1963.
A. P. Rowe. E. P. Benson e A. L. Schaffer (eds.). *The Junius B. Bird Pre-Columbian Textile Conference.* Washington, D.C., 1979.
J. H. Rowe. *An Introduction* to *the Archaeology of Cuzco.* Papers of the Peabody Museum of American Archaeology and Ethnology. Harvard University. vol. 27. Cambridge, Mass., 1944.
*–Chavin Art.* New York. 1962.
*–The Kingdom of Chimor,* Acta Americana vol. 6.1948.
T. Salentiny. *Machu Picchu. Enigma de piedra en la tierra del cóndor.* Barcelona. 1981.
C. Ponce Sangines. *Tiwanaku.* La Paz. 1972.
A. R. Sawyer. *Ancient Peruvian Ceramics.* New York. 1966.
J. H. Steward (ed.). *Handbook of South American Indians.* Bureau of American Ethnology Bulletin vol. 143. Washington, D.C., 1946–59.
– e L. C. Faron. *Native Peoples of South America.* New York. 1959.
K. E. Stothert, "The Preceramic Las Vegas Culture of Coastal Ecuador", *American Antiquity.* vol. 50. Washington, D.C., 1985.
J. C. Tello. *Chavin.* Lima. 1966.
*–Paracas: Primera parte.* Lima. 1959.
*–Paracas: II parte.* Lima. 1979. .
G. R. Wiliey. *An Introduction to American Archaeology.* vol. 2. South America. Englewood Cliffs. N. J.. 1971.

**Sexta parte: a herança viva**

K. Birket-Smith. *The Eskimos.* London. 1936.
D. Damas (ed.). *Arctic,* Handbook of North American Indians. vol. 5. Washington, D.C., 1984.
G. M. Foster. *Culture and Conquest.* New York. 1960.
C. J. Frisbie (ed.). *Southwestern Indian Ritual Drama.* Albuquerque, NM, 1980.
J. C. H. King. *Portrait Masks from the Northwest Coast of America.* London. 1974.
C. Levi-Strauss. *La vie des mesques.* Geneva. 1975.
R. H. Lowie. *Indians of the Plains.* New York. 1954.
J. H. Steward and L. C. Faron. *Native Peoples of South America.* New York. 1959.
F. Waters. *Book of the Hopi.* New York. 1963.
G. Weltflsh. *The Lost Universe.* New York. 1965.

# ÍNDICE DE TOPÔNIMOS

# ÍNDICE ANALÍTICO

*** As páginas em itálico remetem às ilustrações ou a suas legendas**